1

Réveillons traditionnels, même par temps moroses, mais aussi réveillons nouveaux, par exemple avec le magnétoscope

Paris, 1er janvier 1983, 0 heure : il fait froid ; la France est sous règne socialo-communiste ; et, malgré une crise internationale qui fait peser une angoisse tous azimuts, on essaie de réveillonner gaiement.

La température est nettement au-dessous de zéro. Le ciel est très bas. Les cache-nez s'imposent. Il n'y a pourtant pas à s'étonner : de nombreux météorologues nous le prédirent, en avril, quand le volcan mexicain El Chichon, endormi depuis deux millions d'années, s'enragea soudain, décapita son sommet sur deux kilomètres et projeta dans le ciel cinq cents millions de tonnes de poussières, dix-sept millions de tonnes de soufre et des millions de tonnes d'azote. Pour de nombreux spécialistes, voilà qui ne pouvait que nous promettre un climat plus froid, davantage de pluies acides et même une atteinte de la couche d'ozone qui protège la vie sur terre. Voilà qui est fait, du moins pour les données du baromètre.

Depuis le 10 mai 1981, date à laquelle François Mitterrand, premier secrétaire du parti socialiste, l'emporta sur Valéry Giscard d'Estaing, candidat des libéraux avancés et président sortant, nous vivons sous la république des camarades, fondée sur une alliance entre socialistes, communistes et quelques petites formations satellites, tels radicaux de gauche et gaullistes de gauche.

L'atmosphère mondiale n'est vraiment pas à la fête. De multiples conflits, quoique localisés, ensanglantent la planète. Toutes les économies sont malades, sauf celle de la Suisse. Les variations du dollar donnent le vertige à toutes les monnaies. La mauvaise humeur est universelle.

Ainsi la nuit de l'An ne va-t-elle pas elle-même sans mal, ni tragédies, ni grincements.

C'est par un drame que la nouvelle année commence à Londres : alors que cent mille personnes se sont entassées à Trafalgar Square pour, selon la tradition, entendre les douze coups de Big Ben annoncer le Jour de l'An, un incroyable mouvement de panique se produit, apparemment provoqué par le passage d'une ambulance appelée au secours d'un policier tombé dans un sous-sol non loin de là ; les barrières de sécurité cèdent et craquent sous la ruée de la foule ; deux femmes sont piétinées à mort.

A New York, trois attentats à l'explosif, visant des immeubles de la police, ébranlent les quartiers de Manhattan et de Brooklyn.

Beyrouth n'aura connu aucun répit. Voici même que Thierry Le Luron et Léon Zitrone, au nom de la télévision française, souhaitent aux Libanais, avec 365 jours de retard... une bonne et heureuse année 1982 ! Gag cruel. La télévision libanaise a annoncé en effet un show spécial pour la nuit de la Saint-Sylvestre, sans dire qu'il a été enregistré douze mois plus tôt. On imagine la tête des Libanais écoutant de tels vœux, eux pour qui 1982 n'a été qu'une longue suite de massacres, de bombardements et d'assassinats, qui n'ont que hâte à arracher la dernière page du calendrier et qui s'entendent prophétiser à retardement bonheur et prospérité... Et le gag est d'autant plus blessant que l'atmosphère est sinistre. Une tempête de vent glacial balaie le pays. La neige bloque les routes. Sur la côte, des pluies torrentielles transforment les rues en rivières, les égouts débordent, les lignes téléphoniques sont coupées et, dans les quartiers ravagés par les bombardements de l'été, des milliers de pauvres gens luttent de leur mieux dans des baraques ou sous des tentes contre le froid. Les toutes dernières heures de l'année, de surcroît, sont sanglantes. A Tripoli, deuxième ville du Liban, un excès de fureur déchaîne une violente bataille d'artillerie entre musulmans anti- et pro-Syriens : des morts par dizaines. A Aley, près de Beyrouth, des miliciens inconnus mitraillent une voiture où un père et ses trois enfants sont brûlés vifs, tandis que, plus haut, dans la montagne enneigée, une bande de terroristes massacre une famille de sept membres. C'est dans le climat le plus oppressant que se déroulent entre Israéliens et le président de la République Amine Gemayel les conversations portant sur le retrait de « toutes les troupes étrangères » occupant pour l'immédiat le territoire libanais.

La Saint Sylvestre est singulièrement angoissante pour deux ingénieurs français d'Alsthom qui viennent d'être enlevés par des guérilleros au Mozambique, comme quoi nulle part le terrorisme ne connaît de trêve. Ils doivent être terriblement peinés, les alpinistes de l'expédition franco-suisse qui voulait vaincre l'Everest par la face sud-ouest : ils ont vu mourir leur cinéaste et sont en train de redescendre.

En France même, les nuits tristes ne manquent pas.

Maurice Pagat, secrétaire général du syndicat des chômeurs, militant catholique de gauche, anti-stalinien dans l'âme, lecteur fervent de Victor Serge et de Trotski, ancien collaborateur de l'abbé Pierre, a entamé depuis six jours une grève de la faim, en son domicile de Clichy qui est aussi la résidence de son syndicat « pour obtenir du président de la République respect de ses engagements personnels à l'égard des chômeurs ». L'on compte d'ailleurs en tout huit grévistes de la faim, dont un commerçant de Nantes pour protester contre l'attitude des banques qui lui refusent tout crédit à la suite d'une erreur de gestion et, à Paris, l'animateur du « Mouvement de la condition paternelle » pour obtenir la garde conjointe de ses enfants.

Saint-Sylvestre ne désarme pas les mauvais garçons. Dans le Paris-Aulnay en marche, une bande de voyous, tous des immigrés maghrébins, rackettent six jeunes avec leurs poignards, sans qu'aucun témoin réagisse ou tire la sonnette d'alarme, puis balancent les victimes hors du wagon.

Plusieurs accidents mortels de la circulation sont signalés, notamment à Toulouse et sur la route de Bompas à Perpignan.

Jean Anouilh est triste ; sa villa a été incendiée par des cambrioleurs à Sanary, dans le Var ; il ne réveillonne donc pas.

Enfin, fatalement, les grands malades et leurs familles n'ont pas cœur à la joie : en particulier, tous nos hôpitaux sont surpeuplés

Toutefois, de toutes parts, à la moindre possibilité, la fête s'organise.

Nous sommes loin des folies du 1er janvier 1900, quand la Belle Epoque resplendissait de mille feux, au rythme de la superbe Otéro, et des ivresses du 1er janvier 1920, au lendemain de la Grande Guerre. Il n'y a même pas à évoquer les pleines joies du 1er janvier 1960 ou les libres griseries du 1er janvier 1980. On s'amuse tout de même.

Un avocat, des tomates, de la cervelle d'agneau avec une noix de beurre frais, de la bûche glacée, des fruits au sirop, le tout arrosé d'une petite coupe de champagne, tel est le réveillon de Pierre Decampanaire, cinquante-quatre ans, à qui le célèbre professeur Cachera a greffé le cœur d'un jeune homme de dix-neuf ans en novembre dernier et à qui ses médecins ont donné l'autorisation de passer les fêtes chez lui, auprès de sa femme Eliane et de leurs trois enfants, en sa modeste maison d'un étage à Saâcy-sur-Marne. L'œil bleu rieur, la mine réjouie, vêtu d'un simple *jogging* en éponge bleue, il est si heureux qu'il esquisse même un pas de danse avec sa femme.

Qui peut être plus joyeux que ce couple de Marocains de Paris, gardiens d'un immeuble de la rue Duranton ? Ils viennent de récupérer leur petit garçon de quatre ans, Younès, enlevé en otage dans l'après-midi par un cambrioleur, un Algérien, qui menaçait de l'égorger avec un morceau de vitre et qu'on n'a réussi que péniblement à maîtriser. « Ah ! soupire le brave concierge, notre Younès, on va lui faire le plus beau réveillon de sa vie. »

Au quartier des Halles, l'étrange secte des « flippés du petit matin » est d'autant plus portée à la gaieté que sa plus belle cérémonie consiste à célébrer le lever du jour d'une nouvelle année. Ainsi font-ils durer avec délices le réveillon, par bandes, ou par couples, ou en tête à tête avec leur solitude : en attendant de boire délicieusement de l'aurore.

On arrive à réveillonner même à la « Soupe populaire ». Car, abandonnée en 1931, elle vient de faire sa réapparition à Paris. Les besoins créent la fonction, explique Jacques Pierquin, capitaine de l'Armée du Salut. Non qu'il faille estimer à deux cent mille le nombre des sans-abri à Paris, comme l'assure l'agence Tass dans un étonnant reportage tout récent. Mais il est de fait que deux camionnettes, aux marmites en fer-blanc, sous le signe de l'Armée du Salut, circulent à travers les quartiers les plus déshérités de la capitale. De fait aussi, le nombre des clochards a doublé en deux ans et la plupart apprennent vite à programmer leur journée : déjeuner à la cité Saint-Martin, au Secours catholique ; dîner à l'Armée du Salut ; petit en-cas au centre israélite de Mme Katz, rue Lamarck ; et un « vestiaire » de-ci, de-là, au gré des centres d'hébergement, simplement agrémenté, de temps à autre, par un soupçon de « fauche » dans un grand magasin, même si, traditionnellement, le clochard répugne à se faire loubard. On doit bien compter quelque 8 000 clochards dans l'ensemble de la région parisienne, aux contingents plus serrés dans le quartier d'Alésia et autour de la gare Montparnasse. Précisément, pour que la plupart d'entre eux puissent réveillonner, de bonnes âmes ont pensé à prendre des dispositions.

Ici, dans un bar de la rue des Gravilliers, des Guadeloupéens réveillonnent de cacahuètes, en attendant d'aller « danser béguine » dans une boîte antillaise de la rue Beaubourg. Là, rue Saint-Denis, la jeune caissière d'un restaurant *fast food* distribue joyeusement, à longueur d'heures, les cornets de frites. Seul manquement à la gaie ambiance générale : du côté de Richelieu-Drouot, une bande de lycéens B.C.B.G. (Bon Chic Bon Genre), version *soft rock,* finissent de s'encanailler, visage lugubre, devant des *maxi-cokes* plantés d'une paille : sans doute, à travers le zoo gris de rues trop crapulardes, ont-ils croisé trop d'ivrognes titubants, de drogués transis, de putes sur fond de sex-shop éclairés au néon.

L'Association des Sénégalais, boulevard Montparnasse, fête l'événement avec *Ceddo,* le film de Sembene Ousmane.

Le réveillon antillais, rue Mouton-Duvernet, se célèbre avec le roi Coupé Cloué.

Vous ne voulez pas « réveillonner idiot », dans une ambiance surchauffée d'alcools, de fumée et d'odeurs d'ail ? Vous pouvez « réveillonner jazz ». Par exemple, la Chapelle des Lombards, rue de Lappe, à deux pas de la Bastille, temple de la *salsa,* dit avoir la musique la plus déchaînée des Caraïbes, avec l'Interamerican Latin Jazz et Carlos « Patato » Valdes au piano, tandis que le théâtre Dunois propose lui aussi une nuit *non stop* entièrement consacrée au jazz, la *Nuit des loups,* costumée, avec les pires hurlements du Orpheon Celesta, « le plus petit big band du monde ».

Il y a des réveillons « lyophilisés ». Sur les rayons des grands magasins, on sait qu'on trouve à volonté les « assaisonnades » de la société Blanchard, gamme de produits « lyophilisés » vendus en bocaux : persil, estragon, oignons, échalotes, poivre vert. Or, par bonheur, contrairement à la déshydratation classique, la lyophilisation, ou traitement par l'eau chaude, permet aux aliments de conserver leur saveur et leurs vitamines. Il est bien révolu, le temps où l'eau chaude ne servait qu'à faire du thé. A nous la pastille de café, le comprimé de lait de chèvre, la tablette de soupe. Même à l'eau froide, bientôt, nous préparerons « le steack chez soi » sans aller chez le boucher : la société hongroise Agro-Industria a mis au point une poudre de steack constituée de protéines animales, d'hydrocarbones, d'épices et de sels minéraux, qui peut se conserver six mois en dehors du réfrigérateur. Par ailleurs, en surgelés, vous avez jusqu'aux coq au vin, calmar à l'armoricaine, jambon braisé au porto, pâté impérial, dinde aux pruneaux, cassoulet à la landaise. La mousse au chocolat se vend en bombe aérosol « chocobic ». Les glaces-œufs sont apparues : on enlève une demi-coquille et on déguste la glace comme un œuf à la coque. Du coup, très spirituellement, la revue *Mieux Vivre* imagine tout un menu de réveillon, manière lyophilie, pour extra-terrestres égarés : mousse au foie Rigodin; tartine de steack; jambon braisé au porto décongelé par Relais; cassoulet d'oie surgelé par Fleury-Michon, accompagné de champignons reconstitués; en fromage, de la vache qui « tchise » en tube; mousse au chocolat Chocobic; poudre de fruits; deux pastilles de café; en vins, poudre de bordeaux 1981 et extraits de champagne.

Hors chimie, le choix est à l'infini, des salles les plus modestes aux adresses les plus huppées.

Vous avez un réveillon « typiquement russe » *Chez Natacha,* au *Sheherazade* et au *Raspoutine* (caviar, blinis, chachlick, vodka, musiciens tziganes) et un réveillon authentiquement suisse au *Raccard* (toutes les spécialités valaisannes, raclettes, fondues, viande séchée, fendant).

On réveillonne grec *aux Quatre Marches,* italien à *la Mamma,* belge *Au Trappiste,* « plus de 150 bières différentes, dont 11 à la pression sélectionnées parmi les meilleures du monde ».

La Salsa assure un réveillon brésilien, *la Paella* une vraie paella, *l'Angkor* les plus fines merveilles khmères.

Il existe quarante adresses pour réveillons chinois ou vietnamiens.

Vous adorez le poisson cru? Restaurant nippon *Yakiniku, Tei.*

Des *Delikatessen* allemands? *Le Vieux Berlin.*

De la haute cuisine yankee? Le *Macadam.*

Du poulet rouge? Chez nos Hindous, au *Vishnou.*

Claude Saillard, à la *Rôtisserie de la Boule d'or,* à Versailles, confectionne un réveillon « Grand Siècle » avec potage aux moules à la reine, huîtres chaudes en coquille, boudins blancs de dindonneau, faisan en filets au jus d'orange et benoiles fourrées à la crème de marrons, le tout escorté d'un grand champagne de cuvée spéciale.

Alain Senderens, à *l'Archestrate,* propose un réveillon « à l'antique », des amuse-gueule inspirés d'Apicius, un thon cru aux condiments qui enchanterait le palais du plus difficile Cicéron (vin conseillé : hermitage blanc), des crépinettes de homard et seiche à l'huître, pour grands raffinés Romains (pouilly fumé), un lièvre au miel et aux épices, toujours signé Apicius (un bourgogne très charpenté, tel un côte rôtie) et la tarte Ananas (accusatif féminin pluriel), à servir tiède.

Montmartre conseille vivement *la Belle Epoque* ou *la Cerisaie, le Clair de la lune* ou le *Guerlande,* le *Tartempion* ou *le Verger de Montmartre,* « dans une ambiance digne du plus célèbre village du monde ».

Marc Meneau offre un réveillon « Tradition du Terroir », à l'ancienne, au goût d'aujourd'hui, la crème de faisan mode grand-mère (il est de règle de ne choisir aucun vin sur un potage), la brioche fine au caviar (compagne : une vodka glacée), de la truite de mer à la nage (chablis grand cru) à l'oie rôtie aux boudins noirs et blancs (pommard 1973 ou saint-émilion 1971), de la salade de foies au soufflé glacé au pralin (sauternes ou beaumes-de-Venise).

Pierre Cardin, haut couturier, actif mécène, financier virtuose, un nom qui marque l'une des plus grandes réussites des vingt dernières années, serait-il infatigable ? En tout cas, sa nouvelle toque *Maxim's* prouve qu'il n'a pas fini de nous étonner. Et, après avoir acheté il y a à peine un peu plus d'un an à Louis et Maguy Vaudable le célèbre établissement de la rue Royale, impérissable monument de la Belle Epoque, de faire déjà brillamment coter l'action Maxim's Ltd à la Bourse de Londres (car la société est domiciliée en Angleterre). Et de rénover — sans révolution — un cadre qui date de 1893, faisant aménager un « petit théâtre » pour l'orchestre, introduisant une décoration dans le style « art nouveau » pour un bar au second étage, ultra-modernisant les cuisines, préparant pour nuit galante une suite baptisée *Chambre d'Amour.* Et d'entreprendre d'essaimer des restaurants et des hôtels *Maxim's* aux quatre coins du monde, Singapour, Bruxelles, São Paulo, Istanbul, l'Egypte, en attendant de s'implanter à New York, Los Angeles et Chicago : non content d'avoir été le Marco Polo de la mode au pays du bleu de chauffe (il y a des années que les robes Cardin ont triomphé en Chine), il installe même un *Maxim's* en plein Pékin, à deux pas de la place Tien An Men ; seule concession au rigorisme du Céleste Empire, les tendres nudités dodues des salons de la rue Royale seront rhabillées en robe de cour, et, Chine oblige, auront le regard parfaitement asiatique ; le principal de la clientèle sera aisément constitué des quelque deux mille résidents des trois cents ambassades présentes à Pékin, sans oublier les déjeuners d'affaires d'un continent désormais ouvert au négoce international ; simplement, il n'y a eu qu'à prévoir pour la clientèle proprement chinoise, à des tarifs plus modestes, un *Minim's* de six cents couverts, réplique exacte de celui du faubourg Saint-Honoré, qui doit ouvrir dans trois semaines. Le prestige du nom est si universel que même l'ambassade de Russie à Paris a demandé un *Maxim's* pour Moscou. Et Pierre Cardin de faire de *Maxim's* la « locomotive » du train planétaire Cardin, qui exporte un nombre invraisemblable de produits : on ne compte plus les pays qui veulent produire et diffuser les marchandises sous griffe Cardin ; si lui ne parle que quatre langues, son nom se décline dans près de 70 pays ; il n'y aura guère de domaines qui aient résisté à sa fureur de créer ; il est allé jusqu'à installer une boutique *show-room* à Pékin, prévoir l'ouverture d'une unité de fabrication de vêtements à Shangai, dessiner une automobile pour Cadillac, dresser le plan d'un avion pour Atlantic Aviation, s'essayer dans la montre Jaeger, triompher avec des bas collants, Dim, et se risquer dans l'agroalimentaire, avec un chocolat Maxim's, un foie gras Maxim's, un champagne Maxim's... à savourer dans des verres marqués du sceau M. Pour autant, les salles historiques du plus illustre restaurant du monde restent intactes. Les mêmes lascives créatures peintes par Martens et Sonnier peuplent les murs de la « Grande Salle » et du « Côté Jardin ». Autant de personnages illustres se disputent les tables de l' « Omnibus ». Roger — Roger Viard — est toujours là, incomparable ordonnateur de toutes les soirées, digne successeur du grand Albert, attentif au moindre détail des agapes. Julien Burquier, qui a pris la relève de l'illustrissime Pommier, « prince des sommeliers », est ici depuis vingt-quatre ans. Jean-René Porathmere — spécialité : tous les cocktails — est à son bar depuis plus d'un quart de siècle.

Vous n'épuiserez pas la réserve. Deux cent mille bouteilles de tous les grands crus dorment dans la cave. Trois mille spécimens d'assiettes s'empilent en cinq séries, à l'office : on y a tout le choix, de la grande assiette à côte de bœuf aux assiettes à viande classiques, à potage, à entremets, à beurre, sauf que toutes en porcelaine blanche de Limoges et ornées d'un motif « coup de fouet » rouge et du sigle Maxim's. Comme il faut penser à tout, les petites dames du vestiaire possèdent un vaste assortiment de cravates pour les imprévoyants. Les clients volent tous les ans dix mille petits cendriers au sigle de la maison : le personnel ferme les yeux.

Adorable *Maxim's !* Savez-vous que sur 110 employés, dont 25 cuisiniers, 10 maîtres d'hôtel, 14 garçons, 17 commis et 6 sommeliers, on ne compte que 8 « dames de chez Maxim's » : les 3 dames du vestiaire ; la dame du lavabo (en service depuis 1946) ; et 4 caissières ? que la banquette la plus recherchée est « la Banquette royale », la table 16 la plus illustre (celle des princes de Galles et d'Aristote Onassis), le « côté gauche » préféré de toujours au « côté droit » ? que l'orchestre compte seulement

6 musiciens (violons, saxo, piano, contrebasse, guitare) mais, sous la conduite de Roger Simon, inégalables dans l'art d'interpréter les derniers airs à la mode avec cet art « maison » qui fait croire qu'on est toujours en 1900 ? Soir de naissance : 23 avril 1893. Soir le plus historique : celui où le prince de Galles, futur Edouard VII, but du Veuve Clicquot dans le soulier d'une ravissante petite Anglaise. Soirs les plus étonnants : celui où Noureev arriva en col roulé, où Brigitte Bardot se présenta pieds nus et celui où le tsar Nicolas II entra dans le tableau de chasse de la belle Otéro. Soir le plus spectaculaire : celui où le propriétaire du *New York Herald Tribune,* James Gordon Bennett, offrit à ses invités un gigantesque saint-honoré d'où l'on vit surgir une exquise créature, uniquement vêtue de choux à la crème. Et Pierre Cardin, de valse en valse, d'animer en personne la nuit dansante, après un impérial réveillon signé Michel Menant.

Caviar d'Iran
Consommé Grand-Duc
(Paillettes d'or)
Homard grande fine champagne Maxim's
(Riz pilaw)
Noisette d'agneau de Bretagne Edouard-VII
Pommes parisiennes
Aiguillette de caneton
En chaud-froid à la royale
(Pointes d'asperges et truffes fraîches en salade)
Bombe Saint-Sylvestre
Friandises
Fruits
(Cerises, mandarines, litchis, pommes, mangues)

Champagnes : Bollinger 1976 ; Krug 1975 ; Maxim's 1975 ; Moët et Chandon 1976 ; Mumm Cordon Rouge 1976 ; Perrier Jouët 1976 ; Roederer 1977. Cuvées et réserves exceptionnelles : Dom Pérignon 1975 ; René Lalou 1976 ; Belle Epoque 1976 ; Florens Louis 1973 ; Cristal Roederer 1977 ; Comtes de Champagne 1975 ; Grand Siècle.

« Pour changer un peu », *la Louisiane* préfère proposer le style *barbecue,* avec l'orchestre New Orleans.

Place Clichy, « un vent de fête fait valser les homards », d'où les « réveillons dansants » de *la Champagne,* la grande brasserie de la mer.

« Il y a des femmes chez qui on a envie de finir l'année », d'où langoustes Thermidor, oies maison en cotillon et filets de fête *Chez Hansi,* la plus souriante des Alsaciennes, face à la tour Montparnasse.

« Hors catégorie », vous avez le choix entre *le Grand Vefour* (on vous recommande le ragoût d'écrevisses et de brochet à l'anis) et

Lasserre (sole Bagatelle), *Laurent* (canard au cassis) et *la Tour d'Argent* (évidemment le canard au sang), *Ledoyen* (grenadin de veau vicomtois) et *Taillevent,* la plus riche cave de Paris (cervelas de fruits de mer truffé aux pistaches).

L'Alcazar vous fait réveillonner avec le fantaisiste Pierre Douglas, inimitable imitateur de Georges Marchais ; *Don Camilo* avec Dalida et Régine ; *les Aristocrates* avec le chansonnier Jean Amadou ; *Michou* avec « les plus troublantes fofolles de la capitale » ; *le Capricorne* avec toute une escouade de stripteaseuses capiteuses...

Disons qu'on réveillonne au chaud, avec le maximum de sécurité.

Point de délires, ni de paniques.

L'unique cohue se note aux Champs-Elysées où des flots humains montent et descendent la célèbre avenue parmi tout un vacarme d'avertisseurs. Poignées de main, embrassades et étreintes réunissent, l'espace d'un instant, étrangers, Parisiens et provinciaux. Des pétards éclatent au milieu d'un indénouable embouteillage. De jeunes Anglais, hirsutes et dépoitraillés, bouteilles de scotch ou canettes de bière à la main, n'arrêtent pas, entre deux gorgées, de lancer des *happing year* à la ronde. Les Allemands, *Ach ! Hoch !,* ne sont pas en reste, les Japonais étant de tous nos visiteurs les plus calmes, simplement trop heureux de photographier et de filmer à bout de bras. C'est tout Paris-la-fête qui resurgit alors, pêle-mêle bandes venues des banlieues dans leurs blousons de cuir, groupes de *punks* à la mèche colorée et bourgeois traditionnels.

Mais, pour une fois, les rapports de police ne feront état d'aucun incendie, ni de la moindre rixe, même dans les quartiers réputés chauds comme Pigalle. Rare incident notable : dans une voiture en stationnement, un illusionniste, Alain Marsat, découvre qu'on lui a volé un panier en osier avec, à l'intérieur, un superbe python royal de deux mètres de long, avec lequel il devait présenter un numéro dans un restaurant du quai des Grands-Augustins.

Au total, disons : nuit gaie et calme.

En revanche, c'est un réveillon endiablé que la télé réserve aux millions de Français restés chez eux.

C'est d'autant plus notable que, depuis un an, la télévision française aura été singulièrement morne et lasse.

Enfin, de quoi s'amuser. Du moins profitons-en.

FR 3 met sa soirée sous l'enseigne si populaire de *la Dernière Séance,* l'une de nos émissions les plus suivies de ces derniers mois, signée Eddy Mitchell et Gérard Jourd'hui. Un cas, cet Eddy. Le *rocker* à tout faire. Nono du *Coup de Torchon.* La gouape qu'on crut inimaginable, qui fume le cigare sans cesser de mâchonner son chewing-gum. Silhouette haute et massive. Torse de lutteur. Tête modèle de cow-boy ruminant, lissée de cheveux blonds étirés en arrière, à la peau-rouge. Crans ondulant sur la nuque. Front étroit de têtu, tempes serrées, bouche mi-moue mi-rictus, regard qui semble n'être pas un regard, pas coté. Il fut môme traîneur de savate à Belleville. A treize ans, il était coursier sans conviction au Crédit Lyonnais, boulevard des Italiens, mais il y trouva son illumination : la banque en question est à deux pas du cinéma Paramount et du cinéma California, qui ne coûtaient pas cher si l'on y allait entre 10 et 13 heures ; sa voie était dès lors toute tracée ; il serait homme de spectacle. On l'a connu chanteur. Le voici vedette nationale, en tant qu'organisateur de spectacles. Il a d'ailleurs toute l'autorité nécessaire pour dominer son métier. Et de nous distribuer ce soir, en bon cow-boy sympa, l'un des plus glorieux westerns américains, *Vera Cruz,* avec Gary Cooper, dans le rôle d'un ex-colonel de l'armée sudiste et Burt Lancaster, fils du hasard, aventurier pour être aventurier et gagner beaucoup d'argent à dépenser au jeu ou en whisky, engagés au Mexique, pendant l'insurrection de Juarez, environ 1866, dans une mission farfelue qui sera fatale à leur amitié. Du western efficace, par le magicien Robert Aldrich. Ça fait claquer le colt de tous bords, les Français n'ont pas le beau rôle dans l'histoire, mais il y a ces deux formidables pendards, et Denise Darcel, en comtesse Duvarre, est bien belle et troublante, dans la comporte où elle prend son bain. Puis viennent *Les réclames des années 50,* plaisir rétro, et un Tex Avery, *Le Joyeux Dingue.*

On poursuit avec des variétés. Cela s'appelle *Alors, je dis bravo 82.* Il y a des chansons pour tous les goûts. Nostalgies à gogo. Un festival de vedettes et d'airs connus. Daniel Balavoine, *Vendeur de larmes,* Alain Bashung, *C'est comment qu'on freine ?* Julien Clerc, *Lili voulait aller danser,* Jane Birkin, *Rocking chair,* France Gall, *Tout pour la musique,* Françoise Hardy, *Quelqu'un qui s'en va,* Pierre Papadiamandis, compositeur d'Eddy Mitchell, improvise au piano. Yves Montand chante *Syracuse* en anglais. Henry Salvador pousse *Une chanson douce,* douce, douce... Eddy chante avec pas mal de complices. Lino Ventura surgit, Jean Rochefort passe, Philippe Noiret raconte. Le sommet est atteint avec le duo Eddy Mitchell-Johnny Hallyday, en veston de zèbres. Le sommet est dépassé à minuit quand les vœux sont présentés par... les danseuses du Crazy Horse Saloon, dans leur plus simple appareil, inappréciables cadeaux de nuit...

On termine dans le style désormais classique de *la Dernière Séance.* Le jeu, sur des paroles de Patrick Brion, nous recrée tout le climat des cinémas de quartier des années cinquante, une vraie séance comme on n'en fait plus dans nos salles ultramodernisées, avec dessins animés, réclames, et attractions à l'entracte. Au demeurant, l'envoûtement est si puissant sur les téléspectateurs que certains d'entre eux, à ce que l'on assure, poussent le raffinement jusqu'à sortir des esquimaux de leur frigo, au moment de l'entracte, entre les deux films de la soirée. En tout cas, cela nous aura du moins valu de voir, ou de revoir, ces derniers temps, un *Corsaire rouge* d'anthologie, un *Bandido Caballero* de derrière les fagots, un Clark Gable déchaîné en Zorro, Miou-Miou dans *Attention, une femme peut en cacher une autre,* Robert Mitchum dans *Au Diable son dû,* et, cette nuit même, dès 0 h 45, après un autre Tex Avery, *Qui a tué qui ?* et, en attraction, les puces savantes de Mac Ronay, l'une des comédies-opérettes les plus spirituelles de tous les temps, *High Society,* avec un générique en or massif, Bing Crosby, Frank Sinatra, Louis Armstrong et Grace Kelly (faisant dans ce film ses adieux au cinéma).

Je vous le jure : l'on croirait retrouver notre joyeuse télévision d'antan.

TF 1 ouvre la soirée avec un *Coco-Boy* de Stéphane Collaro : rien n'y manque du Collaro, ni ses quatre *playmates,* les Coco-girls, Shaine, Monica, Natacha et Corinne, tant pis pour Shaine si elle craint à l'excès la chaleur, ni la nouvelle aventure des Jean-Foutre (jusqu'où J. R. Jean-Foutre ira-t-il dans l'ignominie), ni la *playmate du mois,* une marchande d'allumettes, ni la satire politique où aujourd'hui Mitterrand, en « grenouille » en prend une drôle de rincée, vraie vedette d'un *bébette-show,* jamais si peu *Top-secret.*

On enchaîne sur un *Au théâtre ce soir* de Pierre Sabbagh, en l'occurrence *Jean de la Lune,* de Marcel Achard, un régal de la divine Claudine Coster, en volage Marceline, entre un Michel Duchaussoy lunaire à souhait, et Christian Marin, en Cloclo, frère de Marceline, parasite de rêve. Le rôle de Louise est tenu par la talentueuse Laurence Badie, déjà vue, avec Jean Lefebvre, dans *Je veux voir Mioussov.*

Pour la partie « variétés », chaque chaîne en a confié l'orchestration à ses plus vivants metteurs en scène : ici, à nous donc Yves Mourousi, en smoking rouge, éblouissant de verve, au summum de sa forme. Durant deux heures, d'un trait, il nous propose et nous présente *A l'eau 82 Allô 83.* Il s'agit de reconstituer une sélection des meilleures vidéo-variétés françaises et étrangères de l'année qui se termine. Défilé magique : Diana Ross, Donna Summer, les Pointer Sisters, Stevie Wonder, Paul Mc Cartney, Bing Crosby, David Bowie, Chagrin d'Amour, Jean-Michel Jarre, le groupe Téléphone, Kim Wilde, AC/DC...

Les dessinateurs dessinent leurs vœux, à leur guise. Reiser, Wolinski, Claire Bretécher, Binet, Slodmark, Edika.

C'est Raquel Welch, somptueuse, qui présente les vœux de la chaîne.

On conclut tard dans la nuit avec *la Nuit des Cent Etoiles* émission de la TV américaine (Pourquoi pas ? On se demande ce qui serait resté de toute la soirée sur les trois chaînes si on en avait enlevé tout ce qui est yankee...). Le 14 février dernier se déroulait à New York le gala du centenaire de la Fondation des acteurs américains, une œuvre qui permet aux comédiens les plus déshérités de terminer dignement leur vie. Plus de deux cents vedettes prêtaient leur concours à cette soirée qui fut, pendant plus de trois heures, suivie par des millions de téléspectateurs. Nous en voyons des extraits avec Harry Belafonte, Tony Bennett, Sammy Davis Jr, Placido Domingo, Lola Falana, Liza Minnelli et Grace Kelly — laquelle aura fait là sa dernière apparition sur scène.

Nos plus grandes stars sont dans le public.

On n'arrête pas avant trois heures du matin.

Antenne 2 nous donne *le Mystère du Gala maudit ou la Fabuleuse Aventure du Grand Orchestre du Splendid,* pour nostalgiques de Ray Ventura, smokings blancs et strass, paillettes et œillets rouges à la boutonnière. Dix-sept garçons et filles, avec Irma Vos, transfuge du *Paradis Latin,* 1,85 m et langue bien pendue, nous proposent un réveillon délirant et hilarant. On se trémousse sur le rythme de *la Chanson du Bonheur* et de *Carottes bouillies.* Tant mieux si, sur la scène, dans un local glauque, des *punks* à la mine patibulaire (avec en tête Dominique Lavanant, toujours branchée) ont décidé de saboter le spectacle : ce n'est évidemment qu'un truc pour mieux multiplier les gags. Tant pis si cette folie générale dégénère parfois : *Funky Soutane* met en scène des curés et des bonnes sœurs dans des situations peu orthodoxes, et, dans *la Salsa du Démon,* Belzébuth (Jacques Delaporte, le pianiste), « vit dans l'ordure, pue la sueur et la luxure », tandis que sa compagne, Vampirella (Alice Prévost) « fait l'amour comme une panthère et des trucs cochons avec des chaînes ». Seigneur, où est le temps où notre télé sanctionnait une speakerine pour avoir trop montré son genou ? Il n'en reste pas moins que la séquence a du mouvement, du rythme et de la vie. Du fou, fou, fou... Comment un tel spectacle pourrait-il manquer de *trepiding ?* Il y a même parmi les animateurs de la troupe deux fils de Jean-Marc Thibault, Xavier (guitare-piano) et Frédéric (trompette-piano), tous les deux chantant.

Puis, pour le show des shows, *82 sur son 31,* voici pour mener le spectacle, trois des plus grands princes de la télé, triumvirat magique, Philippe Bouvard, plus pince-sans-rire que jamais, Son Altesse Vinaigre Buvable ; Michel Drucker, chevalier de la gentillesse, non moins travailleur infatigable que son ami Philippe ; et l'épique Jacques Martin, archiduc français de la *commedia dell'arte,* contre tous les paris, à longueur d'année, réussissant à composer, monter et présenter, quasiment d'affilée, tous les dimanches, six heures de *Dimanche-Martin.*

De toute manière, cela ne peut que beaucoup nous changer de la pénible nuit de Noël qui nous a été imposée par les spectacles télévisés. *Où sont donc les Noëls d'antan ?* a pu demander Georges Hilleret dans sa « Critique » hebdomadaire de *Télé 7 Jours.* Il est trop vrai que, le soir de Noël, alors que « rien de plus gai que cette fête où les rites païens se mêlent intimement au sacré, fête qui annonce au cœur de l'hiver que les beaux jours reviendront, rien de toute cette magie à la télévision, cette année, à part quelques guirlandes et frimas ».

Dieu merci, la Saint-Sylvestre aura été plus réussie.

Changement total.

Gilbert Bécaud, plus monsieur 100 000 volts que jamais, précède Patrick Sébastien, aussi diabolique que toujours pour vous recréer un Marchais et un Giscard encore plus vrais que nature.

Mireille Mathieu roucoule.

Jean-Loup Chrétien, premier astronaute français, raconte sa vie parmi les étoiles, gemmes de tout là-haut ; Philippe Leysalle, quinze ans, ses sensations de plus jeune pilote de France ; Daniel Druet, sculpteur du musée Grévin, ses plus pittoresques souvenirs.

Philippe Bouvard, plus malin qu'un lutin, compose tout un pastiche coquin des *Dossiers de l'Ecran.*

Serge Lama, en Bonaparte — encore qu'il soit de naissance girondin et non corse — nous donne un viril extrait de son dernier disque, entièrement voué à ressusciter l'épopée napoléonienne.

Michel Drucker, avec son art de beaucoup dire en peu de mots et de tout savoir en évitant toute pédanterie, introduit Julien Clerc ou John Denver.

Gilbert Bécaud réapparaît. C'est lui, avec Trenet, qui a le répertoire le plus riche, de *Mes Mains* à la *Ballade du baladin,* d'*Alors, raconte* à *Accroche-toi à ton étoile,* de *l'Homme heureux* au *Gitan qui rit tout le temps.* On ne vérifie jamais mieux qu'avec cet éternel jeune homme de cinquante-cinq ans que la télé est l'art du visage, du regard et de l'humain. D'abord, à tout coup, c'est « l'humain » qui passe. Impossible de tricher : le « sec », le non-humain ne crée aucune communion, aucun passage de mystère, ce que le langage rituel appelle le magnétisme. On se plaint parfois que la télévision prive le spectateur de la jouissance de foule, de l'ivresse de masse, du plaisir de partage, que l'on peut ressentir dans toute salle, mais, en revanche, chaque téléspectateur peut se persuader que l'aubade n'est que pour lui, que le chanteur n'est en dialogue qu'avec lui... sous seule réserve que, comme Bécaud, ce chanteur ait la magie de l'échange et beaucoup de cœur...

Bruno Rostand, premier prix de physique au Concours général, succède à d'autres invités du triumvirat, Robert Hossein — ce Hugo métissé de Gogol — Peter Ustinov — le colosse russe le plus drôlement et le plus puissamment tantôt anglicisé tantôt américanisé qui se puisse rencontrer — ou Laurence Modaine, championne du monde du fleuret junior ou M. et Mme Vanderhende, gagnants de 6 238 390,30 F au Loto.

Philippe Bouvard introduit *les Etrennes,* film de Nino Monti : quand la caméra se cache pour quémander des étrennes pour... les journalistes d'Antenne 2.

Nos sept championnes du monde de judo voisinent avec les Bluebell Girls du Lido.

Jacques Martin, tout ravi de la plaisanterie, présente *82 et ses poussières,* caricature animée, « les grands événements de l'année sélectionnés, revus et corrigés », Carmen à Pékin, visite de

Mitterrand, la guerre des Malouines, l'enlèvement de Jean-Edern Hallier, la conférence de presse de Mitterrand, le *Mundial,* la politique de rigueur de Mauroy, la rentrée de Giscard, la mort de Brejnev, le tout vu par un Faizant du petit écran et réalisé par Jean Bertho. Audace sur audace. Le ministre du Budget devient Nostrafabius, auteur de prédictions qu'il faut sans cesse que d'autres ministres démentent aussitôt. (On ne pense que mieux au mot de Paul Reynaud, naguère : « Démenti ? Rementi... ») Mauroy se retrouve en Falstaff ou en Bibendum. Mitterrand recommence sa promenade marathon au Panthéon, sa rose à la main, mais cette fois au son de *Un kilomètre à pied, ça use, ça use... ça use les souliers,* et il s'affale finalement dans un trou que ne lui ont pas signalé les incompétents.

Une Miss France qui s'appelle Saveina Belleval précède Monique Laudrère, danseuse étoile à l'Opéra ou M. Regnault, qui a gagné 1 840 210,20 F au Loto et a remis un tiers de ses gains à la Recherche.

Gérard Oury, heureux père de *l'As des As,* apparaît peu avant le mime Marceau ; Jacqueline Maillan, qu'on attendait trépidante, qui nous arrive toute timide, peu après Roger Hanin ou les chefs du sommet de Versailles.

A peine passé Didier Pironi, ressuscité de la Formule 1, suit Yves Saint-Martin, Alain Chouffan, de *Playboy,* qui vient de recueillir ses confidences pour le prochain numéro de la revue, écrit qu' « avec un nom pareil, en Angleterre, on l'aurait anobli, comme Sir Gordon Richards, jockey de la Reine. En France, on lui a donné le ruban bleu de l'ordre du Mérite ». De toute manière, il n'est pas que l'idole des turfistes, il est devenu l'une de nos vedettes mondiales, que les Anglais appellent « le crack jockey », les Américains « The golden jockey ». Dès ses dix-sept ans, il remporte sa première victoire, sur *Royallic.* A dix-neuf, il gagne sa première cravache d'or (décernée au jockey ayant remporté le plus grand nombre de victoires dans l'année) avec 107 victoires. En 1964, il s'en adjuge 184, troisième cravache d'or. Ce mini-bonhomme d'1,58 m et de 52 kg en selle, à vingt-trois ans, fête sa millième victoire, à trente-quatre ans, sa deux millième. Au total, à notre date, il aura connu plus de 15 000 courses et gagné 2 835 fois, collectionnant 14 cravaches d'or et inscrivant à son palmarès les triomphes les plus enviés, le Derby d'Epsom, le prix du Jockey Club 6 fois, le prix de Diane 5 fois, le Grand Prix de Saint-Cloud 3 fois et surtout 3 fois l'Arc de Triomphe, la course la plus célèbre du monde. Il dit : « Je comptabilise aussi seize fractures. » Il raconte comment il a gagné le dernier Arc, sur *Akiyda,* contre les deux favoris *Bikala* et *Bon Sang.* Il dit encore : « Avec tous les impôts que je paie, comment ose-t-on raconter que je suis riche ! »

Encore Mireille Mathieu, et Serge Lama.

Un défilé de mannequins.

Un suprême passage des Bluebell Girls, pour mieux illuminer la frontière des deux années.

L'on passe déjà au film de la nuit, pour *Ciné-Club,* avec *la Huitième Femme de Barbe-Bleue,* film américain en noir et blanc d'Ernst Lubitsch. Que peut-il arriver de triste quand un fringant play-boy, qui a perdu pour une fois son chapeau de cow-boy ou son képi de *captain boy,* Gary Cooper, légèrement milliardaire de surcroît, s'obstine dans un magasin à vouloir acheter la veste, seulement la veste, d'un pyjama, et qu'une jolie femme, merveille de finesse et de drôlerie, Claudette Colbert, assistant à la scène, propose, elle, d'acquérir le pantalon, histoire de rendre service ? Tel est le sujet. Toute la suite est à l'avenant. « Je n'ai jamais rencontré un type aussi bien que Gary Cooper ni de meilleur copain » assurait Raoul Walsh en évoquant leurs communes parties de pêche à la truite dans les lacs de montagne, leurs chasses à l'oie sauvage dans les petits matins froids de Sacramento ou le tournage des *Aventures du Capitaine Wyatt.* Justement, le prestigieux acteur n'aura jamais été si grand, ni si rayonnant, que dans ce rôle léger.

Vous n'aimez pas la télé, ni le cinéma ?

Vous pouvez réveillonner sur radio.

Dès 20 h 30, France-Musique retransmet le concert donné en juin en l'abbaye de Royaumont, *les Vêpres de la Sainte Vierge,* de Claudio Monteverdi, avec l'Ensemble vocal instrumental de la Chapelle royale, sous la direction de Philippe Herreweghe. Parmi les solistes : Agnès Mellon, soprano ; Guillemette Laurens, mezzo ; Nigel Rogers, ténor.

France-Culture, de 14 à 24 heures, assure *la Criée aux Contes* par Bruno de La Salle. Prenez-la donc au passage. On y donne toutes sortes de fables, de chansons, de légendes et de contes populaires entremêlés, type *le Petit Poucet, Peau d'Ours, la Fille aux mains coupées, Histoire de Jean Le Sot.*

France-Inter, après *la Tribune de l'Histoire,* « il y a cent ans : la fin de la Bourgogne », par Jean-François Chiappe, offre sous l'enseigne de *La musique est à vous,* de Jean Fontaine, « Noël sous tous les cieux », puis sous autorité de l'*Actualité du Disque,* le 111ᵉ anniversaire d'*Aïda* de Verdi, on le sait créée au Caire.

Europe 1 promet le *hit des clubs,* puis beaucoup de danses, avec comme animateur Yann Hegann.

R.T.L. fait aussi beaucoup danser, à partir du Luxembourg, de même que Radio Monte-Carlo, qui a également son *hit des clubs,* avec Michel Cotet.

Encore tout pour la danse sur Sud-Radio.

Par ailleurs vous avez des radios libres à foison, soixante-sept en Aquitaine, trente-quatre à Perpignan, plus de cinquante à Lille, innombrables dans la région parisienne.

Un micro, un casque, une boîte à émettre et le tour est joué : c'est une radio.

On n'en estime pas moins à quelque 400 000 par jour les « clients » qui prennent les deux postes libres les plus écoutés du secteur parisien, N.R.J. et R.F.M., sur émetteur en permanence, et l'emportant pourtant de peu en indice d'écoute sur, dans l'ordre, *Radio-Service Tour Eiffel,* dite Radio-Chirac, officiellement subventionnée par la municipalité de Paris, *Radio-J, Fréquence-Gaie* (pour homosexuels), *Radio-Montmartre* et *Carbone-14.*

Vous n'avez pas seulement le choix en « nombre », ou en géographie, de *Radio-Versailles,* puissamment dirigée par Roland Faure, à *Radio-Trèbes* à Carcassonne, de la *Voix des Fêtes* de Saint-Jean-du-Var à *la Boucle* de Pontoise, de *Radio-Barracuda* de Rennes à *Radio-Léon* de Lyon.

Vous avez tous les genres.

Radio-Mega l'O, sur 103,7 MHz, de Gonzague Saint-Bris, est style « nous sommes les plus beaux ». L'antenne est au sommet des 33 étages de l'hôtel Concorde-Lafayette, à Paris, porte des Ternes. Le studio est installé juste en-dessous, dans une sorte de grenier, non loin du bar panoramique *Plein Ciel,* parmi tout un enchevêtrement de câbles, de caisses, de canapés et de micros. Tout le monde est mégalo, dit le mégalo en chef, Gonzague. Stars et étoiles en veux-tu en voilà, dont Jacques Séguéla, requis pour la campagne publicitaire, Guy Béart pour l'indicatif, Claude Lelouch pour les émissions sur le cinéma, Lucien Bodard. « Chez nous, les gens connus parlent comme s'ils étaient inconnus, et les inconnus comme s'ils étaient vedettes. » Détente, bonhomie, beauté, luxe, calme et volupté, quoi. On monte même de grandes pièces symphoniques, nappées de violons et fourrées d'un rythme rock.

Radio-Paris 80 se veut enfant de la fantaisie la plus libérée. Au vrai, aucune n'aura plus vagabondé, pour mieux échapper à l'assaut des casques et képis qui peuvent, à l'heure du laitier, venir troubler l'aventure. Installée d'abord dans l'entrepôt d'une coopérative de nourriture biologique et végétarienne, elle émigra vite dans un hôtel du quartier Latin, puis dans un autre. Elle est en train de « faire » toutes les tours, d'appartement en appartement.

R.F.M., fréquence 100,3 MHz sur stéréo, 24 heures de programme sur 24 à partir de Vélizy, « miousique and niouses », se veut une radio de combat. Son grand chef, Patrick Meyer, ex-directeur de *Radio-Jumbo* aux Antilles, ex-patron viré de *Radio-7* pour avoir invité « ce cancre de Coluche au micro en pleine campagne électorale », aime faire des vagues. Aussi le poste doit-il être l'un des plus « brouillés » par les soins des organisations d'Etat.

La commission Holleaux (chargée de distribuer les autorisations d'émettre, ainsi désignée du nom de son président qui dirige aujourd'hui FR 3) n'a donné un avis favorable qu'à 18 fréquences, en conseillant à certaines radios de s'allier. (On a d'ailleurs « recommandé » de drôles de mariages : on a prié par exemple *Radio-Express* de fusionner avec *Radio-Humanité ;* on a poussé jusqu'à suggérer à la radio des Libanais, *la Voix du Cèdre,* d'admettre auprès d'elle la radio des Palestiniens de Paris !) Mais, à nuées, les autres continuent d'émettre. Ainsi avons-nous une gamme aussi variée.

Radio-Notre-Dame veut rassembler toutes les voix des communautés chrétiennes y compris les scouts, et *Radio-Digitale,* mariée désormais avec *Mégapuce, Pariféric, Tension F.M.* et *Radio-Thélème direct,* cultive plutôt les « musiques diverses ».

Radio-Nova/Ivre se proclame « musique de minorités » ; *Radio-Latina* le poste de la musique latino-américaine, *Fréquence Montmartre* la « radio d'expression de la zone Nord de Paris ».

Il y a *Radio-J* (Radio des Communautés juives, à présent regroupée avec *Radio-Shalom* et *Judaïques F.M.*) et il y a la *Fréquence immigrés Maghreb Afrique,* « berbère, arabe et africaine » ; *Paris-Méditerranée,* orientation : musique orientale et *Radio-Bocal,* orientation : chansons françaises seulement.

Radio de la Péniche est radio catholique pour jeunes ; *Active F.M.* ne donne que de la musique anglo-saxonne ; *Radio 20/20* est tout bonnement la radio du XXe arrondissement ; *Amplitude FF1* ne veut exister que par des étudiants pour les étudiants..., *Radio Solidarité* se veut la voix de l'opposition...

Vous avez peur de vous égarer dans un tel maquis ? Vous redoutez de ne pas savoir trouver la fréquence ?

Usez donc de l'instrument-roi de nos jours : le magnétoscope.

Encore un choix vaste comme l'univers.

Vidéo Art International propose un catalogue de cassettes qui permet de visiter, dans son fauteuil, le Louvre, le Prado et les musées du Vatican, ou de découvrir sans avoir à se déplacer Georges Braque ou le Gréco.

Spécialiste de cassettes musicales, AM Vidéo innove avec sept films du plus haut intérêt, dont les tout derniers sortis, *la Nuit de l'étrangleur, l'Honneur perdu de Katarina Blum* et *Sibérie, terre de violence.*

Vous pouvez voir aussi *l'Année du Tennis* et *l'Année du Golf.*

Les enfants ont droit à *Bouba, le Petit Cid* et *Tom Pouce.*

« Quand le chat n'est pas là, les souris dansent », assure-t-on, sauf que Jerry la souris adore virevolter sur les moustaches de Tom le chat, lequel Tom devient chèvre et, toutes griffes dehors, engage une poursuite effrénée à laquelle se trouvent mêlés, on ne sait ni pourquoi ni comment, Butch le chien ou Muscle mouse, cousin musclé de Jerry. Problème de ces souris *folies :* comment Jerry et son souriceau Nibbles échapperont-ils à tous les pièges ? Vous le saurez avec une cassette qui vaut son « quatre étoiles » de la revue *Vidéo 7 :* le dernier *Tom et Jerry...* Vous n'en aurez pas moins aussi pour junior, éventuellement, *Starzinger : les Chevaliers de l'espace,* et, chez Walt Disney, *Titi et Grosminet.*

Quasiment en même temps qu'au cinéma, la rencontre au

sommet Hugo, Hossein, Ventura sort en vidéo-cassette. RCV offre *les Misérables,* avec un Lino Ventura enfin dans un rôle à la dimension de sa puissance.

Créatures de rêve, dangereux trafiquants, troublantes espionnes... Vous ne direz sûrement pas qu'Hubert Bonnisseur de La Bath, alias OSS 117, a froid aux yeux, quand vous aurez vu par UGC Vidéo les quatre dernières cassettes vouées à ce héros invincible et incassable, *Pas de roses pour O.S.S. 117, Atout cœur à Tokyo, Furia à Bahia* et *Banco à Bangkok.*

Régie-Cassette Vidéo vous assure *l'Année-Choc,* « 1982 en vidéo-cassette », de la guerre des Malouines au *Mundial,* de la chute de Beyrouth à la mort de Grace, d'octobre 1981 à octobre 1982.

Arnie Boldt, unijambiste, saute en hauteur 2,08 mètres. Une jeune aveugle, Lou Keller, réalise 1mn 9s au 400 mètres. Paralysé des deux jambes, Lindberg soulève 263 kg, record mondial. Telles sont les principales séquences du film réalisé par Patrick Segal lors des sixièmes olympiades des handicapés, en cassette d'1 h 20, sous le titre de *la Nuit ensoleillée.*

Nous aurons bientôt J. R. en cassette, avec le gentil Bobby, et Pam la pin-up : 102 films sont déjà en boîte et le tournage se poursuit.

« Du xxx à l'américaine : la jeune Stéphanie vous entraîne dans un tourbillon de fantasmes de soumission et de domination. Enchaînée, fouettée, cravachée, Stéphanie vous initie à l'univers sacré de la jouissance dans l'esclavage, le supplice et la perversité. Mêlant la crainte à la fascination, Stéphanie vous mènera dans l'assouvissement total de vos désirs les plus crus et les plus sauvages », sur image d'une belle femme vue de dos, enchaînée et se préparant au fouet, tel est le texte publicitaire qui, dans beaucoup de nos journaux et revues, soutient le lancement d'une « sélection xxx de Vidéone », toute nouvelle cassette *Chained* (Enchaînée) avec « l'incroyable Stéphanie Bonds ». Force est de reconnaître que le marché de la cassette éroto ou porno reste prospère. Les publicités en font foi, les locations et les ventes aussi. Du raffiné agreste ? *Julie la Douce,* une belle inconnue errant dans les prés enlevée et matée par un châtelain Sade qui en fait une soubrette consentante, puis une épouse asservie, non sans la complicité de son chauffeur. De l'érotique distingué et marin ? « Nouveau ! Les croisières galantes des milliardaires... Laura lève le voile sur les loisirs voluptueux d'une élite dorée... Embarquez-vous vous aussi à bord du yacht de l'amour où des créatures de rêve, merveilleusement bronzées, s'en donnent à cœur joie... » (Pub des éditions Laura pour le *Yacht de l'Amour*). Sexe à gogo. Le xxe siècle aura voulu tout voir, tout faire voir et tout imaginer. Les titres sont à milliers, des plus subtils aux plus robustement poivrés, de *Trio lubrique,* importé du Danemark, au tout nouveau *Bourgeoise et Pute,* telle quelle, « belle, riche et débauchée », du

Sexe qui parle (et qui vaut les Mémoires d'un fameux sofa du XVIIIe siècle) à *Ilsa : la louve des SS,* avec laquelle on n'hésite pas à recréer les expériences les plus sadiques du Reich hitlérien, de *Every which way she can,* western porno pour cow-boys de capitale qui s'ennuient le week-end, à *la Femme aux bas noirs,* premier polar-porno, de *Caligula,* avec lupanars de luxe, orgies impériales, dimensions hollywoodiennes et Peter O'Toole, à *The Hot One,* avec Annette Haven, « la veuve joyeuse », au pouvoir érectogène à l'infini, qui, l'accouplement classique ne lui suffisant plus, se livre de toute son âme insatisfaite aux expériences les plus imaginatives...

Mais le marché du sexe a cessé d'être le premier.

Il est débordé par de multiples autres genres.

Ainsi, voici l'énorme marché comique. Toutes dernières sorties : *On n'est pas sorti de l'auberge,* avec Jean Lefèbvre et Bernadette Lafont, *le Corbillard de Jules* avec Francis Perrin, *les Diplômés du dernier rang,* avec Michel Galabru.

Ainsi le marché de l'aventure, avec surtout *les Guerriers de l'Apocalypse.* L'histoire : une section des forces d'autodéfense japonaises est en route pour assister aux grandes manœuvres, quand un phénomène extraordinaire se produit ; toutes les montres s'arrêtent ; il est 17 h 18 ; le ciel s'obscurcit ; un fabuleux glissement de terrain s'opère ; la section se retrouve quatre siècles en arrière, en plein combat entre puissants seigneurs féodaux japonais. « Une armée d'hier face à une armée d'aujourd'hui : à ne pas manquer. »

A nous ces jours-ci *le Retour de Will Kane, l'Imprécateur* et *Providence,* le film aux sept Césars, *Madame Bovary,* et *la Chartreuse de Parme.*

Les Kinski ont leur *fans* et leur clan. Lui, c'est Klaus, le baroudeur infernal, né polonais, mobilisé à seize ans dans l'armée allemande en déroute, acteur de théâtre à Berlin, interné dans un hôpital psychiatrique, révélé par Sergio Leone dans un spaghetti-western, silhouette de cauchemar, blonds cheveux hirsutes, rictus diabolique, yeux d'envoûté, seuls témoins de la folie intérieure qui le ravage, crevant soudain l'écran dans le rôle d'un conquistador halluciné pour *Aguirre, la colère de Dieu,* confirmé dans le rôle d'un comédien ultra-violent et schizophrène, *l'Important, c'est d'aimer.* Elle, c'est Nastassia, sa fille, nymphe diaphane changée en amante nue et dévastatrice par Polanski, sulfureuse comme *Une fille pour le Diable,* proie d'adorateurs de Satan, panthère pour *la Féline,* symbole de l'envoûtement plus ou moins malsain des années 1980 et qui est en train de tourner *la Lune dans le caniveau* de Beneix aux côtés de Depardieu. Voici précisément sorties toute une série de cassettes où jouent les Kinski.

Vous avez Eddy Mitchell et Pierre Richard, Tati et Charlot, cassettes pour inconditionnels de De Funès et cassettes pour amoureux de Catherine Deneuve.

« Les années 1970 et 1980 marqueront dans l'histoire du cinéma fantastique la consécration du cinéma d'horreur à l'état brut » écrit Gilles Grossard dans une étude pour *Vidéo-7.* Il est vrai que les plus effroyables films d'épouvante des *fifties* et des *sixties* sont dépassés, même *les Maîtresses de Dracula* et *la Revanche de Frankenstein.* Rien ne peut être plus sanglant ou sanguinolent que *l'Au-delà* de Lucio Fulci ou *Zombie* de George Romero. Sans doute est-ce que « grâce aux progrès extraordinaires dans le domaine du maquillage et des effets spéciaux, aujourd'hui, tout semble possible sur un écran. Même l'effet le plus atroce, comme une tête dont les veines gonflent avant d'exploser (*Scanners*)... ou comme les corps éclatant complètement pour laisser échapper les tentacules d'un envahisseur extra-terrestre *(The Thing),* peut être désormais obtenu ». L'horrible et le répulsif n'ont plus de limite — au point que le nom des maquilleurs et des techniciens des effets spéciaux, tels Tom Savini et Rob Bobbin, est aujourd'hui presque plus célèbre que celui des réalisateurs. Attirance malpropre ? « Reflet d'une société dans laquelle la violence est devenue une constance quotidienne ? Recherche d'un spectacle fort qui vous détourne de la réalité contemporaine ?... » Quoi qu'il en soit, le film d'horreur « est devenu un spectacle populaire, c'est vraiment le nouveau Grand Guignol », avec cette seule différence que « les effets horrifiques sont plus convaincants ». Dès lors, ne nous étonnons pas si les cassettes, à leur tour, s'en mêlent...

Enfin, il y a Grace Jones, girafe-panthèse noire, Jamaïcaine de New York, mi-chanteuse, mi-danseuse, nouvelle Baker, mais moins féminine, moins fruit, même si elle est aussi belle, quelque chose de sauvagement ambigu, femme-éphèbe noire, dans ces longues jambes nerveuses et droites, cette fine silhouette liane, ces cheveux crépus coupés en brosse, ce visage puissamment primitif tout en recelant la plus intense lumière intérieure. Son ex-mari, l'un des vidéastes les plus doués de l'heure, Jean-Paul Goude, mi-*frenchman* mi-*yankee,* prend sa caméra, pour film en vidéo, et cela nous vaut, à nous aussi, de pouvoir inviter à la maison ce fauve unique, dansant comme une Africaine, à pieds plats, chantant rauque, en cassette sciemment intitulée : *Grace Jones : A one man show,* et animant à la file séquences magiques sur séquences magiques, telles *Warm leatherette,* lumières aveuglantes et cymbales maltraitées, *Demolition man,* avec une douzaine de clowns de Grace marchant au pas de l'oie ou *I've seen that face before.* Anti-disco, anti-chic, mais personnage hors du commun, pour temps peu ordinaires...

Il y a même désormais un hit-parade des cassettes vidéo, établi par *Vidéo-Magazine.*

A la location, arrivent cette semaine en tête *Ben-Hur, Taxi Driver, Elephant Man, Tir groupé* et *le Policeman.*

A la vente, *Workout-Jane Fonda, Ben-Hur, 2001, l'Odyssée de l'espace, le Bal des vampires* et *Papillon.*

En grande vedette aussi *la Cage aux folles, Kramer contre*

Kramer, Mille milliards de dollars, les Douze Salopards, Que les gros salaires lèvent le doigt.

Aujourd'hui même on nous sort quatre nouveautés « sensass », *Diva* de Jean-Jacques Beneix (amour fou d'un jeune postier pour une cantatrice d'opéra, avec une ténébreuse affaire policière traitée sous un angle baroque qui touche au réalisme) ; *Adieu l'ami* de Jean Kerman, qui fait briller Delon et Bronson dans une vive intrigue policière ; *A nous les petites Anglaises* de Michel Lang, les aventures de lycéens français recalés au bac et exilés pour un temps outre-Manche, dans le Ramsgate des années 1960, et *Quadrophenia* de Frank Roddam, encore dans l'Angleterre des *sixties,* toute une époque, le désespoir d'une jeunesse en quête d'identité, face à un monde un peu trop moche, mais soutenue par la musique des Who, avec motos sautant dans le vide, on ne sait pourquoi, du haut d'une falaise...

De toute manière, le magnétoscope est entré totalement dans les mœurs. Chaque Français peut rêver d'avoir le sien.

En trois ans, en France, près de 5000 cassettes vidéo ont été mises sur le marché. Il en sort actuellement près de 2000 par an — face à seulement 400 films (de valeur inégale) programmés sur le petit écran. Aux Etats-Unis, on compte vendre au moins 3 millions de cassettes enregistrées, au plus 5 millions.

Fièvre à Vidéo-City. « Une soif soudaine et frénétique d'images enregistrées sur cassettes — lit-on dans *Science et Vie* —, une passion des affaires brusquement dépouillée de sa prudence traditionnelle ont créé en France, et en l'espace de quelques mois, un marché explosif de la vidéo. Des droits sont rachetés à coups de milliards, des vidéo-clubs s'installent d'un jour à l'autre, puis souvent cèdent au vertige, des pirates prolifèrent. On croirait assister à une nouvelle ruée vers l'or... »

Près de 20 millions de magnétoscopes sont déjà répartis sur la planète dont près de 4 en Europe, autant qu'aux Etats-Unis. L'avenir est plus prometteur encore : 7 à 8 millions dès cette année.

Boom et surboom. A peine publiés, les chiffres sont déjà dépassés.

La location des cassettes est encore plus prospère que leur vente. Quelque 11 millions de cassettes ont été louées en Grande-Bretagne en 1981 : aujourd'hui, elles sont louées au rythme de 1,25 million chaque semaine par 730000 clients. En Allemagne, 2 millions de cassettes louées en 1981 contre 500000 vendues. Aux Etats-Unis, 40 % du stock vont à la location.

Il y aurait actuellement quelque 2500 points de vente et de location de cassettes en France. Grands magasins, boutiques de photo-ciné-son, disquaires, grandes surfaces ouvrent un rayon vidéo, ne serait-ce que pour en faire parfois un commerce d'appel, pour attirer le client. La précipitation est d'ailleurs telle que 20 % des vidéo-clubs auront déposé leur bilan dans la dernière année.

Inévitablement, sur un marché aussi fou, les vendeurs-pirates s'en donnent à cœur joie.

Vous ne serez pas tout seul à passer de la sorte votre réveillon, si vous soupez en compagnie d'un magnétoscope.

A temps nouveaux, magiciens nouveaux et réveillons nouveaux.

2

Année 1982, année morne

Personne ne pleurera l'année 1982.

Une année grise.

Décevante pour l'économie, déroutante pour les échanges, affolante pour les finances, inquiétante sur le plan social et menaçante à l'horizon international, résume *le Nouvel Economiste*.

Drames, discordes, déceptions, désagréments, tel aura été le fond de tableau permanent, jusqu'à ces derniers jours, et alors que tout le monde s'accorde à prédire que 1983 sera un miroir de 1982, en pire.

Drames ? Soixante-quinze jours de guerre, des morts par milliers, des massacres de civils, Beyrouth martyrisée, tel est le bilan de l'opération « Paix en Galilée » qui se déclenche le 6 juin et se clôt le 23 septembre, quand une force multinationale franco-italo-américaine débarque au Liban pour garantir la cessation des combats. L'organisation militaire de l'O.L.P. (Organisation pour la libération de la Palestine) est disloquée ; son chef, Yasser Arafat, doit, humilié, quitter Beyrouth pour Tunis ; les armes « occidentales » d'Israël dominent de la manière la plus écrasante les armes « soviétiques » mises à la disposition des Syriens et des Palestiniens ; l'armée israélienne occupe une large partie du territoire libanais ; les kibboutz de Galilée cessent d'être sous les coups directs de l'artillerie de « l'ennemi éternel ». Mais la guerre peut à tout moment recommencer. Israël, terre de guerre éternelle. Où situer l'Etat palestinien que vous voulez créer ? demande-t-on un jour à Arafat ? Il répond : « tout le pays ». Dans son esprit, cela veut dire : le territoire délimité à l'ouest par la Méditerranée, à l'est par la dépression du Ghor se prolongeant jusqu'à la mer Morte, au sud, le Neguev. C'est en exclure Israël. C'est nier l'existence d'Israël. C'est sous-entendre une guerre sans répit.

Samba sanglante : voilà vingt-six mois que l'Iran révolutionnaire et l'Irak socialiste se battent à mort. Morts à dizaines de milliers. Champs truffés de mines. Longues colonnes de populations en fuite. Villes rasées. Celle-ci, par exemple, Reza Shah l'avait surnommée Khorramchahr, la « ville du bonheur ». Saddam Hussein en a fait la ville du sang en la baptisant Mohammara (la rougie), selon l'appellation des Arabes. Peuplée de 180 000 habitants avant la guerre, Khorramchahr-la-Rougie, n'est plus que décombres. Il y a pourtant pire encore : à Howeiza, pas un mur ne subsiste ; les Irakiens l'ont rasée au bulldozer.

Guerre en Amérique centrale. Car on ne peut plus parler que de simples guérillas. Les combats de maquis s'intensifient au Salvador. La contre-révolution s'organise contre le Nicaragua, sous régime sandiniste para-communiste depuis la chute de Somoza. Le Guatemala est depuis longtemps familier des luttes terroristes et antiterroristes. Le Honduras est atteint à son tour. Les castristes excellent à cultiver la spirale provocation-répression, révolution, consistant à généraliser un conflit sur toute une région à la faveur de situations socio-économiques « exploitables » et à contraindre les adversaires à des négociations humiliantes en créant un sentiment d'exaspération parmi les populations. Mais Reagan a entrepris une action puissamment efficace. D'où un surcroît de déchaînement des forces.

Une guerre surréaliste. Pour le petit archipel des Malouines envahi le 2 avril par l'Argentine, l'Angleterre envoie la Royal Navy à l'autre bout du monde. Victoire chère : dix semaines de combats aéronavals ; 256 tués ; une quinzaine de navires perdus (dont le *Sheffield* par un Exocet de fabrication française) ; deux millions de livres sacrifiées.

Guerre coloniale et religieuse. Trois millions de réfugiés afghans au Pakistan, près d'un million en Iran sont le plus vivant témoignage de la haine et de la violence qui se partagent l'Afghanistan depuis trois ans. Les Soviétiques engagent les moyens les plus coûteux, tout en faisant pression pour qu'il y ait plus de quatre millions de réfugiés au Pakistan, seuil à partir duquel celui-ci, du fait que l'aide de la communauté internationale n'est pas en mesure d'être augmentée, ne pourra plus assurer les charges correspondantes. De plus, ils aident activement les Baloutchs pakistanais qui, au nombre de cinq millions, réclament leur autonomie depuis longtemps, et contre lesquels le régime du général Zia mène une guerre à outrance. Mais la résistance est active. Sur plusieurs centaines de kilomètres, par des sentiers impossibles, des caravanes de chameaux acheminent roquettes, mines anti-char et fusils mitrailleurs, toutes armes d'origine américaine. Les villages « patriotes », harcelés par les hélicoptères blindés, à moitié vidés de leur population, terrorisés par les « Parchamis », milices pro-communistes, ne désarment pas pour autant. Les reporters occidentaux peuvent avoir l'impression que tout le monde est *moujaheddine,* et que personne ne se déplace sans sa Kalachnikov, devenue décidément l'arme de tous les révolutionnaires. La haine du « russki » ou du « chouravi » (collectiviste) est à son comble, arrivant même à effacer beaucoup de l'âpreté des anciennes rivalités tribales. Les Soviétiques évoluent trop lourdement sur un terrain trop piégé. Même engageant dans le conflit 130 000 soldats et un matériel de guerre considérable, auxquels s'ajoutent 35 000 miliciens ou militaires afghans, ils ne savent occuper que les grands axes, la capitale et quelques grandes villes, d'où ils déclenchent de simples opérations ponctuelles. Moscou déplore déjà la perte de dix mille hommes. Les Soviétiques, appuyés par des centaines de blindés, et des nuées de Mig 23, de SU 24 et d'hélicoptères, n'ont même pas su s'assurer la précieuse vallée du Penshir, une Suisse miniature, province clé, qui commande la Salang-Pass, inestimable route stratégique, et où des hommes résolus, tels Amin du Wardak ou Massoud, multiplient les coups de main, y compris contre l'aéroport militaire de Bagram. Des volontaires affluent de partout au soutien de la « vallée assiégée », où se distinguent du reste deux Françaises, Capucine de Bretagne et Laurence Laumonier, « El Laurence », tandis que des combats incessants ensanglantent le Logar et le Parman. Allah tient Marx en échec. La paix n'est pas pour demain.

L'esprit humain pourra-t-il dominer ce que l'esprit humain a fait ? demandait naguère Paul Valéry. L'ensemble des « budgets de défense » de la planète — contre X — atteint désormais 550 milliards de dollars par an. Si l'on tient compte du revenu national, l'U.R.S.S. dépense deux fois plus pour ses programmes militaires que les Etats-Unis ou n'importe quel pays de l'Alliance atlantique, comme quoi la productivité soviétique dans tous les domaines civils ne cesse de baisser et les Russes doivent importer de telles masses de céréales et de technologie moderne qu'ils ne peuvent y parvenir qu'en vendant leur or et leurs matières premières à l'état brut, comme le plus vulgaire pays sous-développé. Les pays pauvres d'Asie, d'Amérique latine et d'Afrique gaspillent une part croissante de leurs maigres ressources dans l'achat d'armements sophistiqués ; ceux dont le revenu par tête d'habitant est inférieur à 1 000 dollars par an ont ainsi importé pour 64 milliards de dollars d'armes entre 1970 et 1980. Dans la même décennie, les ventes d'armes américaines sont passées de 1 milliard de dollars en 1970 à 16 en 1980. Quand les Etats-Unis ont vendu des chasseurs F 16 au Pakistan, l'Inde a aussitôt acheté des Mirage 2000 à la France. Il a suffi que les Etats-Unis livrent au Venezuela des chasseurs F 16 pour que tous les pays d'Amérique latine exigent les armements les plus perfectionnés. Incroyable, mais vrai : Israël et ses adversaires arabes disposent à présent de presque autant d'armes conventionnelles que l'Europe (pays de l'O.T.A.N. et pays du pacte de Varsovie réunis) et les dépenses militaires par tête d'habitant sont cinq fois plus importantes au Moyen-Orient que dans l'ensemble européen. Démentiel : l'Irak engloutit dans l'armement un tiers de son budget.

Discordes ?

Une vive polémique oppose Moscou et le Vatican durant toute cette dernière semaine. Elle est consécutive aux révélations du Turc Mehmet Ali Agca, auteur de l'attentat contre le pape le 13 mai de l'an dernier, accusant des Bulgares d'être ses complices. Après quinze mois de silence, le jeune terroriste, membre de la section d'extrême droite dite des Loups gris, détenu dans la prison ultra-moderne d'Ascoli Pireno, non loin de l'Adriatique, se met à « raconter », à « faire le canari », comme on dit à Rome. Parce que ses « commanditaires », qui ont armé son bras, ne l'ont pas payé ? Parce qu'ils n'ont pas réussi à le faire libérer ? Parce que — le bruit en court — l'aumônier de la prison, le père Santini, qui lui rend souvent visite dans sa chambre, fort confortable, avec télévision et salle de bains, a fini par capter sa confiance ? Quoi qu'il en soit, le Loup gris met en cause deux Bulgares : le directeur adjoint de la compagnie aérienne Balkan Air, Sergueï Ivanov Antonov, qui est aussitôt arrêté par la police italienne, et un comptable de la chancellerie bulgare à Rome, Teodorov Aivazov, qui a su prendre la précaution de quitter l'Italie entre-temps. Les révélations d'Agca sont d'autant plus troublantes qu'il peut donner le numéro de téléphone des Bulgares, peut décrire l'appartement d'Antonov et peut, au cours d'une reconstitution, amener les policiers devant l'immeuble où habite Ivanov, sans même connaître les noms des rues ni un mot d'italien. Qui plus est : le juge désigné, Ilario Marbella, un dur à cuire, spécialiste des affaires brûlantes, celui-là même qui en 1976 mena l'instruction du scandale des pots-de-vin Lockheed, lequel mettait en cause plusieurs hautes personnalités et obligea le président de la République Giovanni Leone à démissionner, ne se laisse intimider par aucune menace, remonte patiemment la filière et bute sur un éventuel nouveau complice, Békir Celenk, ahurissant personnage, trafiquant de haut vol, un peu armateur, marchand de montres suisses, recherché pour trafic de drogue par la police turque, familier des services secrets bulgares. Puis, on découvre à Milan que ledit Békir Celenk a des accointances avec un puissant trafiquant d'armes, un Syrien d'origine arménienne, Henri Arsan, qui fait transiter sa marchandise par la Bulgarie, et avec un complice des Brigades Rouges, Luigi Scricciolo, dit Luigino, autrement dit « P'tit Louis » (le nom de Scricciolo signifie drôlement « petit oiseau »), qui, convoqué dans le cabinet du juge Fernando Imposimato, raconte comment il travaille depuis des années pour le K.D.S., ou K.G.B. bulgare. De là à dénoncer une « piste rouge » et à imaginer que l'attentat a été de toutes pièces monté par les services secrets de Sofia, il n'y a évidemment qu'un pas. Antonov a beau nier avec véhémence, et Békir Celenk aussi, bien des esprits logiques en déduisent que c'est dans le cadre de tout un complot de l'Est qu'Agca « a tiré sur la Pologne ». Et l'affaire s'aggrave encore aux suites d'une conversation — non démentie — où Emilio Colombo, ministre italien des

Affaires étrangères, recevant le secrétaire d'Etat américain George P. Schultz, aurait dit que « si nos hypothèses se confirment, il faudra saisir les instances de l'O.T.A.N. ». Le pape lui-même, recevant ce même Schultz, n'hésite pas à déclarer que « le K.G.B. est derrière l'attentat perpétré contre lui ». Immédiatement, la *Pravda* s'insurge, avec une brutalité exceptionnelle, allant jusqu'à accuser le pape de provocation, dans le seul but de déstabiliser la Pologne. Le Vatican réplique. La *Pravda* riposte de plus belle. Nous en sommes là.

Une discorde majeure et mondiale : le sommet de Versailles. Il se voulait le sommet de la reprise. Il aura été la crise du sommet. Cette institution vénérable et même assez démodée qui depuis sept ans réunit une fois par an les chefs d'Etat ou de gouvernement des pays les plus riches du monde, tourne cette fois à l'aigre. Réuni les 6 et 7 juin à Versailles, le sommet n'arrive pas à convaincre le plus puissant des participants, Reagan, de l'urgence d'une relance économique, concertée et progressive. Il s'agit d'une mésentente majeure, aggravée de surcroît sur le moment par des discordes sur le Liban et sur les Malouines.

On pourrait presque dire qu'il y a désaccords tous azimuts, depuis les polémiques sur l'acier entre les Etats-Unis et l'Europe, jusqu'aux multiples querelles entre l'Europe et la France. Le marché du siècle : 5 000 kilomètres de tubes, 8 milliards de mètres cubes de gaz, tel est l'enjeu du gazoduc sibérien, le « tube » de l'année ; la France le signe dès janvier, mais, sans délai, une dispute se déclenche entre Paris et Washington sur l'opportunité de l'accord, et Reagan va jusqu'à décréter l'embargo unilatéral américain entre juin et novembre. Les fermiers américains partent en guerre contre l'Europe : confronté à la pire crise agricole depuis 1929, Washington accuse les Européens d'avoir déstabilisé le marché mondial par leurs exportations subventionnées ; subventions contre subventions, blé contre soja, la querelle persiste.

Mille désaccords peu maîtrisables se révèlent à la conférence du GATT, tenue à Genève en novembre : 80 ministres, 8 000 experts n'en peuvent mais.

Le « trou » de l'O.P.E.P. Le sommet de l'O.P.E.P. se termine à Vienne sur un échec complet. On ne sait que trop que le plafond fixé pour la production globale des 13 pays membres en 1983, soit quelque 925 millions de tonnes, ne sera pas respecté. Chacun n'en fera qu'à sa tête, Iran, Irak, Libye, Nigeria, Venezuela, chacun trop impatient de se procurer les devises dont il a un impérieux besoin. Ce sera donc la guerre commerciale à outrance et l'anarchie sur le marché. Le prix officiel de 34 dollars par baril, « gelé » pour 1983, n'aura qu'une valeur symbolique. Les rabais actuellement pratiqués à raison de 4 à 5 dollars par baril ne pourront que se multiplier. Le marché sera même menacé d'effondrement d'autant que, du fait de la crise, la mévente va s'aggraver et le déstockage se poursuivre. L'O.P.E.P., excédentaire d'une centaine de milliards de dollars en 1980, est déficitaire de près de 20 milliards de dollars pour 1982 : à plus forte raison le « trou » pourra-t-il être vertigineux pour 1983. Si, du moins, les pays consommateurs pouvaient s'en réjouir ? Mais la suite est trop prévisible. Comme le note Jean Baunuir pour *le Nouvel Observateur :* « tranquillisés par la dévalorisation du pétrole, ils seront tentés de réduire leurs investissements énergétiques à long terme. Ce qui conduira à une nouvelle pénurie et à une nouvelle escalade du prix du baril d'ici à quelques années ».

Déceptions ?

La situation économique mondiale reste déprimée. La plupart des experts demeurent sceptiques sur l'éventualité d'une reprise en 1983. Ce qui se passe est à l'opposé de ce que prédit notre ministre des Finances au début de l'année. Selon l'O.C.D.E., la croissance intérieure aux Etats-Unis pourrait contribuer à relancer les affaires américaines. Mais la probable baisse du dollar restreindra les importations outre-Atlantique. Il y a donc peu de chance que la reprise américaine, si reprise il y a, aide beaucoup de pays européens.

La situation financière mondiale reste incohérente. 7,3145 francs : le dollar bat à Paris, à la mi-novembre, son record historique. Le dollar affole même le mark et le yen. Pagaïe générale. Mais personne ne sait quelles leçons dégager des dernières données du marché des changes, qui confirme la nouvelle tendance du dollar, à la baisse, le billet vert achevant l'année à 6,72 F et 2,37 DM, soit une baisse de l'ordre de 10 % par rapport aux sommets atteints à la mi-novembre, 7,31 F et 2,60 DM.

Victime de la crise, des taux d'intérêt, du pétrole ? Le Mexique paie la facture. Ou plutôt il ne la paie pas. Cent milliards de dollars de dettes, c'est la faillite que lègue Lopez Portillo à son successeur le président Miguel de la Madrid.

Le Brésil fait de même, avec une dette d'un montant encore supérieur.

Le protectionnisme menace. Car tous les éléments se conjuguent pour freiner la croisade du commerce mondial, à moins de 2 000 milliards de dollars. Les pays pauvres sont exsangues : avec des dettes officiellement estimées à 626 milliards de dollars (plus de 4 000 milliards de francs) le tiers monde est totalement insolvable. Il en va autant pour les pays de l'Est, incapables de s'assurer les devises nécessaires, que pour les pays du Sud, victimes de la chute des cours des matières premières. Les pays pétroliers eux-mêmes, qui servaient encore de débouchés aux produits des pays industriels en 1981, n'ont plus d'excédents et accusent de sérieux déficits. Quant aux pays riches, englués dans la récession, ils n'ont que trop tendance à fermer leurs frontières pour éviter l'effondrement de pans entiers de leur économie. Poitiers devient ainsi la ville la plus célèbre de France quand, de par la volonté de notre ministre du Commerce extérieur, elle s'impose comme la plaque tournante des magnétoscopes importés et monopolise à elle seule les opérations douanières sur lesdits magnétoscopes.

Chômage partout. Traditionnellement moins élevé en Europe qu'aux Etats-Unis, le chômage atteint désormais une ampleur comparable des deux côtés de l'Atlantique, touchant à peu près 10 % de la population active, « changement historique », peut noter *le Nouvel Economiste,* qui risque encore de s'accentuer en 1983, où le taux de chômage devrait toutefois se stabiliser outre-Atlantique alors qu'il s'aggravera d'un point sur le vieux continent, prévoit l'O.C.D.E. Le marché du travail a été en effet beaucoup plus dynamique aux Etats-Unis où les effectifs employés ont crû de 17 % depuis 1973. En Europe, au contraire, 4 millions de postes de travail auront été supprimés entre 1979 et 1983.

Pour se protéger économiquement et militairement, les pays occidentaux, Etats-Unis en tête, s'efforcent de mettre l'embargo sur les échanges scientifiques. Le bloc soviétique en fait de même. La science se cloisonne, même si les savants se rebellent et font remarquer qu'installer un cloisonnement rigoureux, c'est se vouer à l'appauvrissement, même en économie.

L'Europe ne va pas bien. Le dire est presque une redondance. Elle est malade d'avoir grandi trop vite, de compter trop de membres aux personnalités opposées et aux intérêts divergents. Tout ou presque lui est sujet à dissensions : les choix économiques, le budget, la politique agricole, le hareng, l'aide aux pays sous-développés, la stratégie militaire... Les points d'accord ne portent que sur des sujets de politique étrangère, Afghanistan, Moyen-Orient, où l'unanimité est d'autant plus facile à réaliser que les décisions arrêtées ne prêtent à aucune conséquence. Certes, du moins l'Europe a-t-elle le mérite d'exister. Le président Mitterrand et le nouveau chancelier allemand Helmut Kohl qui, par une opération-surprise du leader libéral Hans Genscher, a fait congédier Helmut Schmidt, paraissent décidés à leur tour à sauvegarder la réconciliation du peuple français et du peuple allemand, seul grand miracle de l'après-guerre. Mais il y a excès d'imprudence — ou de lâcheté — à laisser ainsi pourrir le climat européen.

Il reste toujours deux Europes à réconcilier : l'Europe du libre-échange, chère aux Anglais, simple carrefour ouvert à l'extérieur, et l'Europe communautaire, chère aux Français partisans d'une pleine solidarité de destin. La persistance de la dispute continue d'entretenir trop de malentendus.

On ne réalise que mieux la dramatique faiblesse de cette Europe de l'Ouest, aujourd'hui véritable continent assiégé, à la merci des pires convoitises. Certes encore, la Communauté économique européenne figure au premier rang des nations industrielles. Toutes forces confondues, elle est même nettement en tête. Elle est la première force commerciale du globe. Elle est remarquablement par essence la puissance marchande, produisant et exportant dans l'univers entier des biens de toutes sortes, ajoutant aux matières premières qu'elle importe des plus-values qui font sa richesse. Mais elle n'est plus entièrement maîtresse de son destin (face à l'omniprésence des armes soviétiques sur ses frontières). Elle n'a même pas la maîtrise du projet de défense par fusées Pershing II ou missiles Cruise ; à ce seul titre, elle reste mineure. (Pour s'en convaincre, il suffit de savoir que 10 000 soldats argentins ont suffi à mobiliser la quasi-totalité des forces aéronavales britanniques.) La dépendance militaire à l'égard du puissant allié américain entraîne *ipso facto* d'autres sujétions. Morcelée militairement, l'Europe l'est aussi financièrement : on ne l'a que trop vue subir la loi du dollar et le joug des taux d'intérêt américains ; même le mark n'y peut rien.

Les quatre grands Européens tirent trop à hue et à dia. L'Allemagne fédérale paraît la plus sage, la plus prévoyante, mais elle s'affaiblit faute d'enfants : elle ne comptera que 40 millions d'habitants en 2090. La Grande-Bretagne est la plus résolue dans la tempête, mais elle continue de souffrir d'une langueur généralisée dont l'énergique monétarisme de la Dame de Fer n'arrive pas à la guérir. L'Italie connaît une inflation record, le travail au noir généralisé, les scandales à répétitions. A tous les témoins, la France paraît trop incohérente, et elle a perdu beaucoup de son autorité morale en accordant le label démocratique au parti communiste. Les Quatre n'ont même pas su se fixer sur une position commune au sommet de Versailles où, selon le vieux mot de Marie-Joseph Chénier, dans le décor somptueux de la galerie des Glaces, les Grands ont surtout « dîné du mensonge ».

La fécondité européenne reste trop faible. Si l'indicateur se stabilise en France à 1,97, il continue de baisser dans tous les autres pays, se dégradant jusqu'à 1,66 en Belgique, 1,44 au Danemark, 1,88 en Hongrie, 1,56 en Italie, 1,70 en Norvège, 1,57 aux Pays-Bas, 1,42 en Allemagne de l'Ouest, la plus mal lotie. Seules, l'Espagne, à 1,99, la Yougoslavie, 2,08 et la Tchécoslovaquie, 2,09 ont un meilleur résultat.

De vieilles querelles resurgissent, ainsi « Gibraltar ». Cette perle de la Couronne britannique égarée sur un seuil de la Méditerranée, face à Franco, était devenue une île. Le 15 décembre, après treize ans d'isolement, elle redevient une presqu'île. Les Anglais ouvrent la grille fermant la passerelle qui relie le célèbre rocher au continent. Mais le jeune leader socialiste espagnol, tout neuf Premier ministre à Madrid, Felipe Gonzalez, promet dès son investiture de « réintégrer Gibraltar, par des négociations », tandis que les Anglais s'empressent de répéter que le sort du rocher doit dépendre du libre choix des 25 000 Gibraltariens, autant de fidèles sujets de Sa Majesté qui n'ont cessé de proclamer leur appartenance à la Couronne britannique. A suivre.

De graves désagréments ?

Ils ne se comptent pas.

On apprend que l'A.E.G. Telefunken, géant centenaire de

l'électronique, 42 milliards de francs de chiffre d'affaires, 120 000 salariés, est en règlement judiciaire, à raison de 20 milliards de pertes et sera démantelé. Autant noter le plus grand naufrage industriel que l'Europe aura connu depuis la guerre.

Une affaire qui en dit long : Mercedes colonisé par le Koweït. Plus rien désormais ne s'oppose à ce que Koweït acquière la minorité du blocage de Daimler-Benz, le producteur des voitures et camions Mercedes. Le ministère allemand de l'Economie vient de faire savoir qu'il ne s'opposera pas à l'opération, décidée aux termes d'une rencontre ultime entre le ministre Otto von Lambsdorff et le cheik Al Ahmad Al Sabah, le chef de la monarchie koweïti. Le Koweït, déjà actionnaire à hauteur de près de 25 % de Hoechst, le numéro un de la chimie allemande, de 30 % des aciéries Korff, de 20 % de la société de métaux précieux Metallgesellschaft de Francfort, et de 10 % de la Volkswagen du Brésil, n'a eu qu'à acheter 11 % des actions Mercedes au riche industriel Friedrich Karl Flick pour s'assurer avec les actions déjà acquises quelque 30 % du « groupe de l'étoile » qui, sous la houlette du Doktor Gerhard Prinz, vient de se hisser cette année à la première place de l'industrie automobile allemande. L'Europe : continent à conquérir.

Par ailleurs, on décèle désormais un excès de points de rupture entre l'Europe et le tiers monde. On entend dire de plus en plus souvent que les nations prolétaires (rappelons d'ailleurs que l'inventeur du terme est Benito Mussolini) sont pauvres parce qu'elles ont été pillées par les pays colonialistes européens. C'est la thèse célèbre de l'échange inégal qui prolonge, sur le plan international, la théorie marxiste de l'exploitation. La prospérité, comme la propriété, est fille du vol et non de l'effort. Marcel Prigent, dans une lumineuse chronique de *la Vie Française,* cite opportunément trois exemples qui prouvent la fausseté d'une telle réflexion. « Premier exemple : l'un des pays les plus pauvres du monde, l'Ethiopie, est aussi un de ceux qui ont eu, avec le monde développé, le moins de relations commerciales. Deuxième exemple : la Jamaïque était sous l'administration coloniale britannique une société prospère ; le gouvernement marxiste de Michaël Manley s'est traduit de 1973 à 1979 par une baisse réelle du P.N.B. de 25 %. Troisième exemple : un certain nombre de pays, principalement en Europe occidentale (l'Allemagne la première), ont mené à bien leur développement politique, économique et culturel avant les périodes de colonisation. » Il n'en demeure pas moins que, dans trop de pays du tiers monde, appuyée par trop de tourmentés de notre propre intelligentzia, se développe actuellement une campagne dangereuse et désagréable visant à mettre l'Europe occidentale en grande accusation. L'atmosphère entre Europe et tiers monde s'en ressent beaucoup.

Enfin, en guise de cadeau de fin d'année, Moscou lance un beau pavé dans les eaux de l'O.T.A.N., à douze mois de la date prévue pour le déploiement des Pershing et des Cruise. Le nouveau maître du Kremlin, Youri Andropov, dans le cadre de la négociation de Genève, propose en effet un plan de désarmement beaucoup plus fin que les propositions assez grossières lancées du temps de Brejnev. Plus précisément, il propose de réduire non plus à 300 mais à 150 le nombre de ses missiles nucléaires braqués sur l'Europe. Ce qui implique le démantèlement des vieux SS 4 et SS 5, mais aussi d'environ 90 SS 20. En tout, Moscou ne conserverait que 150 SS 20 (soit, en fait, 450 ogives nucléaires) en Europe, sans compter 100 autres SS 20 déployés en Asie (on sait que le Kremlin estime ne pas avoir à les comptabiliser, encore que ces missiles soient mobiles et puissent de toute façon atteindre l'Europe). En échange de telles réductions, l'O.T.A.N. abandonnerait purement et simplement les 572 Pershing et Cruise prévus. L'argument soviétique est que les 150 SS 20 correspondent aux 150 fusées nucléaires stratégiques de la France et de la Grande-Bretagne. La manœuvre est extrêmement madrée, car, apparemment équitable, le plan Andropov reviendrait en fait à laisser aux Soviétiques une supériorité nucléaire absolue en Europe tout en leur permettant, au passage, de contrôler indirectement le rythme de modernisation des forces nucléaires européennes. Haut satanisme. De toute manière, le plan soviétique aura au moins déclenché une belle pagaïe diplomatique dans les organisations de l'O.T.A.N. Car si, jusqu'ici, l'Alliance a réussi tant bien que mal à établir un semblant de cohérence en se ralliant à l'option présentée par Reagan il y a un an : *zéro Pershing contre zéro SS 20,* il n'en est plus désormais de même. « L'option zéro peut ne pas être la seule solution, précise par exemple François Mitterrand, la solution pourrait être quelque part entre le gel de la situation actuelle, que défendent les Russes, et l'option zéro, que proposent les Américains. » Le brouillard n'en est que plus épais sur les problèmes de l'Occident.

Au total, par conséquent, l'année mondiale 1982 restera bien comme une année médiocre, bourrée d'équivoques.

Quant à l'année française 1982, elle n'est pas riante.

Marasme généralisé, climat oppressant.

La rose n'est plus rose, peuvent dire nos chansonniers.

Nous avons même peur des mots : la dévaluation s'appelle « rajustement » ; le plan d'austérité se nomme « plan d'accompagnement ».

Jamais nous n'aurons eu à supporter dictature bureaucratique plus lourde, plus tatillonne.

Avec la nomination, en Conseil des ministres, des dirigeants d'entreprises et de banques du « secteur public » — un record : 48 présidents nommés en un seul jour — c'est le tiers de l'industrie française que l'Etat s'approprie. Près d'un million de salariés changent de patron, même si, à de rares exceptions près, le gouvernement choisit les mêmes hommes pour mener une autre politique.

En octobre, l'inauguration de l'impôt sur le capital va avec la mise en place d'une inquisition qui ne pourra que s'approfondir et se renforcer chaque jour davantage.

Jacques Bloch-Morhange n'aura jamais eu si fortement raison : nous sommes en France environnés, encerclés, coincés par l'Etat ; il est partout ; il distribue beaucoup, bien sûr, mais il coûte cher et n'est soumis pour ainsi dire à aucun contrôle, un comble en démocratie ; la discussion budgétaire au Parlement n'est plus qu'un leurre ; « en réalité, le Parlement ne vote que 10 % des dépenses de l'Etat, le reste est fixé par les hauts fonctionnaires et les représentants de la souveraineté nationale n'y ont plus aucun pouvoir » ; c'est tout le principe des « services votés » qui conduit à reconduire d'une année sur l'autre l'essentiel des dépenses (traitements, matériel, par exemple) ; le Parlement ne peut ni tailler ni trancher dans ces masses. A plus forte raison est-ce vrai pour un régime dominé d'une manière écrasante par les fonctionnaires. Du coup, par manque de contrôle, impôts et prélèvements sociaux grimpent allégrement, sans retenue, jusqu'à représenter plus de 45 % de la production annuelle du pays. « Si l'on n'y prend garde, dans deux ans au plus, l'ensemble des Français travaillera un jour sur deux pour le compte de l'Etat et des fonctionnaires, et l'on se retrouvera, sans l'avoir forcément voulu, dans une société collectiviste. » Même *le Nouvel Observateur,* journal de gauche s'il en est, s'en mêle et publie une étude atrocement sévère de Bernard Hartemann sur « la dictature des fonctionnaires ».

Le mitterrandisme — ou, comme l'appelle Jean Boissonnat, « l'intuition mitterrandiste » — est de plus en plus difficile à saisir. On commence, pendant une année, par de la lutte des classes à outrance, avec une véritable guerre engagée contre les cadres et les chefs d'entreprises : stratégie de « fracture » a dit François Mitterrand dans son discours d'investiture, sans se demander une seule seconde s'il avait été vraiment élu pour un bouleversement de la société. Puis, les folies ayant passé la mesure et aussi sur injonction de l'étranger, en particulier l'Allemagne, qui a du mal à suivre une France si follette, intervient le 12 juin un changement radical de la politique économique française, avec un plan Mauroy-Delors qui, d'ailleurs parfois non sans courage, décrète pour quatre mois le blocage rigoureux et total des prix et des salaires. De l'anti-barrisme, on passe d'un seul coup à l'ultra-barrisme. En vérité, voici que nous découvrons, plus ou moins clairement, que le plan de quatre mois, prévu pour s'arrêter le 1er octobre, en durera... dix-huit, période que se donne le pouvoir pour vaincre l'inflation, faire reculer enfin le chômage, gagner les municipales et pouvoir sortir des blocages en douceur. Autrement dit, le gouvernement se condamne au verrouillage et au dirigisme. Il ne retient même pas l'argument selon lequel un programme si objectivement déflationniste est fatalement générateur de chômage... de ce chômage dont on a fait en haut lieu l'ennemi public numéro un. Cela s'appelle de l'économie en trompe l'œil. Le *Financial Times* ne s'y méprend pas et peut écrire : « La reprise, qui avait coïncidé avec les six premiers mois du pouvoir socialiste, mais qui s'était amorcée avant le 10 mai, a vécu. L'économie a connu, ensuite, un ralentissement. Au premier trimestre 1982, le produit intérieur brut a augmenté de 0,1 %. L'activité industrielle stagne. L'investissement productif, qui a chuté de 3,5 % en volume l'an dernier, devrait baisser plus encore en 1983. » Un socialiste, et non des moindres, le ministre d'Etat Michel Rocard, est encore plus sévère pour le plan en cours : « C'est tout au plus un rajustement comptable, dit-il, ce n'est pas un ressaisissement économique. »

Echec à la mine. Le retour en force de la filière charbon figurait dans le programme socialiste, et tenait la bonne place dans le rapport de Jean-Pierre Hugon, inspirateur de la politique énergétique socialiste et éphémère directeur des Charbonnages de France. Hélas ! Malgré la hausse du dollar, malgré l'aide de l'Etat, le surcoût du charbon français reste trop élevé pour permettre un véritable retour à la mine. Pari perdu.

Echec sur le front du chômage. En dépit des promesses de Mauroy qui, l'an dernier, assurait maintenir la France sur « la crête des deux millions de demandes d'emploi » et malgré une légère décélération du rythme en fin d'année, le chômage fixe l'une des plus graves déceptions de l'année. Chiffre réel au premier de l'an : quelque 2 200 000 chômeurs. Encore voyons-nous intervenir un cauchemar supplémentaire : il ne faudrait tout de même pas que le gouvernement se batte davantage contre les statistiques du chômage que contre le chômage lui-même. Or, l'on peut en avoir peur. Nous savons trop le mal dont souffrent des pays comme la Russie et la Chine, qui se flattent de n'avoir pas un seul chômeur : de fait, elles mobilisent sept ou huit personnes sur un seul poste de travail. Elles entretiennent de faux chômeurs. C'est déjà un peu ce que notre gouvernement pratique en embauchant 200 000 fonctionnaires dont l'emploi ne se justifie pas, qui ne feront qu'alourdir la machine bureaucratique et finiront d'ailleurs par nuire aux fonctionnaires dont l'emploi s'impose.

Un casse-tête : comment financer l'assurance-chômage ? Il mobilise cet automne durant des semaines, avec chasse aux milliards, syndicats et patronat. C'est finalement le gouvernement qui doit trancher par décret, à l'insatisfaction de tous les partis, sur la base de 13 milliards de francs d'économies à trouver en 1983.

Discorde entre socialistes sur le projet de loi de finances. Les uns, Pierre Joxe en tête, depuis toujours partisans de la révolution par l'impôt, se sentent frustrés du fait de cette espèce de néo-barrisme soudain mis en pratique, réclament une manière fiscale forte, demandent une lutte plus massive « contre les inégalités ». Les autres, réformistes style Jacques Delors ou Laurent Fabius, invoquent la sagesse, la patience, « l'intelligence ». Entre les deux tendances, l'arbitrage devient de plus en plus difficile.

Echec dans l'automobile. Qui est coupable ? Les grévistes ? Le blocage des prix ? Le « différentiel d'inflation » ? 1982 restera comme une année exécrable pour l'automobile, placée sous le signe des pertes : pertes d'argent ; pertes de marchés à l'exportation ; rentrées massives de voitures étrangères ; pertes de journées de travail qui valent une funèbre saison à Citroën.

Citroën, parlons-en. La France stupéfaite découvre, par ses petits écrans, que le jeu « ouvrier » y est conduit par les travailleurs immigrés, surtout maghrébins, lesquels, dans certains ateliers, exercent une véritable dictature, à se demander du reste s'ils sont manipulés par la C.G.T. ou s'ils la débordent. Il faut dire que, par exemple, l'usine de Talbot Poissy compte actuellement 7 432 immigrés pour 16 000 emplois, soit un taux effarant de près de 50 %. L'usine Citroën d'Aulnay-sous-Bois connaît un pourcentage encore plus élevé : les deux tiers des 6 300 ouvriers sont étrangers, tout comme à Levallois. C'est une véritable Internationale qui est en place, même sous domination maghrébine, avec Ibériques, Maliens, Sénégalais, Turcs, Yougoslaves, Pakistanais. Le phénomène provoque une double réflexion, sans même évoquer les énormes problèmes de sécurité qu'il soulève. D'une part, l'on réalise que voici se concrétiser une toute nouvelle lutte des classes. Le traditionnel « métallo » à l'accent faubourien, style Front populaire, est une espèce en voie de disparition. Du fait de la déprolétarisation et de la promotion de l'ouvrier européen, la lutte des classes, telle que la contemplait Karl Marx, a totalement changé d'aspect. La vraie lutte des classes, celle qui oppose puissances nanties et nations prolétaires, trouve déjà son expression dans nos propres entreprises. Il serait temps que nos doctrinaires socialistes européens, qui aiment tant en rester à la lettre marxiste du XIXe siècle, sachent prendre conscience des nouveaux problèmes posés. D'autre part, il est trop évident que la population « métropolitaine » acceptera chaque jour de plus en plus difficilement que la loi lui soit dictée par les travailleurs qu'elle accueille. La lutte des classes se doublera d'une lutte des races. Si le pouvoir mitterrandiste ne sait pas maîtriser à temps le problème, nous risquons d'assister sans guère tarder à une phénoménale explosion de racisme. Ce n'est pas ce qui peut s'appeler nécessairement le progrès.

Jeu énigmatique de la C.G.T. et du parti communiste, qui en vient à troubler tous les rapports. Certes, Georges Marchais et Henri Krasucki, dans tous leurs discours, la main sur le cœur, appellent à la solidarité de gauche ou au soutien du gouvernement de gauche, face aux « revanchards » de droite. Mais les orateurs communistes ou cégétistes ne manquent aucune occasion d'exploiter les marques de faiblesse, voire les « trahisons » du gouvernement « face aux actuelles pressions de la droite et du patronat ». Il ne se passe pas un jour sans qu'ils dénoncent avec vigueur « fautes sur fautes ». Par ailleurs, il y a souvent de quoi penser que, dans les entreprises ou dans les administrations, les communistes sont les plus actifs à pousser à la grève et à compliquer la vie des responsables de l'économie à tous les niveaux : du coup, on ne peut pas ne pas penser que, poussant à la baisse de la production, à la dislocation des entreprises les plus efficaces et à un certain démantèlement de l'économie générale, ils pourraient avoir rejoint la vieille stratégie, bien rodée, selon laquelle rien ne doit plus compter que l'affaiblissement de l'expérience socialiste et d'un pouvoir apparemment de plus en plus social-démocrate. Le malaise en devient très lourd.

Le pessimisme est d'autant plus net qu'en France, contrairement aux États-Unis, la demande intérieure se rétracte. Comment pourrait-il en être autrement alors que le S.M.I.C. n'aura crû en un an que de 10,6 %, à peine plus que l'inflation, et que le pouvoir d'achat des autres salaires aura baissé ? L'activité industrielle a même rétrogradé de 0,9 % en valeur absolue au dernier trimestre. Les investissements auront reculé durant la même période de 2,5 %. Au total, selon les calculs de l'I.N.S.E.E., les investissements des entreprises se seront affaissés de 7 % en 1982.

Le franc continue de donner cauchemars sur cauchemars. La revue américaine *Newsweek* peut le citer parmi les plus grands perdants de l'année. Des deux dévaluations pratiquées, la première est trop timorée, la seconde s'opère sur injonction de l'Allemagne. Voici qu'une troisième se dessine en perspective. En un an, les réserves de change auront fondu de plus de 20 %. Certes, les prix des matières premières importées par la France ont baissé lorsqu'ils sont exprimés en devises, mais, exprimés en francs, ils auront augmenté de près de 20 % !

Une affaire qui en dit long : un gigantesque accord financier entre Paris et Riyad. Mais le nouveau crédit accordé par les Saoudiens s'ajoute à une liste déjà trop longue. Les opérations réalisées en 1982 représentent quelque 120 milliards de francs (estimation d'une grande banque nationalisée, rapportée par *le Nouvel Economiste*). La France passe au premier rang des pays emprunteurs en 1982.

Tous les ministres encouragent à qui mieux mieux à l'épargne, mais voici qu'aujourd'hui même on annonce que le gouvernement va décréter une baisse pouvant aller jusqu'à 1 % sur le taux d'intérêt servi par les livrets de Caisse d'Epargne, drôle de cadeau pour les petits épargnants. Comprenne qui pourra. Il est trop vrai que les contradictions, les incohérences et les mesures par incompétence ne se comptent plus. En 1981, au salon de l'Aviation, à la demande du président de la République en personne, les armes étaient pudiquement voilées ; aujourd'hui même encore, toutes les statistiques démontrent que les ventes d'armes figurent parmi les rares succès de François Mitterrand (on vend brillamment des

Mirage 2000 à l'Egypte et à l'Inde, en attendant d'en fournir à la Chine). Nous pourrions citer maints autres exemples du désordre qui règne.

Voici dramatiquement s'effondrer la compétitivité française. En douze mois, le mal est hallucinant. Selon une étude de *European Management Forum,* un institut helvétique, la France sera passée de la huitième à la quinzième place du classement, se retrouvant désormais à la queue du peloton des pays de l'O.C.D.E. Responsables d'une si pénible situation : le poids excessif des dépenses sociales, le mauvais climat social-politique et la baisse de confiance des milieux d'affaires nationaux et internationaux.

Angoisse. Comme l'observait François Furet dans *l'Atelier de l'Histoire,* « la révolution des espérances se brise toujours sur la contre-révolution des choses ». Force est aux mitterrandistes de continuer la politique de rigueur, y compris à crédit, puisque la France s'est endettée en douze mois envers l'étranger au moins autant que durant les quatre années précédentes et plus qu'aucun autre pays au monde. Mais c'est d'autant plus difficile que l'Elysée, et presque autant Matignon, estiment devoir continuer d'encourir les risques issus de l'alliance d'un parti communiste qui cherche à promouvoir l'extension du secteur nationalisé par des grèves ruineuses (encore Citroën !) et une politique de repli hexagonal dont le président de la République, Européen convaincu, ne peut pourtant pas vouloir. Autres brouillards.

Révolte des petits patrons, au sein du S.N.P.M.I. (Syndicat national de la petite et moyenne industrie). Elle est conduite par un homme qui semble avoir de l'énergie à revendre, Gérard Deuil. Il surgit comme un diable de la France la plus profonde. Fils d'un militaire, d'un militaire « éclairé » qui écrivit un livre sur *Progrès et Ordre,* il a l'énorme franchise de se dire toujours pétainiste, arborant un portrait du Maréchal dans son bureau. Il récite sa prière chaque matin, « dix minutes, les bras en croix ». Il fait penser aux frères Sanguinetti, à l'amiral plus encore qu'à Alexandre, avec ses mots à l'emporte pièce. Il ne pardonne pas aux Anglais « l'assassinat de la marine française à Mers el-Kébir ». En 1957, sans le sou, il fonde une entreprise d'imprimerie-cartonnerie qui emploie aujourd'hui deux cents salariés. « La réussite ? C'est d'avoir montré à mes gars, 24 heures sur 24, l'exemple du travail et du courage. Je ne suis pas de ces chefs qui crient : armons-nous et partez ! » Le dimanche, en sa Charente, il casse la croûte à midi au bistrot du patelin, « pour vingt francs », en compagnie de ses ouvriers. Il peut gueuler plus fort que Poujade et Nicoud réunis. Il faut l'entendre, dans les meetings, hurler de toute sa formidable sincérité : « Assez d'énarques ! Assez d'instituteurs ! Assez de fonctionnaires ! Non à la France de l'abandon ! Non à la société des chiens couchants ! » Voilà un homme et une force qui peuvent peser lourd sur l'avenir du mitterrandisme... et du pays.

L'abîme le plus redoutable de tous : un déficit du commerce extérieur de l'ordre de cent milliards.

Tentation de l'extrémisme. Une troisième dévaluation, peut noter *le Nouvel Economiste* au terme d'une belle et courageuse enquête sur l'année écoulée, pourrait surtout être la chance des socialistes les plus virulents qui attribuent les échecs répétés du pouvoir à une gestion trop empreinte d' « orthodoxie libérale », trop respectueuse des principes « barristes ». Selon eux, on a fait la part trop belle au monétarisme, on a accepté à tort les contraintes du système monétaire européen, manqué de fermeté avec les chefs d'entreprises, réagi trop tardivement à la montée des importations, été trop timoré en matière d'investissement. Pour sauver l' « expérience socialiste », eux préconisent la mise en congé du franc du serpent monétaire européen, des mesures protectionnistes, la « déconnexion » des taux d'intérêt au niveau désiré par le gouvernement, un renforcement du contrôle des prix et, pour l'investissement, une action rigoureuse passant par le secteur nationalisé et de vastes travaux. Telle est la nouvelle démagogie. Nombre de sages peuvent souhaiter pour 1983, sans en être assurés, que François Mitterrand démente les propos qu'Ovide prête à Médée : « Je vois le bien, je l'approuve, et je fais le mal. »

Tentation du resquillage universel. André Bercoff, apôtre du *Vivre Plus,* comme dit *le Quotidien :* « Sherlock Holmes de la nuit, Robinson Crusoë du jour », au fond ne croyant qu'au dieu de l'aventure et du hasard, peut se persuader qu'il ne reste plus que la « débrouillardise pour se sortir de la crise » et annoncer pour 1983 un développement « phénoménal » du travail au noir, du chômage partiel, du travail précaire et de l'artisanat clandestin, « en bref l'émergence de mini-Corée et de mini-Taïwan ». A nous l'économie sauvage.

Le chaos est tel que les experts économiques faisant de la prévision peuvent passer pour les plus sinistres farceurs jamais connus.

Europe verte : la France est totalement isolée. Elle est bien délicate, la position du gouvernement français dans la négociation sur les produits agricoles, engagée à Bruxelles entre les Dix du Marché Commun. Les pays du nord de l'Europe appuient la Commission européenne, désireuse d'en limiter la hausse, surtout dans les secteurs des céréales et du lait, dont les « excédents » sont lourds à exporter sur le marché mondial. Nos partenaires défendent la thèse américaine, dit notre ministre de l'Agriculture, Mme Cresson, sur le ton le plus acide. Mais, surtout, comment va-t-elle se battre pour les céréaliers sans pénaliser leurs premiers clients, les éleveurs ? Un casse-tête de plus.

Angoisses sur le front paysan. A tout moment, le conflit pouvoir-agriculteurs peut rebondir, avec les plus violentes péripéties. A nouveau, le front peut être singulièrement chaud dans le Sud-Est, où les alarmes des viticulteurs du Var, du Gard, de l'Aude et de l'Hérault ne sont pas du tout calmées quant aux importations abusives de vins italiens, trop souvent pratiquées dans des conditions inqualifiables. Il n'aura pas la vie facile, le député de Narbonne, Guidoni, qui, nommé ambassadeur à Madrid, va directement négocier l'éventuelle entrée de l'Espagne dans le Marché Commun.

Magouille immobilière. Jacques Bouzerand, pour *le Point*, peut écrire : « Après les rouges (communistes), les vertes (stéphanoises) et les tricolores (R.P.R.), voici maintenant que tombent sur le tapis les caisses roses (socialistes). Bruit mat, son étouffé. Pourtant, toute une kyrielle de caciques du P.S. sont aujourd'hui épinglés. » Il s'agirait des manipulations troubles et troublantes, à mieux connaître, de certaines sociétés, « pompes à finances » du parti socialiste, telles Urbaconseil et Mercure International, groupées en pyramide au sommet de laquelle figure une société, G.S.R. (Gestion de Sociétés regroupées) que possède un socialiste très en cour. Des noms de militants socialistes très connus sont prononcés. Il y a eu au moins imprudence. Un malaise de plus.

Et on n'a point à souci que des problèmes économiques ou financiers.

La criminalité petite et moyenne est en pleine progression. L'insécurité est générale. Encore ce matin même, un gardien de la paix, pour avoir interpellé vendredi des mineurs en flagrant délit de vandalisme, est agressé à son domicile de Persan, Val-d'Oise, par une bande de loubards qui le rouent de coups, ainsi que sa femme.

Le terrorisme frappe une nouvelle fois au cœur de Paris. Six morts, douze blessés, tel est le bilan de l'attentat le plus meurtrier que la France ait connu depuis la fin de la guerre mondiale, avec pour cible le restaurant juif de Jo Goldenberg, rue des Rosiers. Les deux assassins, dont parlent les témoins, courent toujours.

En 1982, les records d'attentats auront été battus en Corse. On a même l'impression que l'île de Beauté part à vau-l'eau. Rackets, vengeances, vendettas, intimidation politique, les deux départements sentent la poudre et risquent de sombrer dans un désordre que personne ne maîtrisera plus. Peur, malaise, angoisse, c'est la litanie reprise en chœur par de nombreux « pinsuts », non-Corses vivant dans l'île. Depuis la fin de la trêve politique, rompue en août par le F.L.N.C. (Front de Libération nationale de la Corse), la « bataille de la décolonisation », comme disent ses partisans, a repris de plus belle. Loin d'avoir contribué à calmer la situation, le plan de décentralisation mis en pratique par le gouvernement semble au contraire avoir contribué à la dégradation des affaires. La Corse aura subi plus de 800 attentats cette année, contre 236 en 1981 et 453 en 1980. Août est le mois-record : 150 attentats. Cinq par jour ! Dans la seule ville de Bastia, on aura enregistré cette année 107 plasticages contre 9 l'an passé. « C'est déjà la valise ou le cercueil » pleurent bon nombre d'étrangers résidents. Des viticulteurs pieds-noirs, usés par un climat trop haineux, ont envoyé récemment une délégation au Venezuela, où ils songent à s'installer, une fois encore chassés de leurs fermes. « Pour abattre le colonialisme français — proclame le " nationaliste " Yves Stella — tous les moyens seront bons. » En tout cas, il y a beau temps que les activistes ne se contentent pas de consteller de leur slogan I.F.F. (*I francesi fora,* en dialecte corse « les Français dehors ») les panneaux routiers — jusque dans les villages les plus reculés. Aujourd'hui même, on passe à un niveau supérieur de l'escalade. Dans la soirée, à Corte, un homme d'allure très jeune, treillis et *rangers* militaires, visage dissimulé sous un passe-montagne, surgit dans la salle de soins du docteur Pierre Lafay, vétérinaire, installé depuis cinq ans, qui a refusé de payer au F.L.N.C. « l'impôt révolutionnaire » tout récemment prévu par les activistes, à payer sous menace par tous les non-Corses, et qui a fait publiquement état de son refus dans une interview télévisée. Sans dire un seul mot, jusqu'à bout touchant, froidement, l'assaillant fait usage à trois reprises de son pistolet automatique, calibre 9 mm. Sous les yeux d'un client épouvanté, le vétérinaire s'écroule, atteint en pleine poitrine, au bras droit et à l'épaule. Par chance inespérée, il en réchappera, mais à l'évidence, force est de constater que le terrorisme corse vient de franchir un nouveau palier.

Terrorisme imminent en Nouvelle-Calédonie ? On commencerait à se préparer à ce nouveau terrible rendez-vous, au gouvernement et chez les administrateurs du territoire.

Guerre des écoles, par la volonté d'une école publique changée en école de guerre ? Les derniers jours de l'année auront vu une déclaration de guerre du ministre de l'Education nationale, Alain Savary, à l'école catholique. L'on en était venu à pouvoir penser qu'en manœuvrier habile et homme politique d'expérience, capable des plus difficiles patiences, il avait été placé là pour faire « édredon » sur une affaire trop embarrassante, étouffer sous les plumes le projet de nationaliser l'enseignement. L'on se disait aussi que, compte tenu d'un excès d'embarras, le gouvernement éviterait d'y ajouter les noirs soucis d'un conflit scolaire. D'aucuns, les plus ingénus, allaient jusqu'à imaginer que le président de la République, homme super-habile et ancien élève des écoles catholiques, saurait éviter de devoir assassiner son école mère. D'autres enfin voulaient estimer que le pouvoir socialiste, par définition axé sur des stratégies d'avenir, saurait épargner au pays, avec une guerre civile intellectuelle, une guerre d'une autre époque, sottement médiévale. Les évêques eux-mêmes s'étaient sans doute abandonnés à de telles illusions, du moins beaucoup d'entre eux. Bel et bien, il faut changer d'analyse et de perspective. La guerre aura lieu. Pourquoi Savary a-t-il soudain brusqué les choses ? Etait-il devenu impossible de faire davantage patienter les instituteurs députés qui dominent le groupe parlementaire socialiste ? Se sentant menacé, comme l'indiquent des rumeurs persistantes, de perdre son poste, et de le quitter sans avoir fortement marqué son passage, le ministre s'est-il résolu à son tour à faire du sensationnel, quitte à forcer même un caractère plutôt porté à la discrétion et à la sobriété ? Irrité d'être accusé à tort de mollesse et d'impéritie, a-t-il voulu faire partager sa responsabilité à l'ensemble d'un pouvoir qui ne brille nulle part par la netteté ou la clarté ? Ou exécute-t-il la volonté d'un président devenu trop messianique pour se faire suspecter de non-socialisme, voire d'antisocialisme, sur un problème que les doctrinaires marxistes en sont venus à juger comme fondamental ? Qu'est-ce qui a bien pu modifier la volonté de nos princes ? Peu importe. Le principal du problème est qu'on en est là et qu'il sera difficile au pouvoir de rectifier son tir : un véritable ultimatum, car Alain Savary pose d'emblée « un principe non négociable », l'insertion du privé au sein d'un système d'enseignement unique. Il aura réservé deux surprises de taille aux défenseurs de l'école libre jusque-là confiants dans les promesses du ministre. (« Il s'agit de convaincre et non de contraindre. ») Les négociations ne porteront que sur les « modalités de mise en œuvre de ces propositions » et non sur leur définition. Les délais seront très courts : négociation dès janvier, et mise en œuvre dès la prochaine rentrée scolaire, ce qui nous promet d'ailleurs une drôle de rentrée, compte tenu de la catastrophique rentrée d'octobre 1982 dans nos établissements publics. Certes, la déclaration-ultimatum du ministre est rédigée en termes suaves et infiniment courtois, du plus beau style « embrasser pour mieux étouffer ». Mais nul ne saurait s'y tromper. « M. Savary nous a entrouvert la porte, mais sur un toboggan », dit Mgr Honoré, évêque de Tours. De fait, tout le texte concourt à imposer la fin du « caractère propre » de l'école privée. Qu'en penseront les défenseurs de l'école laïque, dont on reconnaît d'ailleurs partout la sincérité ? Fallait-il ce texte cauteleux, cette manière jésuitique pour mieux mettre fin à l'école chère aux jésuites ? Plutôt que cette attaque doucereuse, avec des armes enrobées de miel, ne valait-il pas mieux une déclaration franche et loyale, en pleine lumière ? La cause de l'école laïque étant belle en soi, n'est-ce pas vouloir la déshonorer que de l'inviter à une guerre de sape et de poisons ? Peu importe encore. L'on aura beau remuer le problème en tous sens. La conclusion dominante, elle, est toute simple : en sus de toutes nos angoisses, nous voici avec une vaste querelle qui ne peut, quant à elle, tant elle est mal engagée, que s'aggraver chaque jour.

Un demi-million d'illettrés en France. L'analphabétisme réapparaît, dans la même saison où l'on n'a jamais mieux vanté les mérites de l'école obligatoire jusqu'à seize ans et où l'on risque de distraire l'école publique de son devoir primordial, qui est d'enseigner. Les chiffres ne prêtent pas à discussion : selon les statistiques du ministère de la Défense, qui recense obligatoirement chaque année les niveaux scolaires des jeunes appelés, il y a en France quelque 200 000 *hommes* qui sont des analphabètes totaux, c'est-à-dire absolument incapables de lire. (Il n'y a qu'à doubler pour avoir logiquement le nombre des illettrés hommes et femmes.) De surcroît, chaque année, environ 15 % des recrues ont un niveau inférieur à celui du certificat d'études primaires, c'est-à-dire inférieur au niveau scolaire d'un enfant de douze ans. Et, de son côté, l'association A.T.D. Quart Monde (mouvement Aide à toutes les détresses Quart Monde, vouée à venir en aide aux personnes les plus défavorisées) considère qu'un bon tiers des personnes constituant les 350 000 familles françaises les plus défavorisées ont de « sérieux problèmes » de lecture. Encore une affaire pas petite, même si le phénomène télévision y a quelque responsabilité.

Querelle à l'armée. A la fois grogne et fuites. Dans une affaire de fuites qui empoisonne l'atmosphère, on voit éclater une querelle sur les moyens de l'armée et un débat fondamental sur la conception de la défense. *Le Matin de Paris* réussit à se procurer et publie à grand renfort de publicité trois rapports marqués du sceau « confidentiel défense » des patrons des trois armes (terre, mer, air), qui se plaignent d'annulations de crédits et de gels de commandes qui peuvent aboutir à une grave « déflation des effets » et mettre en cause la sécurité du pays : le général Delaunay, chef d'état-major de l'armée de terre, signe en particulier une phrase qui fait mal, le risque de voir « une armée de terre diminuée dans ses effectifs, affaiblie dans ses structures, vieillie dans ses équipements, atteinte dans son moral » ; l'amiral Leenhardt et le général Capillon, avec moins de fougue et plus de sobriété, ne sont pas moins alarmants ; le drame, pour le marin, est de devoir opérer une révision totale des missions d'une marine rétractée, pour l'aviateur, d'accepter un affaiblissement considérable des forces aériennes de combat pour 1990 ; trop évidemment, le budget présenté engage une forte réduction des crédits ; Charles Hernu, le ministre, a beau préciser que ces trois rapports sont en fait de simples « hypothèses » à méditer, des « maquettes » propres à la seule réflexion, personne ne s'y méprend ; il apparaît que le pouvoir mitterrandiste « tient » moins l'armée qu'il ne l'a pensé. Peu importe le ou les responsables de la « fuite » qui prend aussitôt une odeur de scandale, il s'ensuit une gigantesque polémique ; Vous n'avez pas le droit de bricoler, s'écrie Pierre Messmer, ex-ministre de De Gaulle pour la Défense ; France, ta défense fout le camp ! lance le député R.P.R. Yves Lancien, tandis que l'opposition dépose sur le sujet une motion de censure ; fatalement, les « popotes » accueillent mal l'affaire ; « pas agréable, ronchonne un colonel, d'apprendre dans le journal les décisions ou les prévisions qui nous concernent depuis des mois... » Enfin, la France, stupéfaite, apprend de la sorte que c'est tout son système de défense qui se retrouve brutalement mis en cause, sans que l'on puisse clairement distinguer la nouvelle pensée stratégique du pouvoir : il paraît même que, dans les plus hautes sphères, on s'interroge sur la « dissuasion », dont la philosophie aurait vieilli, le dogme du « sanctuaire » ne s'accommoderait plus de situations modifiées, le front des SS 20 soviétiques bouleverserait toutes les données. En définitive, un autre malaise peu ordinaire.

Grogne sur la télévision. Information trop caporalisée. Programmes appauvris. Invasion des cuistres. Triomphe des forces de l'ennui.

On s'interroge sur le sérieux de Jack Lang, notre ministre de la Culture, quand il fait croisade contre l'impérialisme culturel américain, peu après avoir fait ami-ami et joujou avec Fidel Castro à La Havane. Il y faut quelque imagination — sauf à retenir l'omniprésence du célèbre feuilleton *Dallas* sur les petits écrans, et à condition de ne pas savoir reconnaître le caractère profondément anti-américain d'un feuilleton dont tous les personnages sont de fait des caricatures chargées de la société américaine. Durant ce dernier quart de siècle, le plus grand groupe contemporain de musique populaire est anglais, et non *yankee* ou louisian : les Beatles. Le plus célèbre groupe de rock est encore anglais : les Rolling Stones. Le théâtre parisien semble avoir vocation d'ignorer les auteurs de théâtre américains. Aucun philosophe américain ne marque nos nouvelles générations d'étudiants, d'ailleurs apparemment imperméables à toutes influences métaphysiciennes. Le héros du dernier festival d'Avignon est un acteur italien, Vittorio Gassman, qui nous récite en italien du Boris Vian qui chantait en français, en anglais du Shakespeare sans le moindre accent du Bronx, en français du Kafka qui, tchèque, écrivait en allemand. Les peintres les plus idolâtrés sont européens, Picasso, Dali, Picabia. La plupart de tous les géants du cinéma américain, du Londonien Charlie Chaplin à l'Irlandais John Ford, sont européens ou d'origine européenne. Des deux morts de la culture américaine cette année, l'un, Roman Jakobson, naquit en Russie en 1896, l'autre, Vladimir Zworykin, inventeur du kinéscope et de la caméra de télévision, naquit aussi en Russie, en 1889. Trop manifestement, il s'agit d'un faux procès, aux intentions troubles. « Anti-américanisme obsessionnel — peut préciser Annie Kriegel après avoir fait ce lumineux décompte — dont, trop clairement, le " répertoire thématique " est emprunté à celui de toutes les obsessions : dénonciation de l'or et de la puissance mercantile, du complot permanent, de la volonté de domination universelle, d'une perversion systématique des valeurs traditionnelles, d'une entreprise planifiée et délibérée d'anéantissement des vieux Etats et des vieilles nations. » Il est trop évident que cet anti-américanisme-là a un côté névrotique qui ne va pas sans inquiéter.

Une religion de moins en moins tolérante domine : celle de la gauche. La gauche, la gauche, la gauche... litanie permanente. Encore faudrait-il nous la définir. Michel Prigent peut pour *la Vie Française* en découvrir au moins trois, la gauche « prolo », la gauche « techno », la gauche « intello ». « La gauche prolo, c'est André Henry ou Pierre Mauroy, c'est la gauche qui sent bon les congés payés et les moules frites. La gauche techno, c'est Michel Rocard ou Jean-Pierre Chevènement : le premier fait penser à John Kennedy — moins l'autorité — et le second à Pierre Mendès France — plus le national-scientisme. La gauche intello, c'est Jack Lang ou Régis Debray, l'homme de théâtre qui a commis l'impardonnable erreur de croire à son personnage de rhéteur agité et le guérillero qui a pris sa retraite avant soixante ans pour exprimer sa libido dans les dorures élyséennes. Un esprit perspicace objecterait avec raison que cette typologie écarte la gauche gaffeuse de Claude Cheysson, la gauche luxueuse de Laurent Fabius, la gauche gouailleuse de Georges Fillioud... et tant d'autres. Il reste que les hommes de gauche se séparent en trois catégories : ceux qui travaillent, ceux qui savent, ceux qui pensent... » Faites craquer le vernis polémique de l'analyse, il y va de beaucoup de vérité : la gauche n'a pas de définition. Encore faudrait-il ne pas oublier la gauche « coco », que Guy Mollet préférait situer « ni à droite ni à gauche, mais à l'est », et qui n'aura manqué aucune occasion de chanter la dictature stalinienne, de la justification des procès de Moscou à l'apologie des Khmers rouges — la gauche « syndico », à la Edmond Maire, qui veut donner des leçons de socialisme fumeux au monde entier — la gauche « anarcho », à la Krivine, tentée de prôner la « table rase » immédiate — et la gauche « catholico », avec toute une procession d'évêques, de prêtres et de chapelains infatigables dans le nouveau prêche sans latin ni *amen,* « A Jésus de gauche, Eglise de gauche ». Au vrai, l'ensemble aboutit à une extraordinaire confusion des espérances et des moyens. L'on peut même en venir à se dire que si nous avons un gouvernement si flou, c'est parce que la gauche qu'il sert (et non qui le sert) est elle-même un monument de flou — avec toutes les équivoques que cela peut entraîner dans l'opinion.

Trois illusions ne sont pas dissipées. La première est celle de la gauche prolo qui a cru pouvoir transformer le chômage en temps libre et diminuer la production sans diminuer les revenus : réalise-t-elle même que son principal résultat aura été d'aboutir à une baisse générale du pouvoir d'achat ? La seconde utopie est celle des techniciens mitterrandistes qui, jusqu'au 10 mai 1981, ont nié le caractère mondial de la crise et se sont complètement abusés sur les effets de la relance par la consommation intérieure. La troisième utopie, de loin la plus perverse et la moins pardonnable repose, comme l'analyse excellemment Michel Prigent, sur « l'inconsistance et la fatuité des intellectuels qui continuent de croire, malgré leur rupture avec le marxisme, que l'histoire a un sens et qu'il leur appartient de guider les hommes vers la terre promise d'un communisme qui aurait fait l'impossible économie de la violence » — ces mêmes intellectuels qui auront toujours constitué le plus docile cortège des chefs staliniens. La gauche n'est qu'un mot. La pensée et la stratégie du gouvernement, à sa dévotion, ne peuvent donc que tourner dans le vide.

Enfin, crise dans la police. Au fond, le gouvernement, à son avènement, a été mal inspiré en lui faisant procès de ne servir que l'extrême droite et de ne traquer que l'extrême gauche. Il y a perdu sa confiance. Il ne l'a pas retrouvée dans sa totalité, loin de là. Force est d'ailleurs d'estimer que le gouvernement s'en rend compte puisqu'il décide de confier la sécurité personnelle du président de la République à un corps de volontaires de la gendarmerie, qu'un gendarme se voit confier, avec poste de commandement à l'Elysée même, la haute main sur toute l'action antiterroriste et que, depuis un mois, redoutant trop d'être mal protégé face à trop de mouvements de foule et à trop de manifestations protestataires, le président interrompt toute visite officiellement et spectaculairement organisée en province, et n'y effectue plus que des apparitions-surprises. Quant aux syndicats de police qui maintiennent éloquemment leur attachement au « gouvernement de gauche », il est trop net qu'ils sont plus proches de la dialectique communiste que du raisonnement — trop nébuleux — des socialistes. Autre pagaïe, à une mauvaise heure.

Parmi tant de brouillards et de marais, au plus profond des angoisses et des incertitudes, on comprend que nos journaux ne soient pas parvenus à désigner « l'homme de l'année », alors que, l'an dernier, à la quasi-unanimité, ils plébiscitèrent Lech Walesa.

Le Canard Enchaîné se tire d'embarras en désignant comme Superman, à travers une caricature de Moisan, un monstre asexué qui a le crâne d'œuf de Fabius, un œil de velours de Mitterrand (le droit), un « œil de Moscou » de Marchais (le gauche), les oreilles de « feu Peyrefitte », le nez de Krasucki, la moustache de Walesa, le sourire squale de Cheysson, les seins tout ronds de Bardot, les bras de E.T., les jambes du bébé William d'Angleterre et l'abdomen de Mauroy.

L'homme de l'année, pour la plupart des revues, serait plutôt un personnage à rebrousse-poil, un anti-héros, pour les uns, Yasser Arafat qui a réussi à survivre à son désastre militaire et qui, depuis le 17 juin, date de son Waterloo, a abandonné le turban *keffieh* pour la casquette kaki à la cubaine, pour les autres, le général israélien Sharon, « Arik le Super-faucon », dont on dit qu'il est à lui seul « une guerre en champ de bataille » et qu'il est doué de la « subtilité d'un bulldozer », Sabra de cinquante-quatre ans qui fut le plus jeune général d'Israël, aussi célèbre pour ses actes d'insubordination que pour une légendaire grossièreté voulue, n'étant ministre de l'Agriculture en 1977 que pour pratiquer une politique d'implantation à outrance dans les territoires occupés (Bilan : 62 colonies de peuplement en quatre ans), et qui, ministre de la Défense, « roi Arik », pèse d'un poids déterminant dans la décision de lancer l'opération « Paix en Galilée », jusqu'à faire de la guerre de Beyrouth « la guerre de Sharon ». Mais aucune revue n'en a finalement l'audace.

Les journalistes de *Jeune Afrique* seuls arrivent, mais pour la seule Afrique, à désigner un leader parmi les leaders. A la recherche du chef d'Etat africain le plus populaire, ils se prononcent pour Abdou Diouf, le président du Sénégal, devant dans l'ordre Hosni Moubarak (Egypte, une surprise), Félix Houphouët-Boigny (Côte d'Ivoire, un habitué des meilleurs classements), Robert Mugabe (Zimbabwe, en dépit d'une soudaine avalanche de difficultés avec les terrorismes) et Seyni Kountché (Niger, en hommage aux plus simples sagesses d'antan).

Un collège de journalistes du monde entier préfère rechercher le chef d'Etat le plus exécrable : cette curieuse hiérarchie donne en tête l'ayatollah Khomeiny, devant le colonel Kadhafi et le Congolais Mobutu, lequel, pas du tout intimidé, vient d'ailleurs de se conférer une distinction de plus, cette fois le maréchalat.

Libération préfère se mettre en quête de la plus belle bévue ou de la plus brillante boutade de l'année. C'est la foire aux « cancres » ou aux « caciques » de la classe politique. Simplement, le journal ne fait pas son choix. Cela va du coup du fameux mot de Michel Poniatowski, familier des mots massues, traitant les ministres de « charlots » et François Mitterrand de « supercharlot », de surcroît « madone des aéroports internationaux » au « j'accepte d'être un paratonnerre » de Pierre Mauroy. Une mention va à Valéry Giscard d'Estaing qui, avant d'élaborer le concept stratégique des « déçus du socialisme » tiers parti, explique que « si l'opposition ne se serre pas les coudes, les Français passeront par l'écœurement d'un socialisme en peau de serpent à un socialisme en peau de la nouvelle vague ». Jacques Delors gagne un accessit quand, lyrique, il assure qu' « on ne parle pas de dévaluation aussi facilement qu'une jeune fille de la nouvelle vague enlève son soutien-gorge ». L'évêque de Beauvais, Mgr Jullien, s'écrie : « Sauver le franc, c'est bien, mais la pire des dévaluations, c'est celle de l'amour. » Raymond Barre : « Verbiage et gaspillage sont les deux mamelles de la générosité socialiste. » André Henry, ministre du Temps libre : « J'ai coupé mes racines syndicales, je suis comme un cargo argentin au large des Malouines. » On s'étonne que le catalogue laisse de côté quelques perles de taille. « Braillards fascisants ! » lance « le calme » Delors aux députés gaullistes. « Je ne saurais être un ministre des comptes » proclame Nicole Questiaux, un temps ministre chargée du budget de la Sécurité sociale. Comment oublier aussi le projet, même vite enterré, qui, sous tutelle du ministre du Logement, Roger Quilliot, voudrait obliger les propriétaires des résidences secondaires à les mettre en location, pour aider au tourisme, et prévoit que, s'ils refusent, ils paieront un impôt supplémentaire égal à la moitié de la valeur locative de leur location ? Allez même savoir si le dossier sera vraiment laissé aux oubliettes...

C'est un peu à une identique enquête que se livre *le Quotidien* sauf à prendre souci du plus grand gaffeur de l'année. François

Mitterrand qui, dans un bavardage imprudent ou par ignorance du problème, annonce trop tôt en personne une dévaluation du franc devant un groupe de journalistes américains, ce qui soulève un beau vent de panique ? Encore François Mitterrand « couvrant » l'étonnante affaire Tanase, cet émigré roumain qui se dit menacé de mort, que tout le monde croit enlevé, qu'on dit écrivain sans qu'il le soit réellement, qui se cache tout tranquillement en Bretagne sous la protection de la D.S.T., qu'on ressort soudain comme un bon diable de sa boîte, et qui, finalement, dans un éclat de rire de toute la France, vaut au président un rôle en gros sabots ? Régis Debray, dans la chasse au Pivot, accusant du Canada Monsieur Livre d'Antenne 2 de « dictature et de totalitarisme », déclenchant un tel chahut que le président doit en personne présenter des sortes d'excuses ? Le héros inconnu de cette publicité bidon : la soudaine et spectaculaire révélation, par l'Elysée, de l'arrestation de super-terroristes du fait de nos gendarmes — on parle même à mi-voix de Carlos — des super-terroristes qui se révèlent finalement être de minables marginaux irlandais, plus ou moins téléguidés ou contrôlés par l'une de nos propres polices civiles ? *Le Quotidien,* toujours aussi oppositionnel, s'amuse beaucoup, même s'il laisse la réponse au choix.

Au vrai, l'Oscar de la gaffe devrait cependant revenir sans discussion possible à Claude Cheysson ou à Alexander Haig. Le ministre français des Affaires étrangères ne se contente pas, devant de hauts fonctionnaires du Quai d'Orsay, d'appeler Mme Thatcher « la génisse » et de tenir le pape pour « un emmerdeur à grand spectacle », il peut aller jusqu'à un jour déclarer en avoir « plein le cul » du problème israélo-arabe et souhaiter le voir résoudre « en noyant les Israéliens dans le lac Tibériade et les Palestiniens dans la mer Morte ». Haig, prédécesseur de George Schultz comme secrétaire d'Etat, devant le journaliste Bob Woodward du *Washington Post,* peut évoquer tout crûment « la duplicité de ce salaud de Carrington » (Lord Carrington, chef du Foreign Office), et traiter les alliés européens de l'Amérique de « lâches », l'Allemagne de « schizophrène », les Britanniques de « jésuites » et les Saoudiens d' « arrogants dévastateurs ». En langage diplomatique, il est difficile de faire plus explosif.

En revanche, pas de contestation possible sur « le mot de l'année ». Du moins, en France. Le mot de *rigueur* est littéralement plébiscité. Pour en prendre mieux conscience, il n'y a d'ailleurs qu'à citer les principaux responsables de la politique française. François Mitterrand : « Il faut que les dépenses nouvelles soient sélectionnées avec *rigueur* » (10 mars). Pierre Mauroy : « Il nous faut, dans la *rigueur,* redoubler d'efforts pour atteindre l'objectif annoncé » (23 mai). Edmond Maire : « La classe ouvrière a tout à gagner à une politique de *rigueur* et de vérité » (26 mai). Henri Krasucki : « Nous ne craignons pas le mot *rigueur,* sauf que la question est de savoir à qui et à quoi cette *rigueur* s'applique »

(13 juin). Jacques Delors : « *Rigueurs, rigueurs...* Ce n'est certes pas un chemin de verts pâturages qui s'ouvre devant nous » (7 janvier). Michel Jobert : « La *rigueur ?* Je souhaitais des mesures en janvier, ce fut fait en juin... » (25 octobre). Michel Rocard : « L'esprit de sérieux et de continuité baptisé *rigueur* est nécessaire à l'application de toute politique » (15 juillet). Georges Marchais : « La *rigueur ?* Nous sommes pour, dans la reconquête du marché intérieur et dans la mise en œuvre de la justice sociale » (27 mai). Etc., etc. Sans oublier que la *rigueur 1983* sera encore pire que la *rigueur 1982,* peuvent préciser à qui mieux mieux tous les leaders des chœurs de l'opposition.

Le Point, plutôt que pour un homme, vote pour le dollar, comme personnalité de l'année. Certes, il fait vedette par là Monsieur Dollar, autrement dit Paul Volcker, cinquante-cinq ans, 110 kilos, deux mètres de haut, président de la banque centrale la plus puissante de l'univers, le Federal Reserve Board, qui fait et défait les politiques monétaires européennes. Effectivement « derrière la politique américaine, accusée en Europe, mais aussi aux Etats-Unis, de décourager l'investissement, d'aggraver le chômage et d'écraser les économies des pays en voie de développement, on retrouve à tout coup Paul Volcker ». Il sait du reste à quoi s'en tenir. Dans son grand bureau meublé Empire de Constitution Avenue, à Washington, « il a, humoriste, épinglé une caricature découpée dans un journal américain le représentant les traits tirés, le front ridé, tenant entre les doigts un cigare de dollars, et symbolisant son âpreté à défendre le billet vert ». Un seul *hobby :* la pêche au lancer. Une seule distraction : les matches de base-ball. Une seule coquetterie : rappeler qu'il est issu de parents modestes, le père étant un petit fonctionnaire municipal à Teaneck, une petite ville près de New York. Une obsession : la haine des doctrines économiques ; il n'est ni partisan de la « Reaganocomics », disons plutôt de la *supply-side economics,* cette nouvelle approche des problèmes économiques vus non plus du côté des demandes de biens et de services, mais de celui de l'offre, ni fervent monétariste, autrement dit disciple de Milton Friedman, le célèbre professeur de Chicago, prix Nobel d'économie, qui, toute sa vie, aura soutenu que la régulation de masse est une panacée économique. Un mot d'ordre primordial : terrasser par tous les moyens le dragon Inflation. (De 5,9 % cette année, déjà superbe résultat, la hausse des prix de détail américains descendrait jusqu'à 5,3 % en 1983.) Indiscutablement, Paul Volcker est un personnage hors série, même assez en force pour tenir tête à Reagan. Il n'en reste pas moins que la vraie vedette de l'année, plus que ce Titan, est le dollar lui-même.

La revue *Mieux-Vivre,* mensuelle, a plutôt penché pour la quête de « l'homme du mois ». C'est une femme, Mme Monique Piffaut, l'égérie du vin pas cher. On l'appelle Calamity Jane, « reine du discount », P.-D.G. du Comptoir des chocolats et alcools, après avoir fondé sa prospérité des années 1960 sur l'importation des whiskies, la voici « impératrice du vin à petit prix, à partir de 10, 12 francs ». Après tout, pourquoi pas une commerçante, alors que le commerce n'aura jamais été plus décrié et attaqué en tant que tel ?

Sur l'année même, *Mieux-Vivre* opte pour la recherche des 100 gagnants et 100 perdants.

Il y a d'ailleurs pas mal de surprises chez les gagnants. La Citroën 2 CV6, « notre incomparable deux pattes », est au palmarès des économies d'énergie avec 6,5 litres aux 100 kilomètres. Les actions Essilor, spécialiste des verres de lunettes et des montures, emportent la palme, dans la catégorie des sociétés ayant prospéré, pour avoir bénéficié de 117 % de plus-value depuis le 1er janvier 1982, devançant même Cetelem et les Presses de la Cité, secondes ex aequo à 82 % de plus-value. Dans la catégorie hommes d'affaires, le premier mérite est conféré à Jean-Yves Haberer, nouveau P.-D.G. de Paribas, qui, après avoir servi dans des cabinets de ministres libéraux et assumé la direction du Trésor, se retrouve aussi loyalement à la tête d'une banque d'affaires, la première, très éprouvée par les nationalisations, où il réussit même à faire oublier les règlements de comptes. Comme publicitaire, on ne trouve pas plus brillant qu'Olivier Dassault, pilote de chasse et petit-fils de Marcel, dont l'agence fait un fantastique bond en avant. Elf-Aquitaine est proclamée reine des entreprises, pour avoir enregistré 3,7 milliards de francs en bénéfices sur le dernier exercice connu. La SICAV Sélection Obligation Internationale est proclamée miss Investissement pour avoir réalisé 19,73 % de plus-value. (Vive l'obligation ! C'est le cri du cœur des banquiers en ce jour de l'an.) L'U.A.P. domine l'assurance française, même si elle a eu à payer le plus gros sinistre de l'année, l'incendie des hangars de stockage en septembre au port du Havre. Matisse est peintre de l'année : son *Bouquet pour le 14 juillet* s'est vendu en mars 6,8 millions de francs sous le marteau de Me Loudmer à Drouot. Le café est la matière première de l'année : 60 % de hausse. Grasset est l'éditeur de l'année : l'écurie à casaque jaune rafle l'essentiel des prix 1982, le Goncourt, le Médicis, le prix du roman, le Renaudot et le Médicis étranger, sans parler du prix Nobel de littérature avec Gabriel Garcia Marquez. Jean-Paul Belmondo est comme inévitablement l'As des As du cinéma.

Parmi les 100 perdants, on note surtout les actions Usinor, avec 60 % de moins-value (la sidérurgie lanterne rouge de la Bourse, ce ne peut être une surprise) ; le plomb comme matière première (il perd 23 % de son cours) ; E.D.F. (4,6 milliards de francs de pertes en un an) ; l'immobilier ancien à Paris (tout l'immobilier, mais surtout celui-là, cesse d'être une valeur refuge) ; Chagall (sa cote recule de 10 à 20 % chez les investisseurs) ; les Verts de Saint-Etienne (aux suites des scandales soulevés par leur ex-président Roger Rocher) ; le peso mexicain (moins 80 % par rapport au dollar) ; Jacques Demy en plein désastre avec son dernier film, *Une chambre en ville* et l'ensemble des « 15 millions de Français qui, chaque semaine, au loto ou au tiercé, paient 10,50 F en moyenne pour rêver à la fortune ».

Les journaux français ne sont pourtant pas les seuls à ne pas savoir ou vouloir désigner un homme de l'année.

Les gourmets de New York choisissent plutôt le champagne de l'année. C'est le *Dom Pérignon 1975,* dépassant dans l'ordre le *Dom Ruinart blanc de blancs 1975,* le *Krug Grande Cuvée Brut,* le *Pol-Roederer — Cristal Brut 1976.*

Le choix du *Times* pour sa couverture du jour de l'an se porte généralement sur un homme ou une femme ayant le plus efficacement changé le cours de l'histoire dans l'année. L'un des premiers fut Charles Lindbergh, le dernier, le leader de *Solidarnosc,* Lech Walesa. Hitler y figura en 1938 ; Staline, en 1939 ; Khomeiny, en 1980. Cette année-ci, plutôt que pour un homme, la célèbre revue opte pour l'ordinateur individuel, celui qui gère le budget familial, qui propose un menu pour le déjeuner et qui, en l'occasion, bat avec netteté quatre outsiders, Menahem Begin, vainqueur de la guerre au Liban, Margaret Thatcher, vainqueur de la guerre des Malouines, Paul Volcker, vainqueur de l'inflation et le petit extra-terrestre E.T. Dans la seule année, près de 3 millions d'ordinateurs individuels auront été vendus par cent firmes pour près de 5 milliards de dollars. Un flot d'ordinateurs a déferlé et s'est installé dans les bureaux américains, les écoles américaines, les maisons américaines... Il est trop clair que « l'Amérique et le monde ne seront plus jamais les mêmes ».

En conséquence, dans l'ensemble, c'est le pessimisme qui domine ce 1er janvier 1983.

Il s'impose universellement, aussi en clair qu'en sous-entendu.

Du reste, le plus triste est que tous les astrologues se mettent à l'unisson.

Aucun n'annonce du beau temps.

Même la toute belle et toute souriante Elisabeth Teissier y va de sa plume la plus noire, dans le livre qu'elle vient de faire paraître, *Horoscope 1983 pour vous et pour le monde.*

A redouter surtout entre mai et juillet la conjonction Saturne-Pluton, avec influence traditionnellement fatidique. C'est la conjonction même qui présida à la Première Guerre mondiale, puis à la Seconde.

Qui plus est, le 18 février, se formera, pour la première fois depuis 1968, la belliqueuse conjonction Jupiter-Uranus, sur cycle de quatorze ans, à associer à l'esprit insurrectionnel, à toutes les violences, à la tentative d'instituer à tout prix un ordre nouveau, de même qu'aux désordres économiques graves. A craindre donc bien des tempêtes dès cette date. Il y aura d'autant moins à se tromper qu'en reculant depuis 1968, on retrouve cette conjonction maudite en 1954 (sommet de la guerre au Viêt-Nam ; début de la guerre d'Algérie) comme en 1941 (attaque de Hitler en Russie ; guerre du Japon contre les Etats-Unis), et que tout laisse prévoir de la rencontre en mai 1983 une puissance explosive maximale. Comment pourrait-il en être autrement, alors qu'une troisième conjonction violente se prépare, Soleil-Mars, datée pour le 3 juin, à 12° des Gémeaux ?

Jour le plus à redouter : le 26 mai.

Autres points chauds : entre le 16 et le 21 janvier ; entre le 17 et le 21 février ; entre le 2 et le 24 avril ; entre le 26 mai et le 22 juin (le rendez-vous le plus alarmant) ; entre le 19 et le 22 juillet et entre le 19 octobre et le 1er novembre. Tout y est à envisager au pire : krachs financiers, éruptions volcaniques ; guerres ; séismes ; voire une invasion d'O.V.N.I.

Il n'en est pas autrement pour la France considérée en soi. Ensemble, président et pays sont appelés à vivre des moments de défi pénibles et durs. François Mitterrand peut être singulièrement inquiet : « Depuis début 1982, Saturne a transité par sa lune natale, ce qui, bien sûr, n'était pas de bon augure pour sa santé en général, pour son système urinaire en particulier. Précisément, l'approche de Saturne sur son soleil (en Scorpion, son signe zodiacal, lié au système génital) ne fera qu'accentuer cette sensibilité — et cette maladie, si maladie il y a. Comme, durant tout 1983, Saturne se promènera dans cette région du ciel, passant et repassant sur le soleil natal de François Mitterrand, on ne peut être optimiste quant à son état général, d'autant plus encore que, en fin d'année, Pluton viendra à son tour prêter main-forte, si nécessaire, à Saturne, dans son travail de sape de l'énergie vitale. Il faudra que le président possède de très grandes ressources vitales pour pouvoir résister et sortir victorieux de cette lutte sournoise et érodante que lui livrent et que lui livreront encore les astres. Ses mois les plus difficiles : février, mars, avril, mai, septembre, décembre... »

Attention en particulier, vigilance extrême, pour le président, entre le 6 et le 20 février, le 14 mars, entre le 6 et le 13 mai, et vers le 11 juin ou le 10 septembre.

1983 devrait essentiellement honorer les Sagittaires, « à cause du passage de Jupiter — leur maître de surcroît — dans leur signe » (Jacques Chirac y figure), les Béliers nés avant le 15 avril (Raymond Barre), les Lions de la seconde moitié, les Balances d'avant le 17 octobre et la première moitié des Cancers et des Capricornes.

Favoris de janvier : Jean-Claude Brialy, Jackie Stewart et Michèle Morgan.

Favoris de mai, le mois fatal : Bernard Pivot, Jean-Louis Barrault et Michel Drucker — même si la période sera aussi « très négative pour le show business en général ».

Favoris de novembre, avec spéculations artificielles de la Bourse internationale, crédits boursiers « gonflés », scandales de mœurs, climat à la nervosité : Léon Zitrone, Danièle Delorme et Yves Montand.

Favoris de décembre avec catastrophe aérienne, émeutes soudaines, déprime générale et rencontres insolites le 31 : Annie Girardot, Jacques Chirac et Serge Lama.

A voir.

La plupart des autres astrologues sont sur une note identique. En particulier, interrogée par l'A.F.P., Indira annonce que Chirac gagnera les élections municipales à Paris avec au moins 54 % des suffrages et que, au total, en France, l'alliance R.P.R.-U.D.F. rassemblera de 56 à 57 % des voix, contre seulement de 38 à 40 % pour l'axe PS-PC.

A la dimension de la planète, toutes les annonces sont plutôt au noir.

« Je ne vois aucun événement heureux, précise Guy de Mesle — du moins politiquement parlant. »

Seule prédiction souriante : un second bébé pour Lady Di — une fille.

Pour le reste, cela va des pires désastres économiques, voulus par la conjonction Saturne-Pluton, au divorce de Sophia Loren d'avec Carlo Ponti.

Drames sur drames.

A l'œil de Maurice Calais, la situation sera si bouleversée en France que François Mitterrand devra appliquer l'article 16.

Kebrina Kinkade — qui annonce par ailleurs que Khomeiny décédera — prédit de nouveaux attentats contre le pape et Ronald Reagan.

Guy de Mesle prévoit une recrudescence des attentats palestiniens en Europe, les premiers attentats palestiniens aux Etats-Unis et un nouvel attentat contre Jean-Paul II.

A voir encore...

Les Dernières Nouvelles d'Alsace demandent à Renée-Pierre Gosset quelle est la plus belle des perles mondiales de l'année. Elle en cite un certain nombre. Henry Kissinger : « Le communisme est à bout de souffle dans les pays communistes. Mais malheureusement par ailleurs. » Nguyên Co Thach, ministre des Affaires étrangères au Viêt-Nam : « Nous ne sommes pas sans réalisations, nous nous sommes arrangés pour distribuer de la manière la plus égale la pauvreté. » Richard Nixon : « Brejnev, il ne voulait pas la guerre ; il voulait le monde. » Begin : « Si j'ai à choisir entre des Juifs morts et une bonne presse, entre des Juifs vivants et une mauvaise presse, je choisis cette dernière. » Le général argentin Galteri : « Mme Thatcher réagit comme une dame à qui on a pincé les fesses. » Helmut Schmidt à son successeur Helmut Kohl : « Herr Kohl, vous ne dites pas ce que vous pensez ? Peut-être ne pensez-vous pas ? » Soyons sûrs qu'après avoir consulté à son tour les étoiles, Renée-Pierre Gosset doit en particulier avoir quelque préférence pour cette phrase de Ronald Reagan : « Les astres… les astres… Moi je sais surtout une chose… c'est que j'ai bien l'intention d'améliorer les relations avec l'Union soviétique, mais qu'il faut être deux pour danser le tango… »

3

Les grands morts de 1982,

Rien n'est plus significatif que la liste des grands morts d'une année pour recueillir dans un miroir les principaux problèmes et aspects de nos jours.

1982 ne manque pas à la règle.

Mao disait : « La bouse de vache est plus utile que les dogmes. On peut en faire de l'engrais. » On ne saurait imaginer Etat plus dogmatique que l'Union soviétique. On ne saurait mieux découvrir l'immobilisme du système qu'en observant les dernières années de Leonid Ilitch Brejnev, tsar rouge pendant dix-huit ans, dont le Kremlin nous annonce la mort le 10 novembre, âgé de soixante-quinze ans. A partir de 1974, son état de santé défraie la chronique : les communiqués officiels évoquent régulièrement des « refroidissements » qui cachent en vérité un affaiblissement plus grave, avec artères mal en point, tendance au diabète, cœur blessé mal remis d'un infarctus de 1961, hypertension, cholestérol, palpitations et essoufflement. En mars 1979, il doit demander au président Giscard d'Estaing d'annuler son voyage à Moscou ; il ne pourra le recevoir ; il est « grippé » ; non seulement il fait dès lors de plus en plus souvent état de telles « grippes », mais, dès octobre de la même année, pendant toute une soirée, le bruit court à Moscou, et bien vite dans le monde entier, qu'il est mort. C'est un Brejnev au visage dramatiquement bouffi, guère assuré sur ses jambes, le regard lourd, le geste incertain qui apparaît à Bonn en novembre 1981, lors d'une visite au chancelier Schmidt ; un Brejnev aussi chancelant qui fête assez lugubrement ses soixante-quinze hivers le 19 décembre 1981, six jours après le début de la « normalisation » en Pologne. On ne reconnaît plus le colosse truculent travaillant jusqu'à dix heures par jour, soit dans son bureau du Kremlin réservé pour les réunions du Politburo tous les jeudis, soit dans celui du Comité central (tous les mardis), où il prend son petit déjeuner et déjeuner, spectaculairement fier d'occuper une pièce plutôt austère, simplement meublée d'une table moderne, d'un secrétaire à cartes géographiques, d'un chandelier en argent et des portraits de Lénine et de Marx. On ne le voit plus jouer avec son fume-cigarette d'ambre curieusement pourvu d'une serrure à système d'horlogerie, animer à l'occasion d'une inauguration une soirée où, après un bon coup de kvas ou de vodka, au rythme de la balalaïka, il allait jusqu'à danser la *kamarinskaïa,* la danse la plus populaire de Russie, ou s'en aller chasser l'élan et le sanglier dans sa propriété en Zavidovo, le plus volontiers avec le camarade Kekkonen, ou s'exhiber en manches de chemise et lunettes noires, au volant de l'une des voitures dont il fait collection, cadeaux de chefs d'Etat ou d'amis, parmi lesquelles il compte notamment une Citroën Maserati, une Mercedes 600, une Lincoln Continental et même une Rolls Royce. Il se terre aux côtés de sa femme, Viktoria Petrovna, parmi ses enfants et petits-enfants, dans sa *datcha,* à Loubertsy, ou dans son appartement de Koukouzovski Prospekt, un étage au-dessous de la famille Andropov, un étage au-dessus de la famille Chtechelokov. Lui, si robuste et si sûr de lui que Khrouchtchev l'appelait « l'ours », devient un grand infirme qu'il faut soutenir à sa descente d'avion, et qui peine à tenir un stylo pour la signature des actes officiels. Il est si rigide, avec trop de réflexes paralysés, qu'il en évoque une sorte d'automate, venu d'une autre planète, aux gestes aussi irrésistibles que pénibles, n'agissant que d'un bloc. Un être de cuirasse, au masque de bronze et au pas saccadé, réglé par des ressorts en métal. Mais, si malade soit-il, il reste le maître absolu d'un empire « intangible ». Il aura tout préservé du stalinisme, y compris le goulag : d'ailleurs, les Moscovites, qui ont de l'esprit et aiment les bons mots, racontent que la seule différence de Brejnev avec Staline est d'avoir sa moustache à l'étage au-dessus (des sourcils singulièrement touffus). Il ne se fait pas moins vénérer que ses prédécesseurs, se faisant nommer lui-même maréchal, collectionnant médailles et titres « notre second Lénine (dit le Bulgare Jivkov)... libérateur de la Hongrie... père libérateur de la Tchécoslovaquie... le plus humain des humains... » Il en vient à donner une double impression de terrible fragilité et, cependant, de puissance implacable. Au fond, Brejnev 1982 ne saurait mieux personnifier la Russie 1982. Identique puissance, avec identiques faiblesses. L'empire n'est pas moins contradictoire que son maître. Démoniaque dans l'art de porter la division et la subversion chez ses adversaires, et incapable de maîtriser le casse-tête polonais. Disposant de l'armée de terre la plus puissante de tous les temps, et, sur son propre seuil, impuissante à désarmer la résistance des francs-tireurs afghans. Par sa propagande, terrorisant ou intimidant de multiples pays non communistes sur les cinq continents, et n'ayant pas su animer de foi vivante partout où il règne : tous les peuples asservis d'Europe orientale, à part quelques cohortes de mercenaires, ne rêvent que du jour où ils pourront se libérer de la dictature maudite. Equipé de l'armement le plus sophistiqué, accomplissant prouesses sur prouesses dans la prospection des étoiles, mais ne sachant pas produire assez de blé pour nourrir ses populations. Voulant passer pour le plus grand ami de l'Islam, et multipliant les gaffes en Arabie, et ayant de plus en plus de peine à contenir les impatiences de ses propres « minorités » musulmanes. (Quasiment un Soviétique sur trois est musulman.) Ayant rêvé d'une planète sans Dieu, et voyant prospérer comme jamais, en défi à ses inquisiteurs, et sur les terres mêmes de ses propres tanières, les messages du christianisme orthodoxe. Chantant un humanisme universel, et écœurant toute sa propre intelligentzia. Pratiquant volontairement le machiavélisme d'Etat, et se faisant berner par Américains ou Asiatiques sur de multiples fronts, jusqu'à se faire chasser d'Egypte, et laisser se constituer un bloc Chine-Japon, aux hallucinants rendez-vous trop prévisibles. L'empire aussi, si puissants que restent certains de ses ressorts, a les doigts gourds et les pieds qui traînent.

L'Union soviétique ne perd pas que son tsar, aussi son principal doctrinaire, « l'idéologue numéro un du Kremlin », commandeur des croyants, faiseur de rois, pythie du marxisme international, détenteur du léninisme révélé, éminence grise du monde rouge, Mikhaïl Andreevitch Souslov. Fils de paysans de Saratov, sur les bords de la Volga, né quand le siècle a deux ans, élève de l'institut Plekhanov de Moscou et de l'institut économique du « professorat rouge », adhérant au parti communiste dès 1921, accédant au Praesidium dès 1952, il campe dès la mort de Staline le vrai commandeur de la foi. Plus rien d'important ne se fait sans lui. Il est l'auteur de tous les programmes, assez habile pour ne rien risquer de leur échec. Il ne laisse à personne d'autre la condamnation du subjectivisme et du volontarisme. Il défait Khrouchtchev. Il fait Brejnev. Encore en juillet 1981, il est à Varsovie, chez Stanislas Kania, à essayer de régler en chef le drame polonais. Et on dit que c'est lui qui excommunia Tito, Mao et Hodja. Il meurt pourtant dans son lit, « de vieillesse », tout doucement. Paradoxe : il sera encore plus difficile, assure-t-on du côté de Moscou, de remplacer ce pape que l'empereur.

Si nos journaux sont curieusement discrets sur la disparition du maréchal Ivan Bagramyan, quatre-vingt-quatre ans, l'un des derniers grands chefs de l'Armée rouge durant la guerre mondiale, et même sur celle du président Hallstein, l'un des pères de l'Europe, brillant animateur de la Communauté économique européenne, ce ne sont que longs feuilletons qui accompagnent l'adieu à Léopold Trepper, l'as des as de l'espionnage international, militant juif du léninisme mondial, grand chef du fameux « Orchestre rouge ». Autant contempler une vie constituée pour un tiers de légende, pour un tiers d'histoire et pour un tiers d'âpre politique. Fils de la Pologne, il n'est que garçonnet qu'il milite déjà dans l' « alya », mouvement qui préconise le retour en Palestine. Transplanté adolescent à Jérusalem, il en est vite expulsé par les Anglais, comme « communiste dangereux ». A peine réfugié en France, il milite activement dans une organisation communiste d'immigrés. Rallié très tôt à Staline, il monte à son service ledit « Orchestre rouge », superbe machine d'espionnage, diaboliquement organisé, comptant 290 « musiciens » triés sur le volet, de onze nationalités différentes, mais presque tous juifs. Durant la guerre mondiale, il envoie à Moscou quelque 2000 dépêches de la plus haute importance. Il ne paie pourtant pas de mine, un peu voûté, l'air fatigué, avec apparence d'un retraité tranquille et discret, et avec un visage exprimant surtout une infinie patience, voire un certain fatalisme. Il n'en est que plus efficace. « En vérité, les yeux redoutables, mi-clos, même s'ils paraissent morts, d'un alligator sans cesse en éveil ! », dira l'un de ses camarades. C'est lui qui, le premier, avertit Staline de l'imminence de l'invasion allemande, en juin 1941. « Il a pratiquement gagné la guerre à lui tout seul », dira l'amiral Canaris. Pour autant, il est jeté pour dix ans dans les prisons staliniennes ; il subit les horreurs de la Loubianka. Il n'est « réhabilité » qu'à l'avènement de Khrouchtchev. Etabli en Pologne, encore doit-il batailler ferme avant d'obtenir l'autorisation d'aller s'installer en Israël. « Tout est difficile » dit-il à son arrivée à Tel-Aviv, où il peut retrouver son vrai nom, Lejb Domb. Il meurt à soixante-dix-sept ans, tandis qu'il attend patiemment dans une queue devant le guichet de sa banque, rue Jaffa, à Jérusalem.

Disciple du Mahatma Gandhi et considéré souvent comme son « successeur spirituel » en Inde, Vinoba Bhave meurt dans l'indifférence générale, en son village natal au sud de Delhi. Le sage, nous dit-on, s'est laissé mourir, refusant médicaments, nourriture et boissons. « Il a voulu quitter son corps avant que celui-ci ne le quittât. » Il a quatre-vingt-sept ans. Militant intraitable de la non-violence, animateur de la campagne contre l'abattage des vaches sacrées, qui donc se souvient encore qu'il parcourut, pieds nus, dans les années 1950 et 1960, plus de 60000 kilomètres pour mieux semer ses messages ? Fin logique d'une vie de sacrifice. La mort du vieil ermite se marque simplement d'une note surréaliste : il est poursuivi en justice, pour « homicide involontaire » par des avocats et des intellectuels d'Inde partisans de la révolution industrielle.

En revanche, tous les médias de la planète — sauf les arabes — illustrent et commentent la disparition de la femme du Premier ministre israélien, Aliza Begin, décédée de complications cardiaques consécutives à un asthme chronique, à l'hôpital Hadassah de Jérusalem. Il est vrai qu'elle participa à toutes les campagnes, y compris clandestines et terroristes de son mari. Elle est d'ailleurs inhumée au cimetière du Mont des Oliviers, entre les tombes des deux membres de l'Irgoun, condamnés à mort par les Anglais et qui se suicidèrent en prison dans les années 1940.

Israël perd aussi son enfant terrible, Nahum Goldmann, sioniste non conformiste, ancien président du Congrès juif mondial. Né à Wisznevo, en Lituanie, élevé à Francfort, successivement installé à

Genève, New York et Jérusalem, titulaire de neuf passeports, il restera comme l'archétype du Juif sans frontières. Dès 1933, il représentait à Genève l'Agence juive auprès de la S.D.N. Dès 1936, il fondait le Congrès juif mondial voué à regrouper la quasi-totalité des communes juives du monde. Kissinger dit un jour . « Je ne connais qu'un Juif plus intelligent que moi, c'est Nahum Goldmann. » Surtout, tout à la fois mélomane et négociateur avisé, érudit et politicien, il aura toute sa vie dérouté amis comme adversaires. Juif jusqu'à la moëlle des os, il se veut cosmopolite. Sioniste invétéré, il refuse de se fixer en Israël. Chef incontesté de l'*establishment* juif, il en est en même temps l'un des critiques les plus féroces. Tout cela avec aisance et le charme le plus exquis. Une vie d' « homme d'Etat sans Etat ». Sans jamais sacrifier la vie tout court. Paradoxal en tout, jusqu'à écrire un livre sur *le Paradoxe* (celui d'Israël) : dernier survivant d'une génération de sages habiles à conjuguer *Realpolitik* et morale, il ne cède jamais à la tentation idéologique, même s'il ne se heurte jamais à aucune idéologie. Pétri de culture germanique, docteur en droit diplômé de Heidelberg, ami de Truman et d'Adenauer, il n'en garde pas moins d'excellents rapports avec Gromyko. Capable des plus profondes méditations, il n'en garde pas moins jusqu'à l'âge le plus avancé sa verve et sa verdeur intellectuelles. « Mon secret ? Je suis d'accord avec Schopenhauer disant que la vie n'est tolérable que lorsqu'on la prend comme un jeu... » Un Juif dans le siècle. Un maître ès existence. Ennemi juré de Begin comme de Ben Gourion, « ces Metternich de Jérusalem ». Décédé au plus beau de l'été à l'hôpital de Bad Reichenhall, ville de cure de Bavière, à quatre-vingt-sept ans, il est inhumé à Jérusalem dans la parcelle des anciens présidents de l'Organisation sioniste, près de la tombe du père des pères, Theodor Herzl.

Le Swaziland perd son roi, Sobhuza II, couronné à l'âge de quatre mois en 1899, dit Ngwenyama, le lion, dictateur ultra-traditionaliste. Mais la trace ne devrait pas en périr. Il confie sa couronne à l'un de ses quelque 500 fils, le prince Makhosemvlo, âgé de onze ans, sous la régence de la reine mère Ndlovukazi.

L'Arabie perd Khaled, 4e roi wahabite, « monarque du désert », « docteur de la foi ». Il règne depuis 1975. Il succède à un de ses frères aînés, Fayçal, assassiné par un de ses propres neveux tandis qu'il participait à une réunion commémorative de la naissance du prophète. Après son accession au trône, il doit subir deux opérations à cœur ouvert aux Etats-Unis, et déléguer alors ses pouvoirs au prince Fahd Ibn Abdel Aziz, l'un de ses 34 frères ou demi-frères, qui lui succède. C'est essentiellement un méditatif pour qui le seul plaisir est la chasse au faucon : sa collection d'oiseaux de proie, réputée l'une des plus belles d'Orient, n'a d'égale que celle des trophées de chasse qu'il a lui-même ramenés d'Afrique ou des Indes. Pourtant, dans son comportement, rien n'aura évoqué les fastes des Mille et Une Nuits. Amoureux de la nature et des grands sables, il restera dans les annales comme un homme simple, profondément religieux, exemplairement respectueux de l'enseignement du Coran et des préceptes de la Charia, l'ensemble des lois islamiques.

La France politique perd Pierre Mendès France. Il fut en 1927, à vingt ans, le plus jeune avocat de France ; en 1932, le plus jeune député, élu dans l'Eure ; en 1937, le plus jeune ministre, sous-secrétaire d'Etat au Trésor, dans le deuxième gouvernement Blum. « Quel roman que ma vie ! » soupirait Napoléon à Sainte-Hélène. Quel malentendu que la mienne ! aurait pu répondre « Mendès ». Autant la vie du général de Gaulle illustre une série de rencontres heureuses entre un homme et son pays, un homme et son temps, un homme et l'histoire, depuis ses fiers premiers livres jusqu'à son remariage de 1958 avec la France, autant la sienne aura été une suite de rendez-vous manqués entre un homme et son siècle. Il aura eu pourtant tous les atouts pour être un homme du destin : une guerre héroïque dans l'aviation de bombardement ; le charme ; une voix de velours pour le visage d'un lutteur ; le génie de la vulgarisation ; une courtoisie élégante sans défaillance. Dès 1943, de Gaulle le nomme commissaire aux Finances dans le Comité de libération à Alger. Dès 1944, il est ministre de l'Economie nationale. Il est le premier à introduire la dimension économique dans la réflexion politique. Il enseigne avec foi le keynésisme aux premiers énarques. Il tient tête à de Gaulle sur les problèmes de politique financière et préfère démissionner de son ministère plutôt que de « laisser galoper l'inflation ». Il est président du Conseil en juin 1954, de fait désigné pour mettre fin à l'aventure française en Indochine. « Voyons s'il saura sortir de cette panade de Viets, de chaleur, de piastres et de sang », il en sort. Il est encore ministre d'Etat en 1956 auprès de Guy Mollet, démissionnant dès quelques mois plus tard pour protester contre la politique en Algérie. Toujours aussi inflexible sur le front du refus, il s'affirme en 1958 comme l'adversaire irréductible de De Gaulle : il refuse de voter son investiture ; il fait campagne contre chaque référendum gaullien. Radical converti au socialisme, il n'en refuse pas moins, dans les meetings socialistes, de brandir le poing. Mais, en cinquante années de luttes politiques, il n'aura été au pouvoir que sept mois et sept jours. Un brillant velléitaire, pourra dire Georges Bidault. Il cumule erreurs et échecs. Il refuse de se présenter en 1965 à l'Elysée contre de Gaulle, laissant à François Mitterrand une place qui pouvait lui revenir de droit. En mai 1968, il surgit tout dépaysé à Charléty au meeting des étudiants contestataires. Refusant encore d'être candidat à la présidence en 1969, contre Georges Pompidou, il se ridiculise franchement dans la candidature Defferre, qu'il soutient en tant que candidat comme simple Premier ministre. Il se fait battre trois fois aux législatives, à Louviers ou à Grenoble. Un immense incompris. Un Monsieur Non de la plus haute classe et du plus grand cœur, mais ne s'imposant vraiment que dans la négation. De fait, il est davantage moraliste que politique. Plus Socrate que Périclès. La Conscience de gauche, pourra-t-on le surnommer. Il finit par relever plus de la légende que de l'histoire. Il doit passer ses dernières années profondément désespéré, avec trop de songes inassouvis, même auprès d'une compagne de la plus fine sensibilité, qui connaît les meilleurs baumes. Un exemple type de la symphonie inachevée, comme Adlaï Stevenson, comme Aneurin Bevan. Il meurt soudainement, le lundi 18 octobre, à 11 h 15 du matin, en son domicile de la rue du Conseiller-Colignon, dans le quartier de la Muette, au milieu d'une conversation téléphonique, alors que rien dans son état de santé des derniers jours ne laissait présager une issue aussi fatale.

Harkis et partisans inconsolés de l'Algérie française pleurent le Bachaga Saïd Boualem, longtemps chef incontesté des populations sud-algériennes de l'Ouarsenis, tour à tour colonel dans notre armée, député d'Orléansville, vice-président de l'Assemblée nationale, adversaire sans relâche du F.L.N. algérien qu'il tenait pour une bande de condamnés de droit commun. Depuis 1962, qu'il appelait « l'année fatale », il vivait avec sa tribu au mas Thibert, sur la commune d'Arles. Il s'éteint à soixante-quinze ans dans un hôpital de Marseille.

Une bombe après tant d'autres. A Beyrouth, qui aura détenu de loin le record des attentats terroristes. L'après-midi du 14 septembre. Mais cette fois, il s'agit d'une charge exceptionnelle, évaluée à 200 kilos de T.N.T., c'est le siège des phalanges chrétiennes, les Kataeb, qui est visé, dans un immeuble d'Achrafieh, au cœur de Beyrouth-Est, et, parmi les soixante tués, on relève Bechir Gemayel, le plus jeune chef d'Etat du monde à trente-quatre ans, élu quelques jours auparavant président de la République, qui n'aura même pas eu le temps de se voir officiellement investi de ses fonctions. Autant fusiller l'espoir. Il était le mieux indiqué, vigoureux, lucide, simple, pour reconstituer un Liban indépendant, lui redonner une âme et un dynamisme, obtenir le départ de toutes les troupes étrangères, empêcher le Liban d'être à nouveau colonisé ou violenté de l'intérieur. Ce petit jeune homme costaud, plutôt gauche, facilement souriant, toujours entouré d'une petite bande de collégiens rieurs et superarmés, n'était pas seulement depuis six ans le chef vénéré des Kataeb, 6000 hommes en permanence sous les armes, 20000 mobilisables, avec artillerie et escadrons blindés, il était devenu l'idole des milliers de Libanais qui comptaient sur son courage et sa clairvoyance pour redonner au pays indépendance et dignité. Qui l'a tué ? Arafat ? Les Syriens ? La gauche libanaise ? Des Libanais dont la haine n'aura pas désarmé, l'accusant d'avoir fait assassiner Tony Frangié, fils de l'ancien président ? Des provocateurs ayant intérêt à maintenir le Liban et le Moyen-Orient dans le désordre ? Ou Khomeiny ? On ne le saura pas de longtemps. Il reste que les Libanais, avec l'assassinat de Bechir Gemayel, auront beaucoup perdu.

Une voiture mitraillée après tant d'autres. A Palerme, l'un des sièges privilégiés du banditisme mondial. Mais, cette fois, il s'agit d'une victime hors série : le plus grand ennemi du terrorisme italien, chef des services de lutte contre les Brigades rouges, depuis peu nommé préfet de Palerme avec mission de mater la Mafia, depuis peu marié avec une infirmière de trente-deux ans, Emmanuelle Seti, assassiné avec elle par les tueurs de ladite Mafia. Ancien maquisard contre les Allemands, licencié en droit, diplômé de sciences politiques, athlète complet, sans peur ni reproche, le général Carlo Alberto dalla Chiesa est porté dès décembre 1979 à la tête de la Pastiengo, une division de carabiniers d'élite forte de 26000 hommes, équipée d'un matériel ultra-moderne, avec blindés légers, chars Patton, hélicoptères et ordinateurs, désignée pour faire échec aux Brigades rouges, qui terrorisent alors toute l'Italie. Il dynamise la lutte antiterroriste par deux procédés : d'abord, sur le plan technique, en créant deux unités spécialisées, le Groupe d'intervention spéciale des carabiniers (G.I.S.) et le Noyau opérationnel central de sécurité (N.O.C.S.) ; ensuite, sur le plan juridique, en obtenant la faculté de passer un contrat avec les terroristes « repentis » garantissant la mansuétude de la justice en échange de leurs aveux. Mais l'arme la plus remarquable du général, c'est lui-même. Courage et fantaisie. Ce personnage à monocle fier et à torse large sait se faire aimer et admirer de ses hommes, les « tête de cuir », et en même temps mobiliser l'opinion publique qui trouve en lui le héros idéal, Garibaldi de l'ordre, permettant de ne pas désespérer. Au seul pays au monde sachant se passer d'Etat, survivant sans Etat, prospérant sans Etat, il en vient à figurer à lui seul l'Etat. Rarement on aura contemplé une si vivante démonstration de l'intrépidité, qu'avec ce condottiere de la justice, méprisant escortes et voitures blindées, circulant le plus souvent au volant de sa voiture personnelle ou empruntant celle d'un collaborateur, comptant sur l'improvisation permanente de ses itinéraires et de ses domiciles pour déconcerter ceux qui ont juré sa perte. Il provoque plus de 300 « repentances » conduisant à plus de mille arrestations. Il pousse le triomphe jusqu'à faire arrêter le chef « historique » des Brigades, Renato Curcio. On le surnomme l'O.V.N.I., le Renard de la Péninsule, l'Homme de Fer. Il surgit toujours au plus fort d'un combat, comme sans cesse béni par le hasard. Force était qu'à un moment donné, la Providence fût trop distraite. C'est fait, à Palerme. Il est tout seul dans une petite voiture sans protection, avec sa seule jeune femme. Quatre rafales de mitrailleuse. La Mafia réussit là où les Brigades rouges échouèrent cent fois.

Qui a tué Benyahia ? Autre énigme. Cela se passe au plus beau d'un après-midi de mai. Un avion algérien survole la frontière turco-iranienne, en route vers Téhéran. Il s'agit d'un Grumann G2. Il transporte Mohamed Benyahia, ministre des Affaires étrangères du gouvernement d'Alger, avec huit fonctionnaires, quatre membres d'équipage et un journaliste de l'agence Algérie-Presse Service. A peine le commandant de bord, le capitaine Abdelmoumen Lakhdar a-t-il annoncé à la tour de contrôle de Tabriz que son avion est attaqué par deux appareils non identifiés, qu'un missile frappe de plein fouet le Grumann. Les malheureux vont s'écraser non loin de la localité iranienne de Gottow. Les corps de Benyahia et de ses compagnons sont inhumés au cimetière El-'Alia, dans la périphérie d'Alger, le lendemain du jour où, dans le même cimetière, on enterre les colonels Amirouche et Si el-Haouas, morts durant « la guerre de libération » et dont les corps viennent d'être retrouvés dans la région de Boussââdia. De quelle nationalité est le missile meurtrier ? Irakien ? Iranien ? Turc ? Aux suites de quelle erreur ou de quel complot le Grumann a-t-il été abattu ? Ne s'agirait-il pas d'une bavure ? Ou quelqu'un a-t-il voulu saboter les négociations de paix entre l'Iran et l'Irak, justement conduites par Benyahia ? Une affaire qui ne sera probablement jamais éclaircie. Simplement, au plus tôt, le président Chadli Benjedid nomme un nouveau ministre des Affaires étrangères, le Docteur Ahmed Taleb Ibrahimi, chargé à son tour d'une mission de médiation entre Téhéran et Bagdad. Mission impossible, disent les Turcs.

Qui aurait pu prédire que Sadegh Ghotbzadeh mourrait des mains de son idole ? Durant des années, avec Bani Sadr, il est l'un des plus proches collaborateurs de l'ayatollah Khomeiny en exil. A Neauphle-le-Château, où l'imam a trouvé refuge après son expulsion d'Irak en 1978, il est à la fois son interprète, son conseiller et son porte-parole. Il se fait volontiers présenter comme le fils spirituel du grand homme. Celui-ci, sur son chemin du retour triomphal à Téhéran en février 1979, insiste même pour que Ghotbzadeh se trouve à ses côtés, dans l'avion d'Air France qui le ramène à sa terre natale et le transporte vers un pouvoir sans partage. C'est dire s'il est estimé et peut se préparer au plus glorieux destin. Effectivement, il est nommé directeur de la radio-télévision nationale, puis ministre des Affaires étrangères en remplacement de Bani Sadr. Mais il ose se présenter sans l'aval de l'ayatollah à la présidence de la République. Ensuite, face à l'intransigeance des étudiants et religieux intégristes dans l'affaire des otages américains, il croit bon d'adopter une position souple afin de ménager les Etats-Unis. Sans doute aussi, même tard, est-il épouvanté par trop de sang versé, par un extrémisme islamique qui exige de tous un engagement total, jusqu'aux pires crimes. Ou bien cesse-t-il de croire en la pérennité du régime et essaie-t-il de se préparer cyniquement un avenir. Dans tous les cas, il choisit mal son heure. Il tombe vite en disgrâce. Il est mis en résidence surveillée. En définitive, il est jeté en prison, se fait accuser de complot contre Khomeiny, est conduit à sa chère radio-télévision pour faire des aveux sur le petit écran à une heure de grande écoute où, raffinement du supplice et de l'humiliation, mal rasé, livide, veston fripé, il est tenu de mettre en cause le numéro 2 de la hiérarchie chiite iranienne, l'ayatollah Kazem Chariat-Madari. Peu souvent, on aura vu spectacle si déshonorant et, après un procès expédié en trois jours dans la prison d'Evin, Ghotbzadeh est fusillé, dans la nuit du 15 au 16 septembre.

Mort d'un militant : Władysław Gomułka, « le forgeron du communisme polonais ». Fils de Krosno, adhérent du parti communiste dès ses vingt ans en 1925, leader syndical dans la Pologne de Pilsudski et des colonels, il est emprisonné durant plusieurs années jusqu'en 1939, pour « atteinte à la sûreté de l'Etat ». Durant la guerre, il anime les combats clandestins de son parti, jusqu'à paraître l'un des hommes de confiance de Staline. Pour autant, accusé de nationalisme et de déviationnisme en 1948, il est jeté en prison, remplacé au pouvoir par un Bierut qui personnifie la stalinisation renforcée. Il ne retrouve l'air libre — et le pouvoir — que du fait du soulèvement de 1956, le printemps en octobre. Le peuple polonais espère le maximum de ce personnage au style sobre, terne comme une taupe, à l'opposé des majestueux avec sa silhouette étriquée, son crâne bosselé, son regard myope, pourtant d'un courage intraitable. Mais Gomułka reste avant tout un militant. Contrairement aux espoirs des intellectuels et de la classe ouvrière, il entend bien restaurer l'ordre communiste. Rapidement, il donne son aval à Khrouchtchev pour l'écrasement de la révolution hongroise et, en moins d'un an, rétablit un régime de bronze, avec censure totale. C'est lui qui, en 1970, est le principal artisan de la féroce répression qui, à Gdańsk, fait de nombreux morts. Chassé alors du pouvoir par Gierek, tenu plus ou moins en surveillance, devant attendre Jaruzelski pour être à nouveau « réhabilité » par son parti. Bel exemple de la manipulation d'un militant ouvrier par le pouvoir communiste. On ne s'étonne pas que Jaruzelski lui fasse de belles obsèques.

Mort d'une Irlandaise. Maire Comerford. Quatre-vingt-neuf ans. Au creux de son lit. En plein sommeil. Elle aurait pu mourir cent fois en prison ou dans une rue insurgée, sur une barricade. A treize ans, toute gamine, elle figure au premier rang dans la fumée noire des incendies, au plus chaud d'une insurrection. Adolescente, au volant d'une voiture cabossée, elle conduit les chefs du Sinn Fein à tombeau ouvert à travers les rues défoncées. Plus tard, elle cache dans son grenier le patriote irlandais Michaël Collins, recherché par toutes les polices. En 1923, elle projette d'enlever le Premier ministre d'Irlande du Sud. Arrêtée, elle tente de s'évader, mais prend une balle dans une jambe. Reprise, elle s'évade à nouveau. Incarcérée encore, à la prison de Kilmainham, elle ne doit qu'à une longue grève de la faim d'être libérée, « pour des raisons humanitaires ». A quatre-vingts ans, non sans avoir connu de nouvelles prisons après la guerre mondiale, elle continue de militer, de toute sa fureur. Si, avant de mourir, elle a eu une seconde de conscience, elle doit être bien étonnée de s'en aller si paisiblement.

Mort d'une héroïne nationale, ennemie jurée des maisons

closes : Marthe Richard. Vieille dame de légende, avec ses ardents yeux bleus et ses cheveux blancs noués d'un catogan, elle s'éteint tout sourire, à quatre-vingt-douze ans. Pour les uns, elle est une héroïne indiscutable. Née Marthe Bettenfeld à Blamont, en Lorraine « allemande », tôt passionnée de l'aviation, elle est en 1913 l'une des premières femmes pilotes. Jeune veuve d'Henri Richer, durant la Grande Guerre recrutée comme espionne sous le nom de Marthe Richard par le capitaine Ladoux, chef du Deuxième bureau, l'homme qui manipule Mata Hari, elle est chargée de séduire l'attaché naval allemand à Madrid, Hans von Krohn, « œil de verre », de vingt-cinq ans son aîné, ce qui lui vaudra d'être un jour l'héroïne d'un film sous les traits d'Edwige Feuillère, von Stroheim incarnant von Krohn. A nouveau veuve, cette fois d'un Anglais, elle n'en est que plus libre pour se distinguer dans la Résistance : elle y pourvoit. Enfin, élue à la Libération conseillère municipale M.R.P. de Paris, elle s'illustre définitivement en 1946 en faisant supprimer les « maisons de tolérance », « lieux d'esclavage pour femmes ». Elle devient la « Jeanne d'Arc de la lutte contre les maisons closes », auteur de surcroît de multiples ouvrages épiques, *Mon destin de femme, Mari d'espionne, Dernière mission secrète.* Pour les autres, elle serait cependant plutôt une femme jetée malgré elle dans des combats douteux, mais assez habile pour en tirer honneur et gloire, plus rouée que sincère, plus mystificatrice que naïve. Allez donc savoir. Le mystère reste entier. D'ailleurs, la discussion survit aussi en ce qui concerne les maisons closes, entre tenants d'une morale pure et dure, et tenants d'une prostitution contrôlée et organisée. Il faut dire que la maison close était entrée en vedette dans les mœurs, les arts et la littérature. Picasso peignit ses *Demoiselles d'Avignon* dans la « maison » de la ville, le *Grand Cinq.* Villon, Marot, Ronsard chantèrent les « bourdeaux ». Maupassant tint à célébrer les gentilles pensionnaires de *la Maison Tellier.* On rappelle aisément que Solon fut décrété « bienfaiteur » de la cité pour avoir inventé la chose. La maison de tolérance avait ses lugubres lieux d'abattage comme *le Moulin Galant* mais aussi dès 1900 ses demeures « de prestige » tel l'illustre *Chabanais* où le prince de Galles possédait sa chambre « hindoue », avec lit à écusson, et qui faisait partie du programme des souverains à Paris. Le *One Two Two,* 122, rue de Provence, fut le grand rendez-vous de Paris entre les deux guerres, avec dîners fort connus. Oscar Wilde, Anatole France et Ernest Renan lui-même honorèrent *le Chabanais.* Il n'en reste pas moins que la querelle entre adversaires et partisans de la réouverture des maisons closes est à notre date plus vive que jamais. Ici, les ligues féministes et l'Eglise en tête, on proclame que ce serait un déshonneur pour la France de rétablir de telles « galères ». Là, on fait remarquer que, malgré Marthe Richard, la prostitution sévit de plus belle. On y assure qu'il resterait entre 30 000 et 70 000 « professionnelles » à Paris, pratiquant selon les techniques les plus diverses : à quelques centimes la passe dans les hôtels de la Goutte d'Or ou à des tarifs record dans des réseaux de luxe tels que celui de Mme Claude, filles racolant en voiture (Cadillac ou camionnette) ou ébats clandestins dans des caravanes sur terrains de camping, rencontres tarifées dans des lieux publics détournés de leur vocation ou massages exercés dans de très spéciaux « instituts de beauté », envois à domicile d' « amies » choisies sur catalogue ou filles à routiers pour drôle d'auto-stop sur camion. Le principal argument des partisans de la réouverture est évidemment que toute cette prostitution s'accomplit sans le moindre contrôle sanitaire : ainsi assisterions-nous à un formidable regain des « maladies secrètes ». La mort de Marthe Richard ne met pas un terme à la polémique.

Encore une mort tranquille : Mémé Guérini. Durant vingt-cinq ans, il règne avec ses frères sur le « milieu » de Marseille. Je ne suis qu'un limonadier, aime-t-il dire en tirant sur son gros cigare. De fait, ce « petit Corse » se porte au premier rang de la légende de la pègre, allant jusqu'à signer en 1955 un traité de non-agression avec Lucky Luciano. Dans son bar du vieux port, le *Méditerranée,* il peut recevoir de façon seigneuriale, parmi les truands les plus distingués, les célébrités de la scène, de l'écran et de la politique. Dans la guerre des jeux, il voit décimer toute sa famille. Pourtant, il meurt tout bourgeoisement, d'un classique cancer, à soixante-quinze ans, dans une clinique de Cannes.

Le sport mondial pleure le pilote canadien de Formule 1 Gilles Villeneuve : en passe d'être sacré champion du monde, il se tue au volant de sa Ferrari, « tout bêtement », aux suites d'une collision avec la March de l'Allemand Mass, et d'un malentendu entre les deux pilotes qui rentrent à leur stand, lors des essais préparatoires au Grand Prix de Belgique, sur le circuit de Zolder ; la faute aux constructeurs, dit Didier Pironi ; un jour ou l'autre, il faut mourir, dit Jacques Laffite.

Le sport mondial pleure aussi Vladimir Smirnov, grand seigneur du fleuret soviétique, champion olympique aux Jeux de Moscou, champion du monde, mortellement blessé au cours d'un accident survenu durant le championnat du monde d'escrime à Rome, par un coup de fleuret brisé qui, lui crevant l'œil, l'atteint jusqu'au cerveau.

Colin Chapman nous quitte à la vitesse d'une Formule 1, en éclair, à cinquante-quatre ans, foudroyé par une attaque cardiaque, dans sa propriété de Norfolk, en Angleterre, Carlton Manor. Il était le fondateur de l'écurie Lotus, un des derniers gentlemen de la piste. Mort digne de la vie. Car Chapman, le génie, d'aucuns disent : le cerveau de la compétition automobile n'a pas cessé de vivre pour son art avec culot, bousculant au besoin toutes les vérités acquises ou admises. Un poète révolutionnaire de la course. Grand, distingué, blanc de cheveux et de moustache, noir de vêtements (la couleur de son *team*), sachant manier avec une suprême élégance ces deux teintes contradictoires, celle du faste et celle du deuil, c'était d'abord une stature, bon chic bon genre, très « colonel de l'armée des Indes », coiffé d'une casquette sport et penché sur ses belles monoplaces, ou accoudé sur le muret des stands, un œil sur la piste, l'autre sur le chronomètre ; c'était aussi cet ingénieur aéronautique, pilote de chasse d'élite, élevé dans le sérail des grandes figures de la dernière guerre. Plus encore, c'était le père de ces dragons, l'*Elite,* l'*Elan,* l'*Europe* (moteur Renault R 16 TS), l'*Esprit,* l'*Eclat* — et c'était l'un des triomphateurs de la Formule 1, s'adjugeant sept coupes des constructeurs et six titres de champion du monde (deux fois avec Jim Clark, et avec Graham Hill, Jochen Rindt, Emerson Fittipaldi et Mario Andretti). Puis il inventait les fameuses *wing-cars,* voitures à effet de sol dont les pontons latéraux au profil d'aile d'avion renversée créaient sous la monoplace une dépression qui la plaquait au sol. Puis, en 1981, il construisait la voiture à double châssis. On l'attendait d'autant plus au tournant en 1983 que, convaincu de l'efficacité du moteur turbo, il venait de conclure un sensationnel pacte Renault turbo-Lotus. Mais l'homme n'a pas su s'accorder avec l'ingénieur. Le cœur du premier se sera refusé au dynamisme dévorant du second.

La banque et la cause juive perdent Alain de Rothschild, puissant financier et actif militant du judaïsme, représentant du conseil représentatif des institutions juives de France.

L'Eglise perd le cardinal Giovanni Benelti, archevêque de Florence, ancien substitut de la Secrétairerie d'Etat : il lui manqua deux voix pour succéder sur le trône de Pierre à Jean XXIII.

L'histoire perd Pierre Gaxotte, tour à tour collaborateur de Charles Maurras, ami de *l'Action française,* rédacteur en chef de *Candide* et chroniqueur du *Figaro,* plus encore robuste historien, nous laissant notamment *le Siècle de Louis XV,* une *Histoire des Français,* une *Histoire de l'Allemagne* et une *Révolution* qui provoque une tempête parce que ce Lorrain de la Meuse, aussi carré que sa province natale, écrit tout cru que ladite Révolution, après nous avoir promis un gouvernement respecté, de bonnes finances, des lois sages, la paix au-dehors et une France sereine, nous laissa l'anarchisme, l'arbitraire, la Terreur, la faillite, la famine, trois banqueroutes et la guerre avec l'Europe entière. Mots terribles de Gaxotte : « Zola ? La matière faite homme. Voltaire ? Imprudent sans bravoure... »

La haute couture perd Pierre Balmain. Durant des années, il est l'un de ceux qui incarnent le beau temps où la haute couture n'a qu'une adresse, Paris, et où l'Amérique se contente de rester une chambre d'écho, amplifiant les notes de l'élégance française — le temps prestigieux du *new-look* de Christian Dior, de Jacques Fath, des somptueuses maisons aux salons lambrissés où des foules babillantes prennent d'assaut de faux fauteuils Louis XVI pour percer les secrets des collections. Dès octobre 1945, à trente ans, solide comme le granit de sa Savoie natale, il fonde sa maison, sur trois étages, rue François-Ier. Il est l'inventeur de la fameuse silhouette *Jolie Madame* qui, aussitôt, bouleverse la vision que l'on a des femmes, et, photographiée par *Time*, conquiert l'Amérique. L'une de ses premières clientes est Gertrude Stein, l'Américaine femme de lettres, inspiratrice du bon goût, amie de Picasso, à qui il dédie son premier parfum, baptisé d'un numéro de téléphone, ELY 64-83. Très tôt, pour le théâtre, il habille Edwige Feuillère, Michèle Morgan, Dany Robin, pour le cinéma Marlène Dietrich, Brigitte Bardot, Gina Lollobrigida, Katharine Hepburn, inoubliable en organza brodé vert-de-gris. Il idéalise la ligne épurée, raffinée, supérieurement distinguée qui devient le propre de sa maison. Ce Savoyard doué de l'humour anglais le plus aigu peut demander un jour gaiement à André Courrèges qui passe en voisin et en salopette « rose » de lui faire le plein de sa voiture. Suprême consécration : il habille le Gotha, la reine des Belges, la reine de Thaïlande, la comtesse de Paris, la grande-duchesse du Luxembourg. Il meurt soudainement, après à peine quelques jours de maladie, à soixante-huit ans, le jour même de sa fête. Grand deuil. Les journaux disent que « les collections automne-hiver, ces derniers mois, à Paris, ont une couleur de Toussaint ».

Dali perd Gala. Elle était née sept ans avant le siècle, à Kazan, sur la Volga, où son père administrait les biens d'un prince russe, sous le nom d'Elena Diakonoff. Réfugiée en France, elle fut l'amie de Max Ernst et de Maïakovski. Elle fut aussi l'épouse de Paul Eluard. C'est à Eluard que Dali la prit. A partir de 1929, elle aura été la muse, le modèle, l'agent publicitaire, le conseiller financier et « l'épouse sublime » du grand peintre catalan. Plus de Dali sans Gala ni de Gala sans Dali. Elle est présente dans toute l'œuvre de l'illustre maître de Cadaquès, notamment sous les traits de *Leda Atomica* et de *la Madone de Port-Lligat,* dans *le Rêve de Christophe Colomb* et *la Main de Dali retirant la toison d'or en forme de nuage pour montrer l'aurore à Gala.* Elle dit : « J'aurais bien voulu connaître les peintures de Dali en l'an 2000... »

Adieu Clara Malraux ! Non seulement elle aura composé avec l'auteur de *la Condition humaine* un couple aussi historique que Beauvoir et Sartre, ou Elsa Triolet avec Aragon, mais elle aura été, comme l'écrit Jean-Marie Rouart, « une femme du tonnerre ». Encore à quatre-vingt-cinq ans, tout près de mourir, elle campe un vivant désaveu au mot retentissant de Chamfort : « Les raisonnables auront duré, les passionnés auront vécu. » Cette infatigable passionnée aura su à la fois durer et vivre. Ce n'est pourtant pas faute de tenter le Diable, de traquer l'aventure aux quatre coins du monde, avec le fier compagnon qu'elle ne se consolera jamais d'avoir perdu : des flammes jailliront de ses yeux chaque fois qu'on prononcera devant elle le nom exécré de Josette Clotis, la femme qui lui a pris son homme. Pour autant, avant d'être « trahie », elle trompe à satiété l'objet de tant d'amour. Vivre, vivre, elle le veut jusqu'aux ivresses les plus insensées. Elle est aux côtés de Malraux, à trafiquer les pierres, durant la pénible équipée de Banthea Srei. « Indécrottable » militante de gauche, elle crée hardiment, à Saïgon, « à la face du colonialisme », *l'Indochine Enchaînée.* Elle milite à Madrid durant la guerre d'Espagne. Elle s'engage dans la Résistance bien avant son héros. Elle participe activement à tous les combats d'idées de l'après-guerre. Durant plus de soixante ans, elle aura fumé sa pipe d'opium hebdomadaire, « tous les samedis, jusqu'à ce que cet imbécile de Khomeiny me coupe ma filière ». Elle publie des mémoires en cinq volumes, *le Bruit de nos pas,* qui sont un nouveau défi et où elle malmène terriblement son idole. Elle se contente de dire : « C'est pourtant le seul homme avec qui je ne me suis pas ennuyée. »

René Marill-Albérès (les Albères, nom d'une chaîne montagneuse du Roussillon) s'en va discrètement, même s'il est peut-être le plus génial observateur littéraire de notre temps, auteur d'ouvrages irremplaçables, *Portrait de notre Héros, Bilan littéraire du XXe siècle, l'Aventure intellectuelle du XXe siècle.*

Qui est cet écrivain qui prêche comme Gorki et écrit parfois comme Barrès ? demande Dominique Bona pour *le Quotidien de Paris.* Louis Aragon, évidemment. Il pourrait incarner à lui seul toutes les contradictions, à sembler vouloir emplir tout le siècle. Il naît fils naturel d'un bourgeois cossu : il ne pardonnera plus rien à la bourgeoisie, même avec quelque extase pour le confort et le luxe. Né quasiment avec son siècle, il se comporte vaillamment dans la Grande Guerre et s'y fait même blesser, rêve, en cape et épée, d'être « chevalier d'ouragan », mais il en surgit anarchiste, complice de Breton et de Soupault. Il adore charmer et son ami Drieu la Rochelle l'appelle « le joli tigre », mais il cultive tout autant la joie de déranger. Il témoigne furieusement au procès Barrès intenté par les surréalistes, il se veut le plus chahuteur des surréalistes, il s'applique à vivre intensément toutes ces années 20, folles de littérature, de champagne et de nihilisme où tous les artistes du XXe siècle auront paru se donner rendez-vous autour d'un grand bûcher, mais, comme le plus désarmé des romantiques, il s'abandonne aux bras somptueux de Nancy Cunard, qui l'entraîne en *sleeping-car* à Venise et l'éblouit davantage encore par sa fortune que par sa beauté. Il joue à Villon, et il peut être Musset. Jeune homme léger, buvant distraitement des mandarins-curaçao au café *Certa* ou à *la Coupole,* par pure coquetterie militant de l'insolence et de l'incongruité, il se convertit en militant inconditionnel du parti le moins fantaisiste et le plus rigoureux de l'histoire, quitte à se brouiller même avec Breton, qui reste militant « des libertés à tout prix ». Il compose *les Beaux Quartiers,* dans le style plus naturaliste de Zola, mais il chante à l'oreille d'Elsa, devenue son grand amour, des vers d'élégiaque pur,

Je suis né vraiment de ta lèvre
Ma vie est à partir de toi

Et j'ai flambé comme un genièvre
A la Noël entre tes bras.

Il peut manier avec autant de virtuosité l'imprécation à la Bernanos que le lyrisme de Drieu en quête d'une chevalerie désespérée, tout en codirigeant avec Jean-Richard Bloch le très orthodoxe journal *le Soir*. A la drôle de guerre, il n'hésite qu'un instant à approuver le pacte germano-soviétique, reste communiste et termine un roman, *les Voyageurs de l'impériale,* qui doit montrer la déchéance de l'individualisme bourgeois à l'époque du capitalisme pourrissant, mais il obéit à l'ordre de mobilisation d'Edouard Daladier et sert comme médecin au G.S.D. 39 dans l'armée Gamelin. Il participe de la Résistance, il chante que « mon parti m'a rendu les couleurs de la France » ; mais il effectue pèlerinages sur pèlerinages à Moscou, et, tandis que Drieu s'exalte dans le fascisme, que Breton reste fidèle aux libertaires et que René Crevel, abîmé par la drogue, se suicide, il siège en militant ultra-discipliné au Comité central. Il rêve en poète de « débaîllonner les grillons » et, « sublimement », baigne dans *les Yeux d'Elsa,* mais, avec la même Elsa, il compose un couple non moins rigoureusement stalinien que le couple Maurice-Jeannette (Thorez et J. Vermeersch). Il se garde lyrique, mais, puissant animateur de la presse communiste du soir, il refuse de soutenir tous excommuniés, tels Marcel Servin et Laurent Casanova — à qui Elsa a dédié pourtant *les Amants d'Avignon.* Il se réclame de toutes les fantaisies du poète, mais sert Georges Marchais aussi docilement que Maurice Thorez. Il est tendrement durant des années au doux service de sa dame, mais, Elsa à peine disparue, il se met à jouer les vieux beaux, longs cheveux de dandy usé, suaves gestes efféminés, parmi toute une cour de jeunes éphèbes à la grecque. Suprêmes contradictions : cet agent du collectivisme prolétarien demande à être inhumé, comme un seigneur, dans le parc de sa propriété privée, et l'agence *Tass* n'annonce que par quelques mots la mort de cet « éminent activiste ».

Georges Perec aurait pu beaucoup donner encore. Ce gai Polonais au nom breton, fils de Ieek Judko Perec, joaillier-sertisseur mort pour la France en juin 1940 et de Cyrla Szuliwicz, coiffeuse, disparue à Auschwitz en 1943, sait tout faire dans le domaine du mot et des mots, du langage et des langues. Il est l'auteur de ce curieux livre, *la Disparition,* ouvrage lipogrammatique qui ne contient pas une seule fois la lettre e (le lipogramme, hérité de l'antiquité grecque, est un genre littéraire aujourd'hui oublié, qui laisse tomber une lettre de l'alphabet en chemin ; ainsi Lycophron récrivit-il *l'Illiade*). Il s'impose vite comme un touche-à-tout génial, prix Renaudot pour *les Choses* ; prix Médicis avec *la Vie mode d'emploi.* Mais il meurt à quarante-six ans, terrassé par un cancer du poumon.

L'Art voit partir le sculpteur français Belmondo et un grand peintre de fresques murales, le Mexicain Juan O'Gorman, disciple de Le Corbusier, admirateur du Catalan Gaudi, qui, sur la tour de la bibliothèque de l'université de Mexico illustre sur 4 000 mètres carrés l'histoire de la peinture mexicaine.

Le ténor italien Mario del Monaco, première star de l'après-guerre, gloire de la scène lyrique des années 50-60, succombe à un infarctus, alors qu'il se trouve hospitalisé à l'hôpital de Mestre. On aura beau lui avoir reproché de manquer de style et de forcer la note. On lui aura mal pardonné aussi d'être un autodidacte, ayant étudié tout seul la musique dans sa ville natale, Florence, avant d'entrer au Conservatoire de Pesaro. Il reste qu'il aura formé avec la Tebaldi un couple adulé dans le monde entier et qu'il aura connu triomphe après triomphe, campant un superbe Turiddi dans *Cavalleria* (son premier rôle), interprétant avec autant de virtuosité le rôle d'Othello que celui de Paillasse, chantant *Norma* à la Scala avec Callas, et, même si peu wagnérien, donnant à la demande de Kirsten Flagstad un admirable *Lohengrin,* enfin ne se retirant, en Vénétie, non loin de Trévise, avec sa femme, la soprano Rina Filippini, que pour sacrifier à son autre passion, la peinture.

Thelonius Monk, le pianiste « grand-père du bop », hérétique de la technique musicale, avait l'art inimitable de cultiver silences et hésitations, pour mieux créer un climat lourd, aux antipodes des flamboiements des antipodes et s'endormant même parfois sur ses claviers pour mieux écouter la musique de ses silences. Depuis cinq ans, il avait poussé sa logique jusqu'à se transformer en statue vivante de la musique et du mutisme. Il ne bougeait plus. Il ne parlait plus. On attendait qu'il s'envolât. Voilà qui est fait.

Adieu roi Arthur ! Il se prête pourtant le sentiment d'être éternel. C'est en 1887 qu'Arthur Rubinstein naît, à Łódz, d'une famille de Juifs polonais, sous domination russe. Dès ses treize ans, à Berlin, il donne son premier concert de pianiste : un triomphe — un triomphe qui va durer plus de trois quarts de siècle. Dès 1904, il est mondialement célèbre. Il joue aussi heureusement avec le Philarmonic de Philadelphie qu'avec Pablo Casals. Il sillonne toute la planète. Il est l'ami d'Hemingway et de Picasso, de Colette et de Chaliapine, l'une des plus belles basses de son temps. Même si toutes les capitales le réclament, il prend le temps de jouer au poker, follement, de se marier d'enthousiasme avec une compatriote, d'avoir quatre enfants, de se faire naturaliser américain. Les deux guerres mondiales ne font pas la moindre ombre à sa carrière. Avec la même aisance, il joue Bach et Beethoven. Il est Chopin. Il devient Schubert. Il ressuscite Brahms. On croit réentendre Mozart. Il ne se lasse jamais de jouer, ni d'aimer la vie. A quatre-vingts ans, il se remarie, avec une tendre Annabella qui a soixante ans de moins que lui. Il ne renonce à se produire qu'à quatre-vingt-dix ans, quand, à Toulouse, pour la première fois, trahi par sa vue, il rate quelques notes. A la même date, il entreprend d'écrire, entièrement de sa propre main, trois tomes de mémoires. A quatre-vingt-quinze ans, il déclare : « Mon esprit est plus vif et plus acéré encore qu'auparavant. Quand la nuit tombe, ma gentille Annabella me place un petit casque sur les oreilles, et j'écoute, avec l'aide d'un magnétophone, tout ce que j'aime... Je dispose de deux cents cassettes de musiques incroyablement belles... J'ai de la réserve... » Il meurt quasiment centenaire, disant : « Je le prédis : l'avenir appartient à la grande musique, pas au bruit. »

Mais c'est le cinéma qui aura payé le plus lourd tribut à la mort. Pour lui, jamais année si noire.

Le vertige, après avoir détruit Marilyn Monroe et Jean Seberg, emporte même Sissi. « Je resterai tragédienne jusqu'au bout » aime-t-elle dire au sommet de sa gloire. Tout appelle Romy Schneider à tous les bonheurs. Fille et petite-fille de comédiens célèbres en Allemagne, elle monte tout naturellement sur les planches. Elle est vedette mondiale dès ses dix-sept ans avec Sissi. Elle a tous les atouts, beauté, séduction, amour de son métier. Elle compose durant quelques années avec Alain Delon l'un des couples les plus prestigieux de l'écran et de la vie. On l'appelle « la petite fiancée de l'Europe ». Elle vole de succès en succès, non sans la plus rigoureuse conscience professionnelle. Pas question de tricher, pas de larmes de glycérine, toujours l'engagement total, dans la comédie comme dans la tragédie, le don à l'état pur, une dépense d'énergie qui stupéfie tous ses metteurs en scène. Elle n'abandonne le rôle de la charmante petite institutrice, « assez de fadaises » dit-elle, que pour entrer dans le jeu de l'amante parfaite, la femme du plein génie sensuel. Elle tourne avec Claude Sautet, *les Choses de la Vie, Mado, César et Rosalie* son vrai personnage, celui de la femme vraie, façonnée, forgée, meurtrie par l'existence, amour, fatigues, déceptions, excès et pourtant rayonnant un incomparable savoir-vivre. Elle devient fille spirituelle de Lucchino Visconti. Elle est sublime dans *le Vieux Fusil* aux côtés de Philippe Noiret, dans *la Passante du Sans-Souci,* où elle incarne une Allemande anti-nazie réfugiée en France. Mais le destin se met à la narguer, puis à la supplicier. Son premier mari se suicide. Son second mari la quitte. Son garçonnet, David, meurt dans des conditions atroces, empalé sur les pointes d'une grille d'un parc. Elle doit subir l'ablation d'un rein. C'est la vie qui a raison d'elle, une vie trop difficile. De plus, elle cherche à s'étourdir, trop avide d'oublier par de trop redoutables moyens ses tracs, ses deuils et ses angoisses. On la retrouve morte, rue Barbet-de-Jouy, dans l'appartement d'un ami, face au portrait de son fils. « Au moment de mourir — dit Brigitte Bardot — Romy a dû éprouver ce que j'ai souvent ressenti : douter de tout, n'avoir personne de sûr, de désintéressé, à qui téléphoner... » Elle est inhumée, accompagnée par la plupart de ceux qui jouèrent avec elle, à Boissy-sans-Avoir, dans les Yvelines.

Ingrid Bergman, l'Eblouissante, minée par un cancer, s'éteint dans sa maison de Kniths Bridge, à Londres, le jour même de son

67e anniversaire. Elle a dit auparavant ne vouloir d'autre épitaphe que ces simples mots : « Elle a joué jusqu'à son dernier jour. Ci-gît une bonne actrice. » Les grandes passions sont humbles, mais le monde entier aurait à savoir ce que cette formule laconique, qui se contente de louer un travail consciencieux, peut cacher de ferveur, de talent et même de génie. Car si jamais il y a vocation de comédienne, vocation incendiante, c'est bien celle-là. Elle réalise pour la première fois son rêve d'être femme de théâtre dès ses quinze ans, en interprétant au lycée une pièce écrite et mise en scène par elle-même. En 1937, à vingt ans, elle a déjà 12 films derrière elle. « Il y a quelque chose que je ne comprendrai jamais, dit-elle, c'est le renoncement de Greta Garbo. » Dès 1939, à Hollywood, elle rencontre la gloire mondiale. Toute l'Amérique, en tout cas, se prend de dévotion pour cette grande jeune femme d'un mètre soixante-quatorze, aux joues de skieuse de fond, séductrice saine, précisément superbe anti-Garbo, dont on apprend avec ahurissement un jour qu'elle quitte le plus popote des maris pour épouser le torrentueux Roberto Rossellini. Elle tourne avec les plus glorieux metteurs en scène, *Jeanne d'Arc* avec Victor Fleming ; *Casablanca,* avec Michaël Curtis, auprès d'Humphrey Bogart ; *Pour qui sonne le glas,* prodigieusement, avec Sam Wood, auprès de Gary Cooper ; *Hantise* avec George Cukor, auprès de Charles Boyer, y gagnant l'Oscar de la meilleure interprétation féminine ; *les Enchaînés,* avec Hitchcock, auprès de Cary Grant. La période rossellinienne n'est pas moins étincelante que la période hollywoodienne : c'est *Stromboli, Europe 51, Allemagne année zéro, Voyage en Italie. Exit* Rossellini, elle épouse le gentil producteur Lars Schmidt, elle ne s'arrête pas de tourner pour autant, ainsi *Elena et les hommes, l'Auberge du sixième bonheur, Aimez-vous Brahms ?, la Rancune, Fleur de cactus, Sonate d'automne,* en 1978, son dernier film, avec Ingmar Bergman... Attaquée par un cancer qui la torture dix ans, elle a encore, à quelques semaines de sa mort, la force de tourner pour la télévision américaine dans le rôle de Golda Meir, *Une femme nommée Golda...*

Un lundi matin de septembre, une petite route sinueuse qui descend sur Monte-Carlo, par un temps radieux, sous le plus beau ciel de la Côte d'Azur... Une voiture monégasque, une Rover 3500, de couleur verte, avec à son bord deux princesses qui ont passé la fin de la semaine dans leur résidence de Roc Agel, près de La Turbie... La voiture zigzague soudain. Elle bondit par-dessus un parapet. Elle s'abîme dans un ravin de plus de quarante mètres, s'écrasant sur une dalle de ciment. Ce que les premiers communiqués disent être un accident sans suites graves vient de provoquer la mort de Grace de Monaco qui, à cinquante-deux ans, décède dès le mardi soir des suites de ses blessures, tandis que sa compagne de route, sa fille la plus jeune, Stéphanie, est elle-même grièvement blessée aux vertèbres cervicales. L'une des plus belles femmes du monde, aimée et admirée bien au-delà des frontières de sa principauté, quitte ainsi, brutalement, l'univers qu'elle enchanta. Car, avant d'épouser le prince Rainier III de Monaco et de devenir une incomparable Princesse Grace, elle est Grace Kelly, l'une des plus éblouissantes stars de la Metro Goldwyn Mayer. En cinq ans et onze films, elle connaît, entre vingt-deux et vingt-sept ans, la pleine gloire du cinéma. Elle obtient un Oscar dès ses vingt-cinq ans, aux côtés de Gary Cooper, dans *le Train sifflera trois fois.* Elle se révèle aussi prestigieuse artiste auprès de Clark Gable dans *Mogambo* de John Ford que dans *Haute Société* de Charles Walters. Avec Alfred Hitchcock, le maître de l'horreur froide, qui la tient pour sa plus géniale interprète, elle atteint le sommet de l'art auprès de Ray Milland dans *Le crime était presque parfait,* de James Stewart dans *Fenêtre sur cour,* et de Cary Grant dans *la Main au collet.* Elle restera l'inoubliable partenaire de William Holden dans *The Country Girl,* sous la direction de George Seaton, qui lui vaut d'être proclamée la meilleure actrice de l'année 1954 par la critique new-yorkaise. Le 18 avril 1956, renonçant sans regret apparent aux turbulences d'une vie d'artiste pour se consacrer aux devoirs d'une souveraine, elle n'est pas moins étonnante dans son nouveau rôle. Le prototype de la femme racée, dit l'acteur Van Johnson. Le modèle de la fausse froide, dit Hitchcock. Notre princesse à tous, dit Guy des Cars. Dignité et rigueur sans faille, haut sens de sa place, génie de la mère, simplicité noble, tout y est pour composer même une sorte de grand mythe du XXe siècle. Le dramatique de la mort ne peut qu'ajouter à l'éclat de la légende.

Fin du Général du Diable. Autant imaginer un seigneur Renaissance. Un fils de burgrave. Un John Wayne teutonique, fils de Munich. Il est aussi héros sur scène que sur film. Il s'appelle Curd Jurgens. Torse de centaure caché sous une vareuse stricte, constellé de médailles, œil bleu, front large, casque de cheveux blonds, silhouette haute, il campe avec la même souveraine aisance Michel Strogoff et l'empereur François-Joseph. Il figure avec la même autorité avec Maria Schell dans *les Rats,* qu'avec Brigitte Bardot dans *Et Dieu créa la Femme* ou Yves Montand dans *Les héros sont fatigués.* Quadragénaire, toujours infatigable, il est de toutes les épopées, *Œil pour œil,* de Cayatte, *les Espions* de Clouzot, *Tamango,* de Berry, *l'Auberge du sixième bonheur* de Robson, *Katia,* de Siodmak. Il incarne même Freud, au théâtre, dans *le Fil rouge,* de Denker. Il ne fait point que galoper de rôle en rôle. Son vrai jeu est celui du viveur. Gourmet et Don Juan. Il engloutit des fortunes de caviar et des cataractes de whisky. Il dévore femmes sur femmes, dont cinq officielles. Il constitue le couple le plus explosif de l'après-guerre avec la troisième, Eva Bartok, héroïne de *la Dernière Valse,* Hongroise brune, la plus volcanique des créatures, qu'il aime aussi violemment qu'il la tanne. Il a un chalet fastueux à Gstaad, le Grehaus, acheté pour Eva, une somptueuse villa à Vence, la Grande Bastide, promise à sa quatrième épouse, une maison de rêve aux Bahamas, Great Harbour Cay, acquise pour la cinquième. Il emmagasine dans ses collections Rousseau, Léger, Dali, Miro, Chagall, Calder. Il multiplie les fracas de son éloquence personnelle : smokings noirs à dentelles, croix pectorales énormes, Rolls blanche, cigares churchilliens, personnification de l'art de dépenser, dit son ami Agnelli. Evidemment, à un moment donné, même assez tard, ça craque. Il meurt soudainement, à Vienne, des suites de son infarctus. Paradoxe : ce Général du Diable n'a jamais fait la guerre, ni porté dans la vie l'uniforme ; dans les premières années 1940, il se contente d'être acteur, au Burgtheater de Vienne.

King Vidor, grand réalisateur américain, Texan d'origine hongroise, né avec le cinéma, n'aura vécu qu'avec le cinéma, muet ou parlant. Il ne traîne que légèrement le remords de n'être pas métaphysicien. Dès 1925, il triomphe avec *la Grande Parade,* film terriblement réaliste sur la Grande Guerre et ses conséquences, avant de récidiver avec *la Foule,* illustrant la solitude d'un homme dans la ville. En 1929, il connaît un identique succès avec le « cinéma sonore », images et musique, sans paroles, grâce à *Hallelujah,* le premier film tourné entièrement par des Noirs, chez les sudistes. Quant au cinéma parlant, il ne lui aura valu que des bonheurs, de *Notre pain quotidien* à *Stella Dallas,* de *Guerre et Paix* à *Salomon et la reine de Saba.* Il meurt paisiblement à quatre-vingt-six ans, dans sa propriété californienne.

Patrick Dewaere, avec Depardieu héros des *Valseuses,* se suicide, rejoignant la longue liste de tels désespérés du spectacle depuis vingt ans, Pedro Armandariz, Pier Angeli, Jean Seberg, George Sanders. Il se tue à son domicile parisien en se tirant une balle de carabine dans la bouche. C'est son domestique d'origine asiatique qui découvre le corps, gisant dans sa chambre, rue du Moulin-Vert. La surprise est d'ailleurs générale. Durant toute sa jeune existence, il aura personnifié la vie. A trente-cinq ans, il aura tourné, dynamiquement, dans 25 films, de son premier, *les Mariés de l'An II* au *Paradis pour tous,* de *la Meilleure Façon de marcher* à *la Marche triomphale.* Il peut tenir les rôles les plus différents. Il est même en train de jouer celui de Marcel Cerdan dans *Edith et Marcel,* de Lelouch, quand, sans prévenir personne, il met fin à sa propre aventure. Drogue ? Rythme trop fou de ses journées et de ses nuits ? Désespoir d'être ?... On cherchera longtemps.

Signe prémonitoire d'une année très endeuillée : c'est dès le 1er janvier 1982 que l'actrice Estella Blain se suicide, à cinquante et un ans, à Port-Vendres, en se tirant une balle dans la tête.

Rainer Werner Fassbinder, un créateur démoniaque, à qui le cinéma allemand doit en grande partie sa résurrection, n'aura jamais cessé de surprendre, à force d'émerveillements comme d'écœurements. D'aucuns disent que ce brillant illusionniste, inventeur des mythes les plus spectaculaires, traîne en vérité toute la malédiction de l'Allemagne pour qu'on n'oublie surtout pas le temps des sorciers, exaltant la douleur allemande, la sublimant comme le poète antique aux portes de la ville qui dénonce le scandale, prophète maudit qui s'affronte trop sauvagement aux forces du mal avec, au ventre, ce démon acharné de la création qui le tourmente davantage encore, puisqu'il se tue à la tâche. Peut-être. Il est en tout cas trop vrai que par 40 films en trente-sept ans de vie, il s'inscrit exactement dans ce destin de destruction. Autant découvrir le frère allemand de Pasolini en Italie. But suprême : « Je ferai 50 films sur le thème, je raconterai 50 fois l'Allemagne et chaque fois je lui donnerai un visage de femme. » Grandiose. Cela donne Lily Marleen, Lola, Maria Braun, Veronika Voss, nouvel avatar de l'Allemagne, mère blafarde, mère coupable. Cela donne aussi, après *L'amour est plus froid que la mort,* ces films de cauchemar, *le Faiseur de chats, les Larmes amères de Petra von Kant, Gibier de passage, Tous les autres s'appellent Ali, Prenez garde à la sainte putain.* Chaque destin individuel s'impose sur la toile de fond d'une Allemagne douloureuse, une Allemagne où de vieux démons rôdent encore derrière les façades restaurées de la respectabilité bourgeoise : les médecins tortionnaires des camps de la mort ne sont pas loin, ni les inspecteurs de police arborant des manteaux de cuir trop évocateurs. Hantise, hantise. Il vit du reste comme il filme. Il dépasse en puissante originalité les silhouettes les plus provocantes, d'Eric von Stroheim à Orson Welles. Il se déguise en loubard. Vêtu d'un blouson de cuir noir clouté, chevauchant une moto folle, il anime des hordes sauvages à travers les rues de Munich ou de Berlin. Il provoque rixes sur rixes. Il ne dort que deux heures par nuit. Il est homosexuel par provocation. Il s'enivre de tous les poisons de la violence. Même l'amour d'Ingrid Caven ne le sauve pas de lui-même. Dans une quelconque chambre d'hôtel de Munich, il meurt comme il a vécu et comme il a créé. Overdose.

« Fallait pas l' faire, Bibi », titrera *le Quotidien.* Maurice Biraud, celui que la France entière appelle affectueusement Bibi au temps de sa gloire, quand il fait la pluie et le beau temps tous les matins au micro d'Europe 1 avec sa complice Anne Perez, mais aussi le type même de l'acteur sympa et bon enfant, dont on n'attend aucune vilenie, mais encore capable d'être un acteur intense, ainsi dans *Taxi pour Tobrouk* et auteur de deux spirituels livres de souvenirs, *Allons-y gaiement* et *Faut l' faire,* est pris d'un malaise cardiaque au volant de sa voiture, avenue Marceau, la veille de Noël, le jour même de la mort d'Aragon. Il a soixante ans. Il succombe peu après à l'hôpital Ambroise-Paré, sans avoir repris connaissance.

Robert Vattier s'en va sur la pointe des pieds. Il expire tout doucement à soixante-seize ans, à son domicile parisien. Il aura été un excellent acteur d'Anouilh et de Roussin. Plus encore, on retiendra qu'il fut le fameux M. Brun, Lyonnais chez les Marseillais, accent pointu chez les accents d'ail, partenaire de la légendaire partie de belote imaginée par Pagnol avec Raimu en César, Charpin en M. Panisse et Dullac en Escartefigue.

Encore une crise cardiaque : celle qui emporte, à quarante-huit ans, Marty Feldman, spécialiste du comique délirant et de la caricature déchaînée, héros du burlesque agressif, teinté d'absurde. Visage de gargouille, silhouette de contorsionniste, il aura campé surtout un inoubliable nabot bossu, en serviteur de Frankenstein, avant de se convertir en débile policier de Scotland Yard, dans *le Frère le plus futé de Sherlock Holmes,* puis en drôle de légionnaire à tête de batracien, puis en véritable héritier de Buster Keaton et des Marx Brothers dans *Papa en a deux.*

Une dernière pirouette, et Tati s'en va. On n'a pas fini de le pleurer, longue silhouette dégingandée, pipe, chapeau et parapluie, pantalon trop court, godasses trop larges, œil ahuri malin, devenu avec son M. Hulot l'oncle de millions de spectateurs. Rien pourtant ne le prédispose à la comédie quand il vient au monde. Au Pecq, près de Saint-Germain-en-Laye, il naît Jacques Tatischeff chez un père encadreur d' « ancien ». Son grand-père, russe, fut ambassadeur du tsar à Paris. L'autre grand-père, hollandais, fut l' « encadreur » de Van Gogh et son ami. Son premier grand but est d'être reçu au concours d'entrée de l'Ecole des arts et métiers. Ses premières passions, avec le rugby, découvert en Angleterre, ce qui doit lui valoir ces épaules carrées et ce front buté d'avant deuxième ligne, sont l'équitation, le foot et le tennis. Il ne débute dans la pantomime qu'en se découvrant avec ses amis l'art de mimer le cabotinage d'un gardien de but ou un tennisman « soignant » son service, ce qui lui sera d'ailleurs fort utile plus tard. Il attend quinze ans avant de se lancer dans le cinéma. Il n'attaque que timidement, avec des courts métrages plus ou moins remarqués, dans les années 1930, *Oscar champion de tennis, On demande une brute* (scénario d'Alfred Sauvy), *Soigne ton gauche.* En 1945, à trente-sept ans, il n'est encore que figurant dans le *Diable au corps* d'Autant-Lara, avec le rôle d'un soldat anonyme. Il doit attendre 1950 pour triompher enfin, avec son *Jour de fête* qui lui vaut le Grand Prix du Cinéma français et qui pousse la critique unanime à le saluer comme le nouveau Max Linder. Mais, finalement, uniquement avec trois grands films, *les Vacances de M. Hulot, Mon oncle* et *Playtime,* il se propulse à l'égal des plus grands. A la fois lourd et aérien, rugbyman de ballet, distrait et lucide, myope translucide, conservateur et anarchiste, hurluberlu bourgeoisisant, misanthrope et misogyne, pourtant ami « impec » et amoureux pur, il campe un Personnage, le sien, qui ne peut avoir d'égal. Ne disons pas qu'il meurt. Il s'éclipse, avec un dernier clin d'œil ingénu et coquin.

Avec Henry Fonda, disparaît à soixante-dix-sept ans l'un des derniers géants du cinéma américain. Un doux capable de violence, dit de lui Steinbeck qui aura toujours aimé célébrer aussi sa rigueur et son goût de la perfection. Son regard azur fait pour les grands espaces du Far West et son air de loyauté — le fameux *Fonda look* n'est-il pas fondamentalement la combinaison de ces deux éléments ? — le désignent pour être héros de western, citoyen intègre modèle ou shérif redresseur de torts, mais (quoique venu au métier d'acteur par hasard, attiré au théâtre par la mère de Marlon Brando) il campe aussi de formidables personnages de composition avec John Ford ou Fritz Lang, King Vidor ou Otto Preminger, de *Young Mr Lincoln aux Raisins de la colère,* de *la Poursuite infernale* à *Fort-Apache,* de *la Puissance et la Gloire* à *Douze Hommes en colère.* Ayant servi dans la marine puis dans l'armée de l'air au cours de la Guerre Mondiale, il n'en porte également que mieux l'uniforme dans plusieurs films de guerre comme *le Jour le plus long, la Bataille des Ardennes* ou *la Bataille de Midway.* Il est même président des Etats-Unis dans *Fail-Safe* de Sydney Lumet et un hallucinant directeur de la C.I.A. dans *le Serpent* de Verneuil. « Je n'incarne jamais ni héros romantique ni mauvais garçon », précise-t-il, encore qu'il ait prouvé dans *Il était une fois dans l'Ouest* pouvoir jouer brillamment les traîtres. Un boulonneur. Un vivant, aussi. Il se marie cinq fois. Il sait défrayer la chronique. Il dit tout sourire inspirer naturellement ses deux enfants, modèles d'enfants terribles, Peter et Jane, aussi illustrés dans le cinéma provocateur que dans l'anarchisme militant. Il récuse toute idée de retraite. La carcasse tient, dit-il. Même tombé malade, il ne ménage nullement ses forces. En 1974, un simulateur cardiaque lui est implanté, mais il continue de tourner comme si de rien n'était. Au demeurant, le public lui en sait gré, puisque son dernier film, la *Maison du lac,* de Rydell, avec Katharine Hepburn, lui vaut un énorme succès dans le monde entier et que son interprétation lui fait gagner l'Oscar qu'il n'a jamais gagné de toute sa prodigieuse carrière. Faut-il que le coup du destin traître ait été rude pour que la carcasse cédât.

Vraiment, le monde est un village.

Plus personne ne nous est étranger, tout nous est familier, des pôles à l'équateur.

La mort de Fonda nous émeut autant que la disparition de Mendès.

Nous sommes voisins de quartier avec les gens de l'Oklahoma comme avec ceux de Fort-Apache.

Nil et Gange ne sont pas moins nos fleuves que la Loire et la Garonne.

Chaque grand mort, si lointain soit-il dans l'espace, emporte désormais, fou ou sage, méchant ou gentil, un peu de nous-mêmes.

Le 1er janvier 1900, chaque nation est bloquée sur elle-même, ne vit pour ainsi dire que sur soi. Le 1er janvier 1983, malgré de multiples conflits, se réalise une certaine conscience de l'unité de la planète. En tout cas, tous les hommes de la Terre se partagent les grands deuils.

Ainsi d'ailleurs les grands morts de ces derniers mois pèsent-ils de toute leur puissance sur le jour que nous vivons, aident-ils mieux que quiconque encore à l'illuminer ou à le définir.

De surcroît, il n'y a qu'à contempler la galerie de leurs portraits pour mieux prendre le regard de notre temps.

Les morts parlent.

Les lignes générales de cette fin de siècle, dès lors, ne nous échappent plus.

C'est bien l'heure des dictateurs, personnages vedettes de nos saisons, tsars des nouveaux films de la vie (Brejnev ou Staline III), ou des doctrinaires rigides qui finissent par servir les pires instincts de l'intolérance (Souslov procureur général), ou des faibles poètes hypnotisés par le serpent (Aragon), mais la fantaisie n'abdique pas, la passion de la liberté continue de se chanter ou de s'illustrer, soit avec sourire (Tati), soit avec hargne (Fassbinder), soit au nom des impérissables harmonies, esprit et beauté (Rubinstein).

Les trois plus grands ennemis de l'homme sont bien le cancer, l'infarctus et un rythme trop violent d'existence ; il y a beaucoup de « cassés » parmi nos grands morts ; celui qui attire le moins l'attention est un pauvre saint homme de l'Inde la plus médiévale (Vinoba Bhave), ou alors ce roi-chasseur qui, au soleil de son désert, chasse encore au faucon (Khaled d'Arabie). Nous voyons mourir tragiquement, comme d'un même mouvement, comme chassées ensemble d'un sol maudit, les trois plus belles femmes du monde (princesse Grace, Romy Schneider, Ingrid Bergman). Mais l'homme n'abdique pas. Il continue de croire en sa force et en ses raisons de vivre, voir le cow-boy (Fonda), ce cow-boy de l'Europe (Curd Jurgens) ; ou ce militant indéracinable qui, engagé dans une foi même disqualifiée, supplicié par ses maîtres (dans tous les sens du mot), continue d'exercer son service, de réciter son catéchisme et de contempler l'étoile des mages prophètes (Gomułka). L'espoir demeure.

Pour autant, l'univers des plus robustes et impressionnantes vertus romaines n'est pas effacé. Cornélia la Grande persévère à multiples exemplaires. Ainsi rayonne toujours « la grande dame », dame d'héroïsme (Aliza Begin), dame de devoir (Grace de Monaco), ou dame de sérénité, telle la veuve de Léon Blum, admirable visage lumineux d'intelligence et de générosité sous son auréole de cheveux blancs, qui nous quitte, elle aussi, après avoir durant de longues années fixé le portrait même de l'esprit souverain.

Les espions sont plus actifs que jamais et plus retors que Leopold Trepper lui-même ; les luttes de religion auront été rarement aussi implacables (Ghotbzadeh fusillé par ses propres terroristes) ; Cartouche ressuscite sans cesse (de Guérini aux chefs de la Mafia), ou alors, ivre de surpuissance, l'homme cherche à s'exprimer dans la violence pour la violence, la folie pour la folie (les pilotes de la Formule 1) ; il y a du reste quelque grandeur dans tous ces jeux du pathétique, mais il nous demeure, solidement implantés dans l'idéal, des hommes d'œcuménisme (tel cardinal de Florence), des hommes de message (les prophètes ne se comptent pas), des hommes de justice (tel pieux général tué à Palerme, tout près de conquérir le Saint Graal).

Il est touchant, et non ridicule, ce musicien qui cherche dans le silence la musique des dieux (Thelonius Monk), ou cet acteur qui se magnifie dans les seconds rôles (Monsieur Brun). Ils aident finalement à cultiver l'optimisme autant que les géants de la vérité ou les plus prestigieux virtuoses de l'Art. Le roi ordinateur n'aura jamais ni de tels sourires, ni de tels songes, ni de tels frémissements.

4

La pénible journée de François Mitterrand

Un médiocre profond, virtuose du clinquant ?

Le mage génial et tourmenté d'une vérité nouvelle, mais pris dans les sables mouvants d'une fin de siècle à énormes traquenards et à brouillards impénétrables ?

Peu d'hommes auront été aussi contradictoirement jugés que le quatrième président de la Ve République.

Avec François Mitterrand, dit Tonton, il n'y a pas de commune mesure : ou on l'aime, ou l'on ressent pour lui une insurmontable répulsion. Tous les témoins en sont là eux-mêmes, qui cherchent sa vérité. L'historien ne se répète que mieux le mot d'Anatole France : « L'histoire n'est pas une science, mais un art ; on n'y réussit que par l'imagination. »

Il y faudrait le désintéressement, volontaire ou pas, du poète du *Cimetière marin :* « Les événements ne sont que l'écume des choses, ils ne m'intéressent pas ; ce qui m'intéresse, c'est la mer... » Encore est-il impossible d'assurer que Paul Valéry lui-même, en sa sagesse philosophale, ne réagirait pas comme tout le monde, en votant carrément, d'un bloc, d'instinct, pour ou contre.

François Mitterrand demanda un jour, dans un livre de combat . « Qu'est-ce que la pureté si une fois elle défaille ? Qu'est-ce que la volonté si elle plie ? Qu'est-ce que la liberté si elle cède ? » Interrogé pour un travail d'annales, irrité de pouvoir être plus ou moins deviné, sans doute demanderait-il aussi : « Qu'est-ce que la vérité, si elle nuit ? » Nul plus que lui, qui cribla de terribles flèches ses trois prédécesseurs, ne sait que l'objectivité n'existe pas, ou n'existe que pour déranger. Force est pourtant, un instant, au-delà du président, de chercher d'abord « l'homme » qui, ce matin, se lève d'ailleurs fort maussade en sa bergerie de Latche et va passer une bien pénible journée.

Il est trop vrai que contempteurs et dévots ne manquent pas

Chez les uns, il n'y a que malédictions ou sévérités. Rastignac, disent-ils, jeune, avec le charme trouble de Rubempré ; devenu vieux, avec l'efficacité de Vautrin. L'arriviste pur, manœuvrier diabolique, uniquement à son aise et à son avantage dans la politique politicienne. L'homme que de Gaulle méprisa plus que quiconque au monde, rappellent les gaullistes. Un zéro en chiffres dans le si fondamental domaine économico-financier, le jugent les giscardiens. Il est ici taxé d'être un paresseux, un rêvasseur, qui n'a même pas pris la peine, dans une génération si aisément polyglotte, d'apprendre une langue étrangère. « Il ne sait même pas dire *How do you do ?...* », confirme l'un de ses proches. On va alors jusqu'à douter de la profondeur de la culture qui lui est largement prêtée par les médias : on explique que, durant quarante ans, il ne fit pas autre chose, jour après jour, que faire de l'électoralisme, d'élection en élection, de conseil général en conseil municipal, de commission en sous-commission, de comité directeur en réunion de maires ou de militants, de meeting en visites d'électeurs ; au terme de telles journées, le soir, tout à l'épuisement ou à l'écœurement, on ne s'en va pas ouvrir un livre trop difficile ; ou on ouvre un polar, ou on dort ; simplement, François Mitterrand a l'art de faire briller le vernis ; il est un virtuose du camouflage étincelant et du « j' t'en mets plein dans la vue » ; jouant de quelques noms ou de quelques phrases, il veut vous faire accroire qu'il peut être aussi profond que Pascal ou aussi féru de connaissances que Montaigne. Ces contempteurs ne lui pardonnent rien, ni sa manie, longtemps conservée, d'arriver avec de considérables retards à ses rendez-vous (ce qui serait le signe le plus flagrant d'un esprit trop relâché), ni sa conversion trop tardive, et donc peu crédible, à cinquante ans, au socialisme (sans rappeler que Jean Jaurès y tarda beaucoup aussi, et sans peut-être même connaître la phrase de Bernard Shaw, que ne dut pas alors entendre Mitterrand : « Si un homme n'est pas socialiste à vingt ans, c'est qu'il n'a pas de cœur ; si il est encore socialiste à quarante ans, c'est qu'il n'a pas de tête. »), ni son penchant pour les affaires ténébreuses (le régal des régals, pour eux, l'affaire dite de l'Observatoire), ni même sa curieuse manière de marcher (il lève à peine les pieds ; plus qu'il ne marche, il glisse) ou son incapacité à sourire (même après avoir fait limer, disent-ils, la fameuse dent qui trahissait le squale). Les procès de François Mitterrand ne se comptent plus.

Chez les autres, il n'y a en revanche que louanges. François Mitterrand, à l'opposé de ses trois prédécesseurs, assurent-ils, peut être le meilleur des amis, le plus attentionné, le plus délicat, jusqu'à nourrir la religion de l'amitié. Ils citent vingt, trente cas qui illustrent le sens impeccable qu'il peut avoir de l'affection ou de la confiance. Beaucoup plus que les assemblées politiques, à gueulades et engueulades de camarades, il savoure le cénacle des bons et fidèles compagnons, près d'un feu de bois ou autour d'un dîner bien choisi, à évoquer des problèmes sans tempêtes. Il peut être avec ses amis — ainsi avec Dayan, Beauchamp, Grossouvre, Rousselet, aussi exemplairement lié qu'avec ses frères et sœurs. Dans le travail, font encore remarquer ses partisans, voyez comme il évite les médiocres : à l'Elysée, il opère avec toute une équipe d'hommes non seulement « remarquables » en soi, mais jeunes, donc naturellement ouverts sur les problèmes de grand avenir, modèle Jacques Attali, né en Algérie il y a trente-neuf ans, qu'on dit le jeune homme le plus surdoué de sa génération, universitaire, polytechnicien, numéro un de l'Ena, écrivain, économiste, musicien, « incomparable boîte à idées », mais tels aussi le successeur du fidèle Pierre Bérégovoy au secrétariat général de l'Elysée, Jean-Louis Bianco, trente-neuf ans lui encore, numéro deux de la Présidence après avoir été numéro deux de l'Ena, fils d'un ancien militant du parti communiste italien, choisi sans même avoir sa carte du parti socialiste ni celle d'aucun syndicat, aussi peu carriériste qu'on puisse le rêver, aussi précis et méthodique qu'Attali peut être parfois brouillon et précipité, regard joyeux derrière de grosses lunettes carrées, passionné de gymnastique et de bandes dessinées, ou Christian Sautter, la quarantaine, autre polytechnicien, diplômé de l'Ecole nationale supérieure d'administration des entreprises (Ensae), ancien administrateur de l'I.N.S.E.E., chargé à l'Elysée de l'économie internationale, directeur d'études à l'Ecole des hautes études internationales, ou Jean-Claude Colliard, directeur du cabinet, trente-six ans, barbu typique de l'écurie socialiste, agrégé de droit public et de sciences politiques, ancien doyen de la faculté de droit de Nantes, auteur de deux ouvrages importants, *les Républicains indépendants* et *les Régimes parlementaires contemporains,* animateur de la campagne du candidat socialiste en 1974, si fana de moto qu'il se rend sur moto à l'Elysée et garde son casque au pied de son bureau, et non moins fumeur de pipe qu'Edgar Faure, ou Gilles, trente-neuf ans, spécialiste des questions administratives et constitutionnelles, directeur adjoint du cabinet, spécialiste des sondages, qui a aussi la haute main sur l'audiovisuel et l'Andorre. Encore fallait-il savoir soutenir la promotion de cette jeune pléiade, près du triumvirat des conseillers les plus proches, avec lesquels l'harmonie du président est totale, Guy Penne, cinquante-sept ans, ancien doyen de la faculté de chirurgie dentaire de Paris VII, maire de Sainte-Cécile-les-Vignes, dans le Vaucluse, compagnon de François Mitterrand dès les temps lointains de la Convention des institutions républicaines, le nouvel « Africain » du « château » ; Michel Charasse, quarante et un ans, ancien sénateur du Puy-de-Dôme, chargé des dossiers électoraux et de politique intérieure, et Paul Legatte, soixante-cinq ans, Charentais venu du radicalisme mendésiste, l' « ombudsman » de l'Elysée, chargé deux fois par semaine, le mardi et le jeudi, de recevoir à sa table ceux que le président n'a pas eu le temps de voir, sans surtout évidemment oublier l'ami des amis, François de Grossouvre, médecin reconverti dans l'industrie puis dans l'élevage, fils de banquier, peu importe qu'il soit de formation maurrassienne, ancien combattant dans les maquis du

Vercors, soixante-quatre ans, père de six enfants, typique avec son visage encadré d'une fine barbe blanche, propriétaire d'un domaine, à Lusigny, dans le Bourbonnais, où le président aime beaucoup séjourner, qui occupe au palais de l'Elysée l'ancien bureau de Pierre Juillet et qui assure toutes les missions de confiance, avec notamment tutelle sur tous les services de renseignements et de contre-espionnage. Enfin, le chœur des partisans fait observer que François Mitterrand, dans les grandes occasions, peut donner la preuve du caractère le plus ferme, de la volonté la moins négociable. De dur métal. Face au gaullisme, « il n'y a pas l'ombre d'une compromission ». Dans l'idée maîtresse d'intégrer pleinement le parti communiste dans la stratégie de la gauche, il n'y a pas une faille. On le vérifie une nouvelle fois quand, contre pourtant le sentiment massif du groupe parlementaire socialiste à l'Assemblée nationale, il arrive à imposer l'amnistie totale pour l'Algérie française, jusqu'à y introduire les « généraux rebelles » Salan et Jouhaud et six autres généraux de l'Algérie française condamnés, cassés, exclus de l'armée, qu'il fait réintégrer, avec reconstitution complète de carrière, dans la deuxième section du cadre de réserve. Il faut tout de même savoir que, de la sorte, en particulier, mille cinq cents fonctionnaires et quatre cent cinquante militaires vont toucher une retraite à l'indice du grade supérieur à celui qui était le leur au moment de leur révocation (le colonel Gardes, par exemple, l'un des plus activistes, aura une retraite de général). Certains chefs de l'opposition reconnaissent eux-mêmes que jamais ils n'auraient pu pousser l'*aman* aussi loin.

Entre deux chœurs aussi contradictoires, l'arbitrage est quasiment impensable.

Ici, on s'agace que, sans doute pour mieux effacer deux intermèdes dérisoires (Pompidou et Giscard), François Mitterrand s'installe à l'Elysée dans le bureau entièrement reconstitué du général de Gaulle, jusqu'aux moindres bibelots : faute de goût ou insolence macabre. (On sait que ni Georges Pompidou ni Valéry Giscard d'Estaing n'avaient osé se replacer dans les meubles, comme disait le premier, « d'un géant de l'Histoire ».) Là, on préfère faire remarquer que François Mitterrand, à son avènement, par tous moyens, y compris le choix de ce bureau, se devait d'abord d'inspirer pleine possession du pouvoir à un état-major qui y était mal préparé, à un parti éloigné des plus hautes responsabilités pendant vingt-trois ans, dont les structures et les mentalités s'étaient forgées dans l'opposition (on pourrait même dire *pour* l'opposition), dont la plupart des dirigeants et des cadres n'avaient jamais approché de postes importants, et qui n'était pas du tout entraîné au changement de psychologie et de fonction qu'implique la relation pouvoir-opinion ; au plus vite, il fallait faire choc, communiquer l'assurance.

Ici, on souligne — reprenant un mot particulièrement acéré de Michel Rocard alors candidat à la présidence — *l'archaïsme* de

François Mitterrand, orateur style 1848, idéologue de la IIe République égaré en Ve République, totalement ignorant de tous problèmes politiques, non moins ignorant des problèmes théoriques, ne se convertissant au socialisme que pour servir un socialisme d'avant-Marx, trop longtemps élève des Pères de l'Eglise pour être capable de réaliser une métamorphose profonde, joueur masqué qui, par-dessus tout, aime le jeu pour le jeu. Là, on supplie de ne pas oublier que François Mitterrand lui-même explique volontiers qu'en choisissant le socialisme, il opta plutôt pour une manière de saisir autrement l'histoire : « Il m'a fallu longtemps... pour que j'admette une fois pour toutes que l'aventure individuelle pas plus que le discours aussi vaste fût-il, sur la liberté et le droit, n'apportaient de réponse au besoin que j'éprouvais de prendre part au vrai combat pour l'autre libération, celle qui nous débarrasserait d'une société d'injustice. » *(Ici et Maintenant).* Dominique Borne peut ajouter : « François Mitterrand a choisi le socialisme comme Lamartine a rencontré la démocratie et la République pendant la Monarchie de Juillet ; même mouvement d'hommes qui, venus d'autres horizons, longtemps solitaires dans leurs combats, choisissent la solidarité collective et l'Histoire. » et demander : « Est-elle " archaïque " cette pensée qui tente le réenracinement de la politique dans une histoire nationale ? N'est-ce que du Lamartine socialisé ? du Gambetta réchauffé ?... »

De fait, la difficulté à se prononcer est d'autant plus vive que l'analyse de François Mitterrand ne peut aller sans une analyse de la nouvelle France, elle-même extrêmement complexe.

Car la France de 1983 n'est pas du tout la France que rencontra encore de Gaulle en 1958.

N'ayons pas peur des mots.

Elle n'est plus un pays numéro un. Après avoir perdu son empire colonial, qui lui conférait automatiquement un rôle mondial, et encore sous le coup du désastre de mai-juin 1940, elle peut espérer au mieux être un pays numéro deux, en tout cas loin d'un pays « supergrand ».

Le Français traditionnel, rivé à sa terre, encore plus rural que provincial, casanier, jaloux de tous ses menus conforts, religieux du bas de laine, si typique avec son pantalon de velours côtelé, son béret et son visage buriné de laboureur coriace — et capable de se découvrir sublime quand il a à être « grognard » ou « poilu » s'efface. La France moderne compte plus de fonctionnaires que de paysans. Les « salariés » y sont largement majoritaires, alors qu'y dominèrent longtemps professions libérales et « petits propriétaires » agricoles. La France, sur une population active de 22 millions de personnes, compte 18,4 millions de « salariés », dont 11,6 millions d'ouvriers et employés, et 375 000 salariés agricoles. Nous n'avons plus que 1,6 million d'exploitants agricoles et 172 000 membres de professions libérales.

Pour autant, le Français ne perd ni la nostalgie des temps où la France était immense ni l'illusion de rester terrien. Il ne sait pas se contempler dans son changement. Il devient « autre » sans accepter de le reconnaître. Cela ne va pas sans tourments, et la peine est d'autant plus sensible que nous sommes un peuple d'adultes et non un peuple de jeunes. La France compte quelque 54 millions d'habitants (dont 3,7 millions d'étrangers !) : 31 % seulement des Français ont moins de vingt ans ; 56 % ont entre vingt et soixante ans ; 13 % plus de soixante-cinq ans (contre 12 % en 1950). Evidemment, des hommes et des femmes qui ont connu les temps de la grandeur sont plus portés à de tels tourments que des jeunes gens, plus aisément possédés des univers nouveaux.

Certes, se préserve un exceptionnel dynamisme français. Jean-Pierre Chevènement peut rêver faire de la France la troisième puissance scientifique mondiale des années 90. Ce peuple « casanier » a su animer une remarquable industrie des transports et faire preuve du plus efficace modernisme en ce qui concerne métro, train, avions, hélicoptères, bateaux, engins d'exploration sous-marine et même fusées, en dépit de quelques insuccès. Dans le domaine électronucléaire, la France peut se flatter de maîtriser toute la filière depuis l'enrichissement du combustible jusqu'au retraitement des déchets radioactifs ; gaullisme et giscardisme ont été beaucoup plus productifs, ici comme ailleurs, que ne le reconnaissent les mitterrandistes ; la maîtrise de la technique « à eau pressurisée » permet de vendre des centrales électriques clés en main dans le monde entier et de recevoir les déchets radioactifs du Japon lui-même pour le retraitement. Le lanceur Ariane, malgré le tir raté du mois de septembre, garde une bonne place dans la compétition mondiale, avec pleine possibilité de dominer le marché des satellites de communication et d'observation, et, pour les prochains essais avec moteur cryogénique, le HM 60, de construction entièrement française. Le « four » commercial du Concorde a été largement compensé par des succès, tel celui de l'Airbus, tandis que se prépare avec confiance un transporteur de 150 sièges, l'A 320, voué à occuper la place laissée libre par le vieillissement des Caravelle. Le pays qui continue de donner les plus nobles vins et les plus savoureux fromages du monde fournit aussi la gamme la plus riche d'hélicoptères, depuis les monomoteurs légers de 2 tonnes jusqu'au bimoteur mi-lourd de 8 tonnes. Le Centre national d'exploitation des océans (C.N.E.X.O.) développe de remarquables programmes de pointe. Deux navires océanographiques, le *Jean Charcot* et le *Suroit*, et le submersible *Cyana*, avec les méthodes les plus avancées, soutiennent de fécondes recherches dans l'exploitation des ressources de l'hydrothermalisme. France-Aquaculture mène de belles opérations autour d'élevages de truites de mer, de saumons et de crevettes en Manche-Atlantique, de mollusques en Méditerranée, de bars en Corse, et la France est le second exportateur de plates-formes de forages pétroliers en mer, sans oublier qu'elle engage l'exploitation à grande échelle des modules polymétalliques — qui peuvent procurer une des plus précieuses réserves de minerais de la planète.

La « matière grise » tourne bien. Les chercheurs français sont à l'avant-garde des études sur les noyaux et particules : le grand accélérateur d'ions lourds Ganil à Caen sera achevé dès cette année et le nouvel accélérateur du laboratoire Electron-Positron du C.E.R.N. permettra de tester les plus récentes théories de la structure subnucléaire de la matière. L'infiniment grand n'est pas moins prospecté que l'infiniment petit : en astrophysique, la France programme avec l'Allemagne la construction d'un interféromètre millimétrique, appareil de mesure des astres fondé sur une double réception des ondes émises par ceux-ci, qui nous permettra de rester au niveau des plus hardies recherches contemporaines. La France joue plein rôle dans le passage de la *fission* à la *fusion :* actuellement, on produit de l'énergie nucléaire par la fission des noyaux ; demain, ce sera, et à beaucoup plus vaste échelle, par la fusion thermonucléaire ; les savants français s'y trouvent mobilisés à fond dans le cadre européen du projet Joint European Torus. Dans le royaume de la biologie cellulaire, où la France s'illustra dès la fin du dernier siècle avec Louis Pasteur, plus tard avec les professeurs Jacob, Lwoff et Monod, prix Nobel 1965 pour leurs découvertes en génétique, nous nous maintenons au premier rang : les retombées médicales en sont d'ailleurs considérables ; nos médecins ont ramené en sept ans la mortalité de la petite enfance de 23 à 16 pour mille ; et l'Institut Pasteur garde un rayonnement mondial en matière d'épidémiologie, de santé publique et de production de vaccins ou de sérums.

Pour gagner des paris à l'horizon 90, les chercheurs français développent de magnifiques « programmes mobilisateurs », en quête des énergies futures (biomasse, énergie solaire, éolienne et marémotrice), en biotechnologie (avec puissante adaptation aux progrès sensationnels de la biologie cellulaire qui crée des produits de troisième génération : hormones, enzymes, anticorps monoclonaux pour les médicaments) et en télécommunication ou télématique.

Symbole de tous ces succès : le « train à grande vitesse », le T.G.V., qui relie Paris à Lyon et Paris à Genève avec une vitesse de croisière de 260 km/h.

Brillante sanction : la médaille Fields, qui récompense les meilleurs travaux mathématiques des quatre dernières années écoulées, la plus belle consécration internationale, qui pourvoit à l'absence d'un prix Nobel de mathématiques, déjà donnée à cinq Français dans le passé (dont le grand Laurent Schwartz) vient d'échoir à un autre Français, Alain Connes, de l'Institut de hautes études scientifiques de Bures-sur-Yvette.

La France demeure aussi une incomparable terre d'asile, où le statut officiel du réfugié politique permet à beaucoup de se mettre à l'abri de toutes persécutions, tortures ou vexations. Ils sont à milliers, les hommes qui, avec leurs familles, nous demandent sécurité, pour échapper à des bourreaux : chaque année, depuis des décennies, à raison de 15 000 chaque année. Ainsi avons-nous pu accueillir jusqu'à notre date, en particulier, quelque 30 000 Cambodgiens, 25 000 Laotiens, 25 000 Vietnamiens, 8 000 Polonais, 7 000 Arméniens, 6 000 Yougoslaves et 6 000 réfugiés provenant de Russie.

Mais, à l'évidence, il ne s'agit plus du pays simple et fier des premières années 1930. Il y a au fond de l'âme française une lassitude que l'on ne connaissait pas. Le meilleur signe en est donné par un sondage qui demande à des Français de tout âge mobilisable s'ils prendraient les armes au cas où leur pays serait attaqué : 71 % répondent par non. Le coup est pathétique, au pays de Verdun.

Surtout, les Français de 1983 sont peu discernables.

Dans une chronique courageuse et originale pour *Jeune Afrique*, Jacques Vignes les répertorie en quatre groupes : le *Noyau dur* ou la France répressive ; le *Ventre mou* ou la France timide ; les *Chercheurs d'or* ou la France entreprenante et *les Marginaux* ou la France du refus.

Le Noyau dur, le plus important par le nombre, environ 40 % de la population, si éloquent que soit son souci de faire partie d'une société nouvelle, et même quand il se réclame de programmes progressistes, socialisme ou « démocratie libérale avancée », correspond à un profil de Français craintif, économe, ennemi de tous excès, « tatillon jusqu'à en devenir maniaque, souvent raciste et chauvin. Il habite ou aimerait habiter un pavillon avec jardin, chien de garde et dispositif d'alarme. Il est pour l'autodéfense et la peine de mort. Sa voiture est la plupart du temps sans âge. Il achète au comptant, lit peu, voyage peu, s'habille sans recherche et regarde beaucoup la télévision ». On a beau arriver à distinguer toute une gamme de caractères dans le Noyau dur, depuis la mentalité « ancien combattant » la plus rétrograde jusqu'à l'entiché de modernisme « qui passe ses vacances au Club Méditerranée », il peut vraiment, grosso modo, être étiqueté « l'ordre avant tout, mais du progrès, point trop n'en faut ». Naturellement, le Noyau dur aime, le plus souvent, le col blanc, la femme au foyer, et la *Marseillaise* devant le monument aux Morts.

Le Ventre mou, 20 % de l'ensemble, se constitue de tous les déçus et de tous les retraités de l'entreprise. Petits et moyens bourgeois. Plus ou moins inactifs. La catégorie correspond à un individu qui soigne par-dessus tout sa santé, condamne toute aventure dangereuse, financière ou sentimentale, n'a d'autre vertige que de jouer petitement au tiercé, ne pratique aucun sport plus violent que la pétanque, gère sérieusement son budget comme son automobile, organise avec minutie ses calmes vacances comme ses calmes loisirs, et continue de constituer un fonds de sagesse qui est peu discutable. Inévitablement, il se compose principalement de personnes âgées.

Les Chercheurs d'or sont à l'opposé total du Ventre mou : jeunes et nés du fond du peuple. Ils rassemblent tous ceux qui produisent, se battent et n'ont pas peur de l'avenir. Ils votent pour les hommes qui leur semblent le mieux à même de favoriser leurs entreprises présentes ou à venir, ou de préserver leurs biens. Ils fixent sans contexte la partie la plus dynamique de la nation. « En mai 1981, ils ont partagé leurs voix, toutes classes sociales comparées, entre Giscard et Chirac. » Dans la catégorie, peu soutinrent le mitterrandisme. Loin de là, ils sont ses plus féroces ennemis. Au reste, c'est l'un des problèmes majeurs de François Mitterrand que de les neutraliser ou de les enchanter, du moins les raisonner. Car, pour lui, le handicap est trop lourd et inquiétant, d'être combattu par les éléments les plus énergiques, productifs et responsables du pays — d'autant plus que l'on comprend dans la catégorie près de 2 millions de personnes des classes populaires, avides de promotion sociale et déployant tous les efforts nécessaires pour l'acquérir.

Quant aux Marginaux, environ 20 % du total, — à ne surtout pas confondre avec les « jeunesses folles », ni avec les « marginalisés » — ils engagent grosso modo une minorité de cadres supérieurs, la grande majorité des cadres moyens, certains ruraux singulièrement rétifs, de forts contingents des classes populaires et quelque trois millions de lycéens et étudiants. C'est, face aux armées de la crispation, le front du refus. Leur meilleure définition : le désengagement politique. Ils constituent le gros du bataillon des abstentionnistes. S'ils s'expriment, ils ne votent que pour d'autres marginaux, extrême gauche ou écologistes, même si François Mitterrand leur doit pour beaucoup sa victoire de mai 1981. (Plus de 1,5 million de Marginaux, peut préciser Jacques Vignes, venant en particulier des classes populaires et des intellectuels, ont voté pour lui dès le premier tour.)

C'est dire, malgré ces quatre coups de phare, si la psychologie française peut être confuse et s'il est trop primaire de classer ce peuple entre travailleurs et non-travailleurs.

Car d'autres éléments de complication interviennent encore.

Par exemple, le parti communiste est à classer dans la catégorie répressive. Il dépend dans sa presque totalité de ce Noyau dur qui lui fournit le plus clair de son électorat. « Ses racines se situent à travers la France profonde, suburbaine et provinciale, qui voit son avenir dans l'expansion de l'Etat-providence plutôt que dans ses propres capacités de développement. D'où les tendances autoritaristes et chauvinistes qu'il manifeste. Elles correspondent très précisément à l'idéologie de ceux qu'il cherche à convaincre et qui ne représentent, en fait, que moins du tiers des classes populaires. » Lui aussi, à sa manière, joue au parti de l'ordre.

Par ailleurs, les partis français sont infiniment faibles, parti communiste compris. Le P.C.F. n'a guère plus de 500 000 adhérents, dont une moitié « flottante » : des gens qui viennent une année et partent l'autre. Les socialistes « inscrits » sont moins de 150 000. Les formations du centre et de la droite relèvent davantage du club que du parti. Cela signifie qu'ils encadrent faiblement le corps électoral. Ils ne le tiennent pas. De là vient une extrême fragilité du pouvoir français quel qu'il soit. « Que les Marginaux se désintéressent de nouveau — ce qu'ils sont en train de faire — que le Ventre mou hésite — ce qui est son rôle — que l'énorme Noyau dur ne se sente plus en sécurité, et tout bascule. »

Autres éléments d'incertitude : la population française comporte environ 3 millions de handicapés physiques ou mentaux (proportion énorme) : environ 7 %, un million et demi de personnes âgées invalides, quelque 200 000 asociaux (délinquants, prédélinquants, drogués) ; l'alcoolisme grave touche entre 2,5 et 3 millions de personnes ; les suicides ou tentatives de suicides connus s'élèvent à 165 000 par an, soit près de 50 par jour.

La France est un pays de petites et moyennes entreprises, elles aussi rétives aux trop forts encadrements. Il faut en compter à peine une cinquantaine occupant plus de 10 000 salariés, à peine cent cinquante en occupant plus de 5 000. On doit estimer à quelque 1 200 000 celles qui emploient chacune moins de 10 salariés.

Les ruraux ne sont plus que 8,7 millions. Or, autant il est aisé d'encadrer un village, autant il est difficile de contrôler une population urbaine ou suburbaine, qui, de surcroît, a tendance à se polariser. Les Français s'amassent surtout le long d'une large couronne entourant la région parisienne (jusqu'à 200 km autour de la capitale), dans le Midi (Provence-Côte d'Azur) et dans la région Rhône-Alpes. L'axe principal devient Paris-Lyon-Grenoble-Marseille-Nice, au détriment des axes Paris-Lille, Paris-Strasbourg et Paris-Bordeaux. Le centre du pays, resté fortement rural et hors des grands circuits de communication, s'étiole gravement, de même que toutes les autres zones excentrées (Bretagne, Alsace, Normandie, Roussillon, Landes, Béarn) et les régions minières du Nord et du Nord-Est, les plus durement frappées par la crise économique.

Il n'y a vraiment plus aucune mesure entre cette France-là et la France des années 1950-1960.

François Mitterrand, personnage peu simple, prend un pays peu simple à une heure peu simple.

Ainsi est-il, déjà mystérieux ou énigmatique par nature, plus difficile à discerner.

Un léger, disent également les contempteurs ; il est incapable d'approfondir un danger ; il a si longtemps attendu le pouvoir, jusqu'à souvent ne pas y croire, qu'une fois sur le trône il ne pense qu'à jouir de ses avantages, « après moi, le déluge » ; c'est essentiellement un jouisseur, un faux romantique ; politiquement, il a toujours trompé tout son monde, il continue de tromper tout son monde ; jamais personne n'aura mieux illustré la boutade de

Trotski : « La sociale-démocratie est condamnée à un misérable parasitisme idéologique ; tantôt elle reprend les idées des économistes bourgeois, tantôt elle s'efforce d'utiliser des bribes de marxisme. » (Dans *Comment vaincre le fascisme.*) François Mitterrand en est là, selon son seul intérêt personnel, il ballote entre une certaine idée du libéralisme et une certaine idée du socialisme ; il est né flou, il reste flou, il mourra flou. Non, répliquent les adulateurs, il a la plus forte conscience de son rôle et de l'Etat ; il n'est pas un politicien ordinaire ; il croit pouvoir être le prophète qui désignera le chemin inespéré entre capitalisme et socialisme ; il a « une certaine idée du peuple » ; il est capable de magnifier un combat à l'échelle du siècle ; s'il paraît négliger finances et économie, c'est tout simplement parce qu'il est de toujours persuadé, selon le mot de Péguy, que *le mystique* est toujours plus important que *le politique,* à plus forte raison que *l'économique ;* il connaît comme nul autre les tourments les plus lourds et les plus profonds de son pays parce qu'il est en communion permanente avec eux ; il assume toutes les angoisses des Français ; et, s'il se brise, vous verrez avec lui se briser un immense songe.

Il n'en reste pas moins que, pour l'observateur le plus objectif, certaines réactions ou attitudes de François Mitterrand restent bien inquiétantes.

Il fonce tête baissée, aussitôt élu, dans un socialisme agressif et annonce, avec une brutalité étudiée, une stratégie de « fracture ». Il tient d'emblée le langage le plus provocant de la lutte des classes. Alors qu'il affirme lui-même n'être pas un marxiste orthodoxe et qu'il sait parfaitement que les Français n'ont pas voté pour un changement de société, il déclare ouvertement la guerre à une large partie de la nation, au nom d'une division en deux parts sociologiques qu'aucune analyse sérieuse ne justifie. Dès le premier jour, dès le discours d'investiture à l'Elysée, « la force tranquille » laisse tomber son masque. Avec stupéfaction, on découvre un président du dogmatisme le plus primaire et de l'humeur la plus batailleuse, un revanchard, et non un rassembleur.

On lui fait faire, une rose (ou plutôt plusieurs roses successives) à la main et sans que l'on puisse apercevoir la main de la fée qui assure la distribution, cette interminable promenade au Panthéon (avec l'air de chercher les toilettes, sourira un humoriste), dont les étapes ont été religieusement choisies et qui évoque irrésistiblement Maximilien de Robespierre inaugurant le culte à la déesse Raison. Une cérémonie de partisan, qui ne réalise même pas une seconde qu'elle peut être un tantinet ridicule.

On s'attendait à ce qu'il ouvrît sur un programme de générosité. De grands gestes devaient être faits. Un avènement, à plus forte raison socialiste, ne va pas sans grâces, bienfaits ni cadeaux : chacun sait que, dans les souvenirs, les « congés payés » sont restés le plus beau fleuron du Front populaire de 1936. Mais personne ne prévoyait un tel matraquage des classes dites vaincues, de tous les éléments d'élite de la nation, de tout ce qui pouvait résister au plan d'uniformisation. C'est pourtant l'impression que l'on retire des premiers mois : une lutte des classes systématiquement programmée et hargneusement conduite.

« La force tranquille », dans ses débuts de règne, ne paraît sensible qu'à la pression des enragés, et est totalement sourde aux conseils des plus sages, y compris socialistes, qui préviennent contre un programme économico-financier imprudent, un budget trop dépensier, l'illusion de la relance par la consommation intérieure, une chute rapide du franc, des dépenses exagérées, une gestion trop relâchée, des nationalisations improvisées. François Mitterrand plane très haut au-dessus des réalités, même inattentif à la querelle publique qui oppose son Premier ministre et le ministre des Finances sur « la pause » — une pause qui signifie au vrai la pause des folies.

J'ai prononcé 110 promesses, je les tiendrai, tel est son mot. Mais il s'avère vite que seulement quelques-unes pourront être tenues en toute honnêteté. L'opinion publique se rend compte aussi vite que la plupart furent conçues — et souvent à la diligence du Parti communiste, à qui la surenchère ne coûte pas cher — en un temps où le candidat François Mitterrand ne croyait pas du tout être élu et estimait pouvoir très gratuitement gonfler la dose de ses promesses. « La force tranquille » cesse pour beaucoup d'être « la force sérieuse ».

Dès trois mois après l'avènement, à travers une large partie de l'opinion non partisane, l'on commence à se demander, avec une angoisse qui ne cessera plus de s'approfondir, si la France aura élu un homme de véritable responsabilité. Par de multiples exemples, l'histoire enseigne que les qualités requises pour être un excellent candidat ne sont pas les mêmes que celles demandées pour être un homme d'Etat. Une chose est d'être un grand tribun, autre chose un grand consul. François Mitterrand paraît donner du phénomène, à son tour, la plus cruelle des illustrations. Autant il peut être talentueux à la tribune, ou dans la manœuvre électorale, autant il ne paraît pas posséder, au plus haut poste du pays, les formules et les secrets de l'autorité.

Encore advient-il, à ce moment-là, que l'on parle beaucoup de sa maladie — une lividité anormale, de cruelles douleurs dorsales qui l'empêchent de pratiquer son cher golf, le rappel des premières manifestations du mal mystérieux de Georges Pompidou, des rumeurs persistantes sur une certaine forme de leucémie, mais très lente, ou sur on ne sait quel cancer de la moelle épinière, du vrai et du faux pêle-mêle. A en chercher les traces quand il paraît dans des manifestations ou sur le petit écran, les spectateurs oublient de parler de tout le reste. Le « malade » fait moins observer l'exercice du consulat. Mais, dès que les rumeurs s'apaisent, on découvre mieux un prince inattendu. D'une part, comme s'il n'était plus assuré de son autorité naturelle et peut-être en venait jusqu'à douter de sa capacité, il prend une attitude de César romain, la silhouette pétrifiée, le visage figé, les mâchoires crispées. On pourrait l'imaginer en toge, un papyrus à sa portée. D'autre part, et dans le même temps, il communique le sentiment d'être comme distrait, voire ennuyé. Même en public, les yeux mi-clos, il rêvasse. Les témoins peuvent se répéter le mot de Victor Hugo : « Je suis un homme qui pense à tout autre chose. » Autant parfois contempler un somnambule, qui vit hors des problèmes réels. C'est notre premier souverain à être tel : le général de Gaulle était capable d'une gigantesque concentration permanente, « éléphantesque », disait Malraux ; Georges Pompidou, sous l'apparence de l'indolence, suivait puissamment et de près tous les principaux dossiers ; aucun détail n'échappait au regard de Valéry Giscard d'Estaing, qui s'appuyait sur une expérience formidable de ministre des Finances. Pour la première fois, nous avons un rêvasseur.

On va s'étonnant de plus en plus. Lui, politique averti entre tous, connaissant toutes les roueries et les pièges de la vie politicienne, qui fut si sévère pour les moindres fautes personnelles ou faiblesses familiales de ses trois prédécesseurs, laisse s'accomplir autour de lui, de la manière la plus voyante, dans son entourage le plus proche, ou du fait de trop de ses ministres, des abus qu'interdirait un président plus attentif : nettement, il y a là un relâchement de la vigilance, et l'on sait d'ailleurs trop que les instances du parti socialiste ne sont pas les dernières à le déplorer. Puis, François Mitterrand se met à voyager plus que de raison. Il prend goût aux voyages royaux. Non seulement, à son tour, il se laisse accaparer et envoûter par la politique internationale, et il savoure trop manifestement la compagnie de tous monarques et de tous puissants de ce monde, mais la France a rapidement l'impression que ce voyageur est plutôt un évadé, qui fuit une charge trop ingrate, se rend avant tout au plus loin de dossiers trop encombrants. La conquête du pouvoir le passionna ; l'exercice du pouvoir paraît l'importuner.

Se voit-il trop mal servi par un gouvernement qui n'a pas révélé les brillants serviteurs que l'on pouvait attendre d'un parti socialiste traditionnellement remarquable formateur d'hommes ? De fait, sauf quelques exceptions, la déception peut être vive. Tel qui a du talent manque de caractère. Tel qui a du tempérament manque d'inspiration. Pierre Mauroy est sympa ; il n'a pas son égal en manière de bon-garçonnisme ; mais il est inopérant sur les faits ; il ne cache même plus qu'il souffre, dans un poste, qui, décidément, se révèle le plus abominable qui puisse se confier sous la Ve République. Pourtant, là aussi, les interrogations fondamentales viennent. Les ministres ne seraient-ils pas empêchés de s'exprimer ? Ne seraient-ils pas les premières victimes du flou élyséen, de l'irrésolution présidentielle ? La République n'aurait-elle pas cessé d'être dirigée ? Défaut de commandement, défaut de netteté, manque de directives larges et précises à l'Elysée, cela aussi peut expliquer les insuffisances des Excellences.

Les qualités d'homme d'Etat de Mitterrand deviennent si discutables, et discutées jusque dans le sérail socialiste, que l'on en vient à douter de sa vraie puissance, de ses meilleures qualités, voire de son discernement. On entend dire de plus en plus souvent qu'il ne fut pas toujours un manœuvrier virtuose, qu'il manqua se perdre plusieurs fois dans de fatales imprudences, qu'il put passer longtemps pour le roi des guignards, qu'il multiplia les maladresses en mai 1968, qu'il perdit durant vingt ans bien des batailles dont certaines étaient gagnables, qu'il ne l'emporta en mai 1981 que surtout du fait des divisions mortelles de ses adversaires. Après l'avoir présenté comme le champion des champions de la joute électorale, beaucoup de « déçus », selon un mouvement excessif de balancier, en viendraient maintenant à nier ses qualités les plus réelles. Autrement dit, il y a crise de confiance jusque sur ses terrains de prédilection. Du coup, se posent d'ailleurs d'une manière plus aiguë les problèmes qui se lient à l'alliance avec les communistes. C'est entendu, il y va d'un pari primordial de François Mitterrand. D'un côté, les réintégrer à pleins droits dans la vie nationale, jusqu'à leur accorder plein label de démocrates. D'un autre, opérer de telle sorte, les déborder si brillamment, qu'ils en tombent à 15 % des suffrages. Le pari est double : à la fois tactique et historique, tactique, parce que le parti socialiste a plus beau jeu de prôner l'alliance quand il surclasse le parti communiste, et parce que François Mitterrand, ici indiscutablement lucide, a su prévoir une vaste crise des partis communistes européens, trop usés, trop vieux appareils, trop rivés à un parti soviétique lui-même trop discuté, trop lourdement dogmatique, qui ne pouvait pas épargner le parti communiste français, lequel, affaibli, doit donc devenir par définition plus malléable ; historique, parce que, dans le même temps, il se donne une dimension épique, s'imposant comme l'annonciateur et le héros des rassemblements populaires. Mais, voici que trop d'éléments troublent le rêve. Le communisme ne se révèle pas un allié total. Les communistes profitent de toutes occasions pour noyauter les administrations (accusation publique d'André Bergeron, secrétaire général des syndicats Force Ouvrière), placer des créatures ou des hommes de confiance à des postes de première valeur politique ou stratégique, pousser les choix socialistes à l'extrémisme. Grands vaincus de 1981, retrouvant aussitôt leur souffle avec la nomination de quatre ministres communistes et de très hauts fonctionnaires communistes, reparlant vite avec pleine assurance, ils parviennent tôt à se donner une autorité qui n'est pas en proportion avec leur force électorale réelle. Ils arrivent à imposer une sorte d'Etat dans l'Etat. Ils vont même jusqu'à obtenir du pouvoir socialiste acceptation d'à peu près toutes leurs revendications et le principal de leurs thèses, dans les discussions portant sur la constitution de listes communes aux élections municipales de mars ; ce sont les socialistes qui cèdent, et non les communistes, dans toutes les négociations portant sur la désignation du « tête de liste » pour un certain nombre de grandes villes litigieuses, notamment Nîmes, Le Mans et Saint-Etienne. Alors, question : en définitive, qui manœuvre qui ? Comment être sûrs que Mitterrand mène le jeu, et non Marchais ? Où est la duperie ? Où est le vrai piège ? Question conséquente : et si Mitterrand n'était pas ou n'était plus le subtil manœuvrier que désigna sa légende ?

« On dirait que l'histoire ne m'aime pas », a-t-il dit un jour. Précisément, à propos de l'alliance avec Marchais, il n'y a pas que l'aspect tactique qui soit mis en cause. On peut aussi désormais discuter le caractère historique de l'opération. Question claire : la guerre en Afghanistan continue ; le poids du Kremlin sur les destins polonais n'a jamais été plus lourd ; la menace des armements soviétiques se maintient plus ou moins intégralement sur l'Europe ; l'alliance des socialistes français, aujourd'hui, sur le seuil de 1983, avec les communistes, contribue-t-elle à aider à on ne sait quelle éventuelle libéralisation du communisme mondial, à un assouplissement de la politique du Kremlin, à un ralentissement des opérations de subversion, ou ne pousse-t-elle pas plutôt les chefs soviétiques à plus d'audace et de présence, ne participe-t-elle pas plutôt à donner l'impression au Kremlin que l'Europe est plus faible, sera plus manœuvrable, sera moins résistante ? Sur un tel sujet, on voudrait ne pas avoir à douter de la clairvoyance du Premier français — on l'aimerait plus ami avec l'histoire.

Deux pensées de Rivarol viennent à l'esprit. La première : « Le peuple donne sa faveur, jamais sa confiance. » La seconde : « Malheur à celui qui trouble le fond d'une nation. » Apparemment, François Mitterrand ne les a pas méditées.

La deuxième dévaluation du gouvernement Mauroy, un changement de cap total de notre politique économique et l'annonce des mesures « d'accompagnement » — surtout le blocage des salaires, si courageux soit-il — ne portent qu'un coup sensible de plus à la crédibilité du gouvernement, aux socialistes et, fatalement... au président lui-même — en particulier coupable de ne pas changer de Premier ministre et, en quelque sorte, d'imposer soudainement à Mauroy de faire de l'anti-Mauroy. En tout cas, sans délai, les communistes foncent dans la brèche, profitent du fait trop évident que le Premier ministre ne peut pas se permettre un « clash » au gouvernement et une rupture de l'attelage P.C.-P.S. au milieu de cette passe difficile. On voit le parti communiste avancer simultanément sur tous les terrains. Sur le plan électoral, ils négocient désormais en position de force. Sur le plan de la politique étrangère de la France et des relations internationales, la Marche pour la paix à Paris le 20 juin marque un incontestable et inespéré succès de mobilisation qui accroît l'autorité du P.C. face au P.S. Sur le plan syndical, les positions communistes se renforcent, même si les élections prud'homales de décembre, à cause de la chute du crédit de la politique gouvernementale, sont défavorables aux cégétistes : en particulier, le 41e congrès de la C.G.T. marque une totale reprise en main de l'organisation par les militants communistes ; 80 % des congressistes assistent à leur premier congrès C.G.T., ce qui signifie inéluctablement que lors de la préparation du congrès les délégués du 40e congrès — le « congrès de l'ouverture » — ont été soigneusement remplacés ; qui plus est, pour que personne n'en doute, le seul porte-parole réel des socialistes à la direction, Pierre Feuilly, est écarté sans ménagement. Sur le plan social, la C.G.T., dès lors solidement contrôlée par Henri Krasucki, peut plus librement engager des conflits exemplaires, notamment face à Peugeot-Citroën-Talbot, pour mieux dégager ses objectifs, ce qu'Etienne Dallemans explique on ne peut plus clairement dans une chronique de *la Vie française,* intitulée « *le P.C. a le sourire* » : « désigner clairement aux travailleurs, au pays mais aussi au gouvernement, que le grand capitalisme privé reste son ennemi », inciter « à poursuivre et à étendre les nationalisations », s'implanter « fortement dans un secteur où les syndicats maison faisaient la loi » (« parvenir à ses fins puisque, en moins de quinze jours, deux votes professionnels chez Citroën-Aulnay et Citroën-Levallois viennent de lui apporter un triomphe sans partage sur les autres syndicats représentatifs ») et réussir « à se réimplanter durablement dans la fraction la plus exploitée, la plus prolétarienne, la plus combative de la classe ouvrière, les O.S. immigrés ». En cette période de calme social, « alors que les travailleurs hésitent à s'engager dans des conflits de peur de perdre leur emploi, la C.G.T. s'avère la seule force capable de mobiliser une partie de la classe ouvrière ». C'est bien vu, c'est bien dit. Dès lors, la C.G.T. peut plus librement s'arroger le droit à tous les défis ; elle n'y manque pas ; le 16 juin, au moment même où Charles Fiterman, ministre d'Etat « communiste », approuve en conseil des ministres les mesures de blocage des salaires, Henri Krasucki les condamne comme « faute sociale, erreur économique et faute politique ». Plus fort : dès le 21 juin, Georges Marchais, dans un meeting à Ajaccio, désapprouve le blocage des salaires et annonce tout rudement que les députés et sénateurs communistes ne voteront pas pour. Non que les communistes songent à quitter un gouvernement : ils ne le quittent jamais ; de leur propre chef, ils ne s'en iront jamais, même si le gouvernement est un jour menacé de naufrage. Mais, par-dessus tout, les voici en position de force — jusqu'à pouvoir menacer impunément leur allié — pour, directement ou indirectement, contrôler l'ensemble du domaine économique. Pour le savoir, il n'y a qu'à bien lire les trois grands thèmes développés le 19 juin par la conférence nationale du P.C.F. et orchestrés par toute la presse communiste : instaurer une nouvelle gestion du secteur nationalisé, reconquérir le marché intérieur en limitant les importations de produits et les exportations de capitaux ; faire payer les riches en réduisant les profits financiers, les revenus excessifs et les « gâchis capitalistes ». Il n'y a plus ensuite, pour compléter l'ensemble, qu'à approuver la proposition de Jean-Baptiste Doumeng, le fameux « milliardaire rouge », de créer deux circuits monétaires en France, l'un à usage interne et l'autre à usage externe, comme *en Union soviétique.* L'objectif suprême est lumineux : socialiser l'économie. L'objectif immédiat ne l'est pas moins : contraindre le gouvernement à entrer « pas à pas » dans la voie de l'étatisation d'une part plus large de l'économie et d'un contrôle plus poussé du secteur privé. Précisément, si les communistes s'offrent une telle audace et une telle assurance, c'est que le pouvoir socialiste n'a pu que faillir. Encore une raison grave de douter des qualités d'homme d'Etat du premier responsable et de sa capacité à tenir le coup face à des forces communistes qui sont nettement en train de le déborder.

Et Jack Lang de nous préparer un « cinéma d'Etat ». Et Georges Fillioud de rassembler un dossier voué à conduire à une « presse d'Etat ». Et d'autres d'envisager le plus sérieusement du monde un « sport d'Etat ». Et Edith Cresson de se préparer à mettre en place des « offices fonciers » qui ne peuvent que déboucher sur une agriculture collectivisée. Le drame est que nous ne savons pas encore si François Mitterrand aura réellement voulu un si vaste « progressisme », ou si, comme partout, pour chacun de ces cas, il se trouve dépassé par des forces qu'il ne tient pas.

Autre signe d'un relâchement de la pensée et de la volonté de François Mitterrand : après avoir été le meilleur ami d'Israël, pour être devenu le meilleur ami d'Arafat, il a bien fallu que la pression communiste fût terriblement efficace.

Autre échec : l'audiovisuel.

François Mitterrand, dès juin 1981, avait une occasion merveilleuse, unique, inespérée, de « libérer » enfin notre appareil de toute ingérence gouvernementale. C'était une chance historique. Il pouvait enfin en particulier installer une télévision qui fût un modèle de liberté pour le monde entier. Une télévision libre pour hommes libres. Il attachait à jamais son nom à une création exemplaire. Hélas ! Nous n'aurons jamais eu une télévision aussi colonisée ou caporalisée. Les représentants de l'opposition n'y passent quasiment jamais ou leur apparition est tronquée. (Raymond Barre, qui affronte *l'Heure de Vérité* sous quelques jours, aura attendu depuis mai 1981, vingt mois, avant de pouvoir porter témoignage dans des conditions sérieuses.) Jamais nous n'avons eu une telle satiété d'orateurs du pouvoir, même aux plus beaux temps gaulliens où la télévision, sur le modèle de la radio de la IVe République, se considérait tout naturellement comme une télévision d'Etat. (Il y a d'ailleurs là pleins risques pour le gouvernement, du double fait qu'il peut se produire un phénomène de ras-le-bol et qu'il y a trop de maladroits sur les circuits, maladroits qui desservent lourdement les causes qu'ils sont censés servir.) La manière dont la télévision nous a présenté cet été la guerre du Liban a été la limite du supportable. La façon dont on nous présente la vie aux Etats-Unis et la politique américaine, tant il y a de parti pris primaire, est proprement grotesque, il n'y a pas d'autre mot. Le sectarisme de notre télévision est devenu tel — malgré quelques corrections isolées, habiles ou désespérées, de quelques journalistes, sans doute jamais aussi écœurés — que, pour être sérieusement informés, les Français écoutent de plus en plus la B.B.C., les radios belges ou, comme au plus fort de la Guerre Mondiale, Radio-Sottens. Parfois, le parti pris est si violent qu'il affleure au délire. François Mitterrand en est-il même conscient ? En est-il plus ou moins averti ? Est-il à même de mesurer le mal qu'il se fait ainsi à lui-même ? Il écrivait, il y a quelque six ans : « Est-il juste que les vœux du président de la République, vœux à la télévision, vœux aux corps constitués, vœux par-ci, vœux par-là, aient occupé un jour et demi les émissions de France-Inter, assaisonnés de sucre et de guimauve par des gâte-sauce émerveillés ? L'opposition n'avait-elle pas le droit de dire elle aussi aux Français : " Bonne Année " ? » *(l'Abeille et l'Architecte)*. Que ne s'est-il inspiré de sa propre réflexion pour 1983 ! Tout au contraire, sur huit minutes, dans ses vœux de président présentés hier soir à 20 heures sur l'ensemble du réseau national, il nous a servi le pathos le plus électoral, avec même pointes polémiques, qu'il nous ait jamais été donné d'entendre. « L'opposition » est restée au coin de son feu...

Mais il y a aussi grave encore côté programmes.

Au moins sur trois ratages, pour ne pas les citer tous.

Le premier porte sur le style. Chaque homme d'Etat a son style. Georges Clemenceau est l'exemple du bouillant, Raymond Poincaré du minutieux, Edouard Herriot du chaleureux, Léon Blum de l'humaniste à la fois austère et tendre. Au maréchal Pétain d'adopter la manière du grand-papa ; à Pierre Mendès France le sermon messianique, sur texte d'expert ; à Antoine Pinay, le calme dialogue avec le bon sens. Vincent Auriol fixe le socialisme souriant ; Paul Ramadier, le socialisme vigilant ; Guy Mollet, la sobriété faite homme. Le général de Gaulle est un portrait d'épopée, même si, pas peu souvent, de toute sa gouaille, il se met à s'amuser de politicaille. Georges Pompidou est le paysan madré, à qui on ne la fait pas — avec son portrait fidèle à sa double origine, d'âpres laboureurs du Catalan et des vendeurs d'almanachs habiles à placer leurs marchandises jusque chez les Aquitains. Valéry Giscard d'Estaing est le jeune homme heureux, premier partout, qui adore faire la leçon, sur tableau noir. François Mitterrand cultive l'onction et la grâce : même ses coups d'épée, d'ailleurs portés avec un rare talent de grand polémiste, ont quelque chose de religieux. Aramis. Le prieur mousquetaire, même s'il se veut l'ennemi des gardes du Cardinal. Tout se veut charme et ensorcellement. Par malheur pour l'Elysée, les ministres, à qui mieux mieux, à de rares exceptions près, se mettent à imiter, mimer — parfois singer — cette manière onctueuse. Grâces des cils, moues, gestes dolents et indolents, flexions du cou, tout y passe. C'est à qui reproduira le plus facilement toutes les suaves bénédictions de la force tranquille. Il en résulte une véritable caricature vivante. Tout le régime en pâtit, d'autant plus que l'on ne saurait imaginer plus douceâtre contraste avec les colères, les indignations et les brutalités savamment jouées d'un Georges Marchais omniprésent. On ne peut certes pas tenir pour une heureuse trouvaille que ce style miel et huile — le mot est trouvé : le style Huile — qui marquera dès lors à jamais toute la manière mitterrandiste.

Le deuxième ratage est à base de cuistrerie. Tout se passe dans nos programmes comme si tout devait être prétexte à instruction et éducation. Films, reportages, commentaires, chroniques, téléfilms, tout est bon à faire la leçon. Nous ne sommes pas pour rien dans la république des instituteurs. Chaque soir, on prend chacun de nous par la main, et on nous conduit à l'école. Jamais nous n'aurons vu défiler en chaire une telle série de pions et de répétiteurs. Résultat : outre que la « création » s'affaiblit de jour en jour, jamais nous n'aurons vu s'exercer aussi largement — et aussi platement — les forces de l'ennui. Nous n'en sommes certes pas encore à la télévision la plus morne et la plus accablante de la planète : la télévision soviétique, où les Brejnev peuvent discourir durant six heures d'affilée et où tout, même au besoin le hockey, est prétexte à propagande et à école communiste. Mais, trop manifestement, on y va. Le processus est en marche.

Le troisième ratage tient au manque de perspectives nettes. Bien sûr, on nous explique, en long et en large, que l'on va équiper le pays de tout un formidable réseau de câbles, que les socialistes se font un honneur de préparer la transmission par satellites, que nous aurons un jour la télévision la plus moderne. (En évitant cependant de nous préciser les dates des échéances, et, dès lors, force nous est d'imaginer que le pouvoir se ménage toutes les possibilités de garder à sa discrétion notre télévision telle qu'elle est, avec seulement ses trois pauvres chaînes, en tout cas jusqu'en 1988.) Mais aucun choix n'est prononcé sur deux problèmes essentiels. D'une part, alors qu'à l'évidence la télévision actuelle est à bout de souffle, et qu'on ne peut lui redonner vie que par l'introduction d'une télévision libre — en tout cas libre de toute sujétion gouvernementale — le pouvoir laisse le problème dans l'équivoque — une équivoque de plus. D'autre part, alors que des télévisions étrangères se préparent déjà au grand rendez-vous des télévisions satellites, rendez-vous qui coïncidera en Europe avec un déchaînement des concurrences (la France recevra par exemple en première pluie une dizaine de programmes étrangers *en langue française,* puisque les ingénieurs ont trouvé le moyen de distribuer la même image simultanément en trois langues), alors que Télé-Luxembourg et la télévision suisse, d'ores et déjà, équipent de nouveaux studios et acquièrent les droits sur les meilleurs films qui sortent, alors qu'il nous faudrait sans délai préparer nos propres programmes, avec mission de protéger notre conscience nationale et l'humanisme qui nous est propre, le pouvoir se maintient dans l'inconnu ou l'irrésolution.

Colonisation socialo-communiste outrancière, information à vocation de désinformation, peur de toute originalité ou de toute aventure, guerre au rire, appauvrissement de la création, budget qui fait une part écrasante aux bureaucrates au détriment des vrais faiseurs d'émissions, regain du syndicalisme le plus tatillon, invasion des pédants, manque de découvreurs, manque de phares sur l'avenir, incohérences, peur de choisir, le domaine audiovisuel pourrait illustrer à lui seul les innombrables ratages et faiblesses du mitterrandisme en 1982.

En vérité, tout est à l'avenant.

On n'est pas surpris d'apprendre que François Mitterrand a dit plus singulièrement redouter 1983.

Il n'est pas davantage étonnant qu'à Latche, ce matin, il aborde, le front soucieux, ce premier jour d'une année que de surcroît les astrologues de son signe zodiacal, le Scorpion, annoncent « particulièrement fatale ».

De Gaulle eut pour ses méditations *la Boisserie* de Colombey-les-Deux-Eglises, la paix sourde des sombres forêts de la Haute-Marne. Georges Pompidou préféra les sourires et les gourmandises du Lot, à Cajarc. Valéry Giscard d'Estaing dit ne jamais mieux se recueillir qu'au domaine paternel de son Auvergne natale, ou parmi les paysages les plus doux de la douce France, aux pays de Loire, à Authon. François Mitterrand, en plus sûr refuge de ses rêves, a choisi Latche, (prononcez : Latieu, en gascon), sur la commune de Soustons, au cœur des forêts de pins des Landes. Il s'agit d'un domaine de dix hectares, autour de l'ancienne ferme d'un gemmeur, qui récoltait la résine des pins, achetée dans des conditions assez bizarres il y a quelques années, par le président à un vieux gentilhomme, le baron d'Etchegoyen, oncle de l'ambassadeur, ex-champion de tennis, Bernard Destremeau. On découvre une succession de petites fermettes. C'est dans la principale que sont les chambres, la salle à manger et le salon, où viennent de prendre place les deux beaux portraits du président et de Danièle Mitterrand exécutés par leur ami Armand Mestral, basse chantante à l'Opéra-Comique des années 1950. Le four à pain, qui fonctionna chaque jour durant la guerre, a survécu. Un tout petit chalet en bois de pin, non loin de la piscine que l'on est en train de creuser pour les deux petites-filles, Pascale et Justine, filles du fils aîné Gilbert, député de Libourne, sert à abriter plusieurs milliers de livres, curieusement classés par éditeur. Le bureau du président est à part, dans l'ancienne bergerie ; des bibelots ou sculptures, souvenirs de voyages, sont semés de-ci de-là ; sur une vaste table, s'entassent livres, revues, carnets, crayons, courrier, compagnons familiers d'un énorme livre d'or somptueusement relié par la présidente qui, depuis des années, est une passionnée, même parfaitement exercée, de la reliure. Une maison a été récemment construite pour Gilbert et sa famille, à l'orée de la propriété. Le tout fait essentiellement champêtre. On peut apercevoir un âne, qui se promène rêveusement dans le parc, et les deux labradors noirs qui jouent, Niel et Julie. C'est dans ce cadre que le président dit « enfin pouvoir lire comme il convient Montaigne », trouver ses meilleures idées et passer ses heures les plus délectables.

Il reste qu'aujourd'hui, les temps ne sont pas aux délices.

Même le réveillon d'hier soir ne fut pas à l'optimisme. Il rassemblait quelque 25 personnes. Côté amis, on y retrouvait Jean-Jacques Servan-Schreiber, le plus en forme, Jack Lang et les Wiehn, un couple tout discret. Côté famille, outre « Monsieur Beauf », Roger Hanin le beau-frère, heureusement là pour égayer un peu la soirée avec ses histoires pied-noir racontées avec le plus bel accent de la *kasbah,* se trouvaient invités le frère aîné du président, Jacques, président de la S.N.I.A.S., qui n'a pas actuellement un ciel rose avec les socialistes de Toulouse, et deux sœurs, Geneviève Delachenal et Colette Landry : il paraît que Marie-Josèphe, invitée, n'a pas pu venir, celle qui est peintre et qui aime dire : « Des neuf frères et sœurs, c'est moi qui ai le plus grand nez. » Danièle a prévu un cadeau pour chacun de ses hôtes, en particulier pour Lang une histoire illustrée de 1789 en vue de préparer le fameux bicentenaire. Menu : huîtres d'Arcachon et évidemment foie gras des Landes. Mais, à plusieurs reprises, la conversation s'est égarée sur les sentiers de la politique, et cela ne pouvait absolument pas être gai-gai.

La lecture des journaux du matin et des revues de la semaine n'est pas faite pour ensoleiller le petit déjeuner.

Dans *France-Soir,* on le sait tout à fait depuis des années journal du matin, Claude Vincent, la plume morose, n'a manifestement pas entendu avec enthousiasme les vœux du président dont il trouve que l'attitude, le ton, les propos et les soucis sont tout bonnement ceux de ses prédécesseurs. On lit : « Comme Valéry Giscard d'Estaing, François Mitterrand évoque la crise. Comme Georges Pompidou, il appelle à un effort de production, comme Charles de Gaulle, il voit dans le plan une ardente obligation... C'est dire que l'actualité ne retentissait guère dans l'allocution du chef de l'Etat. » Tout le reste du journal est du même ton morose et désabusé, sur tous sujets. Même la célèbre page entièrement réservée pour la bande dessinée est du style « ça ne va décidément pas... », qu'il s'agisse du feuilleton de *Jeanne de Naples,* veuve d'André de Hongrie, épouse d'un roi fou de Majorque, ou du feuilleton de *Constance Kent,* triste héroïne d'un sordide enlèvement d'enfants, voire de *Guy l'Eclair,* mis à mal — lui aussi — par des robotsvoleurs, ou du chien de *M. Abernaty,* devenu si apathique que « même les puces qui essaient de le taquiner ne le dérangent plus ».

« Bonne année à nos lecteurs (on peut rêver) » titre textuellement dans son dessin illustrissime et quotidien Jacques Faizant, ce qui nous donne une toute jeune Marianne tenant le fil d'un ballon d'enfant à l'effigie de « 1983 », mais avec la cheville — la gauche, évidemment — enchaînée à un drôle de boulet noir, boulet à galériens, qui s'appelle « 1982 ». Tout *le Figaro* partage l'humeur de son dessinateur. Il titre ironiquement sur un conseil, inspiré des vœux du chef de l'Etat : ne pas confondre le souhaitable et le possible. Dans son « Cavalier seul », avec l'air de celui qui s'attend à tout, André Frossard brocarde Edgar Faure, qui vient de proposer une trêve d'un an entre majorité et opposition : « l'opposition s'abstiendrait de la moindre critique ; le gouvernement continuerait de ne rien faire ». Antoine-Pierre Mariano signe un éditorial aigre sur « la Fin des illusions », dont telle est la conclusion : « La magie du verbe n'a jamais permis de résoudre les problèmes économiques... En dix-huit mois de gestion et de folles réformes, le pouvoir socialiste a désorganisé l'industrie française. Il est temps de reconnaître l'échec. »

L'Humanité, esquivant à la une les problèmes intérieurs trop délicats et apparemment soucieuse de ne pas réserver un beau sort aux vœux présidentiels, consacre son titre à la Pologne. « Levée des mesures d'exception. Il faut tenir compte de la nature pluraliste de la société, déclare un dirigeant du Parti ouvrier unifié. »

Même la presse socialiste ou socialisante, comme *le Matin de Paris,* y va de commentaires réservés.

La une du *Monde,* paru hier soir, daté d'aujourd'hui, est plus grise que jamais. Youri Andropov, dans des réponses écrites aux questions du directeur de la chaîne de journaux américains Hearst, se déclare implicitement favorable à un « sommet bien préparé » avec le président Reagan : un nouveau « Vive Yalta ! », quoi, sauf que *mezza voce.* Des voeux du président français, le journal se contente d'appuyer que « M. François Mitterrand souhaite accompagner l'effort de rigueur par des mesures en faveur des jeunes » : on ne saurait plus élégamment et habilement expliquer, en le sous-entendant, que le principal reste la nécessité de maintenir la politique de rigueur. Le lecteur peut, résigné, hocher la tête. Une colonne pour les dettes du Brésil : les banques européennes demandent à Rio des précisions avant d'ouvrir de nouveaux crédits. Le « Bulletin du Jour », sur la célèbre colonne non signée de gauche, porte sur « les ratés de l'Europe bleue » : rien de bien croustillant ; simplement, « par la faute du Danemark, il ne sera pas possible de lancer à partir du 1er janvier une politique européenne de la pêche » ; le ministre de la pêche danois repousse le compromis proposé par la Commission européenne sur les quotas réservés tant aux pêcheurs du Jutland qu'aux conserveries ; l'éditorialiste anonyme se demande si l'on ne va pas bientôt retrouver à Londres comme à Paris « les accents les plus belliqueux de la guerre de la morue qui opposa en 1973 Anglais et Islandais » ; il n'en déplore que plus tristement que la nouvelle année européenne commence sous de si pénibles auspices ; comment en effet engager sereinement les négociations prévues avec la Norvège et le Canada, dans les eaux desquels vont pêcher les grands chalutiers, « si la C.E.E. est incapable de mettre de l'ordre dans ses propres affaires » ? Victor Hugo ayant écrit que « la mer, compliquée du vent, était un composé de forces », l'éditorialiste peut, toujours aussi mélancoliquement, en conclure que « les forces conjuguées des neuf gouvernements n'auront pas permis que ces forces deviennent constructives ; l'obstination et l'obstruction d'un seul en auront fait des forces centrifuges, affaiblissant un peu plus ce qui reste de l'esprit du traité de Rome ». Décidément, ce *Monde*-là est aussi désabusé qu'anti-danois. On n'en comprend que mieux l'esprit abattu du mini-bulletin voisin, les dix lignes rituelles du « Au Jour le Jour », où Bruno Frappat vous dit : « En somme, si un inconnu vous aborde dans la rue, faites d'emblée des vœux pour que l'année nouvelle lui apporte le contraire de ce qu'il a vécu en 1982. » Quant à Pierre Drouin, signant l'article de fond sur « Vœux à double face », il souhaite principalement au gouvernement, d'abord de « ne plus donner le tournis aux citoyens » (et le chroniqueur de déplorer les multiples incohérences de nos Excellences), ensuite d'adopter « une démarche moins claudicante », enfin de « ne pas se contenter de gérer au plus près ». De la stratégie, Messieurs, de la stratégie, voilà ce qu'il nous faut.

Sud-Ouest, de Bordeaux, premier quotidien à être lu à Latche, n'est pas moins riant. Le directeur, Jean-François Lemaine, dans les vœux « Bonne année — Urbe Berri on — Boune Anade — Bonne année — bona anada — bono anado » (Comme quoi le régionalisme n'est pas chose simple) à ses lecteurs, tous « Aunisois, Saintongeais, Charentais, Périgourdins, Lot-et-Garonnais, Landais, Gersois, Basques, Béarnais, Bordelais et Girondins », ne peut faire autrement que d'admettre que « les fées qui se penchent sur l'année 1983 empruntent le plus souvent les traits de la hideuse Carabosse ». Il lui faut rassembler tout son courage pour souhaiter « tout de même » optimisme « à tous ceux qui *broient du noir,* et ils sont aujourd'hui légion ».

Toute la presse régionale aura d'ailleurs été au diapason. *L'Indépendant,* de Perpignan, pour se garder malgré tout un tantinet confiant, a demandé à Frédéric Menguy, en couleurs vives, une illustration souriante : il nous montre un petit marin vert saluant la mer et les Corbières dans cette pleine lumière méditerranéenne qui reste la plus belle incantation de l'espoir et du bonheur de vivre, mais, avec les caractères les plus noirs, sous une photo d'un Mitterrand songeur, on nous annonce « Une épreuve de vérité ». *La Nouvelle République du Centre-Ouest,* depuis Tours, préfère titrer sur « Routes mouillées, pensez à lever le pied » (en référence aux mesures prises sur le coup du terrible accident de Beaune cet été où moururent une quarantaine d'enfants d'un autobus de vacances, mesures qui, à partir de ce 1er janvier même, limitent par temps de pluie la vitesse sur les autoroutes de 130 à 110 km/h, sur les routes à quatre voies de 110 à 100 et sur les routes de 90 à 80 avec contrôles par radars). « Et hop ! C'est parti » soupire sur une caricature une Marianne peu prudente dévalant à skis une pente abrupte. Dans son bulletin rituel, *Candide,* plutôt qu'une bonne année, préfère souhaiter de « bons mythes ». C'est tout dire.

Des journaux plus ou moins nettement favorables à une « expérience de gauche », *la Voix du Nord* ne paraissant pas, (elle ne paraît jamais traditionnellement le 1er janvier, non plus que son puissant concurrent, lui non engagé, *Nord-Matin* et un certain nombre d'autres journaux régionaux), *la Montagne* de Clermont-Ferrand et *le Provençal* de Gaston Defferre sont à peu près les seuls à appuyer sur « Mitterrand : confiance pour l'avenir ».

Midi Libre, qui présente les vœux présidentiels sans commentaire, insiste plus volontiers sur le rapt de deux Français du Mozambique, la pseudo-détente de Pologne, une fusillade qui a fait quatre morts à Perpignan et le nouveau hold-up du siècle, le casse record de Marbella, exécuté avec une audace incroyable durant le week-end de Noël, qui rapporte à ses auteurs au moins vingt millions de dollars et qui, à en croire le quotidien espagnol *Diario 16,* aurait pu être commis en connexion « avec des organisations d'extrême droite de plusieurs pays », rengaine connue. *Le Progrès* de Lyon présente les vœux présidentiels de la manière la plus neutre, mais, à l'évidence, il n'y va pas d'un voisinage innocent, sur deux photos superposées, entre le sourire contraint du président et le sourire rayonnant de Bernard et Claude Marreau, favoris du Paris-Dakar. *L'Union,* de la Marne, donne sa meilleure chronique au départ de son directeur-gérant, Roger Gayet, aujourd'hui même, parmi des regrets unanimes. Gabriel Domenech signe un éditorial carrément anti-socialiste-marxiste dans *le Méridional,* lequel ne sait formuler que des « voeux de bon moral ».

Ouest-France titre sur Paris-Dakar et « Verglas à Guingamp » (une voiture effectue un plongeon de sept mètres pour terminer sa course dans le Trieux, heureusement en décrue ; par miracle, la jeune femme qui conduit et son bébé de trois mois sont indemnes) : le patron, François-Régis Hutin, signe un bel éditorial désabusé sur toutes les équivoques pénibles auxquelles peuvent prêter les termes de « droite » et de « gauche ». Les *Dernières Nouvelles d'Alsace* réservent toute la une pour un dessin en couleurs d'Inès Vaguet montrant un jeune couple d'Alsaciens, plus soucieux que rêveurs, en costume traditionnel.

La Dépêche de Toulouse a surtout pêché dans les vœux présidentiels la phrase sur « la rigueur nécessaire ». Un vaste dessin en couleurs, avec talent, veut illustrer « la transsaharienne économique ». Entre un Arabe enturbanné, qui, près de son chameau agenouillé, affiche sur une pancarte « Ici, pétrole pas cher ! », un motocycliste nippon enragé, une Land Rover britannique égarée et un char d'assaut aux couleurs soviétiques, passe une petite jeep jaune, à portière marquée d'une rose. Mitterrand est au volant, aux côtés d'un Delors maussade. Mauroy est affalé sur la banquette arrière. « Et pour l'étape 83 ? » demande Mitterrand dans une bulle. Delors répond : « Il faut chercher une oasis... »

Il y a belle lurette que *le Canard*, après avoir fait campagne pour Mitterrand, le titille. Cette semaine, il écrit même au vinaigre, voire au vitriol. Titre : « Nouvelles hausses en 1983 : la Paie en danger ! » Une caricature nous découvre le volatile tenant d'une aile un sac d'engrais municipal 1983, de l'autre arrosant un pot où fleurit péniblement une rose. Légende, énigmatique : « L'année 1983 ne sera pas bonne ? Pas souhaitable. » Comme le journal est daté du mercredi 29, donc antérieur de quelques jours aux vœux présidentiels, Gabriel Macé signe en employant le futur un éditorial on ne peut plus réservé sur la prestation du président : « Tonton nous reviendra tout spécialement de Latche pour nous livrer, à la télé, l'élégie que lui aura inspirée ce haut lieu agreste, en ce maussade nivôse. Il aura le masque grave et le ton bon enfant. Il nous dira que 83 sera sans doute plus rigoureux que 82, que nous devrons, tous, faire de gros efforts, côté ceinture, mais que tout ira bien si tous les Français, dans une ferveur confondue, se rassemblent autour de lui. Surtout au moment crucial des ides de Mars. Sans doute nous annoncera-t-il même que ça ira tout à fait bien en 1984. Ou en 1985. Avant 1988 en tout cas... » Le plus beau est que telle a été à peu près l'homélie. *In cauda venenum.*

Même *le Nouvel Observateur*, de Jean Daniel, ne dissimule pas ses appréhensions, témoin un long catalogue des noirs soucis et des augmentations de prix à attendre.

Le Figaro Magazine ne paraît pas durant ces fêtes, ce qui évite au pouvoir quelques nouvelles belles flèches, mais *Minute*, l'hebdomadaire le plus violent, tire une nouvelle fois à boulets rouges sur les ministres, les grands commis socialistes et la « sainte famille ».

La Vie française affiche en couverture une forêt de cibles, accablées de flèches, avec annonce de 700 conseils 1982-1983 « pour vos actions », et de trois grands articles, « Hong Kong : Pékin fait peur » (au sujet des prochaines négociations sino-britanniques sur le statut de la colonie), « Immobilier, travaux : qui va payer ? » et « SOS : entreprises en difficultés ».

Le Nouvel Economiste nous exhibe Reagan en cavalier nordiste, bottes et éperons, bande jaune sur pantalon bleu cendre, colt à droite, sabre à gauche, large foulard d'or sur vareuse bleue, tenant un cheval piaffant par la bride et contemplant une indescriptible mêlée où tout le monde brandit une arme, un légionnaire romain (un glaive), un mandarin en kimono (une lance), un samouraï (un cimeterre), un Tyrolien (un mark), un cow-boy (une mandoline) et un banquier sous chapeau melon (un parapluie).

Le Point fait sa couverture avec « le Dollar » ; *l'Express* avec un Jacques Delors point du tout air de fête, qui essaie de nous dire « comment il voit 1983 ».

L'ensemble de la presse est réellement noir.

Pas une seule bonne note.

Pour s'égayer, le président n'a que les couvertures des revues non spécialement politiques. Celle de *Paris-Match* est pour E.T., sa main difforme sur l'épaule du nain Pat Bilon, trente-quatre ans, 92 cm, coiffé d'une casquette de golf à l'effigie *E.T. and me crew,* qui, avec deux autres figurants, à l'intérieur de l'illustre poupée, eut à charge de faire bouger E.T. comme s'il était vivant. Pour mieux souhaiter une bonne année et une bonne santé, *Télé 7 Jours* fait la sienne avec Véronique et Davina (Véronique de Villèle et Davina Delor), animatrices de Gym-Tonic sur Antenne 2, qui sont devenues en trois mois les nouvelles stars de la T.V., et recommenceront leurs prouesses demain matin dimanche, même si elles auront elles aussi trop généreusement honoré le réveillon. Et à vous, avec elles, d'affiner les hanches, de creuser le ventre, de cimenter les fesses, de délier les cuisses... *Jours de France* s'annonce avec Chantal Goya et Sarah, fille orpheline de Romy Schneider ; Sarah dit à Chantal : « Bravo pour la Planète bleue »...

Tandis que *Point de Vue-Images du monde,* la revue des rois et des princesses, nous procure le « premier Noël de William » ou « le bonheur de Diana maman », nous revenons au noir avec le mensuel *Mieux-Vivre* qui, sur fond de barricade de Delacroix, nous propose en grosses lettres le meilleur conseil pour « acheter un abri fiscal et placer son argent en 1983 à l'abri du fisc et de l'inflation ».

Au total, donc, à Latche, sombre matin.

De plus, le premier visiteur est Joseph Franceschi, secrétaire d'Etat à la Sécurité, qui vient apporter les derniers rapports sur l'aggravation du terrorisme en Corse, et étudier quelles premières mesures envisager.

De plus encore, le président a à mettre au point dans sa tête les réponses qu'il doit faire aux journalistes d'Antenne 2.

Il s'agit d'une émission encore jamais pratiquée, où il aura à répondre aux questions « libres » de quatre journalistes, sauf que portant sur quatre sujets principaux, la situation économique, la réforme Savary, les droits de l'homme et la situation internationale. François Mitterrand s'est adressé aux Français à plusieurs reprises et sur des modes différents depuis son élection. Il n'a pas souvent réussi dans ses prestations. Il fut décevant, trop vague, trop filandreux, dans un « au coin du feu », avec deux P.-D.G. de chaînes, Michèle Cotta et Pierre Desgraupes, et l'expérience ne fut jamais reprise. Il ne s'améliora pas avec la conférence de presse modèle Général, ministres en rang et chaises dorées. Il ne fut pas plus convaincant dans une prestation en plein air, parmi une ronde de notables, à Figeac. Il espère beaucoup de cette nouvelle technique, où il va figurer en quelque sorte en « rédacteur en chef inattendu », de surcroît en compagnie de quatre journalistes qu'on lui dit être des amis. (En quoi on a grand tort de n'avoir prévu, si tel est le cas, des complices, car plus un homme politique est irrité, défié, « piqué » par les interrogateurs, plus il a de chances d'être meilleur.) Surtout, car il sait peu témoigner brièvement, et espère beaucoup de l'émission parce qu'elle va lui ouvrir un vaste champ, où il pourra sermonner et philosopher à sa guise.

Effectivement, dès 9 h 30, les quatre journalistes se présentent à la Bergerie et rencontrent le président. Il y a là Hervé Chabalier, qui a eu l'idée de l'émission, Pierre Lescure, depuis peu directeur de l'information d'Antenne 2, tout heureux de participer à une interview qu'il trouve parfaitement « dans le sens du feeling journalistique d'Antenne 2 », le chroniqueur Paul Amar et Albert du Roy, tête politique de la station, accompagnés simplement pour les premiers contacts par Bernard Pradinaud, le journaliste de la chaîne accrédité à l'Elysée. Tout se présente bien. Le soleil commence à poindre sur les platanes et les pins de la lande, dissipant comme en se jouant les légers brouillards restés de l'aube. Le président reçoit ses hôtes à sa manière toujours courtoise, et s'installe pour un bref *breefing* parmi eux, assis sur une chaise, les genoux curieusement joints selon son habitude. (C'est si bizarre, à l'inverse des hommes en général, il s'assied plutôt comme une femme — remarque qui ne veut avoir naturellement rien de désobligeant, c'est ainsi, voilà tout.) On décide simplement que la première apostrophe du président portera sur la flambée du terrorisme en Corse. Oui, dit Chabalier, c'est un superbe téléphone que nous avons mis en chantier.

Dominique Colona, à son tour, franchit le barrage de l' « escadron du président », les gendarmes mobiles de la compagnie de Celestat, lourdement armés et, comme le dit Emile Malet, le dynamique reporter du *Quotidien,* « aussi aimables que les dockers de New York un jour de grève ». Car, pour sa sécurité personnelle, le président dispose de 85 commandos super-entraînés et basés dans une propriété de Soustons. Colona est vite rassuré : l'équipe technique de la S.F.P. (Société Française de Production) est déjà en place, avec car et caméras, en tout 57 personnes débarquées la veille du « scoop flop » dans les hôtels de Dax. Le car est outillé du *nec plus ultra* en matière de communication radio-télévisée. Les meilleurs cameramen sont là. Les meilleurs preneurs de son aussi. La maquilleuse ne manque pas. « Tout baigne », dit-il. Il trouve même un président en excellente condition, pas du tout contracté ou inquiet, lui qui aime pourtant si peu les heures et les instants précédant une émission à laquelle il doit participer.

Un seul retard est signalé, celui du camion-grue loué par Télé-Diffusion de France (T.D.F., la société chargée d'acheminer l'image par réseaux hertziens), loué à une société de Fontenay-sous-Bois, dénommée *la Prévoyante,* d'habitude voué au nettoyage des vitres extérieures de Beaubourg et utilisé seulement à titre exceptionnel par la télévision, par exemple pour le Tour de France cycliste : c'est au sommet de ce monstre — baptisé Condor par ses manipulateurs — que doit être installée l'antenne parabolique permettant l'acheminement des images de Latche en direction du réémetteur du réseau, le relais de Rhune. Latche se trouve en effet dans une cuvette entourée de pins qui bloquent la transmission ; il faut que les images soient véhiculées d'une quarantaine de mètres de hauteur. On a ainsi prévu cet engin qui ressemble, en trois fois plus gros, à ceux qu'utilisent les P.T.T. quand ils ont à travailler sur les poteaux télégraphiques : rivé sur une plate-forme, un gigantesque bras articulé se termine par une nacelle qu'il peut élever jusqu'à 43 mètres de haut.

« Ne vous inquiétez pas dit un technicien de T.D.F. déjà sur place, il va arriver. »

On s'affaire, on règle les lumières, et on attend.

On bavarde. Quelques électriciens entament une belote.

Le président seul s'est retiré, pour mieux fignoler ses propos. Mais, à 10 heures, soudain, c'est la panique.

Un coup de téléphone des responsables du camion-grue signale que Condor est « bloqué depuis une heure par le brouillard du côté de Bordeaux », à 150 kilomètres de là. « On ne voit plus à trois mètres — précise la communication, non signée. Nous ne serons jamais là à temps. »

Catastrophe des Catastrophes.

Consternation générale sur Latche.

De fait, personne ne sait si le damné Condor est vraiment à Bordeaux. Mais, sur l'heure, on ne cherche pas à éclaircir le mystère : branle-bas général de combat, puisque, comme le dit Colona, « pas de grue, pas d'émission ».

Joseph Franceschi s'entremet.

Tandis que Colona procède tout de même aux premiers essais de voix et d'image, qu'il cadre les minois des quatre journalistes sur quatre écrans, et que Lescure fait procéder à un rodage des questions, on téléphone aux gendarmes de Soustons, lesquels alertent leurs collègues de Saint-Martin-de-Seignanx, à 50 kilomètres de Latche.

Là est peut-être le salut : s'y trouve le SOGECOFA, une entreprise de travaux publics, qui possède une grue élévatrice. Les gendarmes vont réveiller le chauffeur, M. Baron, qui habite à plus de dix kilomètres de distance, et c'est escortée de deux motards que la grue salvatrice se met en route pour Latche. Il est alors déjà 11 h 40.

Nous sommes peut-être sauvés, soupire Franceschi.

Il peut d'autant plus l'espérer que l'E.D.F. propose pour sa part un troisième camion-grue qui... se trouve trop petit, avec son échelle de 13 mètres.

Mais il sera dit que ce samedi sera le samedi noir.

Voilà qu'un technicien jure ses grands dieux que la grue demandée à Saint-Martin n'est pas fiable, qu'elle oscillera à son sommet, que « ça risquera de zébrer sur les écrans ». Décidément, c'est la « guigne en plein » et le jour de la parabole impossible.

Essayons tout de même, conseille une voix.

A 12 heures, Michel Allal, le chef d'édition dépêché à Latche, ne peut plus faire moins que de téléphoner à son homologue de Cognacq-Jay à Paris, Lucie Brillé. « On fait de la corde raide. »

De Latche, d'un seul coup, l'angoisse frappe Cognacq-Jay.

Et si la transmission ne pouvait pas s'effectuer, alors que toute la France est à l'écoute et qu'Antenne 2, tous ces derniers jours, a orchestré une « campagne du tonnerre » autour de l'événement ?

Dans les bureaux parisiens, « ça ne rigole pas ».

On cherche déjà tous azimuts d'éventuels sujets bouche-trou pour permettre de faire durer le journal et de combler le retard qui pourra être dû aux fantaisies de cette damnée grue. Michel Thoulouze, le rédacteur en chef de service, rameute en catastrophe tout ce qui bouge, d'autant plus que personne ne sait au juste dans quelle armoire on a casé les cassettes à passer.

On mobilise la spécialiste hippique, Pierrette Brès. Cette ange annonce : « J'ai fait un sujet sur les randonnées équestres, que le ministre du Temps libre veut favoriser. Ça tombe bien. » Va pour les évasions équestres.

Philippe Gassot, qui est là également, propose qu'on rediffuse son reportage sur un médecin au Zaïre, séquence diffusée il y a quelques jours au journal de 20 heures. Il paraît que les téléspectateurs ont beaucoup apprécié. Va pour le médecin du Zaïre.

On fait appel aux « sportifs ». Ils assurent que le public ne se lasse pas de revoir les matches de la Coupe du monde de football, notamment la demi-finale disputée par l'équipe de France contre l'équipe d'Allemagne. Va pour le penalty de Platini, l'agression du goal Schuhmacher sur notre Battiston...

Le président, prévenu, hausse les épaules.

Malgré tout, il se laisse maquiller et prend place face aux journalistes.

Il est midi trente.

Il n'y a plus que quinze minutes à attendre le début du journal et... la deuxième grue.

Car la première, elle, a totalement disparu.

Personne n'en trouve trace, autour de Bordeaux.

Alors ? demande Franceschi à Colona.

Ça va mal, répond l'autre.

Sur sa chaise, le président est rigide comme un marbre.

Et l'instant fatidique arrive.

A 12 h 45 pile, le fatal générique apparaît.

Le speaker de Cognacq-Jay, Noël Mamère apparaît sur l'écran — teint frais, moustache noire.

Il lance les titres du journal et met tout sur le dos du brouillard, qui « nous bloque toute liaison avec Latche », formulant malgré tout l'espoir que la situation s'améliorera. (Le plus comique est que les météos annoncent beau fixe sur tout le Sud-Ouest.)

A 12 h 50, Dieu soit loué, alors que le Journal égrène ses dépêches depuis cinq minutes, Lescure, qui est littéralement au supplice, voit enfin arriver la grue de remplacement dans les jardins du président.

Mamère peut annoncer que la liaison avec Latche va être rétablie d'un instant à l'autre.

On monte en toute hâte l'antenne parabolique, pendant que les sujets, de remplacement eux aussi, défilent sur l'écran.

Shoot de Trésor.

Battiston sur sa civière.

Shoot de Giresse.

Médecin du Zaïre.

Des enfants qui mangent des rats, ce qui va provoquer un beau tollé chez les téléspectateurs un lendemain de réveillon.

Et cases de primitifs.

Et forêts équatoriales.

Noël Mamère s'en tire d'ailleurs avec une extraordinaire maîtrise. Pas facile, un tel cirque.

Le sang-froid est moins évident « en régie ».

La tension y est même à 200 000 volts.

Dans sa cage de verre, le chef de production, Marazzo Bagnani, fulmine, tempête, tonne, appelle Lescure : « Où en est-on ? — On espère, répond Lescure. — Je vous donne jusqu'à 12 h 55, avertit Bagnani, nous avons l'antenne jusqu'à 13 h 45. »

Et Mamère de demander aux téléspectateurs un peu plus de patience.

Et Chabalier de se désespérer sur sa chaise, lui qui avait mis tant d'espoir dans une idée en effet très originale.

Et Lescure de s'arracher les cheveux.

Et François Mitterrand de rester de glace, parmi tout cet énorme gag.

Et les techniciens de prévenir que la nacelle ne donnera pas satisfaction à temps.

Dans les Landes, la stupéfaction est générale. Pas sérieux, dit Pierre Albaladejo, commentateur avec Roger Couderc de nos matches de rugby, ancien joueur de Dax. Incroyable, grogne le maire de Moliets, Michel Destouesse, un ami personnel du président. Jean Nougaro, maire de Soustons, se demande comment il peut être si facile de filmer « Mourousi à Pékin ».

C'est la consternation chez les invités du président, logés, parce qu'il n'y a pas assez de chambres à la propriété, à l'auberge toute voisine du *Soleil d'Azur*. Les deux sœurs du président, toutes les deux en tailleur rouge, crient au scandale. Colette Landry, les yeux enchâssés de grosses lunettes, plaint surtout « ce pauvre Noël Mamère ». « On se fout de nous », proteste le Dr Jean Blum, un ophtalmologiste de Mont-de-Marsan, dont la femme est une amie intime de la femme de Gilbert Mitterrand. « On aura tout vu », soupire Roger Hanin.

En définitive, force est pourtant de décrocher.

On annule tout, commande quelqu'un.

Il est 13 h 10.

Le plus beau est qu'à peine dix minutes plus tard, les faisceaux sont établis entre Latche et Paris : Pierre Lescure, en direct, a même le temps de prévenir les téléspectateurs du report de l'interview présidentielle au lendemain.

Le désastre est total.

Par courtoisie, les journalistes proposent au président de l'enregistrer sur l'heure, afin de passer l'interview en différé.

« Non, répond le président — lequel, pour autant, n'a donné aucun signe de la moindre indignation. Je crois qu'il vaut mieux arrêter pour aujourd'hui. Je me suis adressé hier aux Français pendant huit minutes pour présenter mes vœux. Je tiens à mieux développer ma pensée en direct. Alors, si vous en êtes d'accord et si les techniciens peuvent rester jusqu'à demain, je crois qu'il est préférable de tout reporter d'un jour. »

Ainsi conclu.

A Paris, cependant, voici le générique de fin. Journalistes et techniciens se dirigent vers le bureau de Lescure et s'affalent épuisés dans les canapés de cuir blanc. Joseph Pasteur est arrivé. On félicite Noël Mamère. « Bravo, c'est une prouesse. » C'est le temps de la décompression — les plaisanteries sur T.D.F. et le ministère des P.T.T., qui a la tutelle sur T.D.F., fusent tous azimuts — en attendant que vienne aussitôt la douche froide. « Je viens d'avoir Lescure au téléphone — prévient quelqu'un. Il paraît que là-bas, ils sont sous la moquette, tellement ils ont honte. C'est le président lui-même qui les réconforte. Je suis hyperstressé, a dit Amar. »

Bon prince, le président invite tout de même l'équipe Lescure à déjeuner.

Simplement, comme il y aurait surnombre, on demande à quelques invités — dont les deux sœurs et le ménage Wiehn — de manger à l'auberge du *Soleil d'Azur,* où Jeannot Debat, sur commande de Danièle, fait servir foie gras et confit de canard.

A la table du président, les journalistes rejoignent quelques hôtes de la veille, Jacques Mitterrand, Jean-Jacques Servan-Schreiber, Roger Hanin et Jack Lang, plus Joseph Franceschi. On essaie de faire contre mauvaise fortune bon cœur. On taquine JJSS sur la tenue sport qu'il arbore, un blouson de cuir noir orné d'un curieux insigne de para épinglé sur la poitrine. On fait réciter à Roger Hanin de nouvelles historiettes. Il reste que la dinde du menu ne doit pas être moins amère que la maudite « demoiselle de Numidie » — c'est une variété de grue — qui a refusé ses services.

Encore à 19 heures, personne ne sait où est le camion baladeur. On ne le situe plus à Bordeaux. On ne le pense pas davantage à Pau, ni, comme le suggère quelqu'un de Cognacq-Jay, « dans le triangle des Bermudes, ni parmi les concurrents de Paris-Dakar ».

On ne le retrouve qu'à 19 h 50 — d'ailleurs pour que le gag se révèle encore plus phénoménal qu'on ne le pensait : alors qu'on le recherchait dans les Landes, Condor était tout tranquillement à Nancy — oui, à Nancy, Lorraine, ancienne circonscription de JJSS — à élaguer les arbres du parc de la Pépinière, ce depuis le 19 décembre, loué par la société Beckes de Bulligny, Meurthe-et-Moselle, spécialisée dans les travaux agricoles.

Incroyable mais vrai, dirait Jacques Martin.

Il y a dû y avoir quelque part quelque quiproquo, dit délicieusement l'un des directeurs de la société *la Prévoyante*.

Mais, qui est donc responsable ?

Qui ? Force est pour quiconque de se poser la question.

Le brouillard ? Il a été mis hors de cause. Les Landes sont dans leur plus belle couleur, un dégradé ravissant de roux, carmin et or.

La direction et les techniciens de T.D.F. ? On peut le penser : Il est le seul organisme habilité à diffuser les sons et les images du service public. (Le seul aussi à se prononcer sur le nombre des fréquences disponibles pour les radios libres.) Il a la haute main, avec 4000 employés, sur 58 émetteurs de radio en modulation d'amplitude, 310 émetteurs en modulation de fréquence, 410 émetteurs principaux de télévision et 7500 réémetteurs. Il lui appartenait vraiment au premier chef d'assurer la liaison. Mais, disent les experts sur place, c'est le premier problème de ce genre ; la guigne est que ce soit tombé sur le président de la République, à la face de tout le pays. A Paris, la direction de la société déclare au plus tôt avoir procédé comme d'habitude aux commandes des matériels nécessaires. Son président, Maurice Rémy, ancien élève de l'Ecole polytechnique et de l'Ecole nationale supérieure des télécommunications, est un ingénieur d'une valeur exceptionnelle, l'égal des ingénieurs les plus savants du monde entier, et il serait trop injuste de le frapper pour une affaire aussi ridicule.

La S.F.P. ? Mais elle n'a qu'une charge : elle a à « fabriquer » techniquement les images, non à les transmettre.

Antenne 2 ? « Incident impensable, dit Pierre Sabbagh, ancien directeur de la deuxième chaîne aux plus beaux temps de l'O.R.T.F., de mon temps, cela ne serait jamais arrivé ; un direct avec un président de la République, cela se prépare longtemps à l'avance. » Dans les cercles les plus informés, on pense que le pouvoir profitera de l'occasion pour larguer Pierre Desgraupes, président de la Société, qui, assure-t-on, agace l'Elysée. Mais Joseph Pasteur a vite fait de dégager toute responsabilité de Desgraupes.

La Prévoyante, si bien nommée ? Elle se défend sans délai comme un beau diable.

Alors ? Va-t-on nous raconter que le chauffeur de la grue incriminée est un dangereux activiste d'extrême droite ayant pris volontairement le chemin des écoliers pour saborder l'interview présidentielle ? Toute la France n'en rirait que davantage.

M. Lang découvrira-t-il que l'engin est de marque américaine ? Même pas. L'engin est de marque anglaise.

Ou, comme l'écrira en termes de polémique Christian Charrière, faudra-t-il chercher on ne sait quel message ironique de la grue, quel refus de servir « un président incapable à vrai dire d'une sérieuse élévation », quel souci de montrer qu' « au lieu de parler, de jacter, les lourdes têtes gouvernementales feraient mieux d'arracher de leur feuillage mental toutes les idées inutiles, tous les projets absurdes, vieilles branches caduques qui dévorent la sève de l'arbre national et font obstacle à sa croissance » ?

Plus sûrement, en définitive, c'est tout le système qui est coupable. La vraie culpabilité est pour un pouvoir qui a procédé à une décentralisation mal faite ayant fatalement pour corollaire la diffusion ou le relâchement des responsabilités, et à la nomination d'une armée d'amis du régime qui confondent militantisme et professionnalisme.

Il y a désormais trop d'incapables à des postes trop délicats.

Servir une idéologie est une chose, bien faire son métier une autre.

Quoi qu'il en soit, la principale victime reste le président de la République lui-même.

C'est lui qui peut être le plus amer — car, inévitablement, on ne va pas manquer, encore une fois y compris dans son propre parti, de faire observer que voilà le signe le plus éclatant de toutes les contradictions et de toutes les incohérences d'un pouvoir incapable d'autorité vraie.

Il n'aura plus le beau rôle, demain.

Il peut du reste d'autant plus le penser que, ironie des ironies, il n'a pas accepté que l'on déplacât le matériel pour dégager la chambre : le soir, il a dès lors à se coucher parmi le décor ironique de câbles et de caméras, reptiles et monstres des nouveaux âges, qui rappellent à eux seuls que la télévision, cette sorcière, ça ne se possède pas si facilement que ne le croient les rois qui veulent y faire la loi absolue...

5

Washington, Moscou, Rome...

C'est la Russie — et nul autre pays — qui présente désormais toutes les caractéristiques et tous les atouts pour, un jour, entraîner toute l'Europe aux plus viriles exaltations de l'impérialisme et du racisme « blanc ».

Un jour qui peut être plus proche qu'on ne le penserait communément.

Il y a aujourd'hui paradoxe à prédire que le pays de Lénine a toutes chances de se révéler bien avant l'an 2000 le pays-moteur d'un néo-fascisme à l'échelle planétaire, beaucoup plus puissant encore, et plus dur, que celui de l'entre-deux-guerres. L'hypothèse cesse d'en être cocasse dès que l'on se met à approfondir la question.

Ce qu'on appelle fascisme implique six conditions ou bases fondamentales : le nationalisme exacerbé jusqu'au racisme ; l'impérialisme, qui ne méprise surtout pas le colonialisme ; la religion de l'ordre au service de progrès sociaux lents ; l'encadrement policier le plus rigoureux pour contrôler ou tenir dans l'action les classes « dangereuses » ; un militarisme total, seul digne de l' « homme fort » ; et la divination d'un chef, héros-sauveur, *imperator* magique, qui rassemble dans sa personne émérite, ses discours mâles et ses volontés abruptes toutes les volontés sans faille ni défaillance d'un peuple désigné par la Providence à l'avant-garde de tous les autres.

Indiscutablement, indéniablement, aujourd'hui, le peuple soviétique réunit fortement toutes ces six marques.

Après avoir héroïquement gagné ce qu'il dénomme dans ses livres de classe la « guerre patriotique », il a organisé tout son système de vie sur la conviction de la supériorité universelle de la « Russie Blanche » sur tous les autres Etats de l'Union, à plus forte raison sur tous les Etats satellisés. Non seulement les hymnes les plus familiers chantent les grandeurs inégalables du peuple élu (du style : c'est un Russe, et non Christophe Colomb, qui découvrit l'Amérique), mais, à tous les échelons, le pouvoir ne se confie qu'à des « visages blancs ». Seuls, quelques allogènes, de-ci de-là, paraissent dans les états-majors — encore que davantage comme alibis que comme investis d'autorité réelle. La preuve extrême d'un tel racisme ? C'est le peuple soviétique qui est devenu le peuple le plus anti-sioniste et le plus anti-juif du monde. C'est ouvertement que les dirigeants soviétiques, trop sûrs de rejoindre un gigantesque sentiment collectif, dénoncent le « péril juif ». « Quoi ? — s'écria Nikita Khrouchtchev, en 1956, lors du " printemps en octobre ", débarquant à Varsovie, face à Gomułka et à tous les chefs du parti communiste polonais — Quoi ? Vous voulez donc livrer votre pays à la racaille juive ?... »

De tous les grands impérialismes européens, le russe est le seul vivant — et bien vivant. Terminée, la formidable époque qui voyait l'impérialisme prussien triompher, Anglais et Français conquérir des empires coloniaux sur lesquels le soleil ne se couchait jamais, les Italiens s'adjuger une Ethiopie après une Tripolitaine, le modeste Portugal « assimiler » Angola et Mozambique, la petite Hollande coloniser ce qu'on appelait alors l'Insulinde, reine des colonies, et la petite Belgique dévorer l'énorme Congo. Seul toujours debout, de Berlin à Vladivostok, l'impressionnant empire au service duquel Joseph Staline aura été encore plus efficace que les plus ambitieux tsars de jadis. Au reste, comment une telle dynamique impérialiste ralentirait-elle son élan ? Son destin fatal est de chercher nouveau trésor après trésor. Peu importent les prétextes ou les contextes. Aujourd'hui, on colonise l'Afghanistan. Demain, à l'occasion d'un « Yalta » du pétrole, on se fera reconnaître une bonne moitié de l'Iran. Après-demain, au nom de la sécurité sacrée du « premier pays socialiste du monde », on occupera la Yougoslavie, l'Albanie, la...

La religion de l'ordre et de la discipline prime tout. Tout « progrès » social doit être savamment dosé, de manière à ne pas nuire, si peu que ce soit, à l'intangibilité de l'ensemble. La grève est interdite, en principe parce qu'elle est un non-sens dans un régime ayant installé la dictature du prolétariat, en fait parce qu'elle est dans la pratique l'arme absolue des promoteurs du désordre. L'anarchisme, voilà le premier ennemi — beaucoup plus redoutable que l'impérialisme capitaliste américain. Tout ce qui, de près ou de loin, peut être utilisé par des libertaires doit être, sans délai ni pitié, effacé de la carte ou des panoplies. L'ordre national est sacro-saint.

Pour illustrer le plus implacable encadrement policier qu'aura jamais connu l'histoire, il n'y a qu'à prononcer trois mots, Guépéou, Goulag, Loubianka, et trois lettres, le K.G.B. Naturellement, pour un Etat, la classe la plus dangereuse étant la classe la plus nombreuse, c'est la classe ouvrière qui se retrouve la plus surveillée et la plus enchaînée. Il n'y a aucun doute aujourd'hui, à cet égard, sur la réalité soviétique.

Le militarisme total de l'Union soviétique est un fait d'évidence. L'Armée rouge est l'institution-reine du régime. L'industrie militaire, avec l'industrie « stratosphérique », laquelle n'est pas peu militaire, est la seule qui fonctionne convenablement. Depuis la mort de Staline, l'armée n'aura pas cessé d'augmenter son pouvoir sur l'administration et le parti. Leonid Brejnev lui-même était davantage tenu pour un « homme de l'armée » que pour un homme de l'appareil. C'est l'armée, de fait, qui monta l'exécution de Beria, le limogeage de Malenkov, l'exil de Molotov et la déposition de Khrouchtchev. Inévitablement, cela ne va pas sans culte du « Russe meilleur soldat du monde » : il n'y a qu'à voir avec quelle passion forcenée d'Etat l'Union soviétique s'emploie à former des athlètes qui brillent dans toutes les disciplines, collectionnent les médailles d'or et donnent l'illustration la moins discutable de la supériorité du combattant russe.

Enfin, il n'y aura pas grande distance à parcourir pour imposer la divination d'un *duce*. Lénine reste momifié à l'image d'un pharaon-dieu. Staline fut encensé à l'égal d'une divinité. Le culte de la personnalité ne cessa ni avec Khrouchtchev ni avec Brejnev. Il y a beaucoup plus de dos courbés autour des nouveaux tsars qu'autour des Romanoff jadis. N'importe quel Bonapartov accédant soudain aux ambitions suprêmes trouvera le terrain tout préparé, avec temples, flambeaux, encens et textes nécessaires. Le fétichisme de masse n'attend plus que le nouveau totem. Il y avait même quelque chose de naïf dans l'acharnement de Brejnev, tombé trop malade, à se consteller de médailles, de titres, de maréchalats, voire de prix littéraires, pour mieux s'auto-illuminer, plus sûrement se désigner, telle une icône endiamantée, à l'extase des foules. Du même élan, le bon peuple russe, d'ailleurs d'instinct si porté à de telles pratiques, adorera à plus forte raison un maréchalissime dans la pleine maîtrise de ses forces physiques.

Comment même nous étonner qu'une si puissante évolution de l'Union soviétique en Russie néo-impériale soit envisageable ?

Les cas sont multiples dans l'histoire, de peuples ou de régimes se précipitant d'un extrême à l'autre.

Qui aurait pu donc prédire, à l'apogée de la Terreur et des sans-culottes, quand Billaud-Varenne (le plus fauve, le plus « stalinien » de tous), Robespierre, Marat, Saint-Just, faisaient la loi, quand régnait Sa Majesté la Guillotine, quand tombait la tête de Louis XVI, que, moins de dix ans plus tard, avec un Premier consul, puis un empereur, ce même peuple se donnerait dans l'ivresse et l'allégresse un nouveau souverain absolu ? Que la plupart des Conventionnels ayant voté la mort de Louis XVI, tel Fouché, serviraient comme ministres, préfets ou ambassadeurs un monarque même beaucoup plus possessif que les monarques traditionnels ?

C'est de l'Italie la plus chaotique, la plus anarchisée qu'après la

Grande Guerre surgit Benito Mussolini, lui-même un ancien secrétaire général du parti socialiste italien.

C'est l'Allemagne la plus désordonnée, la plus tentée par le rêve communiste, l'Allemagne dont Karl Marx prédisait qu'elle serait le premier pays marxisé de l'histoire, qui offrit à Adolf Hitler tous les atouts, y compris légaux, pour s'emparer du pouvoir.

Le balancier, qui est allé trop loin d'un côté dans l'extrémisme, en se rabattant ne peut aller que très loin dans l'extrémisme opposé.

Il y a fatalité.

Par ailleurs, non seulement en Russie, mais dans toute l'Europe, d'extraordinaires possibilités existent, pour soutenir un jour l'aventure impérialiste d'une Maison-Blanche au Kremlin.

D'une part, les anciens grands pays ouest-européens ne seront pas de longtemps capables de soutenir un tel effort. L'Allemagne est trop divisée et n'arrive que trop mal, moralement, à se remettre de la catastrophe hitlérienne. La Grande-Bretagne et la France sont trop affaiblies. Elles sont incapables de soutenir une ambition à l'échelle planétaire, d'autant plus une ambition de conquête ou de reconquête.

D'autre part — et prenons-y grande garde — les peuples ouest-européens, en raison même de la décadence impériale, n'en sont que plus tourmentés par un certain nombre de vastes passions souterraines, racisme (anti-immigrés comme anti-Juifs), nationalisme (à force de trop d'humiliations), culte de l'ordre (à raison même de l'excès de désordres), culte de la police (à raison même d'une insécurité trop généralisée), militarisme (contre tous les abus du pacifisme bêlant) et culte du héros national (aucun pays ouest-européen n'y sera à son coup d'essai), autant de passions qui ne demanderont que trop, finalement, à s'exprimer en clair.

Précisément, à défaut de trouver satisfaction sur place, les néo-nationalistes ouest-européens n'en seront que plus diligents à servir le combat sacré qui se sera organisé à Moscou pour la sauvegarde et la souveraineté de la race blanche. Ce ne sera d'ailleurs pas non plus la première fois que les pays ouest-européens connaîtront sur leur propre sol — pour employer une terminologie chère à Léon Blum — des « partis nationalistes étrangers ». Simplement, au lieu d'être à base de révolutionnarisme lénino-marxiste, la nouvelle Internationale se constituera sur de tout autres mots d'ordre, à l'opposé du vieil illusionniste doctrinaire allemand.

Voilà, à l'horizon 2000, et peut-être avant, à quels destins peut se préparer, avec une nouvelle Russie, l'ensemble de l'Europe.

Ce n'est pas hasard si, comme peut le rapporter Daniel Vernet dans *le Monde,* « envoyé spécial » à Moscou pour suivre « les premiers pas de M. Andropov », « des groupes de jeunes fascistes manifestant pour la pureté de la race russe ont célébré cette année, en plein centre de Moscou, l'anniversaire de Hitler sans être autrement inquiétés, car il se trouvait parmi eux de nombreux héritiers de la *nomenklatura* ».

Ce n'est pas davantage hasard lorsque, dans le journal *Russie soviétique,* le vice-ministre de la Culture de la Fédération de Russie appelle les auteurs dramatiques à s'intéresser uniquement aux « héros positifs », lorsque le soi-disant « Mouvement pour la protection des monuments culturels de la Russie » se révèle vite plus panslaviste que de souci purement artistique... ou lorsque l'on se met à colporter à Moscou, oui, déjà, que Youri Andropov n'est pas « un bon Russe » parce qu'il aurait une grand-mère juive et un grand-père arménien. (Le racisme le plus profond est inséparable de tels ragots, même apparemment dérisoires.)

L'on aurait tort de trop en sourire.

Mais, pour l'immédiat, nous n'en sommes certes pas là. De tout autres préoccupations ou angoisses dominent ce 1er janvier 1983.

Non que les deux principaux pays paraissent tant soit peu agités. Calme plat à la surface tant du côté Etats-Unis que du côté Union soviétique.

Ronald Reagan joue au golf.

Avec Nancy, il est invité pour le week-end chez leur grand ami le multimillionnaire Walter Annenberg et sa femme, dans leur fastueux complexe californien de *Sunnylands,* à Palm Springs.

Contrairement aux prévisions, le couple présidentiel n'aura pas voué le jour de l'an, en vieux *jeans,* à des promenades à cheval sur leurs chères terres du ranch de Santa Barbara. Nancy a tenu à rejoindre la bande de leurs plus gais copains, avec tourbillon non-stop de mondanités.

Le président, au sommet de sa forme, très « sport » dans un large *sweater* rouge, qu'il dit être « un cadeau de Noël » et une chemise bleue à col ouvert, dispute un « quatre-balles » sur les « dix-huit trous » du golf privé de leurs hôtes. Il est en équipe avec George P. Schultz, juste arrivé de Palo Alto, pour affronter l'attorney général William Franch Schmidt et l'ambassadeur des Etats-Unis à Bruxelles, Ben Price. Il manie avec assez d'autorité *drive, spoon* et *putter* pour, sur quatre heures de partie, réussir trois *pars* (score idéal sur trois des dix-huit trous) et un *putt* de vingt pieds. Il ne connaît qu'un malheur : envoyer une balle dans un lac, servant de piège.

Pretty good for my annual game — Assez bon pour ma seule partie de l'année, commente-t-il, *with the most large grin,* avec le plus large sourire, devant les journalistes qu'il réunit en conférence de presse impromptue à l'hôtel *Marriott,* tout proche, de Rancho Mirage. Et de leur raconter par le détail cette partie homérique. Et de leur faire aussi une révélation de taille : en pratiquant les haltères tous les matins, il a augmenté son tour de poitrine d'un pouce trois quarts et, du coup, a dû faire modifier ses costumes ; voilà pourquoi, hier, il a rencontré son tailleur à l'hôtel *Centrery*

Plaza à Los Angeles. Mais une éventuelle rencontre avec Youri Andropov ? « Comment n'y serais-je pas préparé ? — s'exclame-t-il avec un large sourire. Des rencontres, j'en ai tous les jours... »

Nancy est tout heureuse, au crépuscule, de regarder les montagnes de San Jacinto virer au mauve.

Elle ne l'est pas moins, avec l'ensemble des invités, d'aller prendre un « drink » au fastueux *country club El Dorado*. Le cortège n'engage d'ailleurs que des carrosses de haute aristocratie, 17 Cadillac, 5 Mercedes et une Rolls Royce, pas du tout genre sous-développé.

Le soir, on dîne gaiement, en « black tie » et robe longue, chez les Annenberg.

On ne rentrera que demain, après un détour par la Louisiane, quasiment noyée, comme l'Alabama, sous des pluies torrentielles, qui font du reste pas mal de dégâts à travers tout le Sud profond.

Toute la journée du pays est à l'unisson de la calme journée de son président.

Jimmy Carter, l'ancien président, après avoir assisté hier avec son épouse, Rosalyn, et l'ancien vice-président Walter Mondale, aux obsèques du regretté gouverneur démocrate du New Hampshire, Hugh Gallen, mort vendredi à cinquante-huit ans dans un hôpital de Boston, qu'il a pu saluer dans son discours d'adieu comme « l'un des plus grands défenseurs des pauvres et des opprimés », a rejoint ses pénates en Georgie pour « un jour de l'an strictement familial ».

Le grand acteur Jerry Lewis, rescapé miraculeux d'une sérieuse crise cardiaque, peut quitter l'hôpital ce matin même pour fêter 1983 sous son toit. On n'apprendra pas sans intérêt qu'il a pris la solennelle décision de ne plus fumer.

On n'apprend pas sans émotion que, dans le même temps, le cardinal Terence Cook, archevêque de New York, à Beyrouth, préside une messe, dans un building près de l'aéroport international, devant les *U.S. Marines* de la mission multinationale, chargés avec soldats français et italiens de la pacification de la douloureuse capitale libanaise. Il arrive même à faire entendre un maximum de phrases de son sermon, grâce à une excellente sonorisation technique, malgré les vacarmes des jets qui atterrissent ou décollent. « Le Seigneur, s'écrie-t-il à l'adresse des *Marines*, vous bénira pour tous les services que vous rendez ici. »

Trois nouveaux gouverneurs sont installés sans incident dans leurs fonctions dès ce matin, Toney Anaya à Santa Fe, James Blanchard au Michigan et Mario Matthew Cuomo, 52e gouverneur de l'Etat de New York, intronisé au cours d'une « cérémonie émouvante » à Albany, à laquelle assistent sa femme Matilda et ses deux filles Madeline et Marie.

Le maire noir de Washington, Marion Barry — avec à ses côtés sa belle et élégante épouse Effi, prête serment pour un nouveau mandat devant H. Carl Moultrie, *chief judge,* noir lui aussi, de la Cour suprême du district de la capitale.

Symbole de tout ce vaste calme : la photo-vedette publiée à la une du *New York Times* montre trois députés de l'Assemblée du New Jersey, splendidement assoupis à leur banc, au terme d'une session ininterrompue de vingt heures, à Trenton, consacrée au vote du budget de l'Etat, et à l'approbation de nouvelles taxes (sur lesquelles le gouverneur Kean appose ce matin lui-même sa signature).

Les Américains peuvent savourer à qui mieux mieux, en toute quiétude, les pages entières que tous leurs journaux consacrent aux bandes dessinées, des *Muppets* à *Tank Mc Namara,* en passant par *Momma* ou *Goosemeyer, Gasoline Alley* et *the Phantom, Crock* et *Kudzu,* etc., etc.

Il n'y a de pluies que sur le Sud. Le ciel du bleu le plus pur préside à la parade annuelle des Roses, à Pasadena, où quelque 700 000 spectateurs ovationnent le défilé, en tout 22 orchestres et 60 équipages fleuris. Thème de l'année : *Réjouissance.* C'est tout dire. La police n'a à arrêter qu'un peu plus de 300 trublions, qui auront trop honoré les dives bouteilles. Le seul incident à déplorer tient à l'incendie — rapidement maîtrisé — d'un char équipé en panier de pique-nique. On admire beaucoup le char *Tendres jeux d'amour,* de la ville de Mission Viejo, tout un jeu de rutilants coquillages de nus sur deux chars à cygnes sous roses de toutes les couleurs. Le grand prix va à la société d'assurances internationale Transamerica Occidental pour son char *Triomphe,* Saint-Georges terrassant le dragon dans une grotte ornée de superbes stalactites, avec dans le rôle d'une jeune fille en détresse la ravissante reine des roses de l'an dernier, Kathryn Potthast.

Chicago, pour fêter le 150ᵉ anniversaire de l'incorporation de l'Illinois, organise un feu d'artifice géant, avec plus de 7 000 lancers, répartis sur 16 sites. Une énorme foule peut contempler durant une bonne vingtaine de minutes une féerie inimaginable de chrysanthèmes, de soucoupes volantes, de serpents, de feuilles de palme et de fontaines.

A Philadelphie, plus de 25 000 danseurs participent à la 8ᵉ *Mummer's parade,* parade des bouffons, ainsi baptisée du nom de *Momus,* personnification de la censure et de la moquerie, et jamais nul ne vit un tel concours joyeux de clowns, de guignols, d'Augustes, de E. T., de plaisantins anti-missiles MX et de partisans masqués *anti-Reaganomics.*

Broadway n'aura que rarement vu accourir à théâtres, music-halls et toutes boîtes foules si nombreuses et joyeuses.

Tous les cinémas du pays sont archibondés, avec, en affiches-vedettes, *E. T., The Dark Crystal,* film de science-fiction, *Best Friends,* comédie romantique « d'une rare finesse » avec Burt Reynolds et Goldie Hawn, *Kiss me Goodbye,* comédie « distrayante » avec Sally Field, *The Verdict,* avec un Paul Newman au plus intense de sa concentration, et *Tootsie,* avec Dustin Hoffman, que le *Time* présente comme le « miracle de cette année ».

A Washington, le célèbre vétéran violoniste Alexandre (Sasha) Schneider, après avoir donné au Concert Hall avec son quintette un programme de musique de chambre, se déplace au grand foyer du Kennedy Center pour animer toute « A Night in Old Vienna » et faire danser plus de 5 000 personnes au rythme de valses, de polkas, de galops et de quadrilles de Strauss.

Les « pubs » les plus familières peuvent joyeusement rutiler de mille feux, des produits Lancôme aux fourrures Warehouse, des caméras Willoughby's aux cow-boys solides qui célèbrent les vertus universelles des Marlboro Lights.

A nous *Dreamgirls* ou *Sophisticated Ladies.* Oubliés provisoirement, le vice-président Bush en tournées tous horizons, le nouveau budget dont le déficit record atteindra 189 milliards de dollars, le chômage à 10,8 % de la population laborieuse, l'entêtement épique de Reagan à proclamer contre vents et marées que l'augmentation des impôts inhiberait la relance plutôt qu'elle ne la stimulerait... *Relax, relax* partout.

Les « Dinner Theaters » sont combles, de tel *Toby's* à tel *Lazy Susan,* de tel *Harlequin* à tel *Springfield Hilton.*

Le véritable événement du jour se constitue d'une magnifique série de matches de « football américain ». Le foot reste bien le supershow. Dans l'*Orange Bowl,* au Nebraska de battre de justesse la Louisiane, par 21 à 20. Dans le *Sugar Bowl,* après une brillante démonstration du jeune *coach* de dix-sept ans, Joe Paterno, à l'équipe de Pennsylvanie de l'emporter sur celle de Georgie par 27 à 23, malgré une partie héroïque d'Herschel Walker. A l'équipe de la capitale, les illustres *Redskins,* « les Peaux-Rouges », super-favoris du *super-bowl,* d'écraser les *Cardinals* de Saint-Louis par 28-0, d'exhiber plus gaiement que jamais leur mascotte : un cochon (un vrai) dans une cage (une vraie) et d'entamer à pleine poitrine avec la foule de leurs supporters la chanson fétiche de ce si sympathique *team* du Potomak, *Hail the Redskins,* copiée sur le refrain qui accueille le président des Etats-Unis. Héros du jour : l'avant et capitaine des *Redskins,* Joe Theismann, qui ne semble plus redouter avant la grande finale, prévue sur le terrain géant de Pasadena, que les *Dolphins,* les Dauphins, de Miami...

Toutes les télévisions du pays sont sur la même note de fête. Les chaînes 2, 5 et 11 reproduisent la parade des Roses de Pasadena. La chaîne 2 donne depuis Dallas le match de football opposant l'université méthodiste locale à l'université de Pittsburgh ; la 4, depuis Tempe, le match de l'équipe de l'Arizona contre l'université de l'Oklahoma, puis, depuis Miami, le match Georgie contre Nebraska ; la 7, depuis New Orleans, université de Georgie contre Pennsylvanie : on estime à quelque 70 millions les spectateurs qui suivent l'ensemble des matches télévisés où, blindés, casqués, masqués, rembourrés, les samouraïs du Nouveau Monde se disputent une calebasse dans un ballet indescriptible de mêlées, de placages et de blocages ; c'est toute une tragédie nationale quand Art Monk, *superman* des *Redskins,* se fracture le pied droit. Pour autant, la chaîne 20 assure la retransmission du match de basket-ball *Bullets* de Washington contre *Knicks* de New York, tandis que la 13 se réserve pour la partie de hockey sur glace, où les *Rangers* battent Washington par 7 à 2.

Dès entre 7 et 7 h 30 du matin, vous avez à la 2 *Captain Kangaroo,* à la 4 *Sonrisas,* à la 5 *World Tomorrow,* à la 7 *David et Goliath,* à la 9 des *News* et à la 11 *Mr. Magoo.*

A longueur de matinée, vous avez sur toutes chaînes tout ce dont vous pouvez rêver en dessins animés, films et variétés, *Laurel et Hardy, Popeye* et la *Panthère Rose, Sesame Street* et *Pandamonium,* parade à Miami et reportage sur le langage des animaux.

On ne sait où donner du bouton.

Films recommandés : le *Lion en hiver* (chaîne 20) avec Peter O'Toole dans le rôle du roi d'Angleterre Henry II ; *l'Etalon noir* avec Kelly Reno et Mickey Rooney (chaîne 2) ; le *Comte Dracula* (chaîne 9) ; *Arsenic et Vieilles Dentelles,* avec Cary Grant (chaîne 5) ; et *O.S.S. 117 Double Agent,* avec John Gavin et Curd Jurgens (chaîne 11), sans oublier sur d'autres coordonnées Marlon Brando (tout jeunet), Olivia de Havilland *(Chacun pour soi),* Shirley Temple *(la Petite Princesse),* Fred Astaire et Ginger Rogers (*Roberta*)... Allez donc vous demander, vous, si les Américains auraient besoin d'un magnétoscope personnel...

Quant à la capitale soviétique, elle n'en est pas moins sereine, du moins à la voir.

Elle est même tout engourdie : par un froid qui passe les − 10.

Les promeneurs sont rarissimes.

La une de la *Pravda* est aussi peu guerrière que possible.

Elle semble même s'être appliquée à être la plus plate possible. (Il faut être moscovite, avec l'œil le plus affûté, pour arriver à lire entre les lignes.) La plus large surface est pour le message de nouvel an, adressé au peuple soviétique, par le Comité central du parti, le Praesidium et le Conseil des ministres : phrases toutes faites. On se contente de mettre bien en vue le télégramme du Politburo à Fidel Castro, l'assurant des sentiments les plus fraternels du peuple soviétique à l'occasion de la fête nationale cubaine, laquelle commémore le 1er janvier 1959, qui vit triompher les *Barbudos* du héros. La seule innovation du jour tient à la publication du compte rendu de la réunion hebdomadaire du Politburo : c'est bien la première fois que la chose vient en pratique, mais l'histoire en sera peu modifiée.

Le Bolchoï affiche *la Dame de Pique* de Tchaïkovsky.

Le Palais des Congrès donne *Petrouchka* et *l'Oiseau de Feu.*

Le Théâtre Classique propose *la Rive* et le Petit Théâtre, équivalent de notre Comédie-Française, *Rétro.*

Le théâtre Gorki offre une pièce classique d'un auteur du siècle dernier, Ostrovski, *A chaque sage sa simplicité.*

La télévision, principalement, retransmet les longues festivités de la fête nationale à Cuba, mais aussi, sur le « premier programme » (ou première chaîne), « un film artistique », *Cherchez la Femme,* d'après l'auteur français Robert Thomas ; sur le « deuxième programme », la toute première d'un film-ballet, *Adam et Eve ;* et, sur le « troisième programme », qui est celui de Moscou, un film documentaire intitulé *Bonjour.*

Le Théâtre Musical n'en a que pour le *Baron tzigane.*

Robert Thomas ne peut que faire original parmi un tel ensemble — ou une telle ouate.

Par ailleurs, rien d'exceptionnel à signaler.

Le premier tirage de l'année de sport-loto, sur pronostics sportifs, à raison de 6 numéros gagnants sur 49 numéros au total, ou de 5 gagnants pour 36, donne pour la première formule 3. 8-25-28-34-43, et pour la seconde catégorie 3. 5-6-11 et 24.

Un tremblement de terre secoue la région d'Alma-Ata, au Kazakhstan, près de la frontière du Kirghizistan, avec une force de 6 à 7 points à l'épicentre, mais les premiers communiqués peuvent s'empresser de préciser qu'il n'y a pas de victimes et que la population, imperturbable, « continue de regarder la télé ».

La journée sportive est dominée par deux matches de hockey, tous les deux télévisés. Dieu est rouge aujourd'hui : il couronne dans les deux cas les athlètes soviétiques. A Leningrad, l'équipe nationale des Juniors de l'U.R.S.S. bat l'équipe correspondante des Etats-Unis par 5 à 3. A Montréal, l'équipe fanion, en superforme, domine les pourtant redoutables *Montreal Canadians* par le score sans appel de 5 buts à 0, dont 2 marqués par Vassiliev, la foule réservant une ovation monstre au *goal-keeper* soviétique Tretiak, Hercule de la rencontre, qui réussit la prouesse rare de bloquer 30 coups au but, pas moins...

Moscou et Washington ne sont pas moins paisibles l'une que l'autre, sauf, évidemment, à retrouver à l'Ouest une joie de vivre, une liberté d'allure ou une ivresse de se déchaîner qui restent totalement inconnues de l'Etat-Prison, trop marqué de l'accablement et de l'ennui auxquels le communisme condamne inéluctablement les peuples camarades qui le pratiquent.

Front calme sur toute la ligne, tel pourrait être le communiqué de notre journée, comme aux plus classiques temps de la première drôle de guerre.

De plus, les deux personnages principaux du jeu mondial, même très dissemblables, ne sont pas précisément des risque-tout, ni des éruptifs.

D'une part, Ronald Reagan, avec le style parfois bravache d'un Zorro trop téméraire, possède de fait une exceptionnelle maîtrise de soi.

On se tromperait à le juger sur quelques déclarations paradoxales. « Le Vietnam fut une noble cause » osa-t-il un jour lancer à une Amérique qui souffre encore de son coppolesque « mal jaune » avec la mauvaise conscience d'une famille ravagée par une maladie honteuse : en vérité, en toute conscience, il entend uniquement par là participer à guérir son peuple de complexes de culpabilité que n'autoriserait pas un procès réel et qui risquent trop gravement de l'alourdir dans l'action. Il peut prêter à toutes les moqueries de l'énorme armée des technocrates et des doctrinaires quand, avec l'entêtement d'un éléphant déracinant un baobab (il s'agit même là d'un séquoia), il entreprend de diminuer dépenses fédérales, taxes et impôts, déclare la guerre au cancer bureaucratique et prône ce qu'il appelle sans la moindre ironie *la révolution conservatrice :* il y va dans sa croisade de plus de bon sens que d'on ne sait quel défi irréfléchi.

De fait, l'homme est un « persuadeur ».

Il détient au plus haut degré l'art de convaincre.

Ainsi le 40e président des Etats-Unis aura-t-il su effacer même des « bavures » qui ne furent pourtant pas ordinaires : le jeune « génie Reaganomic » du président, Dave Stockman, directeur du Budget à trente-cinq ans, par excès de vanité ou de scepticisme d'intellectuel s'abandonnant à émettre publiquement des doutes sur les « recettes miracle » de son patron, déclaration intempestive entre toutes, ou Richard Allen, conseiller spécial de la Maison-Blanche pour les problèmes de la sécurité, successeur à ce poste capital de Kissinger et de Brzczinski, se laissant séduire par de trop généreuses sirènes japonaises et acceptant des cadeaux sur lesquels il est finalement impossible de passer l'éponge.

Il a une telle force de persuasion qu'il va jusqu'à faire accepter un jour un programme économique dit « impensable », à la fois une augmentation des crédits militaires et une réduction de la pression fiscale sur les revenus, donc une réduction des recettes fédérales, avec son corollaire, une diminution de la manne dispensée par l'Etat central au titre des diverses prestations sociales : à longueur de semaines, on peut le voir multiplier les « petits déjeuners » et provoquer navettes sur navettes entre Chambre basse et Chambre haute, jusqu'à faire accepter par le Congrès son pari incroyable. De même, c'est grâce à ce don de convaincre que, contre tous pronostics, il peut faire accepter par le Congrès la vente d'avions-radars AWACS à l'Arabie saoudite.

Il a cette vertu inestimable : il sait dormir, « sur mes deux oreilles » dit-il. On ne le réveille même pas lorsque deux F 14 de l'US Navy sont soudainement « accrochés » à 60 milles de la côte africaine par deux chasseurs libyens SU 22, lesquels se font d'ailleurs aussitôt pulvériser. Il se contente de préciser que « si c'étaient nos avions qui avaient été abattus, alors on m'aurait réveillé tout de suite ».

Non seulement il y a ce que les journaux américains dénomment la recette Reagan, la dynamique Reagan, le festival Reagan, ou, dans un autre éclairage, le mythe Reagan ou le mirage Reagan (tout lui réussit : ses bagarres contre l'U.R.S.S., les ennuis de Kadhafi avec l'O.U.A., la crise mondiale elle-même, et, quand il est blessé, du fait du minable et refoulé John Hinekey, un « gun nut », un cinglé des armes, il ressuscite ; cela change du baptiste de Plains, roi des guignards), et non seulement il y a une santé Reagan, « Je ne me laisserai pas bousculer, dit-il, je ne laisserai plus l'Amérique être bousculée par n'importe qui », mais il y a plus encore une sagesse Reagan.

Que l'on prenne surtout garde à ne pas le prendre au sérieux. On va racontant partout qu'il ne travaillerait pas plus de trois heures par jour. Il ignorerait la plupart de ses dossiers. Il peut dans une conférence de presse confondre la Bolivie et la Colombie. (Cela advint jadis à François Mauriac dans un article fameux.) Il aurait confondu une fois l'un de ses ministres avec le maire d'une petite ville. On lui reproche, dans les coulisses de Washington, de laisser de fait mener les affaires de l'Etat par la « troïka » de ses conseillers personnels, et plus encore par l'homme clef de tout le système Reagan, Edwin Meese, *the Shadow,* l'Ombre, mais à se demander lequel des deux, Reagan ou Meese, est l'ombre de l'autre. Il s'obstine à caracoler en manège ou à la campagne chaque mercredi. Il aurait trop de faiblesses pour les plaisirs snobs où l'entraînerait Nancy. Mieux vaut se répéter l'avertissement d'un sénateur démocrate : « Attention ! Nous avons fait comme tout le monde aux Etats-Unis depuis des années : nous avons passé notre temps à sous-estimer Ronald Reagan. »

De la même manière, par ailleurs, on s'emploie à souligner le côté fou-fou ou scandaleux de la vie nord-américaine. Par exemple, surtout dans certains milieux politiquement très intéressés, on se gave de récits sur ce qu'on appelle les « pantoufles d'or ». Les anciens grands agents de la C.I.A., une fois quitté leur poste, se sont tous somptueusement reconvertis : Richard Helms est patron d'une riche société de conseil commercial, la SAFEER, Raymond Close, ex-chef de l'antenne de Riyad, représente en Arabie Cesco Chemicals, une puissante firme pétrolière américaine ; Lawrence Devlin, ex-chef de l'antenne de Kinshasa, ami de Mobutu, représente au Zaïre, depuis la date de sa retraite, la firme Leon Tempelsman, spécialisée dans les minerais précieux. Ça rapporte, d'avoir été au pouvoir. Henry Kissinger, « Dear Henry », « docteur Kiss », écrit des *Mémoires* qui lui rapportent des millions de dollars, à ajouter à l'énorme salaire annuel que lui valent divers postes de directeur ou de « consultant » (salaire qui dépasse même le salaire du P.-D.G.. américain le mieux rétribué, Henry Ford) sans compter un million de dollars par an que lui verse la chaîne de télé N.B.C. pour l'exclusivité de ses commentaires : quand il pose sa candidature à une chaire d'histoire de l'université de Columbia, l'on entend l'un de ses ex-futurs collègues dire : « S'adresser à

Kissinger pour enseigner l'histoire, ce serait comme engager Charles Manson (assassin « mystique » de Sharon Tate) pour enseigner la religion. » Après sa disgrâce, David Stockman, le *Whiz Kid,* l'ex-« enfant prodige de l'équipe Reagan », le plus jeune membre du cabinet présidentiel depuis cent cinquante ans, ne manque pas de rebondir dans la situation la plus confortable. Anne Wexler, ex-assistante politique de Carter, toucherait près de 200 000 dollars comme directrice de la Wexler and Associates, alors qu'avant d'entrer à la Maison-Blanche elle en gagnait 35 000 comme codirectrice du magazine *Rolling Stone.* Reconversions équivalentes pour l'ex-secrétaire d'Etat Edmund Muskie et l'ex-vice-président Mondale, lequel, après vingt ans de vie publique, atteint pour la première fois à un « confort » de six chiffres, environ 250 000 dollars, répartis entre un circuit de conférences et le cabinet Winston and Strawn. Les *Mémoires* de Carter, cédés à Bantam Books, lui rapporteront dans les trois millions de dollars, il demande un tarif de 30 000 dollars par conférence et se retrouve à la tête de propriétés qui s'estiment à plus d'un million de dollars. Richard Nixon profite de revenus du même ordre. Aucun rapport avec un Paul Ramadier prenant le métro le lendemain du jour où il n'est plus président du Conseil et terminant sa vie dans la situation la plus modeste, comme tant d'autres importants hommes politiques français de droite ou de gauche, ou avec un Harold Wilson, à son départ du 10, Downing Street, réfugié dans la retraite la plus sobre.

On peut retrouver jusque dans ces excès eux-mêmes toute la franchise, la carrure du *way of life,* de la manière de vivre américaine, qui prône par-dessus tout la défense des élites, la protection de l'individu en tant que tel, et où ne s'admire rien tant que « l'homme qui réussit ». Les Etats-Unis continuent de se camper à l'opposé des sociétés en uniforme, des univers à fourmis, où l'originalité est le premier crime.

Le président, primordialement homme de bon sens en dépit de son style de cow-boy spontané et improvisateur, est au portrait même de son peuple, dont les premiers ressorts sont de patience et de sagesse. Il a fallu d'ailleurs que ce peuple fût formidablement équilibré, sûr de soi en profondeur pour animer avec un tel succès deux siècles de vie démocratique — où la seule secousse d'envergure tient à la guerre de Sécession, elle-même en définitive supérieurement maîtrisée. Tout bonnement, dans les temps modernes, il continue de manifester un identique sens de l'équilibre. Est-il menacé, avec les temps de Roosevelt, d'un excès d'idéologisme ? Il invente aussitôt cet extraordinaire Harry Truman, l'un des plus grands présidents de toute l'histoire américaine, géant du réalisme. Redoute-t-il de perdre l'esprit pur de Lincoln ? Il plébiscite un général quaker, héros d'une grande guerre devenu apôtre d'une grande paix, le général « Ike » Eisenhower, qui met du moins fin à une guerre de Corée devenue trop irritante. Retrouve-t-il avec les messages à la John Kennedy les dangers inséparables des idéologies systématiques ? Il en appelle sans délai à de nouveaux réalistes, un Johnson, un Nixon. A-t-il conscience de prendre trop de risques avec un idéaliste trop désarmé, quand il découvre soudain la naïveté illimitée d'un Jimmy Carter ? Il sait sans attendre mobiliser un nouveau coriace, qu'il va requérir dans les plus heureux pâturages de son extrême ouest, tant pis s'il y faut souligner une division inédite du pays, Etats de l'Ouest face aux Etats de l'Est, et non plus Nordistes face à Sudistes, et tant mieux si ce Californien n'en rappelle que plus efficacement que le Pacifique n'est plus moins important que l'Atlantique. Curieusement, chaque fois, le peuple nord-américain sait élire le personnage qui convient pour maintenir le génie de l'équilibrage sacro-saint. Ainsi, d'abord, sait-il se protéger de tout réflexe inconsidéré et de tout esprit d'aventurisme.

Un président qui sait rester en selle et sait de longtemps se garder de tous emballements, un peuple conscient de ses plus vifs intérêts, fermement résolu à les défendre, mais sans la moindre provocation fanfaronne, égal à lui-même sur la base de ses sagesses fondamentales — un président sage, un peuple pas fou — tels apparaissent bien les Etats-Unis ce 1er janvier 1983, à une heure singulièrement tourmentée d'un univers singulièrement chaotique.

Youri Vladimirovitch Andropov, pour sa part, a pu apprendre d'une laborieuse longue marche, avant d'être hissé par les événements au pouvoir suprême, les vertus de la patience et de la réflexion. Il aura même été, à soixante-huit ans, le plus âgé des tsars soviétiques à monter sur le trône.

Il naît, au seuil de la Grande Guerre, en juin 1914, dans une humble bourgade des rives de la Volga, entre Caucase et Oural, au cœur d'une population qui a l'endurance dans le sang, à plus forte raison s'il s'y mêle du sang arménien, côté paternel, et du sang juif, côté maternel. A l'inverse de Staline, qui fut un hobereau manqué, et de Khrouchtchev, d'ascendance bourgeoise, il est élevé dans un milieu réellement humble, puisque le père est un simple cheminot. Il fait des études aussi médiocres et pénibles que ses premières occupations, tour à tour projectionniste, télégraphiste et batelier. Il ne parvient, toujours aussi laborieusement, à un diplôme inespéré d'ingénieur en hydraulique de l'institut Rybinsk que parce que les purges staliniennes ont laissé un vide effrayant dans l'encadrement des usines. Ce n'est pas par hasard si son entrée en politique se situe en 1936, l'année de la plus grande purge. Taupe il naquit, taupe il reste, creusant infatigablement des galeries mystérieuses. Ainsi le découvre-t-on en 1940, ombre du pittoresque et turbulent Otto Kuusinem, futur membre du Politburo, encore plus soviétique que finlandais, grand découvreur de lectures interdites, son premier grand maître, qui lui enseigne un art précieux entre tous dans un régime communiste : l'art de se masquer. Ainsi effectue-t-il une

« guerre patriotique » sans éclat. Ainsi, de mission obscure en mission obscure, mais chacune méticuleusement remplie, se retrouve-t-il en 1951, à trente-sept ans, inspecteur du Comité central. Il se confirme comme un *apparatchik* modèle : sa tâche étant de rédiger des rapports sur la rectitude personnelle et idéologique des camarades du comité, il réussit même à ne pas se faire haïr par les survivants. Mieux : Nikita Khrouchtchev le remarque et le propulse en 1953, aussitôt que Staline mort, à la tête du quatrième département des Affaires étrangères, chargé du dossier capital des deux Allemagnes, de l'Autriche, de la Pologne et de la Tchécoslovaquie. Il n'en reste pas moins couleur de muraille, fondamentalement personnage à dossiers. Même lorsque Khrouchtchev lui confie les destins d'une Hongrie « incontrôlée », et qu'il joue un rôle majeur dans la répression qui frappe le peuple hongrois, les flammes des incendies de Budapest n'illuminent pas son nom : sa manière reste la même, selon l'axiome qui veut que le travail souterrain soit finalement le plus efficace de tous. C'est lui qui impose des châtiments implacables et lui qui fait appel à Janos Kadar comme nouveau Premier communiste hongrois, mais à peine prononce-t-on son nom. Il sert Brejnev aussi discrètement et efficacement que Khrouchtchev : dix ans au poste clef des relations entre l'Union soviétique et ses satellites est-européens ; douze ans à la tête du K.G.B. (A partir de 1967, juste à temps pour ne pas se voir reprocher « l'erreur tchécoslovaque ».)

Au K.G.B. (où il est nommé à l'initiative de son second grand maître : Mikhaïl Souslov, et à la suite du limogeage de Semitchassy, ancien patron des Komsomol, coupable de ne pas avoir su prévenir la fuite à l'étranger de Svetlana, la fille de Staline), il manie aussi habilement le bâton que la carotte, le fer que le velours.

Il arrive, dans sa nuit, à se constituer deux visages aussi énigmatiques l'un que l'autre.

D'une part, il affecte d'encourager à une certaine expression libre, « à condition qu'elle ne soit ni pornographique ni subversive », ce qui lui vaut, apparemment, une insigne faveur de Brejnev : être nommé dès 1973 au bureau politique, puis au conseil de Défense. On note qu'il soutient le théâtre de la Taganka, celui de l'indocile Lioubimov, dans ses moments les plus difficiles. Il encourage à la musique tzigane autrefois interdite. Il intervient en faveur d'un historien « formaliste », sur l'insistance de sa fille, qui est mariée à un acteur non conformiste. Durant toutes ces années d'extrême discrétion, il arrive tout de même à faire savoir que, s'il n'a jamais voyagé hors du bloc soviétique socialiste, il se passionne pour la connaissance active du monde capitaliste, et plus particulièrement des Etats-Unis. Parlant déjà l'allemand, il apprend l'anglais, ce qui peut d'autant plus constituer une audace que son fils, Igor, fréquente avec assiduité l'Institut des études américaines et canadiennes de Moscou. Durant dix ans, il suit deux heures de cours d'anglais à domicile, avant le petit déjeuner, trois fois par semaine. La lecture régulière des journaux anglo-saxons et l'écoute consciencieuse de la Voice of America font de lui, pour reprendre l'expression de l'ancien correspondant du *New York Times* à Moscou, Harrison Salisbury, « le premier leader de ce pays, depuis le tsar Nicolas II, à connaître l'anglais ». Il s'emploie d'autant mieux à faire dire qu'il n'aura approuvé ni le coup contre l'Afghanistan ni les « aventures » africaines, qu'il fait, avec détermination, ouvrir, rue Malaya-Grouzinskaya, une salle d'expositions pour peintres « non officiels », qu'il montre volontiers une bibliothèque pour sa majeure part constituée de livres venant « de là-bas », qu'il collectionne les peintures abstraites avec le même plaisir que les tapis orientaux. Il fait écrire dans *Kommunist* par son ami Bourlatsky, directeur de l'Institut de philosophie, qu'il serait temps de « développer la démocratie socialiste », pousser au dépérissement de l'Etat au profit des syndicats et des organisations de masse, lesquelles ne sont actuellement que des « chambres d'enregistrement ou des caisses de résonance du parti ». Même si c'est de la manière feutrée qui lui est chère et qui se retrouve sur l'ensemble de son physique, long visage terne et blême sous crâne plat, yeux lourds, menton tombant de ruminant, épaules lasses, dos voûté, démarche lente, style bœuf attentif, à l'opposé d'un fauve, il aura nettement cherché à se fabriquer une sensibilité de moderniste, à défaut de pouvoir, de par sa seule fonction de premier policier de l'empire, jamais passer pour un néo-libéral.

D'autre part, il peut interpréter dans le même temps le rôle de la grosse brute. Il provoque avec une extrême rudesse l'exil des « opposants » — même s'il adopte dans l'exécution, parfois, des moyens plus « sophistiqués » que ceux employés naguère par un Jejov ou un Beria. Il ne pense pas à humaniser les camps du Goulag. Il met en scène et en action, personnellement, des opérations qui, dès le départ, n'admettent pas la moindre nuance d'indulgence : la mise au pas des intellectuels polonais par le fameux général Moczar, un agent du K.G.B., de son vrai nom Babenko, en février 1968 ; le redressement « fraternel » de la Tchécoslovaquie de Dubcek en août 1968 ; le premier coup d'Etat de Kaboul d'avril 1973, portant au pouvoir le « camarade » prince Daoud ; le deuxième coup d'Etat de Kaboul d'avril 1973, confiant tout le pouvoir aux seuls communistes. Comment en serait-il autrement ? De tous les membres du Politburo, il est fatalement le mieux renseigné, comme le plus à même d'influencer le cours des événements. Brejnev n'aurait rien su sans lui. Tous les événements les plus importants de ces dernières années auront été traités sous sa responsabilité la plus directe, révolution iranienne et offensive du Viêt-Nam au Cambodge, polémique armée avec la Chine puis tentative de réconciliation avec cette même Chine, tous événements de Pologne et attentat contre le pape. Il y a même de quoi penser qu'il n'est pas étranger — loin de là — à l'élimination du maréchal Gretchko (aux suites d'un conflit K.G.B. contre armée qui dure quatre ans, de 1973 à 1977), à l'attentat contre Brejnev en janvier 1969, à l'étrange mort, en janvier 1982, du général Tsvigoun, gendre de la femme de Brejnev, tchekiste de premier plan, ni à cet incident « incroyable », le 27 septembre 1982, à Bakou, où, devant le soviet de la république de l'Azerbaïdjan, et face à des millions de téléspectateurs, Brejnev, hébété, drogué de remèdes ou aux limites de l'épuisement, lit deux pages d'un faux discours, totalement hors du sujet, avant que son entourage ne réussisse à lui glisser le bon texte. En tout cas, de toute la période, rien ne peut s'accomplir d'important — ou de dur — qui ne relève de l'inspiration ou de l'aval de cette formidable taupe.

Que se sera-t-il passé dans six mois, dans un an ? Qu'en sera-t-il de Youri Vladimirovitch Andropov lui-même ? Allez donc savoir. Après la mort en 1924 de Lénine, Staline mit cinq ans à éliminer totalement Trotski, à l'origine grand favori à la succession du premier tsar-pape rouge. A la mort de Staline, Beria disparaît sans délai ; le règne de Malenkov ne tient que quelques semaines ; il faut quatre ans et demi de direction « collégiale » avant que Nikita Khrouchtchev n'impose son propre plein pouvoir en octobre 1957. Lorsque Khrouchtchev s'effondre, sans gloire, en octobre 1964, on ne connaît pas davantage le nom du vrai successeur : Leonid Brejnev ne s'affirme comme le numéro un qu'en 1967, après trois années de « troïka » avec Kossyguine et Podgorny. Comment pouvoir donner Andropov gagnant ? Et allez donc connaître à coup sûr celui qui sera le cinquième vrai souverain, après Lénine, Staline, Khrouchtchev et Brejnev.

La prédiction est d'autant plus difficile que tout souverain soviétique rassemble dans son seul personnage trois fonctions éminentes, il est à la fois Dieu, pape et empereur. Il est une idole vivante, vouée à la vénération permanente des foules : on ne saurait concevoir le stalinisme sans idolocratie. Il est souverain pontife, dont la loi est infaillible. Il est tsar absolu, avec un gigantesque empire à sa charge et à sa dévotion. Ce n'est pas manœuvre facile, pour le candidat le mieux doué ou le plus déterminé, que d'entrer dans un tel moule, et, de toute manière, il y faut plus qu'une année.

Simplement, alors qu'Andropov en est à se battre pour le pouvoir — ou bien en est à effectuer un intérim sans ambition primordiale — il n'a, dans les problèmes de transition d'un règne à l'autre, que des raisons supplémentaires de ne pas faire « des vagues », de ne pas se compliquer sur le plan mondial une vie déjà si confuse, sur le plan intérieur, de se donner les délais nécessaires pour définir, amener ou imposer une succession sans drame fondamental. Gagner du temps, tel ne peut être que le premier souci d'Andropov. A combien faudra-t-il payer, à l'est comme à l'ouest, la « tolérance » qui s'impose, le « laissez-faire laissez-jouir » des Etats-Unis et de la Chine ? Faudra-t-il aller jusqu'à larguer, ici, Cuba, là, le Viêt-Nam ? Ne sera-t-il pas trop téméraire de paraître vouloir déstabiliser les pays de l'Ouest-Europe ? Jusqu'à quelle limite faudra-t-il pousser le défi aux Pershing ? Peu importe, même si chacune de ces questions peut être en soi d'une valeur primordiale. Le principal est là, pour l'immédiat : le maximum de paix mondiale pour maîtriser plus sûrement les difficiles problèmes de la succession.

Donc, au total, nous voici avec un président américain qui joue les tranquilles (avec une telle assurance qu'il en paraît déjà se décider pour un second mandat et que Ted Kennedy renonce — une fois de plus — à tenter sa chance), et avec un Premier soviétique qui a un besoin maximum de tranquillité.

Il faudrait un énorme incident — non prévisible — pour provoquer une tragédie à l'échelle planétaire : normalement, logiquement, grosso modo, l'année 1983 devrait être une nouvelle année d'attente.

Il n'empêche que les grands feux ne manquent pas, et que les grands vertiges en cours ne se comptent plus.

Dans son homélie du nouvel an, le pape Jean-Paul II, du haut de son balcon, face à une énorme foule assemblée sur la place Saint-Pierre, peut lancer un appel vibrant pour le désarmement. « La paix, s'écrie-t-il, ne peut être établie par une partie sans l'autre, et chacun doit s'engager : la demande d'une réduction progressive, aussi bien des armes conventionnelles que nucléaires, doit être adressée simultanément à toutes les parties concernées. »

Ce n'est pas si simple, et il n'y a qu'à considérer, pour le savoir, tous les principaux aspects de la « crise mondiale ».

Les Soviétiques disposent d'une force armée colossale : plus de 3 600 000 hommes sous les armes, auxquels viennent s'ajouter près de 500 000 hommes des troupes spéciales de sécurité, des unités de voies ferrées et des bataillons de construction. Les forces stratégiques nucléaires « offensives » (sans donc y compter les forces de défense antiaériennes et anti-fusées) comprennent à elles seules quelque 90 sous-marins lanceurs d'engins disposant de 1 030 fusées balistiques, près de 1 400 ICBM (fusées stratégiques à grand rayon d'action) dont plus de la moitié sont à têtes multiples MIRV des types SS 18 et SS 19, environ 700 IRBM-MRBM (fusées stratégiques à portée intermédiaire ou moyenne) et une aviation à grand rayon d'action comprenant 156 bombardiers lourds et quelque 700 bombardiers moyens et appareils de reconnaissance stratégique. Quelque 250 SS 20, placées sur rampes mobiles et équipées de trois têtes nucléaires indépendantes sont braquées sur l'Europe. Face à la seule Europe occidentale, le Kremlin dispose de 30 divisions (15 blindées et 15 mécanisées) et de 67 en deuxième échelon (dont 23 blindées) stationnées dans la partie européenne de l'U.R.S.S. Inéluctablement, l'existence d'une telle force — et d'une telle menace — est le tout premier élément de l'angoisse mondiale. Quelle grande armée, dans l'histoire, n'a-t-elle jamais été utilisée ? Voilà en tout cas de quoi tenter bien des ambitions et inspirer bien des chantages.

Du coup, non seulement les Américains se maintiennent dans l'esprit Truman : ne jamais baisser les bras et faire au moins jeu égal avec le supergéant rival, mais ils se mettent à vouloir bâtir une puissance encore plus grande que celle des Soviétiques. Tel est en clair l'objet du « plan Reagan » qui engage un phénoménal programme stratégique des Etats-Unis — au point que l'on peut dire que jamais nation ne lança programme d'armement nucléaire d'une telle envergure et d'une telle portée.

Il n'y a pas que les deux supergrands à s'armer à outrance. En 1981, les dépenses mondiales d'armement ont dépassé 4 millions de dollars par minute, soit 20 fois le montant total de l'aide publique au tiers monde ! Et dire que déjà dans le traité de 1278 avant Jésus-Christ entre Ramsès II et le roi des Hittites, Hattousilat III, on trouvait un plan de désarmement général et contrôlé ! Le tiers monde n'est d'ailleurs pas le dernier à « militariser » : alors qu'en 1955 la part du tiers monde dans les dépenses globales d'armement était de 3 %, elle est passée à 9 % en 1971 ; elle a atteint les 16 % en 1980 (ce qui est infiniment supérieur à la croissance des pays concernés) ; elle approcherait les 20 % à notre date !

Les Européens de l'Ouest accepteront-ils l'installation, sur leur territoire, de fusées américaines Pershing II et de missiles Cruise, voués à contrebalancer les deux ou trois centaines de missiles SS 20 déjà braqués sur nous ? Ce sera la grande affaire de 1983, l'implantation des Pershing et des Cruise étant prévue pour dès avant la fin de l'année en République fédérale allemande, en Sicile et en Grande-Bretagne. Les Soviétiques ont de longtemps entamé une vaste campagne d'intimidation. Youri Andropov y a donné de la voix dès son premier discours de numéro un soviétique. L'agence *Novosti,* dans un avertissement solennel aux Européens, a poussé la détermination jusqu'à utiliser l'expression « coup nucléaire de répression et de châtiment » pour parler de la réplique soviétique possible. Le sujet est d'autant plus puissamment devenu la principale vedette de la propagande soviétique qu'à dizaines de milliers, en Scandinavie et en Allemagne occidentale, pacifistes, neutralistes et crypto-communistes de tout poil se mobilisent contre l'implantation des Pershing. Pour autant, les Américains ne paraissent pas devoir céder. Ils se contentent de préciser qu'il serait grand temps d'attacher par des liens indissolubles la défense nucléaire de l'Europe et la stratégie dissuasive des Etats-Unis et qu'il est en tout cas absolument urgent de réduire la possibilité d'un chantage nucléaire sur l'Europe. (Précisément, disent les porte-parole de la Maison-Blanche, les armes américaines à moyenne portée constituent une réponse inéluctable et automatique à toute menace.)

Les problèmes d'ordre militaire ne sont pas les seuls porteurs d'angoisse.

L'Union soviétique se trouve confrontée avec une véritable crise de système. Le Kremlin vient de fêter solennellement le soixantième anniversaire de la fondation de « l'Union des républiques socialistes soviétiques », laquelle, à son avènement, rêva de mettre fin à l'histoire de la « Sainte Russie », proclama l'égalité des républiques membres et voulut amorcer le triomphe du communisme à l'échelle mondiale, chaque nouveau pays submergé par la vague révolutionnaire s'érigeant aussitôt en « République socialiste soviétique » intégrée à l'Union. Il y a beau temps que le songe a vécu. La « Sainte Russie » renaît de ses pieuses cendres plus vivace et ardente que jamais, jusqu'à légitimer le nationalisme le plus passionné et le plus intolérant du monde. Loin d'être devenues les égales de la république-mère (la Russie blanche, elle nommée R.F.S.S.R., République fédérative socialiste soviétique russe), toutes les républiques de l'Union lui sont de fait asservies : la terminologie inventée et imposée par Lénine fin 1922 ne sert que d'alibi à une dictature des Blancs. Enfin, loin de savoir appeler à elle des républiques enthousiastes, la soi-disant Union ne tient que par les armes toutes les républiques qui relèvent de son sigle ou de sa tutelle. Cela signifie tout crûment qu'il n'y a plus de foi — sauf la foi patriotique et jalouse de la Russie blanche qui conduit le bal. Plus grave : la faillite du communisme en tant que système est éclatante. Les échecs sont cinglants dans de multiples domaines : agriculture, productivité industrielle, dictature bureaucratique, création littéraire, création artistique, joie de vivre. (Le communisme restera une fois pour toutes comme l'empire de l'ennui autant que comme le régime du Goulag.) Les enfants récitent un catéchisme sans âme. Les adultes ont à vénérer des valeurs mortes, des espoirs qui ne sont plus que des mots. Le problème n'est plus de savoir si le soviétisme réussira à survivre en tant que tel. Il ne porte que sur la date : *quand* le système s'écroulera-t-il ? Ce n'est d'ailleurs pas le moindre des problèmes qui se posent au nouveau monarque. Que faire ? S'entêter ou réformer ? Continuer de croupir ou bien rétablir la propriété agricole privée, avec l'espoir de voir se constituer une génération de vrais paysans, abandonner tout collectivisme, réinstituer au moins en partie le commerce libre, dénationaliser les industries de biens de consommation, réviser le statut des entreprises dans le secteur des biens d'équipement, réduire la priorité accordée aux entreprises du secteur « militaro-industriel » ? Le vrai choix est là. Il n'y a qu'un Titan pour s'attaquer à une telle croisade. Andropov peut-il être ce Titan-là ? N'est-il ici — comme les Barras ou les Tallien entre Robespierre et Bonaparte — que pour introduire le géant qui, lui, saura prendre à bras-le-corps la réalité ? Quoi qu'il en soit, voici le problème géant qui va dominer toute la fin du siècle : l'écroulement du lénino-stalinisme.

Les signes de cette crise ? Ils n'existent pas seulement en Russie même. On en aura retrouvé ces derniers temps à travers tous les continents, même s'ils auront été particulièrement sensibles au Liban, en Afrique noire, en Afghanistan, en Asie et en Pologne.

Le colosse soviétique ne lève pas le petit doigt pour contrer l'opération « Paix en Galilée » qui engage de fait une audacieuse et puissante offensive d'Israël, plus ou moins inspirée, approuvée et soutenue par les Américains. Sans broncher, il laisse massacrer ses amis palestiniens et écraser ses alliés syriens. Paralysie stratégique totale. Non seulement Reagan prend le pari de surclasser *définitivement* l'Union soviétique dès 1985 en armement stratégique nucléaire, mais, en armement conventionnel, il expérimente, par Sharon interposé, des engins et des moyens qui pulvérisent les engins et les moyens confiés par Moscou à Palestiniens et Syriens : pas la moindre réaction du Kremlin. Quand, le 13 juin, Sharon installe ses canons aux portes de Beyrouth et commence à bombarder la ville, les Palestiniens ne peuvent avoir qu'un dernier espoir : « les Russes vont faire quelque chose et nous sauver du massacre ; nous sommes leurs frères ; ils ne nous abandonneront pas ». La réponse ne vient que huit jours plus tard : elle est prononcée par Brejnev, qui s'étonne et regrette que les Etats arabes divisés n'agissent pas plus virilement. Sharon n'en avait que mieux les mains libres. Mieux encore : l'Union soviétique, il est vrai, envoie, par le canal de l'ambassade de Finlande, un message à Menahem Begin ; mais ce n'est ni pour lui demander de cesser les attaques contre les Syriens (car l'on est alors en pleine bataille de la Bekaâ), ni pour secourir en quoi que ce soit les Palestiniens ; plus modestement, le colosse signale à Begin que, « contrairement à certaines rumeurs », l'ambassade soviétique à Beyrouth n'a point été atteinte par les bombardements de Sharon et qu'on espère à Moscou que Sharon veillera à garder ladite ambassade indemne !... Mieux encore : la même passivité se retrouve à l'heure de la paix, quand toutes les parties en présence au Liban s'accordent à demander principalement à des soldats américains la garantie de toute cessation des combats ! Moscou est aussi absent de la paix que de la guerre.

Sans guère réagir, le Kremlin se fait gravement contrer sur toutes ses principales positions d'Afrique noire. Echec de l'offensive « Etoile rouge » menée par les autorités éthiopiennes contre les maquis d'Erythrée, processus de déstabilisation au Mozambique, rôle prépondérant joué par les Etats-Unis dans un éventuel règlement en Namibie, camouflets sur camouflets au Congo, tout indique que Moscou a adopté nettement un *low profile* en Afrique australe comme au Sahara ou dans la Corne. A l'évidence, l'Union soviétique est passée, sur le continent africain, d'une phase expansive à une phase défensive. Sept ans à peine après sa bruyante entrée en scène de 1975. « Reagan joue comme dans du beurre », dit Félix Houphouët-Boigny. Les succès reaganiens, en effet, ne se comptent plus. Récupération politique du Liberia, normalisation des rapports avec le Nigeria, accords militaires avec le Maroc, soutien spectaculaire à l'offensive d'Hissène Habré au Tchad, réhabilitation de l'Afrique du Sud dans le camp occidental, réintroduction d'Israël sur le continent (accords d'Israël avec Mobutu), abstention du Congo, du Bénin et du Cap-Vert (tous pays camarades) lors des votes à l'O.N.U. sur la question afghane, répugnance d'Addis Abeba à créer un parti communiste, manœuvres d'une virtuosité supérieure pour empêcher Kadhafi de présider l'O.U.A., même l'Angola, l'Angola « castrisé » multipliant les démarches auprès des banques américaines pour qu'elles accordent des financements à long terme, autant de marques du dynamisme américain — mais aussi autant d'indices d'une certaine défaillance soviétique. *L'Empire assiégé,* ainsi François Soudan intitule-t-il l'article terriblement lucide qu'il consacre dans *Jeune Afrique* à ce gigantesquement étrange problème. « En cette période de nouvelle guerre froide et de polarisation Est-Ouest, où chacun des deux Grands devrait chercher à renforcer ses bastions et ses avantages acquis, la passivité est une donnée nouvelle » qui trouble tous les observateurs.

Il y a deux ans, l'Armée soviétique (c'est bien Armée soviétique qu'il faut dire : l'Armée rouge ou « Armée des ouvriers et des paysans » a été officiellement supprimée en tant que telle en 1946) envahissait l'Afghanistan. Le régime communiste n'y avait provoqué qu'anarchie. Hafizullah Amin, leader de la tendance *Khalq* (Peuple) qui s'était emparé du pouvoir trois mois plus tôt après avoir assassiné Nur Mohamed Taraki, l'homme du Kremlin, s'était mué en une sorte de Pol Pot local et avait multiplié les massacres pour imposer le régime communiste. Sauf que sans succès. Au plus vite, les chefs soviétiques étaient allés repêcher à Prague, où il était ambassadeur, Babrak Karmal, membre de la tendance *Parcham* (Drapeau, rivale du *Khalq*) pour le ramener à Kaboul dans le premier appareil de la *noria* de gros et moyens porteurs Antonov 22 et 12 et d'hélicoptères M 24 de grande capacité qui, en moins de vingt-quatre heures et en quelque 150 rotations, amenaient sur le sol afghan 5000 hommes superarmés, des chars T 62, et tout un régiment de fonctionnaires. En moins de temps encore, Amin était arrêté, jugé et exécuté — avec toute sa famille — pour « crimes contre le peuple afghan ». Radio-Moscou indiquait que le gouvernement de Kaboul « prenant en considération la poursuite et l'élargissement des provocations et des ingérences des ennemis extérieurs » et « pour sauver la révolution » avait saisi l'U.R.S.S. d'une demande d'aide urgente, y compris d'aide militaire, formulée aux termes du traité d'amitié et de coopération signé entre les deux pays en décembre 1978. Naturellement, l'U.R.S.S. avait accédé à la demande avec générosité et empressement. Simple opération de police, commentait-on de toutes parts. Que pouvait donc faire contre la plus puissante armée mondiale ce pauvre peuple « primitif et arriéré » qui, clamait Radio-Moscou, pratiquait encore le « droit de cuissage ». Erreur. Force est de constater que l'échec est flagrant. Les *Moudjahiddine,* soldats de Dieu, partisans implacables, si mal équipés et organisés soient-ils, opposent sans délai une féroce résistance aux soldats de Marx. Près de deux cent mille Soviétiques sont actuellement requis, parmi les pires difficultés et contre la quasi-unanimité du peuple afghan, dans l'œuvre dite de « pacification ». Le Kremlin ne tient que les plus grandes villes et les principaux axes routiers. A l'évidence, les Soviets en sont à une pénible opération de colonialisme, qui n'est pas près de se terminer. Aujourd'hui même, pour le troisième anniversaire de leur arrivée en Afghanistan, les troupes soviétiques ne sont certes pas à la fête. A Kaboul et dans les banlieues de la capitale, la Résistance multiplie les coups de main, qui désorganisent la vie quotidienne en même temps qu'ils illustrent la relative « fragilité » du colosse. La population de Kaboul est même pour sa plus large part privée d'électricité du fait, avant-hier, d'un attentat singulièrement téméraire des *Moudjahiddine* qui ont attaqué au mortier et à la roquette la centrale hydro-électrique de Mahipar, qui alimente la capitale. Un convoi soviétique dépêché vers la centrale aurait même été surpris en embuscade et très sérieusement endommagé. Cette dernière semaine — depuis le 24 décembre où, on s'en souvient, c'est l'ambassade soviétique elle-même qui était la cible d'une attaque à la roquette — aucune journée ne s'est passée sans accrochage important. Ici, ce sont des groupes de partisans réussissant à détruire plusieurs hélicoptères lors d'un raid sur les deux bases aériennes de Jellalabad et de Bagram, de surcroît avec la complicité de soldats musulmans soviétiques d'origine ouzbek. Là, sur la frontière du Pakistan, c'est tout un régiment de partisans qui surprend un convoi d'automitrailleurs.

Une drôle d'histoire court chez les Moscovites, très friands, on le sait, d'historiettes subversives. En gare de Moscou, Staline, Khrouchtchev et Brejnev sont dans un train à destination de la Crimée. Or, bien après l'heure de départ prévue, le train ne part pas. A l'évidence, il y a panne. Que font donc les trois hommes ? Staline, au sommet de sa rage, réagit le premier. « Bien, prononce-t-il, faites fusiller immédiatement le chef de train et ses deux adjoints. L'exemple suffira. Vous verrez si nous allons vite démarrer. » Mais le train reste finalement sur place, même si Staline fait aussi exécuter les contrôleurs, les agents sur le quai et le chef de gare. Au tour de Khrouchtchev d'indiquer sa solution : réhabiliter et décorer à titre posthume le chef de train, ses adjoints et ses camarades, fusillés sur ordre du grand camarade Staline. Hélas pour les trois voyageurs, le train reste désespérément immobile. Alors, Brejnev se lève calmement et, devant ses deux compères assez médusés, tire les rideaux du wagon pour les fermer. Il allume la lumière, se rassoit et dit : « Camarades, faisons comme si le train roulait... » Brejnev mort, c'est au tour du camarade

Andropov de faire en sorte que le train du communisme soviétique ne reste pas indéfiniment sur une voie de garage. Ou de nous faire croire qu'il roule... L'anecdote, quoi qu'il en soit, illustre à la perfection ce qui se passe.

Pannes sur pannes. Le communisme au pouvoir aura déjoué tous les pronostics de ses promoteurs ou de ses thuriféraires. D'un côté, il a réussi au-delà de toute espérance à conserver, consolider et étendre son autorité autour de Moscou, édifiant, grâce à la victoire militaire de 1945 sur l'Allemagne, grâce aussi à la persévérance implacable de Staline et aux faiblesses de Roosevelt, un empire européen et mondial. Mais, d'un autre, il a failli à toutes ses promesses, n'ayant atteint aucun de ses objectifs et semble avoir définitivement perdu sa bataille « historique » contre le capitalisme. Ses analyses, si « scientifiques » soient-elles, ont été contredites par les faits qui sont têtus : les cœurs et les esprits des hommes, à commencer par les intellectuels de tous les pays, à de rares exceptions près, ne sont plus attirés par la croisade communiste ; le léninisme ne fait plus rêver que quelques candides, heureux d'être cocus. Khrouchtchev promit un jour à son peuple de lui faire manger des montagnes de beurre, plus riches encore que celles de l'Amérique, et fit serment de « rattraper et battre les Etats-Unis avant 1970 en termes de revenu national ». Nous sommes loin de compte.

Immobilisme de vieillards ? Il est trop vrai que le tsar successeur a dix ans de plus à chaque succession. Ainsi Staline avait-il à peine la quarantaine quand il accéda au trône — pour y régner un bon quart de siècle. Khrouchtchev n'avait qu'environ cinquante ans à son avènement. Brejnev prit les rênes de l'Etat à soixante ans passés. Andropov reçoit le relais aux alentours de soixante-dix. Ce sont douze vieillards qui continuent de figurer au Politburo depuis la mort de Brejnev. Evidemment, tout ce qu'ils peuvent souhaiter et servir, c'est la continuation à tout prix du confort douillet où vit la *Nomenklatura.*

Mais plus certainement, il y va de la crise généralisée d'un système qui a trop négligé les ressorts de la production ou de l'énergie, et qui en vient même à des échecs sur le terrain de prédilection de sa propagande et de son action : le terrain de la subversion « révolutionnaire » et de la domination « coloniale ».

Echec au Tchad. La victoire d'Hissène Habré, appuyé par les Egyptiens et les Soudanais, est une victoire reaganienne.

Echec sur le secteur du golfe arabique. L'énorme armement découvert par les Israéliens à Saïda, abandonné par les Palestiniens, en dit long sur l'ampleur que purent avoir les ambitions soviétiques. Sharon y trouve de quoi armer cinq divisions soviétiques d'élite, sur une base qui peut se comparer aux principaux complexes militaires de ce type dans le monde, avec murs de cavernes recouverts d'épais blindages, vastes salles de commandement, énormes hangars pouvant accueillir des hélicoptères de transport ou d'attaque, réseau complexe de tunnels encore mieux équipés que ceux de la ligne Maginot, plusieurs pièces secrètes fermées par des portes d'acier elles-mêmes commandées à distance à partir de sous-marins, armement « individuel et collectif » permettant d'équiper au moins soixante mille hommes, soit cinq fois l'effectif de l'O.L.P. à la veille de l'opération israélienne. A l'évidence, il n'y avait là qu'une pensée : prendre le pétrole en tenaille ; monter une opération d'encerclement contre l'Arabie saoudite à partir du Yémen du Sud, de la Syrie et du Liban « palestinisé ». Voici tomber du coup — ou remettre à bien plus tard — un projet fondamental.

Echec sur le non-sommet de Tripoli. Il n'est pas nécessaire d'espérer pour entreprendre : ce pourrait être là la devise du colonel Moammar Kadhafi. Qu'importe tel ou tel raté, rien ne rebute le fougueux héraut de l'Union arabe. Indifférent et superbe, il sert inlassablement son « rêve de naissance ». Son projet « unioniste », aucune force au monde ne l'empêchera de le vendre. Toutes ses tentatives, jusqu'à présent, ont fait fiasco : Tunisie, Egypte, Syrie et Soudan ont repoussé tour à tour ses avances ; le Tchad, après un flirt oppressant, l'a prié de rentrer chez lui. Il en faut davantage pour décourager cet étrange « fiancé incendiaire » qui court toutes les nations arabes pour leur passer la bague au doigt, et qui va même jusqu'à penser pouvoir séduire, en janvier dernier, l'austère Algérie du frère Bendjedid. Mais, cette fois, il y a plus grave : Kadhafi n'arrive pas à s'imposer comme président de l'O.U.A. pour l'année. Le XIXe sommet de l'Organisation de l'unité africaine, prévu à Tripoli, qui devait le couronner comme tel, ne peut se tenir faute de quorum. Prétexte : la décision du secrétaire général, Edem Kodjo, d'admettre le Polisario au rang de 51e membre de l'O.U.A. : l'Afrique se retrouve aussitôt coupée en deux, les partisans de l'admission du Polisario et les « 19 » qui y sont hostiles (et qui ont déjà claqué la porte au sommet précédent d'Addis Abeba). Parmi les pères fondateurs de l'organisation du 25 mai 1963 qui sont encore au pouvoir, le président tanzanien Julius Nyerere est le seul à se rendre à Tripoli : les six autres, Ahidjo, du Cameroun (qui a pourtant assisté à dix-sept sommets), Félix Houphouët-Boigny (Côte d'Ivoire), Habib Bourguiba (Tunisie), Sekou Touré (Guinée), Hassan II (Maroc) et Obote (Ouganda) boycottent Tripoli pour ne pas « approuver les décisions illégales » du secrétaire général. Le bouillant président malgache, Didier Ratsiraka, toujours proche des thèses communistes, propose en vain de tenir le sommet « même sans quorum ». De fait, pour le leader de la Jamahiriya, il s'agit d'une gifle monumentale. En vain aussi, la France de Mitterrand se sera-t-elle interposée pour essayer de « débaucher » quelques-uns des « 19 » et permettre d'atteindre au quorum : elle ne réussit à convaincre que le Centrafrique. Force est finalement de constater l'insuccès total. Commentaire d'un ministre à la fois révolutionnaire et désabusé :

« C'est tout notre corps qui est malade et notre faiblesse attire tous les vautours impérialistes. » Faut-il surtout que l'autorité des Soviétiques soit bien décadente pour n'avoir pas su ou pu éviter à Kadhafi un échec qui est finalement interprété comme un échec pour eux-mêmes.

Echec sur Bagdad. Le président Assad et les autorités iraniennes auront joué de concert vainement — du moins jusqu'à notre date — la chute du régime irakien, Damas allant jusqu'à fermer ses frontières avec l'Irak et interrompre le fonctionnement de l'oléoduc qui achemine depuis toujours le pétrole irakien, à travers le territoire syrien, jusqu'aux terminaux portuaires du Liban. (Par cet oléoduc, transitent 40 % environ des exportations de brut iranien et il ne reste plus alors à Bagdad qu'un oléoduc parcourant la Turquie et très exposé à tous sabotages.) Il est même certain qu'un volet militaire secret accompagne les accords politiques Assad-Khomeiny, avec l'assentiment, pour le moins, de l'U.R.S.S., qui est liée à la Syrie par un traité d'amitié et de coopération depuis octobre 1980. (Autre puissance des Soviets qui tombe : leur mystère ; les membres du Politburo soviétique ont désappris la règle de la discrétion absolue ; les bavardages sont devenus tels que tout finit par se savoir ; il y a beau temps que l'U.R.S.S. n'est plus ce « secret dissimulé par le mystère qui cache une énigme » dont parla plaisamment un jour Winston Churchill.) Quoi qu'il en soit, Saddam Hussein, appuyé par la Jordanie et les pays arabes du Golfe, aura tenu un maximum de temps.

Echec en Pologne. En vain la propagande du général Jaruzelski chante-t-elle de toutes ses forces la suspension de l'état de guerre instauré par la junte militaire le 13 décembre 1981, suspension qui entre en vigueur ce 1er janvier, à 0 heure. Au vrai, pour la majorité des Polonais qui ont subi en silence les rigueurs de la loi martiale, quitte à conserver dans un coin de leur cœur le souvenir frustré des seize mois de liberté qu'avait représentés l'existence de *Solidarité,* ce changement d'appellation ne peut être que de peu d'effet sur leur vie quotidienne. Seule modification importante : les communications internationales sont rétablies, et il ne faudra plus décliner son identité en commandant des communications téléphoniques ou en déposant des télégrammes, et, pour la première fois depuis trois cent quatre-vingt-trois jours, on n'entendra plus, en déclenchant le téléphone, la voix obsédante qui répétait inlassablement : *Rozmówa kontrolowana* (Conversation écoutée). Pour le reste, fabricants et distributeurs de tracts ou autres productions clandestines risqueront toujours de fortes peines de prison. Les « clandestins » de *Solidarité* continueront d'être pourchassés. Les « fomentateurs de troubles » dans les usines et dans les établissements d'enseignement supérieur seront passibles de licenciement ou d'exclusion. Dans les secteurs clés de l'économie, mines et métallurgie notamment, les ouvriers ne pourront pas rompre unilatéralement leur contrat de travail. La dictature n'est pas moins lourde.

Dans une réunion des membres du gouvernement, des voïvodes (préfets) et des plénipotentiaires des comités de défense du territoire, le général Wojciech Jaruzelski, plus que jamais « sabre et marteau », d'une impassibilité effrayante sous ses lunettes noires, après avoir fustigé ses « adversaires politiques », prévient que « le pouvoir fera preuve d'une extrême fermeté » dans sa lutte contre ceux qui développent des « activités antisocialistes et destructives » visant à bloquer la « normalisation » du pays. Radio et télé se déchaînent contre deux leaders clandestins de *Solidarité,* Zbigniew Bujak, ancien président du syndicat pour la région de Varsovie, et Bogdan Lis, ex-vice-président du mouvement à Gdańsk. En vérité, tous les moyens sont préservés d'une répression aussi totale que brutale, avec droit à toutes violences pour une minorité armée (minorité et armée depuis l'origine) sur une société qu'elle empêche avec constance de se reconstruire. Tristesse à l'infini. Les mots spirituels qui courent peuvent être essentiellement grinçants. « Quand Jaruzelski retirera-t-il ses lunettes noires ? Quand il aura fini de souder la Pologne à l'Union soviétique. » Signe du temps : les plaisanteries politiques se font elles-mêmes plus rares qu'avant, plus désabusées aussi. On ne distribue tout de même que plus activement la carte de vœux de *Solidarité* clandestine, dont un exemplaire est déposé le jour de Noël sur la grande croix de fleurs de la cour de l'église Sainte-Anne de Varsovie : « Merci pour avoir distribué notre presse ; si tu ne l'as pas fait, merci de l'avoir lue ; si tu ne l'as pas lue, merci pour ce que tu as dit ; si tu t'es tu, merci pour ce que tu as pensé. » Il reste que la population polonaise ne se fait plus aucune illusion. Il n'y a qu'à voir les crèches des églises, que les Polonais adorent visiter, l'une après l'autre, entre Noël et les fêtes des Rois. Exemple entre mille : celle de l'église des jésuites, près de la cathédrale Saint-Jean à Varsovie. Un dragon rouge qui crache le feu domine tout ; il a renversé tous les personnages de la crèche ; seul est resté intact le petit Jésus, protégé par le voile de la Vierge ; au-dessus de l'ensemble, une citation de l'Evangile, en grosses lettres : « La bête a été libérée pour un court temps » veut rassurer les fidèles et leur donner à penser que le triomphe brutal de l'hydre rouge ne durera pas. Autre exemple : chez les dominicains, l'étoile de Bethléem, blanche et rouge, aux couleurs du pays, est ceinte de barbelés. Exemple encore : les moines paulins, près de la barbacane, sous étendard national bordé de crêpe, ont surmonté leur crèche d'une imitation énorme d'une carte de rationnement, sauf qu'au lieu d'indiquer « 500 grammes de sucre » ou « 300 grammes de viande », les tickets proclament simplement *Foi, Espoir, Amour, Vérité, Justice,* toutes denrées elles aussi sévèrement rationnées en Pologne.

Adam Hanuszkiewicz, à coup sûr avec Peter Brook, Jean-Louis Barrault et quelques autres, un des plus grands metteurs en scène du théâtre contemporain, est démis de ses fonctions de directeur du

Théâtre national à dater de ce 1er janvier même, pour avoir refusé de condamner le boycottage de la télévision auquel se livrent les acteurs depuis des semaines. Plus grave : aucun travail de remplacement ne lui est proposé. Cela nous aura du moins valu hier soir une soirée mémorable. En soirée d'adieu, il présente en avant-première les *Chansons pour la Maison* de Moniusko, avec un sujet qui se situe en 1863 sous l'occupation tsariste, sur le thème « comment éviter toute censure » (russe) et quelles chansons patriotiques chanter chez soi. Une seule solution demeure : l'émigration intérieure, dernier refuge du patriotisme. Ce 1863 ne fait que trop clairement penser à 1983. Une ovation fantastique salue durant près d'une demi-heure, auteur, texte et allusions.

La manœuvre savante consistant à libérer Lech Walesa — le 12 décembre — avant bien d'autres emprisonnés et à le compromettre ou discréditer, du fait d'un tel régime de faveur, aux yeux de la Résistance, fait long feu. Il apparaît vite que le leader de *Solidarité* aura conservé tout son prestige et tout son dynamisme, non sans une forte conscience des limites du possible.

Au coin de la rue Idzikowstiego, où habite le général Jaruzelski, la présence d'un camion de l'armée, en avant des deux automitrailleuses, pourrait témoigner à elle seule du caractère infiniment relatif de la « normalisation ».

Autant dire que rien n'est résolu en Pologne, que ce pays demeurera au premier plan de l'actualité « chaude » en 1983, et que l'affrontement entre le peuple polonais et l'appareil communiste manipulé par Moscou va se poursuivre avec la même intensité, jusqu'à pouvoir à tout instant provoquer les plus sanglants séismes. Personne ne saurait imaginer que Jaruzelski parvienne jamais à trouver une voie nouvelle qui transformerait la Pologne en une vitrine du socialisme « acceptable », et acceptée par les Polonais eux-mêmes. Sous la plus caricaturale des défroques, celle de la dictature militaire, l'appareil communiste ne peut compter que sur ses armes et sa milice pour « tenir » le pays. De fait, principalement, le drame polonais n'est ni à base de nationalisme (si légendaire soit le patriotisme de la Pologne) ni à substance de foi religieuse (la Pologne reste de loin le pays le plus catholique de l'univers) : par-dessus tout, il fixe une révolte « ouvrière » contre un régime qui aura voulu être en vain le régime des « ouvriers » ; il est drame de société, drame fort du communisme. Ainsi d'ailleurs menace-t-il désormais de s'étendre à d'autres démocraties satellites, la Roumanie, la Bulgarie, la Tchécoslovaquie, voire à la Hongrie de Kadar, et même au « premier pays socialiste du monde » lui-même : c'est parce qu'il est d'abord drame social, et qu'il pose le problème d'ensemble de la dictature communiste. « Nous ne demandons aucun accord à genoux » précise Lech Walesa. En Pologne, l'Union soviétique reste exposée au pire.

Echec face à la Chine. Les vieillards rouges ne savent même plus comment traiter l'affaire. Tour à tour, ils optent pour la manière forte et le style séducteur, sans jamais parvenir à s'y déterminer. Ils ne savent même pas s'il serait « payant » de larguer l'allié vietnamien, ce « Prussien du sud » jusqu'ici utilisé pour fixer une menace permanente sur la frontière sud de la Chine. Il est vrai que Deng Xiaoping et le secrétaire général du parti communiste chinois, Hu Yaobang, poursuivent une politique internationale de haute voltige, qui fait beaucoup penser à la vieille tradition chinoise d'un jeu diplomatique à trois : *yi 3 yi 1 zhi 4 yi 2,* « à l'aide d'un (peuple) barbare, contenir un autre (peuple) barbare », nous dirions quant à nous, « diviser pour régner » à la Louis XI ou à la Richelieu : Deng Xiaoping et ses camarades « voltigent » littéralement entre Moscou et Washington. De plus, le « petit grand homme » — vrai cauchemar pour les dialecticiens du Kremlin qu'il aura mieux que quiconque contribué à désorienter — s'en tient toujours à la fameuse « théorie des trois mondes » qu'il énonça à la tribune de l'O.N.U. le 10 avril 1974 : les Etats-Unis et l'Union soviétique constituent le « premier monde », celui des deux superpuissances, mais aussi celui de deux impérialismes colonialistes et hégémonistes, peu importe si l'un est empire du dollar, l'autre empire de la dialectique ; les pays ouest-européens, le Japon et le Canada composent le « second monde », celui des pays intermédiaires entre les deux pays colonialistes et les peuples opprimés, (avec possibilité de les rallier dans la lutte commune contre les deux superpuissances hégémoniques, impérialistes et colonialistes) ; le « troisième monde » comprend les nations « opprimées » d'Amérique latine, d'Afrique et de toute l'Asie, le Japon excepté. Par-dessus tout, les Chinois enragent de voir l'Union soviétique reprendre à son compte, après le départ des Américains, la guerre « coloniale » en Indochine, par le relais d'un Viêt-Nam, fort d'un million de soldats aguerris et de cinquante millions d'habitants, qui réalise le rêve d'Hô Chi Minh avec « la Fédération Indochinoise », entre dans le Comecon (juin 1978), signe avec Moscou un traité d'amitié et de coopération incluant des clauses militaires (novembre 1978), domine complètement le Laos par un traité *ad hoc* (juillet 1977), s'empare cyniquement du Cambodge (Noël 1978), signe avec le régime fantoche du F.U.N.S.K. (Front Uni de Salut National du Kampuchea) un traité d'amitié et de coopération qui lui confirme maîtrise totale de Phnom Penh (février 1979), et devient pour le Kremlin « l'avant-poste du socialisme dans le sud-est asiatique », ce qui dit bien ce que parler veut dire : Deng Xiaoping choisit d'affoler les maîtres du Kremlin par toutes sortes de déclarations ou de manifestations contradictoires. Résultat : Moscou n'a plus aucune maîtrise de ses relations avec son gigantesque voisin d'est.

Echec face à la grande Asie. Moscou doit entendre Pékin, dès le début de 1978, annoncer le non-renouvellement de son « traité d'amitié, d'alliance et d'aide mutuelle » valable pour trente ans

(1950-1980), puis ne peut empêcher la Chine, le 12 août 1978, de conclure avec le Japon le traité d'amitié et de paix qui met fin à quarante et un ans d'hostilité. Date monumentale. Deng Xiaoping précise : « L'antihégémonisme constitue le cœur du traité sino-japonais. » En dépit des prudentes réserves exprimées par le Premier ministre nippon, personne au monde ne saurait ne pas voir que la clause antihégémonique du traité (formulée en toutes lettres, sans ambages) est dirigée contre l'Union soviétique et contre elle seule. Cet axe Pékin-Tokyo fixe peut-être même l'échec le plus retentissant de la diplomatie soviétique, d'autant plus que Moscou n'a pas su négocier la restitution au Japon de ses chères îles Kouriles, raflées par Staline aux termes des accords de Yalta, et que l'empire nippon, au sommet de la prospérité économique et financière, rayonnant sur le monde entier, est dorénavant à même de se redonner, à la première occasion, une force militaire de la plus haute valeur. (En tout cas, la société japonaise, ce 1er janvier 1983, est une féodalité ultra-moderne qui ne cesse d'avancer, armée d'un esprit national indestructible. Le samouraï, modèle de courage, d'honnêteté et de désintéressement, reste le héros préféré des petits Nippons, à la fois Bayard, Robin Hood et kamikaze. La gauche pacifiste est en net recul. Non seulement, depuis 1950, le Japon tout entier mène en pleine conscience une guerre économique mondiale, mais force est de constater un extraordinaire regain de la passion pour tous sports de combat. Il suffira de peu de chose pour donner pleine puissance à un budget militaire qui est d'ailleurs déjà le septième du monde.)

« Géants qui bégaient — dit Marcel Péju de la Chine et de l'Union soviétique. Incapables de se détruire comme de se réconcilier, les deux frères ennemis n'ont pas plus de ligne cohérente face au reste du monde. » Le spectacle est en effet pathétique, il y a à peine trois mois, de la dernière rencontre au sommet, à Pékin, entre le premier Grand et le deuxième Grand du communisme, un Leonid Brejnev, soixante-quinze ans, près de mourir, visage enflé, regard incertain, geste raidi, prononciation essoufflée, et un Deng Xiaoping, soixante-dix-huit ans, qui annonce régulièrement qu'il « se retire en seconde ligne » et qui réapparaît aussi régulièrement à la première comme si pour lui aussi la succession était impossible. Rencontre symbole de deux empires en recherche désespérée de jouvence ou de santé. Du moins peut-on expliquer le « bégaiement » de la Chine comme une sorte de masque de la politique de « souplesse » que lui imposent à la fois les circonstances et son propre génie : ne surtout pas répéter l'erreur inimaginable de Mao ambitieux de se battre à la fois contre le « révisionnisme » du Kremlin et l'impérialisme américain, (ce « tigre de papier » sauf qu'à « dents atomiques ») ; mener un « jeu à trois » plus subtil, férocement plus pragmatiste, qui se moque des « doctrinaires creux » et qui se veut essentiellement réaliste. (« Peu importe, proclame Deng, qu'un chat soit noir ou blanc, pourvu qu'il attrape les souris. ») Si, à l'issue du XIIe Congrès chinois, le Politburo de Pékin se découvre encore plus âgé que celui de Moscou (soixante-quinze ans de moyenne d'âge pour les membres du comité permanent, record historique absolu), du moins la réputation de virtuosité manœuvrière de Deng et des Chinois n'est-elle plus à faire. Que Deng ait de la suite dans les idées, qui en douterait ? En revanche, le « bégaiement » du géant soviétique est manifestement du tâtonnement. Et il ne s'agit pas seulement des affres d'une bataille de succession qui dure déjà depuis plus d'un an et dont l'année écoulée nous a fourni de multiples signes : exécution du général Tsvigoun ; soudaine éclipse d'Andrei Kirilenko, longtemps donné comme successeur le plus probable ; rapide ascension de Youri Andropov, entrant en mai au secrétariat du comité central et ne quittant le K.G.B. que pour le laisser à un ami sûr ; un certain affaiblissement de Konstantin Tchernenko, autre protégé de Brejnev ; campagnes organisées de la *Pravda* contre les fidèles de Brejnev, convaincus ou accusés de corruption ; disgrâce subite, en août, d'un autre membre éminent du clan brejnevien, le vice-Premier ministre Konstantin Katouchev, « libéré de ses fonctions » pour être nommé ambassadeur à Cuba. (Rien de sûr n'indique au reste que Youri Andropov doive être donné comme vainqueur définitif.) C'est aussi à des problèmes fondamentaux que l'empire se trouve confronté — et, avec l'empire, l'oligarchie nomenklaturiste qui le dirige. Réellement, le bilan du Kremlin rouge, tant sur le théâtre extérieur que sur le théâtre intérieur, est à la limite du catastrophique.

Cette autre scène se passe il y a environ un mois, au quartier général des forces anti-communistes de Cutada do Mucusso, non loin des rives asséchées du fleuve Luengue, au cœur de cet extrême sud angolais que les Portugais appelaient naguère « la terre du bout du monde » et qu'ils ne cherchèrent jamais à contrôler. Jonas Malheiro Savimbi, quarante-huit ans, grand chef desdites forces (regroupées dans l'U.N.I.T.A. qui depuis sept ans tient le maquis contre le pouvoir communiste mis en place à Luanda), s'offre un « show » rare. Devant tout un parterre de journalistes et de militants, il annonce qu'il a décidé de remettre à la Croix-Rouge internationale deux prisonniers soviétiques. Puis, l'on voit s'avancer les deux prisonniers en question, Nikolaï Mollaev, pilote, et Ivan Tcherniebtski, mécanicien d'un Antonov 26 abattu il y a deux ans au-dessus de Cuando-Cubango par un Sam 7 « récupéré ». Spectacle inouï : on voit les deux aviateurs sangloter, regretter leur engagement au service de Luanda, remercier leurs geôliers, rivaliser de zèle pour célébrer la bonté du libérateur, avant de gagner sous bonne escorte Lusaka afin d'être échangés contre deux mercenaires américains emprisonnés à Luanda depuis 1976. Si fier soit-il de son courage, et si amusé soit-il de la protection de l'Union sud-africaine, jamais Savimbi lui-même n'aurait osé infliger un show aussi humiliant à des soldats soviétiques quand l'Union soviétique était en Afrique et dans le monde à l'apogée de son prestige.

Même la guerre des ondes déclenchée ces jours-ci sur les ondes par Moscou contre le Vatican a quelque chose de pénible, d' « essoufflé ». Les maîtres du Kremlin admettent mal que Rome, aux suites des enquêtes les plus approfondies, ait pu faire accuser les services secrets bulgares — donc le K.G.B. — d'avoir préparé l'attentat qui faillit coûter la vie à Jean-Paul II, et que, dans des conversations avec de hauts dirigeants américains, le pape en personne ait repris l'accusation et la conviction du gouvernement italien à son compte. Ainsi Radio-Moscou et la *Pravda* n'hésitent-elles même pas à s'en prendre avec violence au personnage même du Souverain Pontife, qui ferait preuve « de plus de conservatisme et de dureté à l'égard du monde socialiste que ses prédécesseurs ». Faut-il que le Kremlin tienne mal ses nerfs.

Au fond, pour l'immédiat, Moscou ne trouve de perspectives « positives » qu'en Europe même, où l'espoir est de plus en plus sérieux de « déstabiliser » rapidement les pays. Italie anarchisée, Portugal sans cesse menacé de chaos, Espagne incertaine, aux prises avec un drame basque insoluble, Angleterre en crise, France qui vacille, Bonn à nouveau dans les plus dramatiques interrogations, quel meilleur terrain d'action, en effet, pour une propagande qui, sur les autres terrains de la planète, ne connaît qu'échecs après échecs ?

De plus, à l'occasion du plan d'installation de fusées Pershing, on voit prospérer comme jamais mouvements et manifestations pacifistes — qui ne peuvent avoir d'autre résultat important que de désarmer gravement l'Europe de l'Ouest, militairement et moralement.

Non que l'armée pacifiste soit simple. Elle se constitue d'éléments multiples, voire contradictoires. On y voit s'exercer à la fois le pacifisme universel, qui professe l'amour de la paix sans conditions et à tout prix, le pacifisme antimilitariste, qui critique par-dessus tout la lourdeur des budgets militaires (longtemps celui de la population américaine elle-même), le pacifisme dogmatique, qui rejette tout recours à la violence, dénoncée comme illégitime dans tous les cas, y compris dans la défensive, et le pacifisme utilitaire, cher à Gandhi et à l'intelligentzia scandinave, prônant la « résistance non violente » qui finit « toujours » par modifier dans le « bon sens » l'attitude d'un tyran ou d'une force d'occupation, et par « neutraliser » la puissance militaire de l'oppresseur. Il y a même d'autres courants, tel le « pacifisme sélectif sur le plan politique », qui fait dépendre toute action de la situation idéologique (par exemple les pacifistes français qui sont pacifistes en ce qui concerne leur propre défense nationale, mais applaudissent au recours à la violence par les mouvements de « libération » de tel Polisario ou de tel Salvador), et le « pacifisme sélectif sur le plan militaire » (le pacifisme de ceux qui bloquent toute leur protestation contre l'armement nucléaire et peuvent prêter relativement peu d'attention aux armes non nucléaires de destruction massive). On ne saurait y oublier les « neutralistes », eux-mêmes subdivisés en neutralistes armés et neutralistes non armés, neutralistes imposés (modèle autrichien ou finlandais) et neutralistes volontaires (manière suisse), neutralistes internationalistes (suédois) et neutralistes isolationnistes. Le « neutralisme » est un terme beaucoup plus confus que le concept de « neutralité », laquelle signifie que, du point de vue légal, un pays reste impartial lors d'une guerre entre deux pays ou davantage : il finit par être un « fourre-tout », où voisinent les thèses les plus éloignées.

De surcroît, pacifisme et neutralisme s'alimentent à une longue tradition ouest-européenne.

Le neutralisme antimilitariste s'illustre de noms célèbres, Karl Liebknecht, Rosa Luxemburg, Bertolt Brecht, Erich Maria Remarque. Le pacifisme allemand ne refleurit que de plus belle après 1945, surtout dans un parti social-démocrate ardemment favorable à l'idée d'une neutralité allemande et à l'unification des deux Allemagnes. Dès 1958, l'aile gauche du parti socialiste organisait tout un *Kampf gegen den Atomtod* (Combat contre la mort atomique), appuyé par nombre de libéraux, de puissants syndicats et les autorités ecclésiastiques, en protestation contre la politique de défense des cabinets démocrates-chrétiens, en particulier contre la décision d'équiper la Bundeswehr de systèmes d'armes adaptés à l'arme nucléaire et d'installer des ogives nucléaires américaines sur le sol allemand. Il n'y a aucune originalité quand, en 1978, s'organisent, sous la bénédiction de nombreuses églises, des campagnes telles que *Ohne Rüstung leben* ou *Frieden schaffen ohne Waffen.*

C'est à milliers que, dans les années 1920 et 1930, de jeunes Anglais prononcèrent le « serment d'Oxford », s'engageant à ne plus jamais combattre « pour le roi et le pays ». De puissantes manifestations appuyèrent en 1955 l'initiative de lord Fenner Brockway, lançant le premier manifeste contre l'arme nucléaire. C'est dès 1960 que le pacifisme, selon le mot d'Harold Wilson, se mit à « pourrir » le parti travailliste, et compta parmi les siens un Michaël Foot lui-même, chef actuel du *Labour,* l'un des militants depuis lors les plus déterminés de la « campagne pour le désarmement nucléaire ».

Un mouvement pacifiste et véhément milite depuis longtemps aux Pays-Bas, avec forte coloration anti-atlantiste.

Des mouvements identiques s'activent au Danemark et en Norvège, même si les Soviétiques refusent de retirer les armes nucléaires qu'ils ont installées dans la péninsule de Kola.

En Belgique, certains jeunes libéraux soutiennent de longue date communistes et socialistes neutralistes. Il n'y a pas langage nouveau quand Karel van Miert, chef du parti socialiste flamand, déplore que les Européens de l'Ouest soient devenus les « vassaux et otages des Etats-Unis » et que l'Europe de l'Ouest ne soit rien de plus qu'un « protectorat américain ».

Trois grands courants marquent depuis trente ans le pacifisme à la française : les pacifistes totaux qui redoutent l'Apocalypse nucléaire, un Hiroshima à dimension planétaire ; les pacifistes pro-soviétiques, « internationalistes prolétariens » et les neutralistes fiers, ceux de « la France seule », anti-les-deux-hégémonies, fervents de l'indépendance la plus jalouse du sanctuaire national, héritiers de Maurras proclamant son fameux cri, « ni Londres ni Berlin ». (Le national-neutralisme fut même très fort en France dans les années 1930.) Même si François Mitterrand, aussitôt élu, se campe à l'opposé du pacifisme et si Claude Cheysson, d'entrée de jeu, déclare : « Je suis choqué que le neutralisme soit maintenant une force importante dans certains grands pays, car le neutralisme n'est pas une politique, c'est une capitulation, c'est de l'indolence, une douleur d'estomac... », ce sont ces mêmes tendances, y compris le national-neutralisme, qui se retrouvent dans les mouvements pacifistes de 1980.

Il n'en reste pas moins que voici un terreau idéal à exploiter par la propagande soviétique.

Elle n'y manque pas.

Peu importe si Lénine dénonça une fois pour toutes le pacifisme comme « inacceptable à nos yeux », ajoutant que « nos traditions révolutionnaires et militaires sont... sacrées pour notre peuple » et si les textes lénino-marxistes précisent que le « pacifisme est un instrument qui prépare de nouvelles guerres sous couvert de slogans préconisant la paix », l'occasion est trop belle d'exploiter l'armée pacifiste pour mieux troubler et déséquilibrer une Europe de l'Ouest qui se révèle soudain d'une indécision et d'une fragilité extraordinaires.

Ainsi, de toute manière, l'Europe de l'Ouest devient-elle soudain pour Moscou un terrain de prédilection — le support le plus prometteur pour des victoires qui se refusent ailleurs.

Le chemin de Paris passe par Alger, disait aussi Lénine. L'armée pacifiste aidant, voici qu'il se révèle que le détour par Alger pourra s'éviter.

Ce n'est pas non plus le moindre paradoxe de nos temps, que cette vaste perspective soudain découverte par un Kremlin qui, de toutes parts, pouvait croire sa situation totalement bloquée.

Inévitablement, dans ces six derniers mois, les annales retiendront comme sommet des événements un sommet de l'horreur : en septembre, quelques jours après que Yasser Arafat, tout l'état-major de l'O.L.P. et quelque 15000 combattants palestiniens ont quitté en grands vaincus la capitale libanaise qu'ils occupaient en grands maîtres depuis des années, des éléments plus ou moins contrôlés de milices chrétiennes ou kurdes du Liban, avec l'approbation plus ou moins consciente ou par manque de vigilance de l'état-major israélien, s'introduisent dans les secteurs de Sabra et de Chatila, où sont parquées les populations civiles palestiniennes, qui n'ont pu être évacuées et, sous prétexte de rechercher des agents subversifs, ou ivres de vengeance, se livrent à d'hallucinants massacres durant quarante-huit heures. La réprobation est universelle. Même des enfants, des femmes et des vieillards tombent sous les balles des tueurs.

Il n'en reste pas moins, si impressionnants que soient les documents parvenus d'une telle abomination, que là n'est pas le sommet de notre temps. Le fait capital de toute la période, c'est bien cela : par les Soviets, la prise de conscience de la vulnérabilité de l'Europe. Non seulement ils tiennent sous la menace directe de leurs SS 20 l'ensemble des pays ouest-européens et non seulement ils peuvent y compter sur l'amitié active de partis communistes qui restent puissants, mais les voici également en capacité d'utiliser deux formidables nouvelles forces de subversion : l'armée des pacifistes et l'armée des immigrés.

Le voilà, l'événement des événements, de loin le plus important : alors qu'ils sont mis gravement en échec en Afghanistan, en Pologne, au Moyen-Orient, en Afrique et en Asie, les Soviets en passe d'obtenir une formidable et historique déstabilisation des puissances ouest-européennes...

On croit vivre une hallucination.

Pas du tout.

Le péril n'est pas seulement sur notre seuil : il est déjà dans nos villes, nos fabriques, nos rues.

Notre Europe n'est pas qu'assiégée : pour une bonne part, elle est déjà en voie d'investissement.

Hélas ! Pourquoi donc faut-il qu'elle garde tant d'aveugles !

6

Contre la vie morne : le Rétro

Il y a quelque chose de changé en 1983 par rapport à 1980 : d'une manière générale, on ne retrouve plus la manie délirante de l'ultra-modernisme ; de loin, la passion dominante est pour tout ce qui est « rétro ».

Est-on de toutes parts si las d'innovations ou de défis ? L'univers qu'il nous faut vivre est-il trop décevant ? S'est-on mis à rechercher refuge ou délices dans des manières de vivre moins sèches, moins mécaniques, moins pauvres d'âme ?

Certes, on n'a pas laissé perdre partout l'obsession d'être « in ».

Par exemple, la dernière défonce chic, c'est la défonce à la santé : à qui, jusqu'à la frénésie, se soignera le mieux. Il paraît que sa vogue nous vient du Far-West américain. La Californie est son triangle d'or. Autant imaginer *Fitness-Connection* (Forme-Connection) contre Héroïne-Connection. En moins de deux ans, c'est par centaines que les « parrains » de l'affaire, les Fonda, Jones, Cox et autres Sorenson, nous auront ouvert les marchés idéalisés du *jogging,* du *body building,* de l'*aerobic dance,* de l'*aerobic nutrition,* de la diététique, du *brain power,* des *fitnastics,* des *stretch exercises* et autres activités salvatrices. A l'Europe aussi, dès lors, réseaux à centaines de *spas,* de *gyms,* de *health-clubs,* de studios et de cliniques, sans autant oublier la *future shape clinic for no-sweat muscle toning* (la clinique de mise en forme par développement électronique du tonus musculaire sans transpiration). Gérard Le Gentil lui-même a manqué être débordé, l'organisateur magicien des mariages de l'Aga Khan, de David de Rothschild et d'Eddie Barclay, l'ordonnateur des réjouissances de Persépolis, directeur général de l'International President Club, enclave dorée du groupe Hatt à l'intérieur de l'hôtel parisien super luxueux *Nova Park,* qui, rue Pierre Charron, à côté du centre d'affaires pour séminaires et conférences, équipé de terminaux A.F.P.-Reuter, offre en prime piscine exotique, vidéo, restaurant au besoin diététique et salle de gymnastique raffinée : rassurez-vous, il est à l'heure. Car, il est trop vrai que vous n'êtes plus de votre temps si vous ignorez que le *brain power* rassemble les techniques de contrôle de l'activité cérébrale, que le *double chest* est une machine à muscler les pectoraux, que le *Spa* est le plus décontractant bain d'eau chaude à remous, le *pullover-torso* la machine à étirer les muscles du torse, le *leg curl* la machine à muscler les jambes par compression, que seul le *dro-poly hip* vous fera des hanches idéales. Les clubs *Nautilus* pour ne citer qu'eux, 400 aux Etats-Unis, 1 500 à travers la planète, mettent toutes ces néo-merveilles à votre disposition, avec, bien sûr, *audio-aerobic,* programme musical par cassettes rythmant les différentes danses acrobatiques. Voici même venir les *Diet Center* qui promettent de vous faire perdre en quinze jours, à coups de protéines, de lipides ou de glucides, votre « peau d'orange », votre « œuf colonial » ou votre « culotte de cheval ». Une séance endiablée de *squash* là-dessus, ou de *racquet ball,* et vous voici, en plus d'un homme « in » un homme neuf. Et n'allez surtout pas croire qu'il s'agisse exclusivement d'activités de luxe. Rien n'est devenu plus populaire que le *jogging.* Les Français et les Françaises de toutes classes sociales sont devenus à centaines de milliers des fanas de la *gymtonic* par télé.

La rage de trouver des idées nouvelles, surtout les plus choquantes, ne désarme pas. « Non, Jésus n'était pas célibataire. Sa crucifixion? Une mise en scène de ses disciples. En fait, le fondateur du christianisme a épousé Marie-Madeleine, la femme pécheresse qui, selon les Evangiles, répandit sur les pieds du Maître un parfum de grand prix. Il n'est pas mort à trente-trois ans, mais a coulé une vieillesse heureuse au pays natal. Son épouse a émigré au sud de la Gaule. Les descendants de Jésus se sont mariés avec des membres de la tribu des Francs dont est issue la dynastie mérovingienne vouée à régner sur la France durant trois siècles. » Telle est la thèse que défendent Henry Lincoln, écrivain cinéaste anglais, Richard Leigh, romancier américain et Michaël Baigent, chercheur néo-zélandais, auteurs d'un livre à succès *The Holy Blood and The Holy Grail* (Le Saint Sang et le Saint Graal), sur la foi de la découverte, dans l'église de Rennes-le-Château, commune de l'Aude, de parchemins attestant l'existence d'une société secrète, le Prieuré de Sion, vouée à protéger les descendants de Jésus et à les préparer à assurer le gouvernement du monde. La passion d'innover vaut autant dans la manière de penser — ou de croire — que dans la manière de vivre.

Mais, de fait, même d'évidence, la passion du « rétro » dépasse de loin la passion du « néo ».

Jamais on n'aura vu se disputer avec une telle fureur les souvenirs historiques, poils de barbe, chapeaux ou autres effets même plus intimes ayant appartenu à un personnage célèbre, sous condition d'authenticité garantie. Ici, on voit s'arracher à prix d'or deux plaques d'habit de l'ordre du Saint-Esprit, en canetille d'argent brodé, dont l'une appartint à Louis XVI, l'autre au dauphin ; là une chaussette (pas deux) en fil tricoté du même dauphin, quelques poils de la barbe de Henri IV arrachés lors de la profanation de son tombeau à Saint-Denis le 12 brumaire 1793, une feuille de saule qui ombrageait le tombeau de Sainte-Hélène, et la mèche de cheveux prélevée sur le front de l'empereur à sa mort par le comte Marchand, son valet de chambre. Tous chapeaux, mouchoirs, couverts et redingotes de Napoléon inspirent une faveur comme jamais encore, y compris sur le plus actif marché de faux qui se puisse imaginer. On a vu dans des enchères vendre très cher un fanion de la voiture du maréchal Pétain, un poignard d'Adolf Hitler et un stylo du général de Gaulle, mais aussi une cravate de Ringo Starr, vedette des Beatles, un costume de scène de John Lennon et une chemise en soie de Rudolf Valentino. Une simple rose offerte par Greta Garbo au photographe mondain Cecil Beaton approche les 10 000 francs. Personne ne saurait s'étonner, à un tel spectacle, que les émirs du pétrole soient devenus à leur tour de grands chasseurs d' « ancien » : chez Sotheby's, à Genève, ils s'adjugent à des prix insensés tous les phénix de la vente, telles une petite table à monture d'argent se contorsionnant en volutes chargées de guirlandes, comme savait en faire l'Allemagne de Bismarck, séduite par les grâces de Louis XV, et une soupière d'Odiot, exécutée en 1819 et gravée aux armes du général comte polonais François Xavier Branietti et de son épouse, fille illégitime de Catherine la Grande de Russie.

Nostalgie : c'est à qui aura son coffre, sculpté, doré ou peint, bardé de fer ou orné de clous, de cuir, d'étoffe ou de tapisserie. Qu'il fût bouge, bahut ou huche, il servit jadis à la fois de rangement et de siège, voire de couche — indépendamment de sa destination principale qui était de suivre son seigneur dans ses perpétuelles pérégrinations. Voici que les plus beaux apportent à nos intérieurs citadins la sobre élégance de leurs charpentes massives qui s'intègrent si parfaitement à la structure dépouillée du décor de notre temps. Alors, boom sur le coffre. Personne n'oserait rêver de s'approprier, au sommet de l'échelle des prix, un des coffres italiens du XVe siècle, peints et dorés à la manière des peintures primitives des Ecoles du Nord, Venise, Florence et Sienne, les plus beaux, les plus rares, exécutés par de grands maîtres, Pisanello, Mantegna ou Véronèse, mais la chasse est largement ouverte pour traquer tous « cassone » italiens en forme de sarcophages antiques sculptés de « putti » (des Amours), les coffres français d'inspiration Renaissance à médaillons entourant une effigie, ou les petits coffres en noyer sculptés de miroirs, d'entrelacs et de personnages exotiques, jusqu'aux coffres paysans plus récents du XVIIIe et du XIXe siècles.

Boom sur les bijoux anciens. La hantise de l'impôt sur le capital aidant (qui ne frappe pas les bijoux de cent ans d'âge), c'est toute une mode que d'aller en acheter aux ventes de l'hôtel Drouot. A qui aura sa bague 1800 ou son bracelet 1850, ou son bijou de Lalique. Paradoxe : tandis que les grands joailliers développent à fond le département prêt-à-porter — les *must* de Cartier et les papillons de Van Cleef — la vraie vogue est aux anneaux Napoléon III, où, faut-il le reconnaître, l'émail noir se marie de la manière la plus ravissante à l'or jaune et aux perles.

Boom sur les vieilles montres. Nos joailliers ont beau proposer merveilles sur merveilles, la *Santos-Dumont* de Cartier, *l'Arceau* de chez Hermès, encore jamais copiée, la *Palek Philippe* extra-plate dans son gousset, la *Baume et Mercier* de Bry, et, pour sportifs, la *Jean Lassale,* suisse à quartz, étanche, à cinq atmosphères, ou la *Constellation* d'Omega, « l'horloger de la marine ». Même si les temps leur font honneur, on n'en recherche pas moins aussi tout « oignon » de l'époque de Musset ou de celle de Sully Prudhomme.

On se dispute même les stylos rétro, avec palme au noir *Mont Blanc,* « rajeuni par une cure amincissante », et au *Nostalgia* de Sheaffer, vêtu de veloutés Arts Déco, tout d'argent fin ou de vermeil, gravés au diamant. Encore dans ce rayon, les joailliers interviennent ; il n'est plus une grande griffe qui n'ait sa plume ; Dior, Saint-Laurent, Cartier, Bulgari, Chaumet ont chacun leur modèle de « bijou à écrire » ; le *nec plus ultra* aux Etats-Unis est le *Fisher Space Pen,* recommandé par la N.A.S.A., adopté par les Soviétiques sur les vols Soyouz et qui écrit quelles que soient les circonstances, sous l'eau, en apesanteur, par grande chaleur ou par froid intense, dans n'importe quelle position et même au plafond comme une mouche, sur une surface glacée ou sur une surface graissée. Mais c'est plus encore à qui aura l'un des premiers Waterman, tout juste centenaires, premiers stylos à réservoir, ou l'un des grands ancêtres Parker, ou le modèle Parker 1910, à plume rentrante.

Même New York se met au rétro. On y voit s'élever de nouveaux gratte-ciel qu'on dit « post-modernistes », à colonnes, atrium-jardin et fronton découpé, de style Renaissance, palladien ou même Chippendale... La jeunesse émigre vers les quartiers ouest ou sud de Manhattan, tel Tribeka, pour faire revivre les vieilles maisons de briques, à perron, de la Belle Epoque. Les nouveaux palaces s'habillent de victorien. La pub fait des clins d'œil à l'ère glaciaire (Perrier), à Arcimboldo (assurances) ou aux folies gominées des années 1930 (Dior photographié par Avedon). La mode revient au *preppy look* des étudiants sages de Vassar, promotion 1960. Le *flash back* est universel. Tout s'y met, spectacles, musique, expositions. Sy Newhouse, l'héritier du troisième empire journalistique américain, annonce la résurrection de feu *Vanity Fair,* le plus célèbre magazine américain d'entre les deux guerres, avec Truman Capote pour écrire les potins. L'exposition qui a le plus de succès n'est pas celle de Picasso ou de Chagall, mais celle de dessins et de sculptures d'Erté, celle de photos début du siècle de Lartigue et de Bérénice Abott et encore plus celle, au Metropolitan

Museum, de robes à pouf de la reine Victoria, de notre comtesse Greffulhe et de « leurs dames » Vanderbilt. On préfère aux boîtes et au streeptease les soirées en pianos-bars (vedette numéro un, Bobby Short, très Sablon). On se risque davantage à travers Harlem *by night,* pour le seul plaisir d'aller écouter du bon jazz d'il y a trente ans au *Top Club* ou au *Red Rooster.* La mode est à nouveau aux *show-cases comedy-clubs,* mi-cabarets mi-cafés-théâtres, où l'on va écouter des troupes féroces. Le cinéma offre des *remakes* à foison, de *Verdict* avec Newman à *Funny Face* avec Twiggy.

Le xxe siècle fait vite vieillir les années. Les années 1950 ne font pas moins rétro que les années 1900. Pas étonnant que le livre tout récent d'Anne Bony, précisément sur *les Années 50,* ait plein succès. C'est le grand retour aux *fifties.* Sept longs métrages, dont *Liberty Belle* de Pascal Kané et *Coup de Foudre* de Diane Kurys, sont en cours de réalisation sur fond d'années 50. Jamais on n'aura connu autant de milliers de « cats » (garçons) à adorer religieusement Elvis Presley, Bill Haley, les Skay Cats. Le yéyé, le disco, le reggae, le « psychédélique », à coups de *shit* et de coco, n'auront eu aucune prise sur eux. Un *fifties* n'a pas besoin de prendre un joint pour prendre son pied. Le rock, il n'y a que ça de vrai. Un rythme sain, hygiénique. Vous n'êtes plus dans le vent si vous ne savez pas vous rappeler ce qu'est un *plan* (lieu de rendez-vous), un *plan avec une nana* (une touche), une *hop* (une surprise-partie) ou le sens du verbe *flasher* (avoir le coup de foudre pour quelque chose). Les modèles de femmes à aimer redeviennent Jane Russell, Lana Turner, Rita Hayworth, Kim Novak, croupes-amphores, poitrine pour Rubens, œillades assassines. On retrouve des lèvres carmin, façon Juliette Gréco. On copie ses toilettes sur les modes de *Marie-Claire* et de *Cinémonde* d'il y a trente ans. On se carre dans un fauteuil Knoll, pour feuilleter un *Adam.* Comme Colgate, on veut rebriller de toutes ses dents. A nous toutes formes aérodynamiques, mais aussi des couleurs qui éclatent, et aussi le formica, le polyester, le rotin. On enfourche une Vespa, modèle *Dolce Vita.*

En s'amusant, Gilles Hertzog, dans *Play-boy,* fait le portrait type de l'intellocrate. Autant, quasiment à chaque ligne, retrouver la marque des nostalgies. Pour être intellocrate parfait, « vous avez une mère pianiste, un père au P.C. et un portrait de Staline au mur, à Neuilly... si possible vous avez eu une enfance rêveuse de bonne bourgeoisie provinciale, cultivée " classique " ou vous vous racontez pied-noir d'Oran, martyr de 62... Il est conseillé de ne pas avoir dépassé le bac... Vous vous dites journaliste éditorialiste, mais sans tribune, cancre, mais amoureux de Sartre... Vous adorez les surréalistes, la cinémathèque, papa Freud, les exploits sexuels des Mérovingiens du Nord, *le Monde diplomatique,* un peu moins *le Nouvel Obs* depuis qu'il soutient le gouvernement... Vous dénoncez la C.I.A. intellectuelle qui sévit en France... Vous allez à un cocktail Gallimard traiter courageusement Aragon de crapule stalinistе… Ecrire dans *Tel Quel,* à *Critique,* dans *Art-Presse,* voilà l'idéal… La presse quotidienne ! Peuh ! A moi les revues dignes de ce nom, *les Temps Modernes, le Débat, Esprit…* L'an dernier, j'écoutais Radio-Mégalo, Radio-Intello ou France-Culture… Comment ne pas être des gauches ? J'ai goûté à toutes ; il faut avoir été communiste, castriste, sartrien, maoïste, mitterrandiste, punk et lacano-aronien critique… Modèle : Jack Lang et la culture en béret bask… Livres de chevet : Chateaubriand, Anatole France, Sollers, Pindare… Je mange trois semaines chez *Lipp…* Rendez-vous au *Flore…* Moto, moustache à l'anglaise, veste Mao… C'est moi qui ai donné à Mitterrand l'idée du psychodrame au Panthéon… je ne fume que des Camel… »

Le marché des vieilles voitures connaît plein succès. On se dispute comme jamais « ancêtres » (avant 1905), « vétérans » (1905-1914), *vintages* (entre 1920 et 1933) et *postvintages* (1933-1939). On a encore pu voir à l'enchère un De Montais, tricycle à vapeur d'autant plus précieux qu'il s'agit de l'unique automobile sortie des ateliers De Montais, plutôt spécialisés dans les armes, et qu'elle participa à la première course automobile de l'histoire, Paris-Rouen, en 1894. Certes, en plein siècle de Staline, il y a encore des amateurs pour le super-luxe ultra-moderne. La Rolls Royce *Camargue* se proclame sans complexe la voiture la plus chère du monde : elle vaut exactement le prix de cinquante Citroën 2 CV 6. Toujours aussi intrépide, l'Amérique nous sort cette invraisemblable Cadillac *Séville,* la traction avant la plus longue « in the world », la plus lourde aussi et qui est la première à posséder un moteur V8 (un huit cylindres) qui fonctionne électroniquement et, selon la charge, soit sur huit cylindres, soit sur six, soit sur quatre. D'aucuns peuvent encore s'afficher sur ces fauves de la technique la plus raffinée, Bentley *Mulsanne à turbo,* De Tomaso *Pantera GTS,* Ferrari ou BMW de 252 chevaux, c'est-à-dire la *745 turbo,* « la machine qui fait rêver ». Le vrai chic est cependant d'acquérir telle Ford modèle *T 1919,* ou plus encore telle De Dion-Bouton *E 1899,* à sa naissance considérée comme la plus révolutionnaire, puisque la première à comporter changement de vitesse au volant et embrayage progressif. On voit se vendre à des prix insensés telle Rolls Royce *Phantom 1* 1926 de chez Springfield, qu'eut l'actrice Jean Harlow ou telle Talbot type H 75, R1 *Atlantic* 1933, cabriolet *Mylord* de chez Janer. Claude Lelouch a mis un « ancêtre » dans son salon comme il y aurait mis une sculpture. L'un de nos musées les plus envahis par fans et curieux est, à Mulhouse, « le Temple de l'Auto », « le musée des frères Schlumpf » qui rassemble dans une forêt de 900 lampadaires, inspirés de ceux du pont Alexandre III, 584 voitures anciennes, de la Panhard de 1897 à la Ferrari du shah d'Iran, de la Bugatti personnelle *Royale* d'Ettore Bugatti (classée « monument historique » avec près de 300 autres véhicules de la collection) à telles

Amilcar qui furent les « Bugatti de course du pauvre », d'une Rolls Royce *Silver Ghost,* qui fut à Chaplin, à l'Hispano-Suiza préférée d'Alphonse XIII, d'un taxi Renault 1906 qui participa en 1914 avec ses frères à la victoire de la Marne en transportant sur le front les troupes de la garnison de Paris, à telle Rheda de 1899 ou telle Grégoire de 1910.

C'est le meilleur esprit « rétro » qui fait prospérer formidablement l'esprit club, le *Rotary,* né dès 1905 à Chicago et le *Lions,* né dès 1917, encore à Chicago. Force extraordinaire. Près d'un million de rotariens militent dans le monde, sous l'enseigne « réussir et servir », répartis en 19 477 clubs et implantés dans 157 pays. Les pays de l'Est sont les seuls à leur être fermés. « Car le Rotary, mouvement strictement apolitique, ne peut exister que dans des pays où les hommes sont aptes à exprimer leurs opinions, à réfléchir librement sur la manière d'élever la qualité de la vie après avoir affirmé leur propre valeur humaine et professionnelle », explique le président international de l'ensemble, l'Américain Stanley MacCassrey. Cet idéal « d'hommes de bonne volonté » est même toléré chez Fidel Castro, il est vrai ancien boursier du Rotary. En France même, nous comptons plus de 600 clubs, dont l'aîné, parisien, date d'il y a plus de soixante ans. Un avocat, Paul Harris, lança le mouvement rotarien ; un jeune agent d'assurances, Melvin Jones, le Lions. Mais le club cadet sert des idéaux et des objectifs identiques, que résument bien les initiales LIONS (*Liberty Intelligence Our Nations Safety* — Liberté et Compréhension sont sauvegarde de nos nations). Puissance également identique, quoique légèrement supérieure : plus de 1 300 000 membres ; 35 000 clubs, sur 152 pays, dont 778 clubs et plus de 25 000 membres pour la France. Il n'existe d'équivalents que les clubs de la Table Ronde, d'origine anglaise, portée sur les fonts baptismaux en 1926, rassemblant 70 000 Tableurs dans le monde. Echelle de l'action : le Rotary peut consacrer quelque 500 millions de francs dans l'année à son action sociale et à ses œuvres philanthropiques.

Phénomène rétro que la renaissance du *bel canto* à travers *toute la France.* Jusqu'à il n'y a guère, la voie sacrée de l'opéra était à sens unique. Les fans du *bel canto* « montaient » à Paris. Désormais, la tendance se renverse. Depuis un an. Même les jeux de l'été au cirque d'Orange ou dans la cour de l'archevêché à Aix-en-Provence étaient « parisiens » ; le grand desservant en aura été Bernard Lefort, grand-prêtre du palais Garnier ; tout compte fait, il ne s'agissait que du « Castel Gandolfo de notre Vatican lyrique ». Désormais, tout se provincialise réellement. Déjà le 1er janvier 1982, la province affichait quinze opéras, sans compter les opérettes traditionnelles, de la *Veuve joyeuse* à *Trois Valses.* Rome n'est plus dans Rome, signe de toute la promotion du genre. La Halle aux grains de Toulouse fait communier dans le culte de Wagner. Nancy lance sur les flots *le Vaisseau fantôme.* Lyon donne la première française de la version intégrale des *Contes d'Hoffmann.*

Jean-Claude Malgoire, à l'Atelier lyrique de Tourcoing, dirige *l'Opéra des Gueux.* Les Alsaciens, avec l'Opéra du Rhin, découvrent *Comme il vous plaira,* de Pierre Hasquenoph, sur livret de Francis Didelot, modèle de création contemporaine. Les Bretons accueillent le *Wozzeck* d'Alban Berg. Avec Roberto Benzi, Bordeaux donne *la Flûte enchantée.* Montpellier joue *Faust,* Marseille *Lakmé,* Monte-Carlo *Ariane à Naxos.* Somptueusement, avec *Faust,* Nice peut afficher *Gemma de Vergy, Turandot, Lucia di Lammermoor* avec Montserrat Caballé, José Carreras et José van Dam.

Quand Jacques Séguéla — lanceur de la « force tranquille » — nous dit que « le vieux luxe a fait place à un luxe multiforme, dans lequel chacun puise à sa guise » et divise les Français en quatre catégories, dont chacune a son luxe, c'est le « rétro » qui l'emporte, pour les quatre, dans tous les éléments retenus qui permettent de les distinguer. Les *aventuriers,* « ni jeunes loups ni jeunes chiens », avec star préférée Alain Delon, week-end volontiers aux Bahamas et écran de télévision géant, fanas du plus cher, non moins que les gandins de 1900, préfèrent le « paraître » à l' « être », le tapageur au bon goût. Les *décalés,* « loubards argentés, mal dans leur peau, pas casseurs pour deux sous » ont pour star l'apache Gainsbourg le mal rasé, portent un collier de turquoise sous une chemise Saint-Laurent et exhibent pour voiture « une vieille traction Citroën amoureusement repeinte » : nostalgies, nostalgies... Les *utilitaristes conservateurs,* « hommes passifs et du passé... attachés au patrimoine et à la pierre »... clients d'Hermès, dieu : Jean Gabin, véhicules : une grosse Peugeot, ne peuvent chérir que la première moitié du siècle. Quatrième facette, les *recentrés,* « amateurs de confort et de vie agréable, sensibles à la soie et à la fourrure... », propriétaires d'une voiture qui « ne paie pas de mine, mais c'est la 7 ch du bonheur », sont par définition à l'autre pôle des néos.

L'hyperréalisme, capitale Paris, recrée la peinture rétro. Nous voici depuis un an avec les champions du super-bien léché, du super-bien fait, les rois du flou artistique, des couleurs rouge-baiser en bonbon fondant. Voici retrouvés l'esbroufe, le clinquant, le brio acrobatique. Le raz de marée naquit à New York fin des années 1960, submergea les Etats-Unis, puis le monde entier avec la complicité des commandos de peintres cubains et européens. Cela donna un art lourd d'effets spectaculaires, de la vraie peinture pour « Jamesbonderies » et spaghetti-westerns avec des clins d'œil biberonnés dans le m'as-tu-vu. Fini, l'art conceptuel du Land Art, ou l'art pauvre du Body Art, le discours pour initiés capables de percevoir l'infime, le minuscule, la poussière, l'anti-portrait du photoréalisme. A notre tour de retrouver la tradition du début du siècle où l'ASH Can School s'ébattait dans la peinture populiste réaliste et où les « précisionnistes » illustraient les années 1920.

Modèles : Richard Estes, avec un œil à la Pissarro, peignant des vues urbaines ; Robert Cottingham spécialisé dans les enseignes lumineuses ; Don Eddy n'ayant d'yeux que pour les carrosseries automobiles ; David Parrish fignolant les détails de motocyclette.

On voit Buffet s'autoportraitiser déguisé en mousquetaire, portant la fraise, ou en uniforme de saint-cyrien sous casoar. Traits durs, regards perçants, yeux en amande, tantôt on croit rencontrer Annabel, mais tantôt aussi le duc d'Albe.

A nous, toujours dans le même éclairage, le retour à l'émotion. Il se révéla au printemps 1981, après une absence de vingt ans. Il n'a plus cessé de s'affirmer, essentiellement sous forme de néo-expressionnisme. Oubliés, les temps où Warhol déclarait qu'il voulait être une machine, où Lichtenstein proposait d'exprimer les plus grandes émotions de la manière la plus mécanique, où Wayne Thibaud voulait travailler « sans s'impliquer lui-même en aucune façon » et où le journaliste-critique d'art Clément Greenberg appelait la peinture l' « art du prosaïsme parfait ». Sensiblerie partout. En Italie : Mimmo Paladino, et surtout Francesco Clementi, « le transavantgardiste », avec un art volontairement sommaire, un mépris apparent du « savoir-peindre », le symbolisme le plus primaire, des sujets traités sans le moindre souci de « finitude ». En Allemagne, Bernd Zimmer, Georg Baselitz. En Amérique : Philip Guston lançant un style tout fait de gaucherie et inventant en guise d'autoportrait un personnage lugubre, à la tête boursouflée ou empêtrée d'un masque, sans doute parce qu'après toute une vie de recherche sur lui-même il a apparemment découvert qu'aucune conscience ne peut rester incorruptible quand elle est enfermée dans le cocon d'une société de corruption ou d'échec.

Un genre trop souvent négligé revient puissamment à la mode : le portrait. C'est que nous sommes aux temps de la télé, et que la télé est l'art du visage. De plus, l'histoire est à la vogue, assez pour faire exposer les portraits de papa et de grand-papa. L'omniprésence de la photographie, avec ses implications visuelles et techniques, impose aussi son optique. La psychanalyse explique d'autres perceptions des traits. Ainsi retourne-t-on à un certain réalisme. « Ni retour ni continuation, mais recommencement » précise le peintre Arikha. Ainsi la recherche s'oriente-t-elle de plus en plus vers l'homme, au point que l'on dit de préférence « peintre de figure » à « peintre de portrait ». On re-cite Vinci : « *La pittura è cosa mentale*... Tu feras les figures de telle sorte qu'il sera facile de comprendre ce qu'elles ont dans l'esprit. » On rappelle Quentin La Tour : « Ils croient que je ne saisis que les traits de leur visage, mais je descends au fond d'eux-mêmes à leur insu. »

Edouard Pignon peut illustrer le retour à la terre. Il délaisse combats de coqs, plongeurs bleu de mer et nus roses ou rouges. Le voici tout dru avec des hommes du limon sous le ciel chaud, chantant et enivrant du midi. Des formes massives bougent dans la lumière épaisse. Mouvement et harmonie coulent d'un bloc sur cette terre fardée de jaunes, d'écarlates et de verts. Toutes les splendeurs, tous les éclats rutilants et puissants de la nature emplissent le champ de la toile et chantent fort. Regardez cette toile, *Greffage du jasmin.* Les hommes et les femmes se penchent sur le jasmin tandis que les oliviers se tordent d'ombre et que l'on imagine germer lait et sang. Une lourde animalité respire dans sa paix et sa puissance. Vive l'instinct de vivre ! Cette grande peinture à lumière amoureuse, pulpeuse, somptueuse aurait été saluée comme chef-d'œuvre alentour 1910.

De tout son génie, Georges Yatridès nous restitue l'art des plus grands maîtres. Ligne et lumière. Il est fils de Grecs, petit-fils de Grecs chassés par des persécuteurs turcs des comptoirs hellènes de l'Empire ottoman. Il aurait pu être californien, avec un grand-père prêtre orthodoxe à Los Angeles. Il aurait pu se fixer à Salonique, où il fit ses études secondaires. Durant quelques années étudiant à Léopoldville et à Brazzaville, il assimila avec tant de ferveur l'art primitif nègre qu'il pensa à s'implanter définitivement aux Congos. A cinquante-deux ans, il est l'un des grands peintres français les plus connus et les plus exposés aux Etats-Unis. Trop méconnu en France, il vit et travaille à Grenoble, au plus près des Alpes, qui lui sauvent les poumons. La netteté de De Chirico, avec des silhouettes du plus classique Dali. La sobre majesté pathétique des primitifs flamands. Un certain fétichisme gardé des magies africaines. Des couleurs de Véronèse. Une rigueur dans le travail jusqu'à concilier des procédés inconciliables. Une écriture picturale intransigeante. La manière exemplairement austère de la plus pure école graphique moderne. Des chefs-d'œuvre qui s'appellent *La Créature aux fleurs, le Pain vivant cosmique, le Royaume de Dieu, Voici, je fais toute chose nouvelle*... Mais par-dessus tout, il trouve la vraie route qui reconduit aux plus grands maîtres du passé : graphisme superbe ; facture irréprochable ; inspiration grave ; religion des immortalités...

Mickey survit et rajeunit. Bécassine revient. André Franquin, père de *Spirou,* de *Gaston Lagaffe* et du *Marsupilami,* a pu s'inquiéter de la relative stérilité qui affecte depuis quelques années la bande dessinée. « Entre le systématisme du zizi ou de l'intellect torturé à la française et certaines infantilités à la belge, la B.D. actuelle a trop souvent du mal à trouver des formes nouvelles, tant au plan des idées qu'à celui du graphisme. Il est exact que même le dernier festival d'Angoulême a révélé une certaine crise... L'école française, surtout, fille de *Pilote,* de mai 68, de *l'Echo des savanes* et de *Fluide glacial,* patine dans le yaourt. » Les grands eux-mêmes s'essoufflent. Seul de la bande de *Charlie,* Dimitri aura produit quelque chose de mémorable avec *les Rois du Pétrole,* pour tribulations franco-soviétiques en Afghanistan. Malgré leur talent, Bilal et Martin Veyron auront connu un relatif échec avec *Crux Universalisés* et *l'Eternel Féminin dure.* A peine peut-on citer comme succès nouveau l'*On aura tout vu* de Lacroix, où un homme à chapeau ressemblant beaucoup à Achille Talon promène délicieusement son regard et ses maximes sur la vie. Symbole de l'appauvrissement : les planches, naguère très chargées (Hervé y mettait jusqu'à 16 vignettes), se dépouillent jusqu'à quatre ou même trois cases. On ne voit triompher que de vieilles gloires, ainsi Jacques Martin avec *la Tour de Babel*. Alors, le rétro triomphe sur tout le front. La crise d'inspiration en Belgique se caractérise par de multiples rééditions, *Marc Dacier, Jean Valahardi, Clifton, Chlorophile, les Histoires de l'oncle Paul, Timour,* toutes histoires qui enchantèrent les années 1950. Polar, western, science-fiction voient refleurir de plus belle les vieux sujets à succès. Altan fait promener son *Alta dans la jungle,* où l'on retrouve à plein la vie quotidienne des banlieues à bistrots et flippers. L'on remonte si loin que Dieu devient à son tour superstar de la B.D. ; au moins une bande sur deux présente un vagabond, un soûlographe ou un mouton métaphysicien comme dans *Hi-Yo, c'est l'écho* de F'Murr ou *Dieu, sa fille l'homme,* de Michel Faure. On retrouve Bicot. Les Pieds Nickelés resurgissent. Donald, déjà près de cinquante ans, né en 1934 de *la Petite poule sage,* jaillit tout rénové. Mickey nous est rendu tout rajeuni : à sa naissance, en 1928, dans *Steamboat Willie,* il était plutôt un affreux jojo, une personne trop exubérante, même légèrement sadique, l'un des enfants terribles des années folles, maniant avec sa Mamie toutes les armes de la torture, faisant couiner un canard dans une étreinte à l'étouffer, tournant la queue d'une chèvre comme une manivelle, tordant les mamelles d'une truie, puis le grincheux se changea assez rapidement en preux chevalier, redresseur de torts, hôte adorable et joyeux d'un monde magique ; nous le retrouvons plus gai et serviable que jamais pour pourfendre nos cauchemars et nos fantômes. Mieux encore : revoici cette chère Bécassine. Elle fut l'héroïne de *la Semaine de Suzette* de 1905 à 1950, irrésistible avec sa coiffe bretonne toute de travers, ses grosses joues rouges, son nez rond, son tablier court, son large jupon vert, ses sabots. Elle fut brûlée en 1939 à Quimper par des étudiants bretons intégristes qui, ne supportant pas de voir la Bretagne ridiculisée sous ses traits, avaient dérobé sa statue de cire au musée Grévin. Trente-trois ans plus tard, entrée dans l'incombustible musée imaginaire du neuvième art, Bécassine est réhabilitée. Cela se passe au Centre culturel du Marais. Vous y avez de la Bécassine en veux-tu en voilà. Au reste, ces étudiants eurent tort de voir essentiellement en elle l'apologie de la bêtise et le portrait de l'anti-héros. Il est trop vrai qu'elle peut être incommensurablement sotte : comme on lui recommande de remonter sa montre chaque soir, elle la monte jusqu'... au grenier ; dans ledit grenier, elle fait rôtir une grive sur un vieux canapé, pour ne pas salir celui du salon. Mais elle peut être aussi finaude que naïve ; mobilisée comme receveuse de tramway pendant la guerre de 14, elle réalise acrobatiquement des photographies aériennes des lignes ennemies à partir d'un biplan piloté par un Anglais ; dans le sillage de la Marquise du Grand Air, elle n'a pas son égale pour démasquer les espions « boches ». Elle est plus souvent Figaro que Candide. Il est beau que le Marais lui fasse rendre justice. Au demeurant, elle fixe si superbement la revanche du rétro qu'elle triomphe jusqu'à inspirer une thèse d'université où l'on compare fort doctement ses aventures avec *A la recherche du temps perdu* de Marcel Proust.

La lumière des étoiles mortes est plus vive que jamais.

A nous Mistinguett, Joséphine Baker, Joan Crawford. Le peintre espagnol Eduardo Arroyo passe cinq ans sur les traces de l'un des plus grands boxeurs de tous les temps avant Cerdan et Robinson, Al Brown, champion du monde, fils d'un esclave des faubourgs les plus crasseux de Panama, poids coq d'1,75 m avec l'envergure d'un poids lourd, aussi élégant qu'efficace, ravagé d'alcool, fantasque ami de Cocteau et de Chanel qui lui offre une cure de désintoxication, ensuite danseur de Médrano, drogué à mort, trouvé mourant dans un terrain vague de Harlem, « un diamant noir dans une poubelle », comme dit Cocteau. On ne se lasse pas de revoir sur petit écran nos mousquetaires légendaires de la Coupe Davis, Borotra, Cochet, Lacoste. Borg et Hinault étant trop tristes, ou trop classiques, ou trop sponsorisés, on rêve de revoir les frères Pélissier, dont l'abandon au tour 1924 inspira à Albert Londres son reportage sur *les Forçats de la route.* On fait le songe de retrouver les années « rugissantes » de l'entre-deux-guerres et un fantaisiste à la Chevalier qui, tout en chantant mal, fascinait tous les publics.

On se réjouit de voir Faye Dunaway ressusciter Joan Crawford, *Mammie dearest, Maman très chère,* d'après le livre — dur — de sa fille adoptive Christina, sur fond des collines de Beverley Hills, avec de belles voitures chromées, des robes en lamé, beaucoup de vodka et le cher mari, Alfred Steele, de Pepsi-Cola.

Encore des années *fifties.* Le *rock date,* chant de révolte contre l'humanité. Elvis Presley électrisait les foules jeunes, d'abord sirop, nian-nian, soudain mèches noires qui fouettent l'air, rock qui claque. Jerry Lee Lewis, roi soleil du *swing* hystérique, trilles de notes survoltées, vociférations de gangster, vous envoyant les *Boogie-Woogie-Flu* comme pas un, Gene Vincent, surnommé à Norfolk « l' gars qui hurle », Screaminus pas costaud, traînant la patte à la suite d'un accident de moto, costume pur cuir, chaînes de vélo, mugissait *I'm going home.* Little Richard, pasteur diabolisé, rocker défroqué, poussait son inimitable air de guerre Heuh-Wam-Bam-Beuh-Loum-Bam-Beuh-Lam-Bim-Boumm. Buddy Holly, dent cassée, pieds rentrés, genoux luxés, guitare hoquet, crachait *I'm lookin' for someone to love.* Chuck Berry se déchaînait à se casser. A millions d'exemplaires, le disque nous les restitue. L'on en demande et redemande.

Jamais nous n'aurons eu autant de programmes télé consacrés au rock, de *Houba Houba* à *Platine 45,* de *Mégahertz* à l'*Echo des bananes,* de l'*Impeccable* à *Haute-Tension* et aux *Enfants du rock.*

Nostalgies qui se discutent, mais qui existent : le tube de la nouvelle vague du rock allemand, qui s'appelle *Tanz den Mussolini, tanz den Adolf Hitler,* « Danse le Mussolini, danse l'Hitler », marche « le tonnerre » dans toutes les boîtes de Bavière et des Sudètes. Et le nouveau rock allemand de nous chanter aussi *Douleur du Monde, Mythes dans un sac de plastique* et *Breslau* (parce que la ville, devenue polonaise, s'appelle maintenant wrocław).

« Les skinheads ont de sales gueules, les skinheads puent du bec, les skinheads sont des fachos. Ce qu'on aura pu raconter sur ces rockers prolos de l'Angleterre en crise ! Effectivement, leur musique a des airs de combats de rues. C'est là qu'elle est née, fille indigne des groupes punks qui radicaliseraient le mouvement lancé au temps des Sex Pistols en 1977. Il reste que ça vous fait bigrement bouger, *Still out of Order...* » C'est de Philippe Adler, joyeux chroniqueur talentueux de *Playboy,* lequel *Playboy* vient de fêter son centième numéro et va célébrer son dixième anniversaire. Il reste aussi que Philippe Adler aime plus encore frétiller avec tous rocks *fifties* et rocks rétros. « Tenez, croquante, cette photo de Count Basie fièrement juché sur une Vespa flamboyant neuf et qui orne la cover du 33 tours *Basie rides again...* Aaah ! que c'est beau, ces pochettes d'époque ! C'était en 1952... La musique qui a pris le moins de rides, cette usine à swings... » Certes, « pour être in, hard et carré, faut maintenant savoir entendre les Rods, trois loulous des faubourgs new-yorkais qui ont de vraies têtes de vigiles pour musée des horreurs » ou les Meteors « trois English, punko-rockabilly qui jouent une musique rigolarde, peuplée de bruits de chaînes, de vampires et de chauves-souris (adorent arroser les premiers rangs des spectateurs avec du sang de poulet) », ou mieux encore Carlène Carter, « ça, ça a de la pêche, ça swingue, ça racle, ça Calberson, ça vous attaque avec une voix toute fêlée à la Brenda Lee »... ben quoi... « une nonne bleue qui carbure au gros rouge ; si vous aimez les chiennes, détachez vos ceintures ». On peut aussi aimer Henriette Coulouviak, Miss Macho Mucho, reine de la chinoiserie rock à la française, qui vient d'accoucher en Belgique d'un album *Récalcitrante.* « Une vraie tornade. La fille a autant de muscle que de chien. Il faut s'accrocher pour ne pas perdre pied... N'allez surtout pas attendre du rock gna-gna, ni de la chanson gna-gna... »

A compter encore dans une dynamique nouvelle vague : le groupe U2, les Single minds, les Perfect Zebra, le Comsat Angels, autrement dit, tous neveux d'ailleurs de Roxy Music, même si aucun groupe ne s'en réclame. « Les définir ? Quasiment impossible. Ce n'est ni le hard rock, ni l'after punk, ni le style bip bip, boîte à rythme synthé... » Et Peter Allen, vous connaissez ? Non ? Vous avez tort. « Peter Allen is just a crooner de plus. L'Amérique est décidément le seul pays à savoir inventer des vocalistes aussi fabuleux qui chantent comme vous et moi respirons. Un tube à ne pas manquer : *I dont' go for shopping.* » Mais notre sympathique chroniqueur de *Playboy* ne trouve vraiment le pied, le pied total, qu'avec des trucs d'il y a vingt ou trente ans. « Moi ça y est, je prends désormais mon foot matinal avec *Baltimore Oriole,* ravissante rengaine composée jadis par Hoagy Carmichael — ouail, ouail, le mec de *Stardust* — et parolée par Paul Francis Webster, même s'il y a aussi *Save the World,* quelle mélodie !, et une autre vieille resucée de Carmichael, *Hong Kong blues...* »

D'aucuns cherchent encore, naturellement, du nouveau à tout prix. A eux, au mieux, pour le paradis, un son dur, âpre, menaçant, basse agressive, rythmique hachée, vocaux enflammés. Le groupe Black Uhuru est le principal tenant de ce néo-reggae, à la fois proche des *roots* (racine) pour l'esprit musical et tourné vers l'avenir par le contenu des chansons. La couleur fétiche de ces diables de gars est rouge, rouge comme les yeux de ceux qui fument la *ganja,* herbe jamaïcaine, comme les explosions de colère des ghettos de Kingston, comme le gigantesque drapeau qui sert de toile de fond à leurs concerts. Pour tout dire, en swahili, langue traditionnelle africaine, *Black Uhuru* signifie « Liberté Noire ». Vous découvrez un trio vocal avec deux Jamaïcains, Michaël Rose et Duckie Simpson, et une Noire américaine, Puma Jones. Oui, vous vous étonnez : par règle, les *rastas,* des misogynes patentés, n'admettent pas de femme dans les groupes ; c'est tout simplement que Puma, exact, est accueillie comme émigrée, venant de Harlem ; ça donne des droits. Rose est une sorte de gouape hargneuse dont la voix frotte et resserre les sons à la manière orientale. Le jeu consiste à illuminer des messages d'espoir pour tous les maudits de la terre, sauf que, loin de servir la violence, Black Uhuru met en garde contre elle. « Economisez vos forces — car la force, c'est la vie. Et tous les jeunes Africains unis, une menace. » Vous êtes assailli comme de toutes parts par une musique qui crépite... Vous vous souvenez aussi, il y a un peu plus d'un an ? Comme nous le dit encore notre gars de *Playboy,* « On recevait en pleine gueule les trois cow-boys fous et teigneux du ZZ'Top et leur dernier-né, *El Loco,* le dingue, quoi, à coups de rots et de bière chaude, à vous enflammer toute la moelle épinière. Des rigolards de feu, les mecs. Après ça, vous sautiez à pieds joints sur la barmaid, pour lui passer votre incendie. Brr, zzzz, eueueu, Top !... Ou alors, on s'embarquait dans les délires avec les trois dingues de la guitare, Al Di Miloa, John Mc Laughlin et Paco De Lucia, qui vous font une paella où vous ne reconnaissez plus le rock du folk, le jazz du flamenco ni le blues de la salsa. Du super tonique, quoi, du super muscle, du super fortifiant. Vachement émouvants, les pontes. » Et nous avons itou ce vrai sofa pour Plaza, *cool* et *lazy, Scissors Cut,* de cet autre déchaîné, mais genre lascif, qu'est Art Garfunkel, et même Jean-François Roulot « un musicos, un vrai, un type qui sait chanter et qui swingue comme une voix en rut. Un peu de

French Vanelli si vous voulez vous faire une idée. Voix élastique, plusieurs octaves, punch, feeling et jazzo-rock complètement moderne, dans le coup... un vrai rouleau compresseur. Ah, ah, ah... ouaih, ouaih, je suis toujours aussi marrant... glacé. Ouh là !... » Mais tout ça, eh bien, c'est dépassé, dépassé par tout ce qui vient d'avant, c'est-à-dire des incomparables *fifties.* Savez-vous ce qu'écoutent désormais, écouteurs aux oreilles, les maniaques du *walkman* (jouet de 380 grammes, qui permet d'écouter, mains libres, les musiques célestes), le gosse sur patins à roulettes, le bronzé sur les plages, le slalomeur de Megève (ski en reggae), l'alpiniste qui pourrait emporter Beethoven ? Grâce à ce néo « bijou technique » — mini-stéréo portable avec piles de lecteur de cassette sur la ceinture, savez-vous ce qu'entend le président de Sony, Akio Morita, qui a pour caprice d'écouter de la musique tout en faisant son 18 trous de golf ? N'en doutez pas. Du classique, *All those years ago,* le tube d'un ressuscité des grandes années, George Harrison, ex-Beatle, ou du Bob Marley, hélas mort il y a déjà trois ans, prince du vrai reggae, du moelleux, du coulé, de l'aérien, propulsé par une inégalable basse mélodique et chantante...

Le vrai pied 1983, au fond : écouter *Rock around the clock, Love me do* ou *Yesterday,* impérissables succès des Beatles, en savourant des filets de sole Albert, manière Maxim's, dans du Limoges Raynaud, des assiettes bleu nuit, décorées de personnages à l'or fin poli à l'agate par Salvador Dali représentant des scènes de *Faust,* des cavaliers au galop et des femmes en fourrures, assiettes dignes de la marquise de Pompadour ou de l'émir d'Abu Dhabi.

Johnny Hallyday lui-même, trente-neuf ans d'âge, vingt-trois ans de métier, 400 chansons, plus de 50 millions de disques vendus, yeux d'azur, teint bronzé, comme dit Louis Amade « la plus belle bête de music-hall » est un héros rétro. Il a beau continuer de vivre dans un tourbillon affolant ; ses accidents de voiture, ses motos fauves, ses procès, ses virées beuveries, ses femmes, ses deux mariages, ses ruptures ne sont là que pour parfaire le portrait d'un déchaîné ; rock, *rythm and blues,* ballades hippies, variétés, musique *country,* il aura su saisir au vol toutes les modes — sauf le disco. Il reste avant tout le fils de 1960, quand, dès sa première apparition à l'Alhambra, cet ancien enfant de la balle déchaînait toute une fureur de vivre, puis était plébiscité au Palais des Sports où la foule cassait sept cents fauteuils en un soir. Il demeure l' gars 1960. D'ailleurs, il parle comme déjà papa : « On vit dans un monde où l'on ne peut pas se passer d'argent. Ou alors, qu'on se fasse berger en Auvergne. Je puis vous le dire, moi qui viens de la rue... Mes vrais amis, ce sont des rêveurs, Paul-Emile Victor, qui nous enchante de ses contes, Depardieu, qui me fait marrer, Robert Hossein, ce créateur génial... »

Montand de toujours. Yves Montand aussi, soixante-deux ans, est là d'abord pour nous restituer de plus belles années. Même décor sombre que naguère : un chapeau noir posé sur un micro et éclairé par deux spots ; au fond de la scène, huit musiciens, sous la houlette du fidèle pianiste Bob Castella ; un rideau de tulle qui se déroule lentement. Chemise blanche à col largement ouvert, pantalon et gilet de velours noir, il attaque tout doucement son tour de chant, à peine esquissant quelques pas de danse, enserrant de ses longs doigts un micro noir. Voix pleine, mélodieuse, exactement posée. Le temps de dire quelques mots, de citer Prévert (dans l'usine à idées...) ou de dissiper le trac (compagnon inséparable), et voici le grand Yves enchaînant sur *Battling Joe, Bal Musette, Ellington 41, les Roses de Picardie, Hollywood.* Prodige de l'illusion, des lumières et du talent, il se métamorphose à chacune de ses chansons, jouant sur les ombres portées, avec un sens prodigieux du détail juste ou de l'intonation qui bouleverse, pouvant absolument rentrer dans la peau de Sir Godfrey avec pour tout accessoire un chapeau melon et un parapluie-épée. Parcours sans faute. A peine prend-il le temps de se reposer — tandis que passe sur un écran géant un sketch fameux, *le Télégramme,* avec la voix de Simone Signoret au standard central — et le voici avec la tenue marron de ses débuts, *Luna Park, la Bicyclette, Syracuse, Planter Café,* tour à tour avec le même brio cireur de Broadway et Mexicain basané arraché de sieste, *les Feuilles mortes, A Paris, les Plaines du Far West.* Et il y a la gouaille tendre de ce Parigot de la Canebière, une voix comme un bal musette qui réveille toutes nos nostalgies, l'humour féroce de ce lord étrangleur de Londres, grand escogriffe comme jamais, le déchaînement de ce cow-boy sans doute à sang de Peau-Rouge, à travers un Far West de pacotille, sans oublier tout à coup les accents de *l'Aveu.* Merci, Yves Montand, elles n'ont pas vieilli, nos plus belles années.

La passion du rétro est telle que le fou chantant est candidat à l'Académie française. Charles Trénet, mi-Catalan mi-Occitan, brigue le fauteuil d'un Gascon, aristocrate de surcroît, le duc de Lévis-Mirepoix.

Charles Vanel, quatre-vingt-dix ans d'âge, soixante-dix ans de spectacle, peut encore surgir sur petit écran avec *Ototototoi* ou *Cadavres exquis,* et mettre en fuite réellement, sans aide, un cambrioleur qui en veut à ses économies. « Je reste sur le tas », affirme-t-il. Il raconte en riant qu'il débuta en 1912, « bruiteur second » au cinéma Omnia du boulevard Montmartre, puis jouant *Roger la Honte,* avant de donner la réplique à Lucien Guitry.

Que ne pas dire des triomphes ininterrompus de Tino Rossi, soixante-quinze ans, ex-« petit fiancé de la France » ? Il naissait à la gloire dès le 14 octobre 1934, au Casino de Paris, dans une revue à grand spectacle, *Parade de France,* d'Henri Varna, aussi brusquement et magiquement que, quelques mois plus tôt, au théâtre des Champs-Elysées, dans la « revue nègre », une petite inconnue de Harlem, du feu noir sur scène, nommée Joséphine Baker. Il eut un accueil inouï avec deux seules chansons, *Vieni Vieni* et *Corse île d'amour.* Ce qui se passa ce soir-là dans la vieille salle de la rue de

Clichy, bourrée jusqu'aux cintres, fut tout bonnement fabuleux Marc Cab l'a raconté. Quand Tino eut fini de filer sa dernière note, il y eut un silence profond qui dura vingt secondes. Et puis, soudain, le tonnerre se déchaîna. Fracas. Déferlement d'acclamations. Ovation folle. Toute la salle debout. Les femmes pleurant. Quelques jours plus tard, par grâce de la radio ou du disque, la France entière chantait en patois corse *Tou sei bella, bella bella.* « A Sète, où j'étais collégien, raconte Raymond Castans, tous les pick-up de toutes les terrasses de cafés chantaient *Vieni Vieni* à longueur de journée. » Un petit Sétois en était marqué à vie : Georges Brassens. Tino, dit Pagnol, il a des hormones dans la voix. Précisément, près de cinquante ans après, Tino nous revient, avec les mêmes hormones. Il fait les beaux soirs des romantiques, encore au Casino de Paris. A milliers, Parisiens et provinciaux accourus des villages veulent réentendre *Marinella,* « reviens encore dans mes bras », « ô Catarinetta bella, tchi tchi, tchi tchi... »

On retrouve le *hula-hoop.*

Gallimard sort la dernière œuvre de Joyce, *Finnegan's Wake,* en version française.

Il n'y a point que Tino Rossi à maintenir des triomphes de naguère. Bien d'autres pépés et mémés jouent avec le même dynamisme qu'il y a trente ou même cinquante ans. Henri Salvador, titi guadeloupéen de soixante-cinq ans, sur la scène de Pantin, n'est pas moins trépidant — ni à l'occasion lyrique — que lorsqu'il était guitariste-chanteur avant-guerre chez Ray Ventura. C'est avec la plus souriante aisance que, dans *Coup de Soleil,* Jacqueline Maillan, cinquante-neuf ans, fait la fofolle avec un jeune fleuriste électromagnétique sous le regard mi-désespéré mi-goguenard de Jean-Pierre Aumont, toujours aussi svelte et coquet à soixante-douze ans que lorsqu'il débutait en 1934 dans *Lac aux Dames.* Danielle Darrieux, soixante-cinq ans, domine de la manière la plus fracassante *Une chambre en ville.* Michèle Morgan, soixante-deux ans, est adorable dans *Chérie* ; Micheline Presle, soixante ans, dans *Lili Amont.* A ne pas imaginer du tout replâtrés d'innombrables liftings. Edwige Feuillère peut jouer sans le moindre complexe dans *la Dernière Nuit de l'été* à soixante-quinze ans ! Jean Sablon, le premier *crooner* à avoir utilisé un micro pour chanter avant-guerre, peut, à soixante-seize ans, enchanter toute une soirée de télévision avec son répertoire de toujours, du *Petit Chemin* à *Je tire ma révérence,* et m'en vais au hasard... Line Renaud, du coup, à cinquante-quatre ans, en paraît jeunette.

Le culte renaissant de Marylin engage tout un prodigieux plaisir de revoir.

Rétro rétro. Des dizaines de millions d'hommes, à travers le monde entier, se réclament du marxisme anti-tsariste, et l'on ne cesse pas de se passionner pour les histoires et historiettes des rois ou des reines, des princes consorts ou des princesses qui nous restent. Une revue hebdomadaire, *Point de vue-Images du monde,* bâtit tout son succès, exclusivement, sur les chroniques, les potins et les photos qu'elle leur consacre.

Autre manière d'oublier nos heures ternes et ordinaires.

Nous nous précipitons au mariage de Marie-Astrid de Luxembourg avec Christian de Habsbourg, célébré sous les voûtes altières de la cathédrale Notre-Dame de Luxembourg, trois fois reconstruite. Quatre souverains et soixante-six altesses y assistent. Si la France y est officiellement représentée par l'ambassadeur Camille d'Ornano, le prince et la princesse Napoléon ne manquent pas. Le prince Andrew, le séduisant deuxième fils d'Elisabeth d'Angleterre, figure aux côtés de l'infante Elena d'Espagne. La reine Sophie, en robe de couleur taupe à manches amples, évoque un Velasquez. On ne sait que plus admirer, de la robe mauve de Béatrix des Pays-Bas ou de Paola de Liège, enrobée de fourrures. Fabiola, coiffée d'un turban, est tout étincelante d'or dans un sari. Des valets en livrée bleue et souliers à boucles ouvrent les lourdes portières des limousines. Personne n'aura à ignorer que la robe de la mariée, bordée d'un volant et brodée d'un semis de fleurs blanches et bleues, est l'œuvre d'une Française installée à Cannes, Adrienne Bavestrello, plus connue sous le nom de Mme Adrienne.

Nous nous transportons à Gstaad, à slalomer avec le roi Juan Carlos — d'autant qu'aujourd'hui, nous pouvons y rencontrer toute une nuée de célébrités, Roger Moore (qui vient de terminer son dernier James Bond) avec sa femme Monica, Julie Andrews avec son mari Blake Edwards, le réalisateur de la *Panthère rose,* Richard Wagner et la comédienne Jill Saint-John, Audrey Hepburn, qui raffole de shopping, Liza Minnelli qui prend sa première leçon de ski, et David Niven.

Nous savons tout.

L'Aga Khan, iman des ismaéliens, est à Saint-Moritz, avec sa femme et leurs deux enfants.

La reine Béatrix de Hollande, ses trois enfants, et le prince Claus — en permission de la clinique neurologique de Suisse où il est soigné aux suites d'une grave dépression — sont à Lech, une station autrichienne.

Selon son accoutumée, Margaret II, reine de Danemark, la plus haute de nos souveraines, 1 m 82, pratique le ski de fond sur les pistes du mont d'Arbois à Megève.

Le deuil officiel du palais de Monaco ayant pris fin le 14 décembre, le prince et ses trois enfants, Albert (désormais président de la Croix-Rouge monégasque à la place de sa mère), Caroline (désormais présidente de la Fondation Princesse-Grace) et Stéphanie (le cou encore pris dans une minerve, que les journaux nous disent au mieux avec le pilote de course Paul Belmondo, fils du grand acteur), après avoir présidé aux fêtes de Noël de la principauté, passent quelques jours de détente en leur château de Marchais, dans l'Aisne.

Grande vedette de nos jours : le prince Andrews. On avait cru que, dans les douceurs de l'île Moustique, retour de sa campagne aux Malouines en tant qu'officier pilote d'hélicoptère, il avait épuisé les délices d'amour avec la toute belle et troublante Koo Stark, vedette de films timidement pornographiques. Leur passion n'aura pas été éteinte au soleil des Caraïbes. Elle vient de renaître dans les brumes écossaises, au château de Floors. Il est vrai que Koo n'est pas un personnage ordinaire. Fille d'un producteur de Hollywood et d'une actrice de la télévision américaine, son père la fit débuter au cinéma dès ses dix-sept ans. Ingénue libertine, elle triomphe gaiement dans plusieurs films osés. A vingt ans, elle se fiançait avec le milliardaire Robert Winsor qui l'introduisait dans les milieux fermés de la *jet society* londonienne. Elle le quittait il y a un an, vingt-quatre heures avant le mariage. Pourtant, ses amours avec Andrews ne sont plus clandestines : pour le rejoindre dans des refuges secrets, elle n'a plus à se déguiser ni à sauter brusquement d'une auto sur une moto, afin de semer les espions. Elle a été même invitée à Windsor pour les fêtes de Noël, aux côtés de la princesse Anne et de Mark Philips, de la princesse Margaret et de Lady Sarah, et de Michel et Marie-Christine de Kent.

Question des questions, pas seulement pour les Anglaises : Diana, ange ou démon ? *Point de vue-Images du monde,* « l'hebdomadaire de l'actualité heureuse », tient à son tour à se poser la question. D'une part, il y a incontestablement un effet Diana. On imite sa manière de s'habiller, au point qu'elle a donné une nouvelle impulsion à l'industrie de la mode outre-Manche. On se coiffe comme elle. On adopte son style de bijoux : les colliers ras du cou font désormais fureur. Sous dix titres différents, plus de quatre millions d'ouvrages ont déjà été vendus sur son enfance, son idylle, son mariage, son élégance, ses secrets. Gaie, spontanée, jolie, elle a un sûr talent pour savoir parler aux enfants, aux malades, aux personnes âgées, durant ses tournées officielles. On juge généralement en Angleterre qu'elle a su exactement s'adapter à son nouveau job. Mais, d'autre part, tout le personnage ne s'inscrit pas sur fond de conte de fées. Un petit monstre, a dit le journaliste américain Nigel Dempster. Les premières critiques fusent. On lui reproche des caprices. On lui en veut d'avoir imposé au prince Charles son propre style de vie. On souligne leurs différences de goût : Diana est une fervente de rock, alors que Charles, artiste, adore la musique classique ; elle raffole de danser, avec des jeunes gens de son âge, de quinze ans plus jeunes que son mari, lui est plutôt un antimondain. Allez donc vérifier de telles rumeurs. Il reste que le couple paraît élever dans une parfaite harmonie le prince William, six mois, nouvelle grande vedette des annales royales, né le 21 juin, le jour le plus long de l'année, sous le meilleur signe zodiacal, et qui, après son père, au XXIe siècle, pourra être sauf catastrophe le 63e roi d'Angleterre depuis l'arrivée au pouvoir en 827 d'Egbert, roi de Wessex. Il reste aussi qu'après avoir passé les fêtes de Noël à Windsor avec toute la famille royale (alors qu'elle aurait préféré demeurer en sa résidence de Highgrove, dans le Gloucestershire), elle se retrouve aujourd'hui encore, pour le nouvel an, avec le couple royal à Sandrigham, sauf à habiter avec Charles et William Wood Farm, à quelques lieues du château de la reine.

La reine ? Agée de cinquante-six ans, on en est toujours à se demander si elle est heureuse. Alors que sa fortune est évaluée à mille milliards de francs — dix châteaux, des avions, un train spécial, un yacht, des trésors artistiques, des bijoux magnifiques, une bibliothèque de milliers de livres rares, des collections philatéliques précieuses — elle mène une vie extraordinairement sobre. Elle nourrit ses chiens elle-même (sept corgies, deux sang-mêlé et trois chiots). Elle est si économe en matière de toilette qu'en 1976 elle figura parmi les dix femmes les moins bien habillées du monde. Elle se plie à une discipline de fer. Pas de grasse matinée dans le lit royal. Même les jours de fête, son réveil, sur sa table de nuit, sonne immanquablement à 7 h 15. Dès deux heures plus tard, elle en est déjà avec son chef de cabinet à compulser dépêches et correspondance, informations du ministre de l'Intérieur et communications du Foreign Office. Son seul plaisir, sauf promenades à pied ou à cheval en forêt ou dans la lande, est, le soir, de jouer aux cartes avec son mari ou de regarder un film à la télé. Disons qu'elle peut ou doit trouver son bonheur dans la conscience d'un travail bien fait.

A ne pas oublier : la reine mère, Elisabeth d'Angleterre, veuve de George VI, « Queen-Mum », chancelier d'une université, présidente de l'Association des éleveurs de bovins, toujours aussi passionnée de courses, toujours aussi fervente de pêche au saumon, toujours logée Clarence House, se porte bien, et elle ne dédaigne toujours pas, à l'occasion, de lamper un verre de gin.

Vedette dont personne ne se lasse : Margaret. De plus, voici qu'elle va repartir pour son nouveau paradis, l'île Moustique, dans l'archipel des Grenadines. Il paraît qu'il n'y a même plus de ces « yinyins », ces minuscules moustiques qui donnèrent à l'île son nom et qui ne piquent — mais voracement — qu'entre 5 et 6 heures du matin. Dès lors, pour « la princesse errante », c'est l'*Eden smart* idéal. (50 milliardaires et 200 indigènes à leur service sur douze kilomètres carrés.) Elle peut se baigner sans être espionnée. Elle peut recevoir librement son nouvel ami, Roddy Llewellyn, un architecte-paysagiste, dans la maison, *Margaret's house*, qu'on lui offrit à l'époque de son mariage avec Tony. Elle n'a aucunement à s'inquiéter de témoins quand elle mange des langoustes sans fourchette sur les plages de Macaroni ou de la Petite Savane, ou danse la béguine et le calypso chez Basil, un Antillais superbe et noir qui fut pêcheur de barracudas et qui vous reçoit joyeusement, flanqué de sa blonde Anglaise, séparée d'un lord londonien, Lady Virginia.

Quoi encore ? Tous ces jours-ci, l'inusable Hiro-Hito est en visite aux îles japonaises du Pacifique, avec séjour de prédilection à Mikayé, où le mikado, biologiste de réputation mondiale, peut tout à loisir s'intéresser aux collections du laboratoire des pêcheries.

Le roi Baudouin a fini par se rétablir de sa crise d'arthrose.

Le prince Philippe de Belgique, neveu du roi, suit un stage de formation de para à Marche-les-Dames, en attendant d'aller compléter ses études aux Etats-Unis.

On a vu beaucoup de têtes couronnées aux obsèques de la reine de Roumanie, Hélène, quatre-vingt-six ans, épouse divorcée de Carol, mère de Michel Ier, née princesse de Grèce, inhumée près de Lausanne.

C'est dans une joyeuse fête familiale que se célèbre le 75e anniversaire du chef de la maison Hohenzollern, Louis-Ferdinand de Prusse, pianiste et compositeur de talent, veuf de la princesse Kira, nièce du tsar Nicolas II, fille du grand-duc Cyril et de la grande-duchesse, née princesse Victoria de Saxe-Cobourg-Gotha. L'événement, qui se déroule à Berlin, en la villa « Monbijou », rassemble toute la famille. Aucun des onze petits-enfants ne manque. La fille aînée, Marie-Cécile, seule des filles à s'être mariée avec un noble, le duc von Oldenburg, organise la journée, depuis le buffet campagnard de midi jusqu'au concert du soir.

On commence à s'intéresser à la princesse Farahnaz de Perse, vingt ans. Farah Pahlavi, elle, après quatre années d'insoutenables épreuves, réapprend à vivre et à sourire, refait l'apprentissage d'une certaine liberté et parle d'un nouveau métier, dessiner des bijoux. A peine si de temps à autre, elle accepte de reparaître, discrètement, sous les flashes de l'actualité, ainsi pour quelques jours de vacances chez le couple royal d'Espagne, pour les obsèques de la princesse Grace à Monaco ou pour le premier anniversaire de la mort du président Sadate au Caire. Elle ne se mêle pas du tout de politique, laissant le jeune roi Reza II prendre ses responsabilités. Elle ne nourrit aucune ambition particulière. Elle partage son temps entre le palais de Koubbeh, à Heliopolis, et les Etats-Unis où ses trois plus jeunes enfants, Farahnaz, Ali Reza et Leilla font leurs études. Farahnaz est inscrite au collège universitaire de Bennington, dans le Vermont, où elle étudie la littérature iranienne, la française, l'anglaise, les sciences politiques et la psychologie de l'enfant. Ali Reza fréquente l'université de Mount Graylock, où il se spécialise dans les sciences politiques et économiques. Leilla en est encore aux études secondaires. Aux Etats-Unis même, Farah se partage entre deux résidences, une maison de bois, style colonial, dans le petit village de Williams, en Nouvelle-Angleterre (où Leilla a son école), fort jolie, avec son petit parc de chênes et de bouleaux, et un appartement à New York, Beekuran Place, à deux pas de la Ve Avenue, dominant l'East River, où elle passe du reste tout le Jour de l'An, en compagnie de sa belle-sœur la princesse Ashraf.

Le 30 octobre 1980, le prince Reza, au palais de Koubbeh, prêtait serment d'empereur sur un coran ayant appartenu à son père. Vif, intelligent, parlant plusieurs langues, extrêmement sérieux, très versé en matières économiques, tenu de tout près par l'armée au courant de tout ce qui se passe dans son pays, entouré de conseillers solides, il s'applique à bien remplir son rôle, qui peut déboucher un jour à Téhéran sur les plus hauts et difficiles devoirs. Ainsi, quoique résidant le plus souvent au Maroc, où le roi Hassan l'héberge, visite-t-il capitales sur capitales, pour prendre des contacts au plus haut niveau. Ainsi aujourd'hui même se retrouve-t-il à Washington, pour des discussions approfondies avec le ministère de la Défense et le Département d'Etat.

Cette chronique ne laisse de côté personne, même pas les souveraines les plus discrètes, de la reine Fabiola des Belges, citée comme « l'une des fonctionnaires les plus consciencieuses et les plus appliquées de Belgique » à la reine Sophie d'Espagne, arrière-petite-fille du dernier Kaiser allemand, descendante de la maison Schleswig-Holstein-Sondenburg-Glücksburg, fille de la reine Frederika, née Hanovre, et de Paul Ier des Hellènes, parlant couramment grec, espagnol, allemand, anglais et italien, mais vivant le plus sobrement possible en son palais de la Zarzuela, à la périphérie de Madrid, conduisant elle-même ses enfants à l'école tous les matins au volant de sa Mercedes bleue, apparemment pas intimidée pourtant de figurer sur « le trône dit le plus branlant d'Europe », aidant efficacement son royal époux à rétablir la démocratie en Espagne, et sachant être si charmante qu'on dit outre-Pyrénées qu'elle « convertirait au royalisme le républicain le plus entêté ».

La grande-duchesse du Luxembourg Joséphine-Charlotte, fille de Léopold II, sœur de Baudouin, épouse du grand-duc Jean, vient de subir une sévère opération du dos. Elle n'en est que plus entourée, durant ces fêtes, par ses enfants, le grand-duc héritier Henri (époux de la belle Maria-Teresa Mestre, connue à la faculté de politologie de l'université de Genève, fille d'un émigré de Cuba) et la princesse Marie-Astrid, qui a épousé cette dernière année Christian de Habsbourg-Lorraine, connu comme un grand financier international.

Surtout, cependant, nous en arrivons à une génération de souveraines bourgeoises, souveraines de devoir.

Exemple : Silvia de Suède, fille d'un simple commerçant de Heidelberg, hôtesse d'accueil allemande aux Jeux Olympiques de Munich, née Sommerlath, mariée en conte de fées il y a six ans avec Charles XVI Gustave. Cette belle reine de trente-huit ans, qui consacre énormément de temps aux enfants handicapés et travaille huit heures par jour en son château de Drottnigholm, ne veut absolument pas que ses propres enfants soient élevés « dans une cage dorée » et éduque strictement, en particulier, l'héritière du trône, Victoria, duchesse de Vaestergoetland.

Autre exemple : Béatrice des Pays-Bas, quarante-deux ans, peut-être encore plus riche qu'Elisabeth d'Angleterre, ne fait jamais étalage de ses fabuleuses richesses, vit aussi sobrement au château baroque Huis ten Bosch, vieux de trois siècles, qu'au palais Mordeinde, élève dans la simplicité ses trois fils, qui vont à l'école à bicyclette, et interdit absolument qu'on leur donne du « Votre Altesse Royale ».

« C'est folie de vouloir tout changer d'un coup », dit Marcel Dassault. « Vous n'aurez pas d'avenir sans méditer sur le passé, dit-il aussi, voyez donc comme les Nord-Américains ont longtemps souffert de ne pas avoir d'Histoire. » Le doyen de l'Assemblée nationale, à plus de quatre-vingt-dix ans, continue de vivre comme s'il avait un avenir de jeune homme de vingt ans. Le plus grand triomphe du Rétro. Le plus lourd imposé de France, roi du Mirage et du Mystère, ne perd surtout pas son optimisme, à avoir vu nationaliser sa superbe entreprise. (Il a d'ailleurs été assez virtuose pour manœuvrer impérialement au passage les apprentis sorciers qui croyaient pouvoir le rouler.) Il continue activement de jouer au rédacteur en chef de son hebdomadaire, *Jours de France,* au rond-point des Champs-Elysées, choisissant lui-même les photos de mode ou rectifiant de sa propre plume les légendes des illustrations. Il contrôle au plus près son journal de député, *Oise libérée dimanche.* Après avoir failli acheter *l'Aurore,* et après avoir été le partenaire de Sylvain Floirat et de Marcel Bleustein-Blanchet, ces deux autres monstres sacrés de l'aventure libérale, au conseil de Télé-Monte-Carlo, il s'occupe toujours personnellement de son grand cinéma, le Paris, allant jusqu'à produire des films, écrire lui-même des scénarios, et se rendre propriétaire d'une bonne part de Gaumont. On lui prête même un nouveau grand projet : acheter une agence de publicité ; pourquoi pas Publicis ?

L'optimisme, voilà ce qui paraît bien manquer le plus. Pourtant, Eddy Barclay aussi existe. Il se compte en tout dans sa vie quelque trois mille maîtresses. Il vient de se marier officiellement pour la sixième fois. Après Michèle (durée de l'union : trois ans), Nicole (quatorze ans), Marie-Christine (cinq), Béatrice (un an et demi) et Michèle II (six ans), le voici à soixante ans épousant une Danièle qui en a trente. Une de plus que Vadim ! proclame-t-il tout triomphant. Encore continue-t-il de se flatter tout haut que « des jeunes filles de dix-huit ans n'en poursuivent pas moins de tourner autour de moi ». Œil bleu transparent des mers du Sud, cheveu clair soigné, chaîne en or massif, médaille sur poitrine en peau dorée, il aura même nargué la mort : il vient de maîtriser *in extremis,* au cobalt, un cancer à la gorge. « Les médecins n'avaient jamais vu un malade si joyeux ! Ça m'amusait vraiment de savoir comment j'allais craquer ! » D'ailleurs, du même coup, il ne boit plus que du pastis très allongé d'eau plate, du bordeaux rouge millésimé grand cru et trois doigts de whisky et a sacrifié ses deux mètres de cigares quotidiens. « Ma seule concession — précise-t-il.

Pour autant, je n'ai pas changé d'avis : la mort, ça se traite comme la vie, avec bonne humeur... »

Mais des Dassault, des Barclay, pour illustrer l'originalité des aventures de l'homme, y en aura-t-il demain, dans les sociétés robotisées et uniformisées ? A quels géants faudra-t-il demander de sauvegarder l'audace et de nous protéger de l'ennui universel ? C'est peut-être ce qui nous menace le plus : non une destruction totale, mais une existence sans relief, mécanisée, archi-programmée, super encadrée, entre pions et pédants, un pensionnat-caserne, une vie morne, morne...

7

De la haute cuisine, de la haute publicité et de la haute couture, à ce phénomène absolument à contre-courant de toute la passion rétro : la crise de la famille

Du grand rétro : la gastronomie.

Elle devient une institution — plus encore qu'une protestation — face à la dégradation générale de notre nourriture quotidienne.

Car il n'y a pas que généralisation du *fast food* — lequel ne scandalise pas que les touristes anglais.

Désormais, chacun de nous consomme, souvent sans le savoir, environ neuf kilos par an de produits surgelés — le double en cinq ans. Même si la consommation domestique en reste faible, l'alimentation venue du froid envahit la restauration collective, cantines ou restaurants privés. Au salon de l'Equipement hôtelier, les vedettes sont les meubles de surgélation, les chambres d'ultrafroid et les « vêtements du froid » pour professionnels. L'on peut assurer que la moitié des menus consommés hors domicile sont surgelés.

Il est 11 h 30. Vous vous trouvez à l'école des métiers de l'alimentation, à la Chambre de commerce de Paris. C'est l'instant dit du « coup de feu », où toute corvée de « pluche » cesse pour tous apprentis cuisiniers. Vous n'en croyez pas vos yeux. Ces petits pois, carottes et navets pour jardinière de légumes, qui s'exhibent dans leur étau de glace, aussitôt plongés dans l'eau bouillante, en sortent, à peine quelques minutes plus tard, prêts à être consommés. Seigneur, était-elle de la même planète, dans les années 1930, à Salses, dans mes Pyrénées catalanes, la cuisine à petit feu, sur feu de sarments de vigne, de ma grand-mère ? La béarnaise surgelée, vivement réduite en pommade tiède, va accompagner une entrecôte qui surgit de son propre pôle, tandis que, dans une autre partie de la grande cuisine-école, Jean Rouquié, maître cuisinier de France, enseigne à ses élèves la meilleure manière de traiter les coquilles Saint-Jacques surgelées : « Vous les plongez directement, sans les décongeler, dans un court-bouillon au lait. Une fois égouttées, on les apprête. Il y a seulement à savoir qu'un produit surgelé, une fois apprécié culinairement, ne doit jamais être recongelé. Il doit être mangé ou jeté. » De quoi vous faire demander ce qui peut bien advenir en cas contraire.

Par ailleurs, jamais on n'aura vu autant triompher les arômes artificiels. Vanille, asperge, bacon grillé, champignon, pamplemousse, pour ainsi dire tout sort des cornues. Fin des aromaticiens de père en fils, ces premiers princes du bien-manger. Il devient quasiment impossible de trouver de vrais cocktails d'essence de framboise et de myrtille. Victoire sur toute la ligne des chimistes en blouse blanche, bardés de doctorats, qui plagient à qui mieux mieux Dame Nature. Et cela pour presque rien. Un exemple : la vanille. Prix du kilo de vanilline naturelle : 22 500 francs. Prix du kilo de méthylvanilline, sa jumelle de synthèse : 50 francs. Les arômes « pizza », « bacon » ou « parmesan » des biscuits apéritifs sont le plus souvent de pures créations de laboratoire. Aussi la sauce *blue cheese* (au fromage bleu), évoquant plus ou moins le roquefort, sous laquelle les Yankees noient leur inévitable *Ceasar-salad.* Tout est à l'avenant. A en frémir. L'arôme « fraise », qui est du méthyl-phényl-glycidate d'éthyl, contient au moins vingt composants. Chaque arôme « viande » en compte plus de mille. Jamais la farce n'aura mieux mérité son nom : à un hachis de bas morceaux, on ajoute protéines sur protéines, avant de fourrer le tout en boîtes dans lasagne ou ravioli. L'odeur de cassis peut compter les composants les plus divers, fruité, champignons, urine-de-chat, gousse de petits pois, balsamique, confiture, odeur de lactone, odeur de conifère, liège vineux.

Le veau, nourri aux hormones, devient le plus redoutable des poisons : il en provoque, du reste, de tumultueuses polémiques nationales.

Nos fruits sont tous beaux, mais, pour la plupart, cessent d'être bons, eux aussi, pêches, pommes, poires, gavés de produits chimiques.

De véritables chasses s'organisent, dans nos stations d'hiver, pour avoir des œufs frais, des œufs vrais.

Grâces soient donc rendues à la gastronomie qui, du moins, s'emploie à sauvegarder nos droits à bien vivre et à vivre fin.

L'exigence devient même telle que l'on voit Michel Guérard, auteur de *Cuisine Minceur,* dans une interview fracassante au *New York Times,* dénoncer les abus, les contrefaçons et les ratages de la nouvelle cuisine. Alain Senderens, à *l'Archestrate,* nous dit : « Les gens sont paumés, ils doutent, et cela se reflète dans leur manière de manger. » On en a assez, tout à coup, de la pincée de salade folle servie au milieu d'une immense assiette, du poisson « rose à l'arête », du ris de veau cru, des pétales de rose et des fades kiwis.

On veut retrouver une cuisine plus sécurisante, plus solide. Retour au navarin, au pot-au-feu et au coq au vin. Henri Faugeron, rue de Longchamp, deux étoiles au Michelin, adepte de la « cuisine personnalisée », réhabilite la blanquette de veau et le bœuf braisé aux légumes. Au menu du *Bristol,* Emile Tabourdieu ne craint pas de proposer un robuste civet de lièvre. En même temps que le terrorisme de la maigreur s'efface, on en revient à la simplicité la plus drue. « Nous avons poussé trop loin nos grands chefs, nous leur avons trop demandé d'inventer sans arrêt », commente Claude Lebey, critique gastronomique de *l'Express.* Et tout le monde de rendre hommage au *Taillevent,* trois étoiles au Michelin, classé par le Kléber-Colombes comme la troisième haute table de France après *la Tour d'Argent* et *Lasserre,* et qui n'a jamais cédé à la frénésie de la nouvelle cuisine.

En tout cas, désormais, à nous, à plein, hauts moments, hauts éclats, hautes manières.

Ici se tient même un sommet des chefs, plus exactement des chefs d'Etat. A Reims. Autour de Marcel Le Servot, sont venus, hôtes de l'industriel Gilles Braggard, spécialiste numéro un du vêtement industriel, Henry Haller (Maison-Blanche), Werner Vogelei (cour de Suède), Paul Charleux (Monaco), Ricardo Perez (cour d'Espagne), Jens Peter Kolber (cour du Danemark)... en tout, vingt-trois chefs dont les clients quotidiens, matins, soirs et petits déjeuners, sont des chefs d'Etat, des chefs de gouvernement, des princes ou des rois. Certains méritent de l'histoire, tels Haller qui a servi six présidents américains, de Kennedy à Reagan, Marcel Le Servot qui aura honoré tous les présidents de la Ve République et Perez, qui régala Franco. Les plus gourmets :Nixon et Reagan, dit Haller ; le plus gourmand : Ronald Reagan, qui exige un dessert à chacun de ses repas. Haller vient même d'effectuer un stage en Suisse pour mieux préparer les lasagne, les escalopes au marsala et les nouilles à la florentine dont Reagan, grand friand de pâtes, raffole. Justement, au sommet de Reims, à l'unanimité, nos maîtres chefs célèbrent les vertus de la cuisine traditionnelle, de la vieille grande cuisine. Comme quoi nous savons aussi en tout cas que François Mitterrand adore les coquillages, que le grand-duc de Luxembourg aime particulièrement « l'échine de porc aux fèves » et que la reine de Suède ne manque pas de boire un verre de vin français à chaque repas.

Là, sommet de Versailles. Le grand. Celui des leaders des pays les plus nantis, Reagan, Margaret Thatcher, Schmidt, Trudeau et Suzuki. Cela ne va pas sans haute cuisine. C'est fait, avec produits « naturels », poissons et plats légers. C'est signé de quatre grands chefs, Michel Pasquet, Parisien de la rue La Fontaine, Jean Bardot, de Châteauroux, Marcel Thomas, de *la Poutrière* à Orléans et Gérard Pangaud, trente ans, qu'on dit le plus doué de sa génération, installé à Boulogne-sur-Mer. On pourra même dire qu'il s'agit de la seule partie réussie de ce Versailles-là.

Quant à l'ensemble gastronomique français, il y faudrait un monumental livre d'or.

Ouvrons du moins quelques pages au hasard.

Honneur à Daniel Courtonne et à sa femme, fermiers à Sainte-

Foy-de-Montmorency, sur la limite de l'Orne et du Calvados, qui viennent de prendre leur retraite : Michel Piot, du *Figaro,* assure qu'ils auront été les derniers « je dis bien les derniers, à faire de façon totalement fermière et artisanale un camembert exceptionnel... les derniers à produire, entièrement à la main, un peu moins de 200 camemberts par jour, au lait cru, à la louche, salés, à la main bien sûr, sur la tranche et sur une seule face, les derniers à savoir mélanger le lait du jour au caillé de la veille, à connaître la dose exacte de penicillium candidum pour ensemencer le fromage, les derniers à connaître les secrets de l'égouttage et du retournage, à n'utiliser que le lait de leurs propres vaches, paissant dans leur propre pré, sans jamais rien acheter aux ramasseurs ». Tout un événement.

Honneur à l'académie des abats. Ses membres, réunis chaque mois, n'acceptent que des abats à leur table, pour défier trop de mépris. Il est trop vrai qu'on peut tirer merveilles des parties des animaux de boucherie que l'on déclare honteusement « accessoires ». Le bœuf nous offre sa langue, si possible sur sauce piquante, outre ses joues et sa queue, idoines pour le pot-au-feu. Pour un chef très averti, il peut même laisser la bavette, l'araignée, le mulay et la poire, tous morceaux que le boucher réserve le plus souvent pour ses intimes. Le veau nous lègue sa tête, son célèbre foie (riche de cette précieuse vitamine H qui vous confère une vue de lynx) et les ris qui peuvent n'être pas que « financière ». Le cochon nous donne tout, même si, plus particulièrement, il nous donne le pied (il paraît même que le pied de truie est encore meilleur). Et Georges de Gorsse, chantre du vrai Languedoc, ne pardonnerait point que ne soit pas cité le pied de mouton, qui anime le fameux *pétéram.* Il est beau que l'académie des abats ait pensé à anoblir ainsi des morceaux abusivement prétendus non nobles.

Vive les oies ! Voici le moment ou jamais. Le plus souvent, on traite par le dédain ces volatiles qu'on dit trop volontiers stupides, lourds, bêtes à manger du foin, mais qui, surtout jeunes, bec orangé, œil noir, sont en vérité frivoles, très curieux, recherchant l'amitié des gosses, que les Romains antiques, sans doute en reconnaissance de la sauvegarde du Capitole, assuraient plus intelligents que même le chien ou le singe, et que nous torturons de la plus sadique façon pour avoir deux des plats rois de nos jours, le foie gras et le confit. Saluons-les du moins au passage, même si les Français ont tendance à préférer au confit d'oie le confit de canard. Car ils se sont remis à être rudement fameux, les confits du Lot, de Dordogne et des Landes.

Vive les cadeaux gourmands ! Merveilles sur merveilles. Maxim's présente les siens dans des cartons à chapeau siglés où se retrouvent, selon les choix, ou trois petites boîtes de thé avec un passe-thé en métal argenté, ou un pot de confiture avec son confiturier, ou une bouteille de champagne Maxim's brut cuvée spéciale, avec bouchon et pince en métal argenté. Fauchon a mille idées : le café des astronautes (80 mini-pastilles à sucer, réellement utilisées par la N.A.S.A.), le mini-pudding individuel de Fornum and Mason de Londres, le bonhomme géant en biscuit à la cannelle (spécialité belge), la maison de pain d'épices en kit (à monter avant de manger) et la sauteuse Fauchon garnie d'un sauté de chevreuil, d'un bocal de marrons entiers et d'un autre d'airelles de Finlande. Hédiard ? dans un plumier, six flacons de fruits assortis à la liqueur ou, pour découvrir les vins américains, deux crus sélectionnés, un chardonnay blanc et un cabernet sauvignon rouge, ou tout pour l'apéritif dans une belle caisse en bois, whisky, punch au citron vert, vodka Hédiard, sachets d'amandes fumées et saucisses cocktail. Nos plus glorieuses maisons vous offrent mille et un choix, de chez Lenôtre au Drugstore Publicis, du gâteau à la broche des Ducs de Gascogne, tel un sapin de Noël, aux sorbets raffinés des Gourmandises de la Charlotte, de la glace la plus chère du monde, à la truffe, due à la Maison de la Truffe, au gâteau 24 carats de Daniel Bouché du Petit Montmorency. On croirait revivre les délices de la Belle Epoque.

Honneur à un nouveau « quatre-toques », élu par Gault et Millau, qui sortent ces jours-ci leur *Guide France 83.* Il s'agit de Marc Meneau, de *l'Espérance,* à Saint-Père-sous-Vézelay. « Cuisine de l'âme, à la fois savante et d'une simplicité limpide », nous assurent nos deux orfèvres, lesquels ne savent finalement que vous recommander, les pétoncles à la nage, relevés de safran et de céleri « perpétuel » à l'arrière-goût poivré, ou bien les écrevisses froides à la gelée de champagne rosé où le virtuose a glissé de la confiture de tomate verte, ou encore le saumon d'Ecosse aux jeunes poireaux, la tarte chaude aux filets de sardine, la terrine de tête de veau en tortue, la poularde de Bresse en vessie aux petits légumes, figues rôties à la cannelle. « Tant pis si la carte risque de paraître un peu courte aux habitués traditionnels des grandes maisons. A *l'Espérance,* on ne joue pas de la grosse caisse, mais de la musique de chambre. » Evidemment, escorte de petits bourgognes, coulanges-la-vineuse, hautes côtes de Nuits, auxey-duresses blanc...

Honneur à cinq nouveaux « trois-toques ». *Maxim's* prend une belle revanche, rattrapant une toque trop cruellement perdue, grâce à l'as Michel Menant, au feuilleté d'œufs brouillés aux écrevisses et au médaillon de homard à la mousse de poivron. Fadeur et chichis ; « la cuisine de grand palace, c'est le rata du milliardaire » ; *le Crillon,* second promu, chef Jean-Paul Bonin, renverse cette triste légende ; en cuisine supermodernisée, avec ces « merveilles et merveilleux », brouets de homard au fumet de truffes, filets de rouget au taboulé, lapereaux aux carottes confites, salmis de pigeonneau à l'embeurrée de poireaux, agneau au miel. Quand on demande aux plus grands chefs quel serait leur rêve des rêves, ils répondent la plupart du temps : « Une toute petite maison où je ne servirais pas plus de trente couverts, où je serais quasiment seul en cuisine et où la carte changerait tous les jours » : Jean

Ramet, troisième trois-toques, après avoir quitté l'illustre *Chapon Fin,* a réalisé ce songe, à Bordeaux, sous sa propre enseigne ; dès lors, il y a vraiment régals changés quotidiennement, même s'il faut singulièrement citer un pigeonneau « Madame Raymonde », un ris de veau braisé au sauterne et un fameux caneton au citron vert. Claude Scaniver, quatrième promu, reçoit au *Manoir d'Hastings,* à Benouville, charmant manoir à deux pas du Pegasus Bridge ; cela vous donne entre autres une terrine de canard aux pistaches, simple amuse-bouche, un chef-d'œuvre de « foie gras juste cuit bleu rosé », un « mirobolant homard au cidre dans sa sauce aigre-douce » et « un magret de canard aux cinq poivres joliment relevé avec son jus de citron arachnéen... » Quant au cinquième récompensé, c'est *Buerchiesel,* à Strasbourg, chez Viviane et Antoine Westermann. Plus particulièrement signalés : la gelée de grenouille à la crème de tortue, la terrine de ris de veau au foie gras de canard, « le pintadeau rôti qu'accompagne une extraordinaire étuvée de soja au citron... »

Du coup, même le Japon se met à la gastronomie. Du moins à Paris. A rendre jalouses nos meilleures tables... et les cuisines chinoises. On comprend que le couturier Kunzo et ses mannequins, tous les soirs, ne veuillent pas dîner autre part que chez Isse. On peut chaudement vous recommander, chez la maison nippone la plus ancienne, rue Sainte-Anne, le *sushi,* poisson cru coupé très mince puis roulé, tout parfumé de mystérieux condiments, sur une boulette de riz vinaigré, ou, au très élégant *Suntory,* le *teppan-yaki,* grillade de viande, de poisson, crustacés ou tranches de bœuf, le plat désiré vous étant préparé à votre table même sur une large plaque chauffante, ou les extraordinaires desserts distribués chez *Hirota,* avenue de Wagram, tel le *sakuramati,* enveloppé d'une feuille de cerisier confite.

Nous avons même une gastronomie saharienne, à rivaliser avec les nôtres. Wally, fils de Tamanrasset, ancien chamelier du désert, promu cuisinier spécialiste, installé rue Le Regrattier, en l'île Saint-Louis, dans un décor maison arabe, tapis et meubles en bois ajouré, et si passionné de son art qu'il roule lui-même la semoule de son couscous, vous sert, outre ledit couscous, avec un extraordinaire raffinement, *cnorba* (potage de légumes parfumé aux herbes du Maghreb), *pastilla* (individuelle) et *chachouka* (ragoût de légumes épicés).

Au fait, ne sait-on pas qu'aux Etats-Unis, on s'est mis à gastronomiser « français » à qui mieux mieux ? En même temps qu'ils nous envoyaient leurs *burgers,* nous leur adressions l'art de bien cuire. Et voilà le résultat. Avec plein succès. N'allez d'ailleurs surtout pas croire Mimi Sheraton qui vous dit, cruellement, que les Américains tiennent par-dessus tout à manger cher et sophistiqué. « *They don't buy food, they buy a lifestyle ;* ils n'achètent pas de la nourriture, mais un standing. » Face au *fast food,* elle appelle le truc le *crazy food,* la nourriture snob. Ne lui en déplaise, les Américains se sont mis à avoir du palais. Style *Fauchon* ou le *Comptoir Gourmand,* les *gourmet-shops* pullulent, pas seulement à New York, aussi jusqu'au fin fond du Maine ou du Nebraska, et l'épicerie fine est devenue une reine du pays. « Tout le monde ne peut pas avoir une Rolls, dit une publicité, mais tout le monde peut acheter la même moutarde que le voisin qui a une Rolls. » Alors que nos vins sont en régression et que, au bénéfice de produits italiens et suisses, la part française des vins d'importation sur le marché américain est tombée de 35 à 15 % en dix ans, l'alimentation fine française fait une percée flamboyante. Les Américains savent hautement apprécier foie gras, confiture et escargots. On voit Jean-Pierre Coffe, de *la Ciboulette,* acclimater remarquablement la conserverie auvergnate, sa marinade pour viandes, dix vinaigres (un à la menthe) et dix moutardes (une au miel). Un artisan pâtissier de Niort, Michel Huvelin, connaît la gloire avec des fruits de mer et des poissons en chocolat, ainsi sans doute sardines de Noël, harengs de Pâques et clams du jour de l'an. On ne jure que par les conserves périgourdines de... Christian Petrossian, par ailleurs roi du caviar et grand-duc du saumon. On s'arrache le brie. On se dispute le saucisson à l'ail. Le sympathique Blanchet, ancien plongeur du *Terminus* de Roanne, se consacre à Chicago comme le chef le plus célèbre des Etats-Unis et le cuistot le plus riche du monde. (Il a entre autres une Rolls, une Ferrari Boxer, une Porsche turbo, une Mercedes 450 SE, et un spider Ferrari *Daytona.*) Miracle gastronomique dans le Middle West, peut traiter Mimi Sheraton pour *Esquire.* Il n'en est pas autrement pour les restaurants. A Los Angeles, ce sont des tables françaises de la plus haute tradition qui ont le plus vif succès auprès d'écrivains, gens du cinéma, vedettes du *show business* et maîtres de la pub ou du *jet-set.* Brando, Welch, Andress, Charlton Heston ont leur table, marquée à leur nom, à *la Serre,* que tiennent deux dynamiques Marseillais, avec Jean-Pierre Peiny comme chef. On refuse régulièrement des clients à *l'Orangerie,* fille de *l'Orangerie* de Paris, style XVIIIe siècle, avec Jean-Luc Renault comme chef, et une équipe de cuisiniers venant du *Moulin de Mougins.* Il faut téléphoner trois semaines à l'avance pour avoir une table au *Spago,* que dirige un ancien de chez *Maxim's.* A l'unanimité, on désigne, comme meilleur restaurant de la ville, *Ma Maison,* ouvert il y a dix ans par Patrick Terrail, neveu de Claude Terrail de *la Tour d'Argent,* rendez-vous du tout-Hollywood : Rolls et Mercedes font queue devant la porte, amenant les Kirk Douglas, les Gregory Peck, les Cary Grant, et les plus succulentes filles de Los Angeles... D'une manière générale, rarement la France aura connu si belle victoire outre-Atlantique.

En France même, à tous les niveaux de la société, les « bonnes adresses » sont à milliers.

Il n'y a qu'à ouvrir le guide pour le savoir.

A Paris, il y va d'un véritable enchantement — sauf que, trop souvent, les additions sont abusives — depuis *le Petit Riche,* rue Le Peletier, suite de salons, portemanteaux en cuivre, vitres gravées, plafonds brunasses, direction Christian Lameloise, de la dynastie de Chagny, charme désuet pour repas sans complication, selle d'agneau rôtie, gâteau de carottes et pied de porc sainte-menehould, à *la Marcande,* rue de Miromesnil, tête de cèpe grillée au foie gras, ris d'agneau aux pieds de mouton, surtout matelote de langouste aux cèpes, sourire de Mme Ferrero, Ferrero étant le chef, ou à *la Gauloise,* avenue de La Motte-Picquet, maison béarnaise dirigée par un Basque, haut lieu du confit, mais aussi haut lieu du saumon cru à l'aneth ou du turbot, où viennent volontiers se régaler Georges Fillioud et le médiateur Robert Fabre, François Mitterrand (qui aime beaucoup faire la tournée des meilleures cantines) et Jacques Chirac, les internationaux du rugby, les vedettes de la télé et les filles de Valéry Giscard d'Estaing.

Dans la seule ville d'Orléans, entre trente maisons d'excellente classe, vous avez ces trois merveilles, *la Porte Barentin,* avec surtout le sandre au beurre de ciboulette, signé Roland Martel, à accompagner d'une bouteille de La doucette, *la Crémaillère,* rue Notre-Dame-de-Recouvrance la bien nommée, avec son filet de turbotin signé Paul Huyart, et *la Poutrière,* rue de la Brèche, bonbonnière charmante où Marcel Thomas, l'homme des fourneaux, vous régale avec une carte exceptionnelle, en particulier civet de rouget aux pâtes fraîches, paupiette de bar en laitue ou ris de veau en feuilletage au vinaigre de cidre, et escortes de vin de Loire.

L'un des princes de la chronique gastronomique, Georges Prade, vous donne avec son ami Jean-Noël cinquante « haltes gourmandes » pour remarquablement déjeuner ou dîner sur le seul itinéraire Lyon-Monte-Carlo. Vous pouvez réellement recommander cette route Napoléon pour gourmets. Vous commencez par Lyon qui, à lui seul et rien que pour ses tables, mériterait une bonne semaine de stage. C'était d'ailleurs déjà Léon Daudet qui le disait, même si de son temps la maison des parents de Bocuse n'était qu'une guinguette à friture et celle des Chapel, à Mionnay, une adresse confidentielle pour Valadon, Utter et Utrillo. Hauts rendez-vous entre autres : *Jean Vettard* place Bellecour, *Nandron, Léon de Lyon* chez les Lacombe, *Jacotte Brazier* rue Royale, *Pierre Orsi* dans la circonscription de Raymond Barre, qui apprécie, la précieuse *Tour Rose,* de Philippe Chavent, rue Bœuf. A Vienne, vous avez *Madame Point;* « sa pyramide est toujours debout ». A Valence, vous ne pouvez pas ne pas vous arrêter chez *Pic,* à repas princier arrosé d'un brut dont Peynet a illustré l'étiquette. Autour du palais des Papes, les tentations fourmillent, quoique dominées par un fameux tiercé, *Hiely,* « champion du rapport qualité-prix », *le Relais de campagne,* l' « auberge » d'André Lalleman, et *l'Ermitage,* aux Angles, de Paul-Louis Meissonnier, nouveau président des maîtres cuisiniers. Les Baux-de-Provence vous promettent, face au décor dentelé des Alpilles, Raymond Thuilier, aussi crack en cuisine avec son *Oustaù de Baumanière* qu'en peinture. Rien de mieux que les frères Charvet, à Aix, pour vous « donner le coup d'envoi des crus régionaux : estandon, vignelaure, clos Mireille, cassis, bandol, pradel, gassin, bellet, nirnuty, mauvanne, en farandole tricolore ». N'interrompez surtout pas votre promenade. La convoitise d'une bouillabaisse à Saint-Trop, ne peut que suggérer un beau coup de chapeau « aux *Mouscardins* des Lions ou aux *Santons* de Girard à Grimaud, responsable du plus sublime aïoli de toute notre carrière ». Quant au terminal Côte d'Azur, c'est à faire rêver. « Jamais telle densité d'étoiles au maître carré. » On ne sait où diriger son fiacre, du *Moulin de Mougins* à *l'Oasis de La Napoule,* du *Relais* d'André Surmain, créateur de *Lutèce,* meilleur restaurant de New York, lui aussi à Mougins, à la délicate *Mourrachonne* de Mouans-Sartous. On ne saurait rater à Nice les tours de force de jongleurs de Jacques Maximin au *Chantecler* de l'hôtel *Negresco,* « qui passe à juste titre pour l'un des fers de lance de l'école contemporaine », ni *la Poularde Lucullus,* ni *le Petit Brouant,* ni... Antibes fait hésiter entre deux vedettes hors concours : *la Bonne Auberge,* qui vient de reconquérir sa troisième étoile et *l'Eden Roc,* « fabuleux séjour pour V.I.P., stars et magnats tous azimuts ». Vence promet au moins *le Domaine Saint-Martin* et son parc. Beaulieu garde *la Réserve,* dont le registre de réception, selon Sacha Guitry, était le livre d'or du haut tourisme mondial, sans oublier de recommander *l'hôtel Métropole,* que dirige un Badrutt de Saint-Moritz. Un peu plus loin, on hésite entre *la Voile d'or,* « havre de charme à Saint-Jean-Cap-Ferrat » ; le *Cap Estel* à Eze-sur-Mer et *la Chèvre d'or,* nid d'harmonies juché dans les rochers d'Eze-Village. Pierre Seibt, durant vingt ans maître d'œuvre chez Lasserre, opère à Villefranche : c'est tout dire. Et pour finish, à Monte-Carlo, vous déjeunez au *Grill* de *l'hôtel de Paris,* et vous dînez dans la salle à manger Empire, pur monument 1900, sauf à rechercher un cadre plus monégasque, tel le *Polpetta.* Avouez que vous aurez vécu.

A un tel rythme, le temps des anniversaires de la haute restauration parisienne fixe de véritables événements.

Car les anniversaires les plus brillants viennent de se célébrer ces dernières semaines.

Voici le *Drouant* de la place Gaillon, refuge de l'académie Goncourt, célébrant par moult festivités son centenaire.

Voilà le *Fouquet's* des Champs-Elysées soufflant une à une les bougies de son gâteau d'octogénaire. Au début, à la Belle Epoque, il fut d'abord un simple estaminet pour cochers de fiacre. Le patron Louis Fouquet le baptisa *Fouquet's* avec un s à l'imitation du *Maxim's* et pour céder à l'anglomanie régnante. Cette bénédiction put-elle suffire ? En tout cas, rapidement, *Fouquet's,* connu magiquement, se mit à attirer le monde de la politique et du cinéma.

Dès lors, le triomphe vint vite. Lloyd George, par exemple, réservait toujours la table n° 8, celle du fond. Tardieu, Caillaux, Poincaré, Churchill d'alors y eurent leurs habitudes. En 1913, dans la salle du premier qui venait d'être inaugurée, Theodore Roosevelt, libéré de son mandat de président des Etats-Unis, offrit à Aristide Briand, pacifiste mais non ascétique, un fameux déjeuner arrosé au pommery nature 1900. Raimu passa des après-midi entières à la terrasse, chapeau rond vissé sur la tête, les deux mains appuyées au pommeau de sa canne, à attendre quelque Tino Rossi ou quelque Pagnol qui lui offrirait sa consommation. C'est à cette même terrasse qu'un jour, par hasard, Paul Poiret remarqua une minuscule marchande de violettes à voix traînante, qui serait vite la glorieuse « Môme Moineau ». Le prodige est que ce *Fouquet's*-là n'a pas dépéri. Simplement, vous y rencontrez Belmondo, Delon, Chabrol, Depardieu, Catherine Deneuve, Fanny Ardant comme naguère Max Linder, Buster Keaton, Chevalier et Mistinguett. *Fouquet's* est du reste au cinéma ce que *Drouant* est à la littérature : un jury y décerne chaque année le prix Louis-Delluc, le Goncourt du septième art. Et, à vous, sur carte de Pierre Ducroux, une cuisine de la plus haute tradition, blanc de barbue au beurre d'anchois, merlan Colbert, foie de veau au miel d'acacia, jambon chaud, ou pièce de Charolais rôtie, avec pommes Anna.

Plus impressionnant encore : *la Tour d'Argent,* sur les traces de Mathusalem, atteint son quatrième siècle. Le plus ancien restaurant du monde, le plus célèbre, « l'une des institutions, disent les chroniqueurs, avec *Maxim's,* dont la seule évocation peut faire monter l'eau à la bouche jusqu'au fin fond des déserts d'Arabie et du Nevada », « la Joconde de l'art culinaire », qu'on vient visiter de très loin et qui doit son nom à l'une des tours du château de la Tournelle, faite de belles pierres champenoises pailletées de mica miroitant au soleil et qu'on appelait la Tour d'argent. D'abord humble taverne, il suffit qu'un jour Henri III s'y arrêtât, au hasard, à l'occasion d'un rapide casse-croûte, pour lui donner d'emblée pleine gloire. Cette gloire n'aura jamais cessé. Henri III y revint souvent, avec ses mignons. C'est même à la Tour qu'il découvrit la fourchette, encore inconnue à Paris, un soir que des gentilshommes vénitiens utilisaient cet instrument bizarre à une table voisine. Dès lors, la Tour ne cessa plus d'attirer rois, princes et seigneurs. Elle n'aura perdu ses faveurs que sous Robespierre. Elle retrouva vite tout son lustre avec Napoléon. Tour ensorcelée. Musset et Sand y soupèrent. Dumas et Balzac s'y retrouvèrent. Napoléon III y vint discrètement régaler Marguerite Bellanger. Plus haute date : le 7 juin 1867, le dîner des trois empereurs, Guillaume Ier, le tsar Alexandre III et le tsarévitch, avec Bismarck. Toute la IIIe République y vint, de Louis Barthou à Santos-Dumont. Précisément, Claude Terrail, le nouveau propriétaire, grand célébrateur de la haute cuisine, inséparable bleuet de France à sa boutonnière, a choisi de célébrer superbement ses quatre cents ans d'âge. C'est en train. Quatre soirées anniversaires illustrent chacune un siècle de la Tour : le dîner Henri III, le menu du Régent, celui des trois empereurs, et le festin classique de Frédéric (propriétaire de la Tour dès les années 1870, qui cuisinait en redingote, et reste l'immortel inventeur de l'illustrissime recette du canard au sang dont il eut l'idée en 1890 d'attribuer un numéro à chacun des volatiles servis), quatre repas de gala servis à quatre fois 400 convives précédés par les trompettes de la renommée. Le menu de réveillon, naturellement, aura été à l'unisson :

Consommé de Homard
Filets de Sole
Madame de Parabère
Caneton Marco Polo
Aux Quatre Poivres
ou
Rosettes de Biche
Sorbet de l'An Neuf
Foie gras d'oie
A la Gelée de sauternes
Poire Vie Parisienne
Mignardises
Café

Rétro : la guerre des palaces.

Carlton de Cannes contre *Negresco* de Nice. Le *Carlton,* chef-d'œuvre de pâtisserie architecturale, *Wedding cake* construit par Henri Ruhl pour loger Edouard VII, avec deux coupoles qui veulent symboliser les seins de la belle Otéro, paradis rétro où vous retrouvez le fantôme de Farouk chassant les Anglais de la salle à manger, les dingueries gourmandes de Nubar Gulbenkian et les manies démentes de la môme Moineau, se rajeunissant pour mieux braver le *Negresco,* monument historique de 1912, toujours doté de chasseurs voituriers costumés comme des bretteurs d'opérette viennoise, ex-paradis du marquis de Dion (de Dion Bouton) et du marchand d'armes Bazil Zaharov, que son nouveau propriétaire, M. Augier, rajeunit et réanime lui aussi.

Mais la guerre ne s'arrête pas là.

De nouveaux palaces surgissent, *Hyatt* à Nice, *Gray d'Albion* à Cannes.

Dépoussiéré, remis en beauté, repeint de neuf, tapissé de frais, le *Meurice,* à Paris, qui tout en gardant des marqueteries style Orient-Express, décore sa salle à manger avec des toiles de Léonor Fini et enchante les touristes américains d'une exceptionnelle cuisine, étrilles à l'antillaise, gratin de champignons des bois, noisettes d'agneau à la crème d'estragon.

Le *Crillon,* le *Continental,* le *George V,* le *Plaza Athénée,* le *Bristol* y vont d'une identique cure de jouvence, ne serait-ce aussi que pour mieux lutter contre tous les néo-palaces envahisseurs, manière *Hilton* ou *Sofitel.*

Le *Ritz*, inventé en 1898 par un vacher des Alpes suisses, César Ritz, vrai génie de l'hôtellerie, est entièrement remodelé par son nouveau propriétaire, l'Egyptien Al Fayed, sur des idées de son nouveau directeur général, Franz Klein, ancien du *Savoy*. Le voici dès lors classé premier hôtel français par la revue américaine *Business Week,* dixième grand hôtel du monde, le premier étant *l'Oriental* de Bangkok. Vous frôlez à centaines les ombres illustres, prince de Galles et duc de Windsor (futur Edouard VII et ex-Edouard VIII), le vieil Aga Khan et Coco Chanel, Garbo et Chaplin, Hemingway et Otéro, Bogart et Bacall, Gary Cooper et Marlène Dietrich. « Au Ritz, on ne s'y bouscule jamais » disait Marcel Proust, qui y vécut en permanence. Les clients étaient si choyés que le prince de Galles lançait à César Ritz : « Vous savez mieux que moi ce que j'aime. » Il rajeunit à prix d'or, cinq décorateurs à l'appui, sur une consigne maîtresse : lui conserver son charme rétro sans en faire un *Hilton* à l'ancienne, de quoi ne pas faire fuir les nouveaux grands clients, Agnelli, Noureev, le cheik Yamani, Rockfeller, le chanteur pop Rod Stewart. Vous n'en croyez pas vos regards. « Ni hordes de Nippons hilares ni dentistes équatoriens en congé ou en goguette » dit un chroniqueur. Les femmes de chambre ont l'allure de ladies. On aura médité le mot d'Oscar Wilde : le luxe est le contraire de la médiocrité. On aura même gardé l'esprit des anciens appartements du tsar (101, 102, 103) sauf que modernisés en suite impériale, pour le roi du Maroc et autres — baptisés « le petit Versailles » — et sauf que, pour se l'offrir, il faut des dunes de pétrodollars. Vous demeurerez dans un cadre Belle Epoque, tout en ayant à votre disposition, dans chaque chambre, outre les trois chaînes de télévision françaises, une quatrième chaîne à votre guise, et sans manquer d'aller au bar Hemingway ou au bar Vendôme, où officie l'as du *shaker* électrique, sorcier des cocktails « in », Claude Decobert, trente-cinq ans de maison, qui préfère cependant vous servir son ambroisie classique, le *Pick me up,* 2/3 champagne, 1/3 Cointreau, 1/3 cognac, un zest d'orange. Le nouveau *Ritz* peut même s'enorgueillir de la « plus belle salle à manger du monde », vue sur terrasse jardin, miroirs anciens, peintures murales à fleurs, immense tapis pastel, tables rondes juponnées de rose et, pour couronner le tout, une cuisine signée Guy Leguay, meilleur ouvrier de France 1972, subtilisé au *Ledoyen* à la pointe d'un cimeterre d'or, un as pour vous servir salades Cendrillon (foie gras, écrevisses, truffes), œufs Tournebise (mollets puis en feuilleté et sauce), composé de Saint-Jacques et langoustines au caviar ou râble de lièvre aux coings. Qui se croirait encore aux temps de Mao et à l'apogée des masses ?

Encore un rétro : le cigare. Il n'abdique pas. Loin de là. Fugitif de la Russie blanche, Zino Davidoff aura même conquis l'amitié de Fidel Castro pour mieux régner en maître sur le Gotha de la fumée

En vain un incendie ravage-t-il le magasin-temple, 2, rue de Rive, à Genève. Le vieux pacha, soixante-seize ans, ne sourcille pas. N'a-t-il pas en poche un contrat inespéré avec la Cubatabaco, régie cubaine des tabacs, qui lui assure les meilleurs tabacs de La Havane, produits en terre de la Vuelda Abajo, la meilleure de toute l'île ? Il ne risque plus rien de rien. Dans toutes circonstances, il peut désormais continuer de fabriquer le « puro » de la plus fine cape. Il n'y manque pas, trop sûr du mot de Rudyard Kipling, « Une femme est seulement une femme, mais un cigare est quelque chose de plus. » Qui donc ignore aussi la légende selon laquelle les meilleurs havanes sont roulés sur les cuisses des belles Cubaines légèrement en sueur ? Si l'on compta à travers les décennies, comme plus formidables fans du cigare, Winston Churchill, Edouard VII, Farouk d'Egypte, Aristote Onassis, tous amoureux du double corona, le « barreau de chaise », plus de 20 centimètres, aussi instrument préféré de John Wayne et d'Edward George Robinson, le « puro » garde toute une pléiade de vénérateurs célèbres, Orson Welles et Fidel Castro, lui-même, qui se fait volontiers photographier avec un gros module dans sa barbe, Saddam Hussein, d'Irak, et le président algérien Chadli Bendjedid, le président malgache Didier Ratsiraka et le ministre des Affaires étrangères Sahraoui Ibrahim Hakim, l'un des meilleurs clients de la maison, ou Gina Lollobrigida qui, invitée chez Castro, ne manque pas de prouver la science qu'elle a du plus gros format. Non que Davidoff règne seul sur la place. Il a à s'affirmer contre nombre de nobles concurrents, les Monte-Cristo et les Rafael Gonzales, les Rey del Mondo et les Hoyo de Monterrey, Romeo i Julieta et autres Upmann, Partagas, Bolivar, Punch, Larragnana. Cuba n'est pas non plus seule terre bénite, à voir Brésil, Philippines, Honduras, Nicaragua et les Canaries, haut lieu des Don Miguel. Il arrive à une maladie — le *moho azul* — de ravager, de « phylloxeratiser » le tabac cubain : cela fait alors grimper les prix, pas moins de 600 francs suisses pour une boîte de 25 Dom Pérignon ou 550 francs suisses pour les meilleurs Monte-Cristo. Il reste que Davidoff demeure le tsar, et aura joué un rôle énorme pour maintenir dans la splendeur un produit qui fit jadis le régal de Musset et de Liszt, de Ravel et de Mark Twain. Il reste aussi que la religion du cigare est plus puissante que jamais. Chez Davidoff, les commandes par tête s'élèvent parfois jusqu'à 20 000 unités !

La religion du grand vin ne reste pas moins fervente. Aujourd'hui même, à qui mieux mieux, nos journaux nous donnent la carte des millésimes de ces dernières années. Le millésime 1975, par exemple, est exceptionnel en bordeaux rouges, bon en bordeaux blancs, est à éviter en bourgognes rouges, peut se recommander en bourgognes blancs, est à peine passable en côtes-du-rhône (sauf exception) et est bon en alsaces. Le millésime 1976 fixe une grande année en bordeaux blancs comme en bourgognes rouges, une belle année, sans plus, pour les bordeaux rouges, une année exceptionnelle, sauf quelques ratages, en bourgognes blancs comme en vins de Loire, une très bonne année en côtes-du-rhône ou en alsaces. Le millésime 1977 est inégalable en bordeaux rouges comme le millésime 1978 pour tous les bourgognes. Grande année pour tous bordeaux et bourgognes, l'année 1979, année universellement bénie, est également très bonne pour vins de Loire et côtes-du-rhône. Le millésime 1980 ? Personne, à part les maîtres de chais et les courtiers, n'a à notre date encore goûté les vins. S'ils sont bons, on le saura plus tard. S'ils sont mauvais aussi.

La haute publicité elle-même, comme la haute cuisine, la guerre des palaces et le culte Davidoff, se nourrit de thèmes nostalgiques.

Ces derniers mois, on ne peut retenir qu'un scandale volontaire, celui des *Jesus Jeans* très courts, laissant à nu la moitié des fesses et sur lesquels on lit le slogan « Qui m'aime me suive », proposé sur image d'un postérieur féminin moulé dans un *hot pans,* qui vaut au Bureau de vérification de la publicité (B.V.P.) d'être assailli de protestations au sacrilège et à atteinte à la bienséance.

Nos quatre plus puissantes agences, *Publicis, Havas Conseil, Roux Séguéla* et *DDP* — lesquelles ont d'ailleurs très spectaculairement progressé, au point qu'elles dominent en France les agences américaines, si longtemps reines de la place — sont les premières à reconnaître dans la passion du rétro le plus précieux ressort pour lancer ou soutenir une marque. Il n'en va pas autrement dans l'esprit avec les géants mondiaux de la pub, *Young and Rubicam,* qui a chez nous le budget Simca-Talbot, *Mc Cann* et *J. Walter Thomson.*

Le phénomène n'est même pas nouveau, ni seulement français. Il n'y a pas d'autre âme à la pub américaine des années 1960, âge d'or du graphisme, pourtant singulièrement riches en possibilités d'innovation et de créativité. Déjà l'affaire se conduit en respect des goûts du passé, que cela se pratique en style suisse, très sobre, inspiré du Bauhaus 1920, avec priorité à la signification fonctionnelle, illustré par Tom Geismar pour Mobil Oil ou Jim Milho pour Champion Papers, sous le signe de l'optimisme invincible et universel : « nous sommes les meilleurs, les plus solides, les plus sûrs, les plus dignes de crédit... », ou en style flamboyant, essentiellement soucieux d'expression, de la fête partout, telle l'affiche magnifique de Milton Glaser pour un concert pascal donné par la chanteuse de *gospel* Mahalia Jackson, ou bien la pub de George Lois pour la vodka Wolfschmidt, où une tomate converse avec une bouteille de vodka, ou encore l'affiche du métro pour le pain Levy, montrant un enfant noir en train de manger une tranche de pain de seigle avec comme légende : « On n'a pas besoin d'être Juif pour aimer le pain Levy... » Le style psychédélique, volontairement sans finesse, à base de la contre-culture née de l'opposition à la guerre du Viêt-Nam ou de la protestation contre l'*Establishment,* motifs, reptiles, couleurs acides, lettres quasi illisibles, fait long feu — ne soutenant en définitive qu'un seul succès, celui des Beatles.

Même la publicité américaine ne réussit pas à faire triompher défi ou agressivité, même en 1980, sous l'impulsion de dessinateurs de nouvelle vague en réaction contre la sagesse sans surprise de la décennie précédente, lettres espacées, lignes d'ombre, couleurs criardes, ainsi le sac de papier imaginé par Laurie Rosenwald pour les grands magasins Bloomingdale, de New York, à écriture volontairement difficile à déchiffrer pour mieux forcer l'attention du client. Encore pourrait-on d'ailleurs y reconnaître quelque nostalgie du dadaïsme ou du constructivisme.

La vérité est qu'il est impossible d'ignorer l'énorme puissance d'envoûtement des temps de papa, de grand-papa ou d'arrière-grand-papa.

Naturellement, soyons justes, il y a toujours une part d'indéfinissable dans un succès ou dans un échec.

Allez savoir au juste comment et pourquoi les jeunes garçons ont pour nouvelle et soudaine passion le *Chevignon,* blouson de cuir vieilli, le pantalon *Spike,* en toile de couleur et la chemise américaine *Big Mac.* C'est aussi difficile que de savoir pourquoi les fillettes entre douze et quinze ans se mettent tout à coup à abhorrer la couleur jaune, découvrent dans la même foulée la splendeur du vert, invendable ces dix dernières années, et ne rêvent plus que de mini-jupes en molleton de couleurs vives assorties à un blouson d'aviateur ou à un gilet de golfeur.

Vous chercherez en vain la vraie raison profonde pour laquelle il y a des stars indélogeables, les *jeans Levi's* ou *Ballantine's,* « Grand cru d'Ecosse », des stars sur le retour, *Coca-Cola* et les cigarettes *Camel,* des stars qui montent, les couches *Lotus,* boisson *Orangina* et les sous-vêtements *Hom.*

On peut assez expliquer le phénomène, en succès, quand le slogan fait mouche, par exemple, au service de la ceinture de sécurité, « un petit clic vaut mieux qu'un grand choc » ; en échec, quand la manière confine au grotesque ou à l'odieux, maladroite avec une évidence qui se passe du moindre commentaire, par exemple la ridicule et insupportable campagne *les Yeux ouverts* lancée par le gouvernement — le gouvernement lave plus blanc, y compris le gouvernement rose — pour expliquer aux Français, avec l'argent du contribuable, sous enseigne du S.I.D. (Service d'information et de diffusion, dépendant du Premier ministre), la volte-face « économique » de Pierre Mauroy en juin, et le blocage des prix et des salaires. Mais allez même savoir, par exemple en matière de propagande nationale (laquelle est du reste en monstrueuse progression), l'impact réel de telle campagne du ministère du Travail sur les élections prud'homales, en deux étapes, dans un premier temps pour inciter les intéressés à s'inscrire sur les listes électorales, dans un deuxième pour les pousser à aller voter, ou de telle campagne du ministère des Anciens combattants pour la réhabilitation de la journée commémorative du 8 mai, supprimée par Giscard, ou telle croisade de Matignon contre les nuisances de bruit, ou telle propagande solidement orchestrée du ministère des Droits de la femme sur les « bienfaits » de la contraception. Toute explication valable y est impossible.

L'impact d'une pub engage de tels mystères que le magazine *Médias* peut assurer que les pubs les plus efficaces ne sont pas celles que les publicitaires préfèrent.

Enigmes : les progrès sensationnels des pianos japonais *Kawaï* et *Yamaha*, à raison de six mille exemplaires vendus par an, en France, jusqu'à pouvoir inquiéter les plus brillantes marques ouest-allemandes ; ou pourquoi on fait appel à une *Myriam* toute nue, pour vendre des emplacements d'affichage, comme quoi elle se fait aussitôt interdire, sur plainte des féministes, non pour s'exhiber nue, mais pour avoir à servir de « femme-objet » dans une promotion où elle n'a que faire, alors qu'elle n'aurait pas donné lieu à une excommunication si elle avait présenté et fait vendre des articles afférents à son sexe : des vêtements, par exemple, si dénudants fussent-ils, ou des parfums, même ne l'habillant que d'un nuage.

Ce n'est pas tous les matins qu'un affichiste de génie, tel Cassandre inventant en 1934 *Dubo-Dubon-Dubonnet,* ou le formidable Savignac, triomphant autour de 1950, avec *Monsavon au lait,* l'affiche qui faisait dire à Louise de Vilmorin : « Votre vache, avec ses yeux merveilleux, toutes les femmes voudraient lui ressembler. » Incomparable Savignac : le zèbre de *Cinzano,* sa bouteille sur le nez comme un équilibriste, c'est encore de son crayon sorcier ; et la girafe d'*Air France* qui chatouille, tout là-haut, un petit avion ; et le mouton de la Quinzaine de la Laine, qui s'embobine lui-même en pelote ; et l'homme d'*Air-Wick,* dont le nez n'en finit pas de s'allonger, ou ce coureur de marathon dont la torche a la forme d'un chevron de Citroën. Ne manquez surtout pas d'aller contempler ses prouesses, présentement exposées au musée de l'Affiche, rue de Paradis, dès que la grève qui vous l'interdit aujourd'hui sera terminée. Cela s'appelle le style du gag fécond. Trésor infiniment rare.

Aussi rares les slogans d'aujourd'hui, dont chaque témoin peut reconnaître l'indiscutable et puissant effet. *Paris-Match,* « le poids des mots, le choc des photos », trouvaille de Roger Thérond, *Volvic,* « eau pure d'Auvergne », *Perrier* « c'est fou » ; *Marlboro,* avec l'inévitable cow-boy viril qui les fume, « le goût de l'aventure ».

Car, allez donc reconnaître les traits dominants d'une époque littéralement folle, déstabilisée ou illogique. Il s'agit d'une sorte de forêt vierge, où se bloquent tous les prospecteurs. Au catalogue de cet hiver, les mannequins qui présentent les luxueux sacs Hermès sont en jeans. Le stylo le plus prisé n'est pas forcément le plus cher, la montre non plus. « On laisse les robes des grands couturiers aux belles étrangères, les diamants au coffre et la Rolls au musée — écrit Hélène de Turckheim dans *le Figaro*. Si vous avez la malchance d'avoir hérité de votre grand-mère une rivière de diamants, mettez-la pour rendre visite à votre épicier et contentez-vous d'un pendentif de turquoise pour un dîner élégant... La blouse de soie se porte avec une grosse jupe de tweed et l'escarpin avec le cuir clouté ; en revanche, c'est tout juste si on ne reçoit pas son plombier en robe du soir. » Culpabilisme généralisé : « on a honte du luxe même si, à peine investies, les dames du pouvoir socialiste, ministres ou épouses de ministres, n'ont rien de plus pressé que de se mettre à l'heure de la haute couture. » Madame tient des discours de luttes de classes et se dit l'amie de tous les *descamisados,* tout en arborant des chaussures de Maud Frizon, des châles d'Hermès et des pulls de Sonia Rykiel. A chacun son bon chic, sans aucune loi. « Il paraît que c'est fou ce que la ballerine dorée, le diamant à l'oreille, la pelisse-vison, le Sonia Rykiel, tous rubans flottants, se portent le matin rue Mouffetard ou du côté de Montorgueil, mais les jeans sont de rigueur pour aller entendre Isaac Stern au T.N.P. » Karajan dirige en col roulé. Lancer une idée publicitaire parmi toute cette incohérence est jouer à pile ou face.

Dites-nous donc pourquoi les Français se sont mis à préférer les blondes. Il fut un temps où pas un seul Français ne pouvait imaginer fumer autre chose que le tabac brun national. La cigarette qui pendait perpétuellement à la bouche de Malraux était évidemment une Gauloise. Le président Pompidou fuma des Gitanes jusqu'à sa mort. Jean-Paul Sartre ne brûlait que des Boyards (la marque la plus vendue en France à notre date). Le tabac brun régnait sur 90 % du marché. Aujourd'hui, la proportion semble se renverser, alors que pourtant la croisade contre le cancer des fumeurs incrimine davantage le blond que le noir. Pourquoi ? Il n'y a pas de réponse.

Il n'y a pas davantage d'explication au fait que certaines marques préfèrent des publicités brèves, coup de poing, d'autres des publicités longues, dialectiques.

Tout est bon.

Style coup de poing ? *Noilly-Prat,* « french extra dry », « un produit de la vigne et du... soleil », *Kronenbourg,* « faites mousser les bons moments ». Le gâteau *Coqueline,* « cent ans de gourmandise ». L'eau de toilette *Givenchy,* « Givenchy au masculin pluriel ». *Cointreau,* qui « met le feu à la glace ». *Renault,* parce que « diesel fou de turbo ». *Ricqlès :* « la menthe forte qui vous transporte ». *Tahiti Douche,* « c'est frais, ça mousse et c'est doux ». Allumettes *Gitanes,* « nuit bleue ». *Pampryl,* « le vrai jus d'un vrai fruit ». Ce n'est pas moins bien faire que jadis la réclame de *Thermogène* ou la *Jouvence de l'abbé Souris.*

Pub litanie ? Cognac *Hennessy* parce que « oui à l'imagination, oui au cognac gai, oui au cognac léger, oui au cognac-orange, oui au cognac long-drink, *Hennessy,* une qualité qui libère votre imagination ». « Le vert, c'est rafraîchissant », et voici pourquoi *Eminence* — le slip — lance le style *City,* « des rayures plus fines, des couleurs plus tendres, un confort très *Eminence* pour être sûr d'être Bien ». L'homme de goût ne choisit que l'eau de toilette *Roger et Gallet,* parce que l'homme est rare et *Roger et Gallet* hors du commun depuis 1806. *L'Alfa Romeo Sprint Veloce,* « la folie douce » rappelle avec soin toutes ses vertus « quatre freins à disque (c'est la moindre des choses), cinq vitesses (économie oblige), quatre vraies places et le prix le plux doux... »

Libération peut chercher sans conviction le meilleur slogan de nos jours entre *Rennie,* « on suce simplement, ça soulage rapidement », *Justin Bridoux,* « ça donne de la pêche une bonne saucisse sèche » (?), et *Pal,* « un caniche, c'est un cœur avec des pals autour ».

Certaines marques parient sur le soutien de l'érotisme. Il y a les plus osées. Dans tout sex-shop, c'est d'époque, il y a la boîte à *Ultrasons* de « l'éminent professeur Delgado », qui changera notre vie puisque « la personne qui reçoit le message à son insu perd aussitôt toute retenue... toute personne passant dans un rayon de neuf mètres tombera rapidement sous l'emprise de l'hypnose électronique, 250 francs, une misère ». Ne sommes-nous pas à la pleine saison, nous assure-t-on, des poupées gonflables, les « prêtes-à-baiser », mensuration 95-65-95, avec « un contact saisissant de vérité » et « un système oculaire qui a de quoi troubler les plus blasés » ? Il y a cependant aussi les plus subtiles, les plus habiles à troubler pour mieux posséder. Jusqu'à la publicité télévisée qui, pour mieux vendre soutiens-gorge, slips et combinaisons, multiplie les nus les plus suggestifs, avec les seins les plus coquins et les croupes les plus savamment équivoques. La photo de mode, en particulier, est habile, avec le plus grand art, à receler les plus troubles allusions sexuelles. Tels sont les tableaux vivants, violemment érotiques, gravés de sous-entendus, d'Helmut Newton, avec une manière qui rappelle de fait assez les mises en scène lascives de Cecil Beaton. Dans *Vogue,* Henry Clarke en appelle aux Finlandaises les plus gourmandes, pour mieux servir les toilettes de Vuokko, un des chefs de file du stylisme finlandais. Horst nous découvre la plus troublante Aspasie, devant le restaurant *El Puente* de l'hôtel *Puente Romano,* robe sari en soie turquoise filetée or de *Bianchini-Férier,* soutien-gorge soutenu par de larges bretelles croisées en satin or, sandales or à lanière serpent enroulé sur la jambe la plus voluptueuse, femme exactement chaude et sucrée comme l'eau de toilette *Molinard de Molinard.* Arnaud de Rosnay nous donne des nageuses en rut lent, pour mieux nous montrer une peau hydratée grâce à l'*Emulsion pour Bronzer,* ou tel maillot en lycra blanc gansé et signé *Charles Jourdan.* Albert Watson nous invite à des « dîners à la mode » où il n'y a point qu'à dîner, témoins les fées ensorcelantes de chez *Maxim's* déshabillées par *Pierre Cardin.*

Arthur Elgort trouve même volupté aux plus pures robes de mariées, corsage fin de siècle et col officier pour une orageuse mariée d'*Emmanuel Ungaro* en satin blanc de Taroni, ou robe fluide, en satin blanc d'*Abraham,* fendue devant, signée *Lepage,* avec bijoux *Christian Dior,* maquillage *Tyen,* et coiffure *Christiaan.* A plus forte raison s'étonne-t-on peu avec Christian Martin quand, pour *Lui,* il nous photographie *Alpina,* des « lolos » sacrément gonflés ou des couples super-sexy voués à illustrer « le cuir dans la peau », en agneau ou en vachette, pour aviateur, pompier ou loulou de banlieue, autrement dit le blouson *Cogito,* le trench-coat *Nicolas Harlé* et le short agneau *Mac Douglas.*

D'autres cultivent plutôt la poésie ou l'évasion, telle *l'Eau de Savane Verte,* « l'Appel des grands espaces sauvages », sur photo d'un pionnier torse nu, vu de dos, contemplant une jungle, une panthère alanguie à ses pieds, ou *Buick Century,* « un autre monde », l'une des nouvelles américaines de la General Motors, aperçue en plein désert, sur un paysage d'or, face à deux solides jambes d'un cow-boy dont on ne voit que le jean, le lasso et les éperons.

D'autres préfèrent le sans ambages. L'eau de toilette *Azzaro* s'impose « pour les hommes qui aiment les femmes qui aiment les hommes ». « Le bien-être a sa banque, *Société Générale.* » « A quoi bon du champagne si ce n'est un grand champagne ? *Taittinger.* »

D'autres ont un faible pour l'argument social ou philosophique. « En train pas besoin d'être en groupe pour voyager moins cher », signé la *S.N.C.F.* Jean Couturier offre avec *Coriandre* « un parfum qui fait s'interroger sur la valeur de la civilisation ». Il serait temps.

D'autres cultivent Superman. *Mazda,* « une énergie surpuissante ». L'eau de toilette *Punjab,* signée Capucci, « pour conquérants Punjab ».

Du classique. Tout de suite, l'œil le moins exercé reconnaît le prêtre dans l'homme qui descend d'un pas alerte une petite rue au charme provincial ; le costume strict, un peu démodé, le col de chemise qui fait penser à un col dur, le vêtement uniforme, sombre, à l'allure générale de soutane, les cheveux courts, le visage énergique et en même temps ouvert, le sourire sans faiblesse, le vieux cartable classique, et puis, enfin, pour ceux qui n'auraient décidément rien compris au titre de l'affiche, « le Denier du Culte. Il permet aux prêtres de vivre », cette petite croix brillante sur le revers. Telle est l'affiche, réalisée par l'agence Publi-Matignon, qui s'étale depuis quelques jours sur les murs de Paris, dans les lieux du culte et dans les journaux. Grande première : première opération publique lancée par l'épiscopat français, comportant la représentation d'un mannequin-prêtre. Faut-il que notre pauvre Eglise soit pauvre !

Il n'en reste pas moins qu'un seul thème dépasse de loin tous les autres : la nostalgie, le rétro, à preuve l'efficacité que les marques lui reconnaissent auprès d'un public même déboussolé.

Godiva, chocolatier, fait la publicité de « chocolats pas comme les autres » sur couple d'affiche 1900, capeline rose et canotier jaune.

La Marquise de Sévigné, « les Beaux-Arts de la Gourmandise », se réfère aux sources comme naturellement.

L'instant *Martell* « appartient à cet art subtil du temps de vivre et, comble de plaisir ou de contradiction, cet instant défie le temps depuis près de trois siècles », autrement dit depuis 1715.

Le génial Aslan nous dessine une Belle Otéro ressuscitée, croupe nue, une plume d'éventail balayant le dos, digne du crayon de Bollini, pour mieux nous inviter aux *Folies-Bergère.*

La Chartreuse Verte, 55 degrés de sensations, veut être « acérée comme l'aigle royal perché sur le bras de femme ganté qui vous offre le produit, aussi beau et pur que l'émeraude qui resplendit sur un doigt ». Geste de Belle Epoque.

C'est en style de naguère qu'une fameuse affiche vante *Maggi,* « le Velouté de ma Louloute ».

On croit retrouver les plus poétiques réclames des grands magasins du siècle dernier quand les *Galeries Lafayette* chantent ou font dessiner « le Blanc de rêve, le blanc des créatures, à des prix de rêve ».

La publicité télévisée — de loin la plus efficace, la plus courtisée, celle dont tous les enfants de France connaissent par cœur les slogans — ne manque pas au mouvement. Sans doute a-t-elle aussi cette particularité rare de cultiver l'humour : « Pas d'œufs fêlés chez *Lustucru,* Germaine... » ; *Lotus,* pour moucher le nez de « beaucoup de gens qui éternuent, même l'éléphant » ; *Crunch,* « le chocolat qui croustille » ; *Renault 5,* « attrapez-la chez votre concessionnaire » ; « il faut quinze ans à *Evian* pour traverser les Alpes... c'est bon, l'équilibre... Evian, l'équilibre mental » ... Pour autant, à chaque passage de bandes de pub, il y a une ou deux séquences rétro. Seule, une *Grand-Mère* « sait faire un bon café ». Pour *Pioneer,* le grand saut, le couple qui escalade le gratte-ciel a tout le classique des *fifties.* On fait appel à un Don Camillo en soutane et à des paysans du début du siècle pour mieux servir « des pâtes, des pâtes, oui mais des *Panzani* ! ! ! »

Revivre en vivant ; faisant revivre en faisant acheter ; tel est bien le mot d'ordre d'une pub qui, par ailleurs, n'aura jamais été plus envahissante, plus possessive.

Et comment ne pas être propres ? Tous nos journaux rivalisent de zèle pour faire aimer les bains moussants, « de toutes les couleurs, de toutes les senteurs » ou les crèmes après bain « qui permettent l'ultime raffinement d'avoir son parfum dans la peau dès le matin ». Tous les choix. *ObaO perle,* couleur de nacre, est parfumé au jasmin. *Bain Crème,* de Biotherm, couleur d'azur, essence de lanoline, sent le magnolia. *Symbiose,* de Stendhal, qui fait l'eau bleue, se complète d'un *Voile pour le corps* si fluide qu'il ne se présente qu'en vaporisateur. *Michelle* de Balenciaga embaume en gel moussant et en bain crème dont chaque dose est calculée pour cent cinquante litres d'eau. Van Cleef se jette à l'eau sous forme de *First* « à l'heure du bain ». Jean-Louis Scherrer existe maintenant en savon, lait *sent-bon,* bain moussant et déodorant. *Opium* de Saint-Laurent ? « Vous l'aurez dans la peau en onguent parfumé qui tient 24 heures sur 24. » Les plus hautes signatures interviennent, Lanvin avec *Arpège,* Azzaro, Maria Galland. Vous êtes vraiment impardonnable si vous n'êtes pas savonné. Vous ne l'êtes pas davantage si vous n'avez pas des hanches minces, des cuisses de Vénus, une poitrine plus ferme encore que celle de Kim Novak, alors que nous connaissons désormais toutes les vraies qualités des herbes bénéfiques, la guimauve qui calme, l'arnica qui tonifie, le pas-de-l'âne qui dérougit, le marron d'Inde qui raffermit, le pissenlit qui resserre, la matricaire qui cicatrise, alors que vous pouvez avoir tout cela avec *Ultima II, Ayer Elle,* le *Dobyplex,* le *Figure Firming gel,* le *Relaxing Bath,* « bain de repos bleu comme la mer de Capri », et le *Body Smooth,* lait de beauté satinant, le tout signé Helena Rubinstein, à vous transformer à la fois en Poppée, Cléopâtre et Pompadour, le tout aussi sur une pub à ambiance de la plus Belle Epoque.

A haute cuisine et à haute publicité, haute couture.

Elle aussi tient à rester essentiellement de haute tradition : fidélité est le mot.

Certes, les exploits néo n'y manquent pas.

On aura tout vu, dans la présentation d'il y a quelques semaines, en six jours, pour printemps et été 1983, de 36 collections et de 4 500 modèles.

Une maison *jap* a même donné une vision apocalyptique du vêtement : trous, loques, guenilles. Autant rencontrer Madame rescapée d'un attentat à la bombe.

Jean-Rémy Daumas propose des robes plus légères que des combinaisons.

Dan Béranger affiche le smoking blanc porté devant derrière et la taille étranglée sous des ceintures de motards bourreaux, car la gaine est de retour, sauf que par-dessus la robe.

Bien des audaces et provocations figurent au programme.

Jean-Paul Gautier s'amuse avec seins à l'air, pantalons débraguettés sur slips *Eminence* et socquettes tire-bouchonnant. Encore lui-même préconise-t-il aussi les corsets cruels dont Paul Poiret libéra ces dames en 1909.

Claude Montana campe des filles de la marine en *spencer* chauve-souris et jupe à pont.

Le grand Paco Rabanne, qui fit présenter naguère par des mannequins noirs, en dansant, des robes de plastique et de métal, le viol intégral, ce qui lui valut cinq ans de black-out total aux Etats-

Unis, récidive dans le défi. Dans des bandes dessinées, Robida imaginait en 1900 des costumes pour an 2000. Les voici réalisés, ensembles à manches gigot en faux cuir vieilli, corsets de torture qu'on lace dans le dos, pantalons-*jodhpurs* finissant en demi-guêtres pour couvrir les chaussures, manteaux de faux liège couverts de broderies africaines. Un régal de cosmonautes baroques, dit-on au *Quotidien de Paris.*

Kenzo rêve d'un escadron de choc. La guérilla est à la mode. Surtout quand elle se déhanche sous les tropiques. Cela donne un treillis polisson et moucheté style guépard, avec, en bandoulière et pour faire frissonner, un fusil d'assaut en plastique, réplique du M-16 américain, la Kalachnikov « de droite ».

Karl Lagerfeld, pour Chloé, veut des femmes-limandes, sans relief, des femmes papier-cigarette, aplaties dans des ceintures gaines en caoutchouc inventées elles aussi par des tortionnaires. Décidément, le supplice triomphe.

Pas étonnant à l'heure où Jack Lang porte des vestons roses : le côté mode masculine a aussi ses particularistes, tels les neuf jeunes loups-louves du Club des créateurs, décidés à imposer leur école à Paris face à Rome, Londres et New York et à se démarquer de tout le monde. Ils n'y vont pas de main morte. On change de planète. L'homme-oignon qu'ils habillent superpose pulls, chemise-gilet, veste, paletot, houppelande jusqu'à prendre les dimensions du bonhomme Michelin et marie jusqu'à vingt-huit couleurs sur une seule silhouette : Arlequin Pantalon de la commedia dell'arte (encore tout de même cette pincée inévitable de *flash back*). Le superchic fait tire-bouchonner les chaussettes — rayées — par-dessus le pantalon. Vivent les dépareillés : on porte un gant ciel et un gant rouge, sans que celui-ci soit obligatoirement de gauche. On pique les meilleurs accessoires au vestiaire des femmes : châle sur l'épaule, jambières de danseuses (toujours par-dessus le pantalon), ceintures du docteur Gibaud (à tricoter eux-mêmes, pourquoi pas, observe la spirituelle Janie Samet, du *Quotidien*), lesdites ceintures en jaune citron ou rouge poppy, ganses à la Chanel, feutres à la Garbo en vert pâle ou bleu pervenche. Surtout, pas de Supermâle. A l'opposé du cow-boy viril de Marlboro. Après tout, pourquoi pas aussi ? Il y a à peine un an, les « bonnes femmes » se coiffaient comme des mecs, le M.L.F. ne suffisant plus à assurer leur complexe de virilité, raflaient aux hommes pantalons, blazers, parkas, gilets, costumes croisés (*flash back* tout de même : la garçonne des années folles), demandaient à Carita une silhouette androgyne, à Bruno une permanente raide, et à Patrick Ales une coiffure style Errol Flynn dans *Robin Hood,* avec chouquette sur le front.

Il est vrai également que, toujours côté masculin, les particularistes peuvent se porter à l'opposé de cet efféminage. Le *rocker,* chasseur de rouges, a les cheveux en brosse ou redressés, se chausse de « santiags » de couleur noire, et arbore un blouson en cuir, un *perfecto,* nécessairement pourvu de pattes avec boucles sur les épaules et dans le dos : il ne s'agit d'ailleurs pas du tout d'une tenue de déguisement, mais plutôt de codes, de signes d'appartenance ; vous n'êtes qu'un « bouffon » si vous vous dites *rocker* sans porter de perfecto. Le *punk* a les cheveux décolorés ou « à l'iroquois ». Les *teddies,* sous cheveux « banane », avec des chaussures en daim, arborent un redoutable blouson noir serré d'un élastique à la taille, fine rayure sur les manches et inscription dans le dos. Le *mod* tient à des cheveux courts, avec raie sur le côté. Les *skin heads* se rasent totalement. Les *hell's angels,* les anges de l'enfer, cheveux longs et sales, portent sur le blouson de cuir un second blouson en *jean* et sans manches, où sont brodés leurs couleurs, leur affiliation et des ornements divers, de préférence des têtes de mort.

On a ainsi les deux extrêmes : le jeune homme *mignon* ou *incroyable,* et le jeune homme *Attila* — sans que l'on puisse donc même dire que, dans la provocation, il y ait création absolue, stratégie de « fracture ».

Quoi qu'il en soit, on ne saurait cependant pas nier qu'à défaut de vraie révolution, il y ait quelque volonté d'originalisation, et, dans les cas extrêmes, c'est le moins que l'on puisse dire.

Mais le vrai phénomène de notre mode fixe comme élément dominant l'esprit de retour.

On en revient à plumes et panache. « Sans plumes, les plus beaux oiseaux exotiques perdraient leur panache » précise Jean-Louis Scherrer pour mieux expliquer l'engouement actuel pour autruche, faisan, héron, paradis ou marabout. C'est à quel couturier s'adressera à Lemarié, premier plumassier du monde, pour paletots de marabout (Yves Saint-Laurent), jabots de paradis (Nina Ricci), grandes jupes d'autruche (Scherrer). Pour que le symbole du retour soit parfait, les ouvrières de Lemarié travaillent totalement « à l'ancienne » et vont jusqu'à manier les mêmes petites fines et les mêmes oiseaux que le XVIIIe siècle. Cela vous donne chez Dior ses chapeaux empanachés d'autruche et chez Givenchy ses grosses manches en plumes de héron sur fourreaux du soir. Jamais Hermès n'aura mobilisé autant de plumage, avec nouveaux sacs en doblis imprimé de plumes, superbes blousons de daim peints à la main de faucons encapuchonnés sur gantelet de cuir ou ses célèbres carrés de soie envahis de tableaux de chasse de gibier.

Chantal Thomass redécouvre le porte-jarretelles et le soutien-gorge affriolants.

Thierry Mugler dessine une femme-serpent galbée dans un fourreau de cuir cobra. La Marie-Python, dit Janie Samet. Autant retrouver la silhouette d'Yvette Guilbert et de Polaire, dont le tour de taille n'était pas plus long qu'un tour de faux col.

Courrèges ressuscite la mini, tout en nous recomposant du Walt Disney, fleurs bleues, rayures tendres, bottes blanches, combinaisons roses, nuages en coton. Il est vrai qu'il se veut « le couturier du temps libre » et « du rose sans épines ». Au vrai, il s'amuse comme un petit fou, avec mannequins qui jaillissent d'une piscine, pompiers qui font du ski, gymnastes sur toboggan, sirènes de golf.

Chanel, tout en mettant en vedette comme mannequin une championne du 400 mètres plat, ressuscite l'érotisme sous-entendu, avec des robes du soir qui font rêver Hélène de Türckheim, « fourreaux sinueux s'évasant sous le genou sous des corolles de lamé... cascades de ruchés », ou avec de capiteux tailleurs de nuit en crêpe blanc et « des robes-fumée en mousseline ».

De fait, comme il y a quatre-vingts ans et comme il y a cinquante ans, on en revient à l'esprit et au feu de l'ultraféminité. Le ton est à raccourcir les jupes et allonger les manteaux. Pour 1983, la taille est à la baisse, on demande à des emmanchures basses de donner aux gestes une ampleur généreuse, on dénude les épaules, on dégage le genou. En quelque sorte, précise Hélène de Türckheim, « la séduction redevient ce qu'elle n'aurait dû jamais cesser d'être : de la peau aperçue, du galbe rond, des drapés suggestifs... La mode est à la chatte... Ça se chichite et ça se chouchoute... »

Déjà il y a un an, Emmanuel Ungaro, éternel frôleur de catastrophes, imaginait des hauts Louis XV pour des bas Henri III, jouait en artiste avec jabots et dentelles. Il ressuscite à présent le *patchwork* de *patchwork.* Transparences, roses fanées de Trianon et couleurs vitraux de Chartres. Peut-être aura-t-il redouté de passer pour un « couturier de musée », à remonter si loin dans l'histoire. Il invente des tailleurs en brume de crépuscule, des robes en rosée du matin, des femmes habillées de nuages.

Ted Lapidus, avant-hier historique inventeur du *sportswear,* du *black look,* des boutons dorés sur cabans et des blasons sur blazers, hier inventeur du col collerette, du daim clouté et du tailleur-pantalon « rayé de soleil et d'ombre », et tout en voulant se garder « le couturier des jeunes », dessine maintenant des poignets mousquetaires, des tailleurs à pantalons qui finissent aux mollets à la corsaire et traite un *trench* de grands poils de chameau d'une toute autre époque.

Torrente, qui habille Danièle Mitterrand, donne dans le manteau russe et le tailleur soviétique, mais aussi dans le plissé « bouillonné, volanté et pailleté » à enchanter à jamais la Zerlina du *Don Juan* de Mozart ou la Locandiera de Goldoni.

Puisque « pleins feux sur les jambes », que le court revient au galop et que la jambe prend toute la vedette, Louis Féraud mobilise toutes minis en noir et blanc, avec jupettes aussi courtes que des pagnes, sauf à ressusciter aussi le pyjama de harem et à inventer la robe stroboscope, noire et blanche, tour à tour noire, tour à tour blanche, selon le mouvement de la femme trompe-l'œil qui la porte.

Mme Grès est d'autant plus dans notre éclairage qu'elle reste Madame Grès. Praxitèle dans la haute couture — Praxitèle sculptant le marbre d'une tunique. A la magicienne de nous donner un fourreau droit comme un i, fin comme un lys.

Serge Lepage en appelle à la Renaissance elle-même, comme s'il travaillait pour Catherine de Médicis. Matières nobles, couleurs profondes, tissus peints à la main, corselets de velours et princesses de Clèves.

Comme mannequin-vedette de la maison, événement qui a fait sensation, Lanvin, sous autorité confirmée de son styliste, Jean-François Crahay, vient de mobiliser Olga Rostropovitch en personne, fille du célèbre violoncelliste, violoncelliste elle-même, assurance de diva, culot de Barbra Streisand, splendeur de vingt-quatre ans, pour mieux faire aimer, avec dominantes de rouge et de noir, de grandes robes folkloriques qui superposent jupes, paletots et fichus, et de nostalgiques capes en mantes sous châles de tziganes.

Hanae Mori, toute japonaise qu'elle soit, recrée tout le raffinement anglais : stricts tailleurs noirs ; collet-monté sous dépassant blanc ; uniformes de *clergyman* sélect ; décolletés à la reine Mary (celle de George V) sous un tour de cou de velours ; ensembles pour heures douces du *tea for two* dans le Lancashire.

Yves Saint-Laurent qui, dans la dernière exposition, n'aura pas présenté moins de 132 robes, n'aura jamais mieux cultivé les délices du revoir : blouses créoles, décolletés carioca, robes-smoking chipées aux dandys, robes longues aux manches gonflées, robes de séduction, disent les chroniqueurs du *Figaro,* pour « félines de haut vol drapées dans des soies imprimées panthère » ou « robes de distinction pour duchesse de Guermantes, qui serait ressuscitée avec poufs, tournures, paniers et crinolines de taffetas ».

Il n'en va pas autrement, malgré l'originalité de chaque griffe, pour Carven et Guy Laroche, Pierre Balmain et Jean Patou, Givenchy et Nina Ricci, l' « habilleuse » de la Maillan, qui réhabilite l'austère, avec couleurs de prédilection le mordoré noir, blanc ou gris et le chaudron marron, la Toussaint pour la Cerisaie, tandis que Marie-Martine propose une cape en bâche kaki garnie de queues de marmotte qui vous donne un petit air de Davy Crockett et que la pelisse, universellement victorieuse, redonne à toutes la silhouette Anna Karénine.

Non seulement tout le plaisir d'élégance se maintient : Mme Grès est nommée pour la deuxième fois l'une des femmes les plus élégantes du monde ; le 10 mai, connais pas, proclama Pierre Balmain ; autrement dit, les gouvernements passent, la haute couture persiste ; on apprend que Jean-Louis Scherrer, après avoir vêtu Anne-Aymone, sa fille Valérie-Anne et la sœur du président Kennedy, Guersande de Sabran, habille Danièle Mitterrand, laquelle n'abandonne pas pour autant Torrente ; Pierre Cardin présente ses chefs-d'œuvre aux épouses des camarades ministres comme il y a peu à Claude Pompidou, Marie Bell et Jacqueline Delubac ; l'un des seuls à risquer de déranger les forces tranquilles était en juin 81 Torrente nous promettant une Danièle Mitterrand en tricolore : lainage pied de poule bleu et blanc, gansé de rouge, naturellement le pied de poule en tailleur, en redingote et en jupe-culotte pour bain de foule ; il n'y a de vraiment « socialo » que les bas rouges de Balmain, pour rompre avec les bas « trop noirs » de l'an dernier. Mais toutes les nostalgies les plus raffinées ou les plus sentimentales se donnent libre cours. On voit revenir l'astrakan swakara et le vison saga. Nina Ricci ouvre sa présentation sur un hymne à la Parisienne, mais celle de Jean-Gabriel Domergue, avec son long cou et ses cheveux mousseux, ses pois mignons et ses soies transparentes. Madame retourne aux talons hauts, aux coiffures crantées, au tailleur de minuit (en flanelle blanche rebrodée d'or, signé Philippe Venet). Les *jodhpurs* remontent jusqu'aux genoux, les *knickers* jusqu'au cou. Elle réclame à nouveau la saharienne de l'Afrique coloniale, la toge de la Rome antique, la tunique de Lesbos, les rayures berbères, des tissus arachnéens pour *majas* de Goya. Issey Miyake, le couturier de la draperie flottante, travaille les teintes neutres des aquarelles japonaises anciennes. Kansaï Yamamoto, rue du Dragon, charge ses tricots de tous les démons et dragons nippons des plus antiques légendes d'Hokkaïdo. Son homonyme Yosji Yamamoto, mais lui rue du Cygne, honore le style le plus dépouillé des temps spartiates. Le « tablier » de grand-maman, non content de ressusciter, s'ennoblit, s'égaye et sort en ville : Thierry Mugler, sourire en coin, lance dans la rue une femme de chambre d'opérette ou de comédie musicale, en fourreau pékiné « sexy » sous tablier blanc ; Yves Saint-Laurent tient à sortir le sien, honneur au *Journal d'une femme de chambre ;* et Jean-Claude de Luca, style provençal, dessine même un tablier de bergère en coton imprimé comme un foulard sous une blouse romantique à ceinture drapée — une influence paysanne qui souligne elle-même regrets ou remords.

Les grands parfums ne s'effacent pas, eux qui mieux que tout thésaurisent les plus délicates mémoires. On continue de se disputer le *nº 5* fétiche de Chanel que Gabrielle Chanel lança le 5ᵉ jour du 5ᵉ mois de l'année 1921, comme l'*Eau Sauvage* de Dior, conçue pour les hommes, détournée par les femmes, symbole même de l'élégance discrète, ou comme *Anaïs-Anaïs,* de Cacharel, le plus brillant des prêt-à-porter, nº 3 mondial, créé à l'image douce et floue des femmes de Sarah Moon. S'il y a des créations toutes récentes, *Guirlande* de Carven, dédié aux jeunes, fraîcheur fleurie, présenté à la Nuit de l'X dans un quadrille mené par Jacques Chazot, *K.L.* monté par Lagerfeld pour « la femme imprévisible qui a la folie du sublime », *Nombre Noir,* concocté par Serge Lutens pour Shiseldo, « à appliquer en contour, en styligoutte, en suivant le long de l'épaule, la taille et la ligne des hanches », *Narcisse Blanc,* de Caron et l'envoûtant *Préludes* de Balenciaga, les deux best-sellers mondiaux au hit-parade des chiffres de vente sont deux valeurs confirmées, *Opium* de Saint-Laurent et *Air du Temps* de

Nina Ricci. Derrière eux et *Anaïs-Anaïs,* ne viennent que des vedettes traditionnelles, *Femme* de Rochas et *Turbulences* de Révillon, *Cabochard* de Grès. Le parfum reste un incomparable attrape-cœurs. « La forme la plus intense du souvenir » dit Jean-Paul Guerlain. Les journaux n'auront jamais rappelé avec autant d'insistance que Colette, lorsqu'elle prenait possession d'une chambre d'hôtel, en déplaçait les meubles, jetait des foulards sur les abat-jour et déposait quelques gouttes d'*Heure Bleue* de Guerlain sur les ampoules électriques, pour mieux recréer son atmosphère.

Martine Henno, pour *le Figaro-Madame,* peut consacrer toute une belle chronique au « vent de jeunesse sur la place Vendôme : des hommes de la toute nouvelle génération prennent en main les destins de la haute joaillerie française de Jean-Baptiste Chaumet, vingt-cinq ans, fils de Jacques, qui occupera son fauteuil dès demain, à Alain Boucheron, trente-quatre ans, fils de Gérard, déjà en poste, en passant par Philippe Arpels, trente-cinq ans, fils de Jacques, Alain Mauboussin, trente-sept ans, qui prend la totalité de l'affaire familiale après avoir fait curieusement ses classes dans la lessive chez Colgate-Palmolive, et François Mellerio, trente-neuf ans, fils d'Hubert, lui joaillier-orfèvre puisque le trophée en argent massif de Roland Garros sort de ses ateliers. Nouveaux temps : alors que leurs aïeux ne juraient que par les diamants et les hautes pierres, les voici condamnés à égratigner la tradition en ciselant désormais citrines et agates, corail et nacre afin de développer leurs lignes « boutique », plus adaptées aux temps modernes. Nouveaux temps encore : « ils n'hésitent pas à s'envoler quarante-huit heures pour aller traiter une affaire... au fond du golfe Persique ». Enfin, il faut bien s'adapter à des saisons où princes arabes et riches Texans ont pris le relais des fastueuses cours royales. Mais, dans la haute manière, la haute tradition demeure. Boucheron peut s'inspirer de l'art primitif pour préparer sa nouvelle ligne africaine dessinée à partir de pièces, masques et breloques trouvés dans des musées. Chaumet continue d'imposer son sceau dans l'âme de l'ancêtre, joaillier préféré du Premier consul et de l'empereur ; il annonce dans ses publicités *la création d'un nouveau monde ;* « Une émeraude est devenue l'œil du cygne. Une constellation de diamants a parsemé la robe de la gazelle. La panthère s'est allongée nonchalamment sur une branche d'or. Le cheval arbore une crinière de bronze et agite un harnais de perles. C'est ainsi que naît une seconde nature, par la grâce d'un grand joaillier aux talents d'artiste animalier : Chaumet » ; oui, où s'arrête la chimie, où commence l'alchimie ? Mais il y a dans chacun de ces bijoux autant de fidélité que d'aventure.

Côté masculin, en général, le ton est au conservateur. L'élégant continue de ne porter que des grosses laines de Missoni, des chemises de pilou de Heddington, des blousons de Giorgio Armani et des complets de Francesco Smalto. Il rêve de porter une robe de chambre Hilditch and Key aux couleurs chatoyantes en « real ancient madder silk ». Il se chausse le plus volontiers chez Lobb. Orchidée à la boutonnière, pochette à pointes bordeaux, gilet de tweed roux, pantalon de velours rouge chine et veste de cheviotte havane à col et boutons de cuir, c'est tout le charme discret de la bourgeoisie pour notre hiver mâle, imaginé par Patrick Lavoix pour Lanvin. A cause des taxes, l'élégant qui consommait deux Churchill par jour n'en fume plus qu'un, s'il ne jurait que par le Monte-Cristo n° 3 est passé au Monte-Cristo n° 4 qui est moins cher et, au lieu du Havane « puro » à lui désormais le Don Miguel, fabriqué aux Canaries avec du tabac prolo de Saint-Domingue, il laisse de plus en plus aux étrangers, austérité oblige, les merveilleux produits d'Hermès, agenda semainier en autruche, porte-documents en croco et « sac à dépêches », mais n'a pas cessé de priser la botte texane Luchese ou le caleçon Hobbs en coton égyptien mercerisé. Les innovations sont rares. Pourtant, chez Monsieur aussi, la note nostalgique se marque. Il redemande beaucoup le Burberry's classique à la Humphrey Bogart, croisé avec ceinture, ou alors le *trench-coat* Kingsway, créé par Aquascut pour les officiers britanniques durant la Première Guerre mondiale. Il abandonne la « tête nue » pour la « tête coiffée », avec feutres mous, cloches, toques, *chapkas,* casquettes anglaises, peu importe. Il se re-gante. Il retrouve le costume six boutons, à porter négligemment en ne fermant que le dernier bouton, Dior, Cerruti et Lucien Foncel obligent. L'écharpe s'enroule trois fois, style Légion. Les chaussettes se montrent, façon montagnard randonneur. Les guêtres réapparaissent. On s'apparente parfois à l'homme-grenouille, mais souvent au chasseur alpin, à l'explorateur du Grand Nord et à l'aviateur des temps héroïques. Les tailles se ceinturent, ou bien manière Ramuntcho, joueur de pelote basque, toile enroulée autour de la taille, ou bien genre maçon, ceintures de cuir à porter bas sur les hanches. On voit même nous revenir les « colons » qui partirent à la conquête de la Nouvelle-Angleterre, sur mode « puritaine » ou « écolo », avec effet de *patchwork* américain et des coloris labour, bruns et caramel. Le mannequin idéal du jour, nouveau pilote d'essai de la mode masculine, se remet à « rouler des mécaniques », pas efféminé pour deux sous, beau comme un rêve de midinette, ainsi Laurent Marin, œil vert, cheveu *clean,* nuque courte, ex-sciences po, physique de héros de western mâtiné d'un futur P.-D.G. de multinationale, nourri de lait, de *windsurf* et de chiffres, à nouveau vraiment modèle « homme ». Marcel Lassance, le tailleur du président de la République, malgré un duffle-coat jaune mimosa et des lacets de souliers bleu tendre, échappe à son tour à la frivolité, cherche la meilleure formule de la force tranquille et peut s'amuser à proposer des tenues d'alpinistes de naguère, avec canne de berger, gourde à la taille et sac de montagnard à l'épaule, pour mieux affronter notre hiver.

A l'apogée de la mitterrandisation, aux plus systématiques jours de l'étatisme et de l'uniformisation, programme super-archaïque : décapiter les élites, tous nos journaux vouent des chroniques aux « grandes réussites », à tous les hommes du commerce, de l'industrie et du *show business* qui signent des succès. *Lui* est particulièrement expert en cette recherche, qui n'est pas sans faire évoquer les brillants aventuriers 1925-1935. Après avoir été un spécialiste émérite dans le sauvetage des entreprises en difficulté, Patrick Neiertz porte Charles Jourdan aux sommets, 1 200 000 paires de chaussures vendues par an, 150 magasins dans le monde, mille dépositaires, quatre marques de la plus haute facture, Jourdan, Dior, Dinaud, Cardin, impossible de ne pas remarquer comme « artisanat de luxe » ; Pierre Porte, compositeur-chef d'orchestre à succès, stakhanoviste des shows télévisés — 310 en dix ans, de Martin à Drucker et aux Carpentier — devient une star à la nippone, avec non moins que 120 musiciens pour ses émissions de variétés, non sans multiplier les galas (avec des Ella Fitzgerald ou des Shirley McLaine), les spectacles (Féfé de Broadway, Le Luron, les Folies-Bergères) et les musiques de films *(Monsieur Klein ; la Femme infidèle)* ; Jean Cacharel, génie du contre-courant, simple petit provincial nîmois devenu le roi du prêt-à-porter et le père du fameux parfum Anaïs-Anaïs, triomphe tous horizons jusqu'à animer près de cent boutiques. Le pharmacien Patrice Soyer accomplit une sorte de prouesse des prouesses en pharmacie : il révolutionne le maquillage en inventant la micronisation, il entend ainsi obtenir des produits bien tolérés, aussi bien par les femmes qui portent des lentilles que par celles qui ont les yeux sensibles ; la réussite s'accomplit en un éclair ; il crée sa propre boîte, Contapharm, le 1er janvier 1981 ; en octobre qui suit, avec seulement quatre personnes, il lance sa ligne Eye Care ; dès cinq mois plus tard, il dispose de 500 points de vente ; il en a le double aujourd'hui, avec quinze personnes. Olivier Coquelin devient le prince des nuits new-yorkaises, avec des endroits légendaires comme le *Club, Cheetah* et l'*Hippopotamus,* puis triomphe dans le lancement des stations d'hiver ultra-chic, telles Sugarbush, et il vient de lancer le plus fastueux hôtel du monde, à Haïti, *le Relais de l'Empereur,* dix chambres, chacune de cent mètres carrés, robinets en or. Pierre Ramel créateur à trente ans, il y a six ans, de *Viséa,* entreprise de location télé, débutant à Lyon avec un magasin et deux hôtesses à temps partiel, a à présent 25 magasins, 150 personnes, 20 000 clients, s'adjoint dès 1979 un département vidéo et double son chiffre d'affaires tous les ans. Georges Choletton, ayant retapé l'affaire d'un grand-père, fait fortune avec la fourniture et la pose de stores, l'équipement de salles de spectacles et la fabrication de rideaux, voilages, tissus et revêtements muraux, avec pour spécialités des tissus ininflammables et des stores qui se baissent automatiquement s'il y a soleil ; il fournit le *Ritz* et le *Royal Monceau,* le *Bristol* et le *Gaweye Uth Sofitel* de Niamey, travaille avec le même bonheur pour l'Académie française et la Bibliothèque nationale, Antenne 2 et l'Institut Auguste-Comte, équipe impérialement le *Cosmos* de Moscou et l'*Ivoire* d'Abidjan, l'*Orchad* de Singapour et le *Méridien* de Khartoum.

Autres réussites. Chacun de s'extasier sur l'idole de la Suisse romande, le plus jeune chef d'orchestre du monde, Marcello Viotti, qui, à vingt-sept ans, dirige un orchestre de cent musiciens de 17 nationalités différentes à raison de huit heures par jour : il faut savoir qu'il y a quelque 700 000 notes dans une symphonie, que l'on doit pour être chef mémoriser au moins les neuf symphonies de Beethoven, quatre de Brahms, quatre de Schumann et quelque vingt des quarante et une de Mozart. *Lui,* dans sa fameuse chronique « Ça marche pour eux », de désigner parmi les grands efficaces du jour Jean-Pierre Emden, prenant en main le 1er janvier 1975 les produits de la firme espagnole Lois (filateur, tisseur, teinturier et confectionneur) avec pari de « conquérir le marché français par la grande porte » et y parvenant au-delà de tout espoir, jusqu'à penser à implanter en France une unité de production.

Preuve est faite du moins qu'on peut encore « réussir », tout comme naguère, hors fonctionnariat.

Le plus étrange, cependant, est que tout cet esprit rétro ne se retrouve pas au niveau moral.

En particulier, la famille connaît en tant que telle une terrible décadence, tandis que la « mère » elle-même perd de sa formidable autorité millénaire.

Sur un point aussi capital de la vie nationale, il y a crise — sûrement, en profondeur, même l'une de nos plus redoutables crises.

Force est ainsi de poser l'ensemble du problème de *la femme* 1983.

C'est très curieux.

Non que l'on soit parvenu à la robotiser.

La « femme femme » reste aussi désirée. La beauté prime toujours. La star idéale 1983 est un fruit juteux. Dans la constellation éblouissante de nos *sex-stars,* il y en a pour tous les goûts, la beauté somptueusement épanouie (Dolly Parton) avec dessous affriolants indispensables, la Lolita perverse, mineure scandaleuse (Brooke Shields), la splendeur inaltérable (Raquel Welch) *sex-symbol* des années 60, le charme caustique, poivre et sel (Diane Keaton), la fragilité sensuelle (Sydney Rome), l'ondine fausse ingénue (Isabelle Adjani), le style femme fatale, « à plus tard la star-maman-confiture, place au glamour ! » à la fois intelligente et geisha, énergique et lascive, qui noie plus volontiers ses états d'âme à mijoter un bœuf bourguignon que sur le canapé d'un psychanalyste (Marie-Christine Barrault que les Américains considèrent comme la Française idéale), l'envoûtement énigmatique (Isabelle Huppert), le piquant latino-américain (la Brésilienne Sonia Bragala), l'éternel italien d'une Laura Antonelli, la *sex-symbol* du Festival de Cannes 1982, Sybel Danning, gitane blonde. On joue à composer le couple le plus ensorceleur de nos jours. Diane Keaton, et Warren Beatty ? Jacqueline Bisset et le danseur Alexandre Godounov ? Barbara Carrera et Sean Connery en néo-James Bond ? On cherche la plus belle femme du monde. Hollywood élit Meryl Streep, une fausse rousse, déjà *Mégère apprivoisée,* et « meilleure actrice de l'année » pour *la Maîtresse du lieutenant français,* où elle tient le rôle de Sarah et d'Anna, splendide en Anglaise du siècle dernier. Il paraît que nous avons à nourrir quelque espoir de voir Miss Paris, devenue Miss France, Isabelle Turpault, dix-neuf ans, 1 m 70, brune aux yeux verts, secrétaire rêvant d'être actrice, se faire sacrer Miss Univers. Valérie Kaprisky, dix-neuf ans, révélée par son premier grand rôle, *Aphrodite,* dans un film sulfureux de Robert Fuest, elle-même du soufre en feu, a ses fans. Rae Dawn Chong, vedette muette de *la Guerre du Feu,* dans le rôle d'Ika, l'érotique pudique, petite chose adorable aux cheveux tortillés et aux yeux pétillants, fille d'une Caraïbe noire métissée d'Indien du Canada et d'un Chinois métissé de Français, le Chang du duo Cheech and Chong, interdit à la télévision américaine pour cause d'... obscénité et qui s'est converti en metteur en scène, a ses partisans. Les Turcs nous jurent qu'aucune Shéhérazade ne saurait surpasser Christine Haydar, née Davrat, somptueuse blonde, Parisienne mariée avec un photographe arrière-petit-fils du frère du dernier sultan de l'Empire ottoman Abdul Hamid II, héroïne de *la Blonde dangereuse* aux côtés du Delon ottoman, Cuneyt Arkin, bientôt vedette de *Mata Hari venue du froid* à la fois Marlène, Piaf et la Bohême quand elle chante au *Cabaret* d'Istanbul en *body* noir, bas résilles et queue de pie. *Playboy* voterait volontiers pour l'une de ses *playmates,* telle Ria Bravo, Allemande malgré son nom, mannequin de Munich née à Cologne, la sensualité à 200 000 volts. Les sondages mondiaux plébiscitent Bo Derek. Comment oublier jamais Ursula Andress jaillissant en bikini blanc de l'océan pour tomber dans les bras de James Bond, alors en bisbille avec le docteur No ? C'était l'époque du *swinging sixties.* Vingt ans plus tard, sa beauté ne se borne pas à défier le temps, elle le disloque, elle dément la chronologie. La plus belle image de l'infini, a-t-on pu dire. Que vous la retrouviez dans *les Champs Rouges* de Sergueï Bondartchouk, amoureuse d'un journaliste en pleine révolution mexicaine, ou dans le film d'Enzo Castellari où Joséphine-Ursula aime Scaramouche, un bandit au grand cœur qui complote contre Napoléon, elle reste l'inégalable ensorcelante. Tous ces jours-ci, trois heures de télévision sur Antenne 2 : Brigitte Bardot se raconte et c'est B. B. qui ressuscite, deux décennies plus tard ; au-delà de la nostalgie, la magie est intacte ; un pur ravissement, cette « Brigitte telle quelle ».

Les femmes de caractère, solidement engagées dans la vie politique, continuent d'imposer pour leur part une extraordinaire

« présence » morale. « Le grand bonhomme » en femme. Les femmes les plus grandes. Les Français désignent Simone Veil, ancien ministre, ancienne présidente du Parlement européen, qui, au forum hit-parade, dame le pion même à des Rocard et des Chirac. De l'autre côté de la Méditerranée, s'impose Wassila Bourguiba, « après son mari Bourguiba, le seul grand homme de la Tunisie contemporaine » qui, à l'évidence, n'est pas une simple première dame patronnesse et ne se contente pas d'inaugurer les chrysanthèmes ; elle n'est pas Jihane Sadate ; à soixante et onze ans, son intelligence n'a pas pris une ride ; seules concessions faites à la coquetterie : cheveux bleu acier et quelques bijoux discrets. L'Asie peut présenter deux femmes de volonté aussi différentes qu'Indira Gandhi et Ismelda Romualez Marcos, épouse du président des Philippines, la première douloureuse égérie d'une Inde toujours en détresse, âme en croisade perpétuelle, non sans être capable des tactiques électorales les plus retorses, l'autre à situer entre Marie-Antoinette et Line Renaud, star, chantant, dansant, organisant de joyeuses fêtes dans son club disco privé, mais aussi maire de Manille, présidente de l'Institut international du Cinéma, poigne sans faiblesse, tempérament ne craquant jamais. L'épouse du roi Fayçal est aussi, quoique dans l'ombre imposée par sa foi, une maîtresse-femme, de même que Lalla Abla, mère de Hassan II. Chacun a encore en souvenir la hargne fauve avec laquelle la veuve de Mao affronta un procès historique. Enfin, modèle des modèles, peut exister cette formidable Mme Thatcher, née Margaret Hilda Rogers en 1925, devenue le meilleur sujet des caricatures, avec sa mise en plis toujours impeccable, son sac pendu au bras, son nez en avant, son tailleur strict et l'éternel collier de perles offert par son mari, joyeusement ou cruellement représentée en Jeanne d'Arc partant en guerre contre le socialisme rampant, en shérif mettant de l'ordre à coups de colt face aux syndicats, ou en chef de bataillon de paras, M-16 à la main, prête à sauter sur Buenos Aires. Une pièce londonienne à succès pousse la satire plus loin encore : « Maggie » y apparaît comme un véritable dictateur de sa vie privée, tenant sous son talon son pauvre mari Denis, *Anyone for Denis.* Ce sont les Soviétiques qui la surnommèrent la Dame de fer. La *pasionaria* du privilège, l'appellent les travaillistes, sans se laisser rappeler que, fille d'un épicier et d'une couturière de Gantham, une modeste ville de la province anglaise, elle appartient à ce que les Anglais appellent atrocement la « lower middle class », la plus basse classe moyenne, effectivement venue au monde dans une maison sans baignoire ni eau chaude, n'effectuant des études qu'avec l'appui de bourses. Elle conduit toute sa vie tambour battant, adhérant dès qu'adolescente au Club conservateur d'Oxford, épousant un industriel du pétrole joueur de golf très « upper class », menant de front vie d'avocate, vie politique et vie familiale (mère de jumeaux, Mark et Carol, ce qui fait dire à un député travailliste qu' « elle est aussi capable de décrocher des quadruplés que le Foreign Office »), pourquoi toujours coiffée chez Chalmer's à Mayfair, admirablement maquillée et chapeautée Old England, *debater* vite redoutée de tous, gagnant contre Ted Heath la direction d'un parti *tory* chancelant, en 1979 écrasant aux élections générales le leader travailliste James Callaghan. Le seul homme du cabinet, dit Harold Wilson.

Elle cite Sophocle : « Lorsqu'une femme parvient à être l'égale de l'homme, elle le surpasse. »

Continuent de s'affirmer aussi les femmes à exploits ou à muscles. Dix-neuf ans après le vol « légendaire » de Valentina Terechkova, une autre astronaute soviétique accomplit un vol historique, Svetlana Savitskaïa qui, ce dernier été, passe sept jours sans problème à bord du laboratoire volant Saliout-7 : un journaliste impertinent lui demande à quand l'expérience qui passionnerait sans doute le plus les biologistes, l'amour chez les étoiles, la conception d'un être humain dans l'espace, la naissance du premier bébé-stratosphère, l'avènement du véritable E.T. ? Elle répond : « Votre question n'est pas scientifique. » Aux Etats-Unis aussi l'espace se féminise, puisqu'une femme, Sally Ride, doit s'envoler dès avril et que sept autres femmes figurent parmi les 88 astronautes que compte la N.A.S.A. Par ailleurs, elles sont pléiade les femmes qui s'illustrent dans la prouesse sportive, telles nos quatre championnes du monde de judo, et Sophie Berger, 50 kg, 1 m 62, notre championne du monde de karaté, cinq heures d'entraînement par jour. Kadhafi ne s'entoure plus que de gardes du corps féminins : on ne voit plus le « Guide de la Révolution » que flanqué de ses Amazones, formées dans une impressionnante académie militaire de Tripoli, avenue Omar-al-Mokhtar. Tous nos journaux, ces derniers jours, parlent surabondamment de *Mesdames Muscle,* adeptes de la culturiste finlandaise Keke Elkomaa, pratiquent dans des clubs de *body-building,* aussi musclées que tout culturiste mâle, biceps de fer, abdominaux saillants, long supinateur d'acier, grands couturiers de bronze, iliaques en uranium.

Enfin, évidemment, dans la vie intellectuelle, musicale et artistique, les femmes de haute qualité sont toujours légion.

Et la promotion de la femme reste d'autant plus sensible que son espérance de vie augmente. L'espérance de vie en France est désormais de soixante-dix-neuf ans pour « elle », de soixante-dix pour « lui ». En l'espace de deux siècles, l'espérance de vie féminine se sera accrue de cinquante ans : une tricoteuse de 1793 avait peu de chances de dépasser sa 29e année. Encore faut-il signaler que les « chances de survie », selon le jargon des assureurs, augmentent au fur et à mesure qu'on avance en âge : à quatre-vingts ans, une femme a encore huit ans devant elle et, à quatre-vingt-dix ans, son avenir s'ouvre pour quatre ans encore... prolongeable même après quatre-vingt-quatorze. Quant à l'homme, sexe faible ô combien !, il reste bien des progrès à faire : soixante-dix ans et quelques mois, c'est tout ce que les prévisions accordent à sa naissance, même si les progrès sont spectaculaires depuis le temps de la mort de Louis XVI, où le mâle en avait pour vingt-cinq ans.

Mais la femme tient beaucoup moins solidement sa famille que par le passé, en particulier en France.

Sa réussite morale est loin de s'égaler à sa réussite physique, politique, intellectuelle et sportive.

Il y a défaillance.

Bien sûr et Dieu merci, subsistent à millions d'exemplaires des « mères de famille » modèles, inégalables dans l'art de protéger ou d'animer les bonheurs. Il n'en reste pas moins que la décadence est sensible.

Liberté excessive des mœurs ? Les moralistes tels que Michel Debré et Pierre Chaunu ne sont pas les seuls à le déplorer. Cinéma, télé, affiches, revues, tout contribue à casser l'esprit de famille, la solidarité entre époux, l'attachement des enfants. Le dévergondage devient tel qu'il peut scandaliser les moins prudes : au moins peut-il aussi contribuer à la dégradation du « respect mutuel » et de la « discipline librement consentie » qui sont le *sine qua non* de toute unité familiale.

Provocation, pub, narcissisme, esthétisme, argent, exhibitionnisme ? A leur tour, les grandes vedettes posent nues pour les hebdomadaires. L'exemple vient de haut. Le temps n'est plus où les photos libertines étaient la loi des starlettes en mal de pub. Aujourd'hui, des vedettes consacrées par le box-office acceptent de poser nues pour des magazines masculins, surtout *Lui, Playboy, Curiosa,* tant d'autres. « Hasard, explique Charlotte Rampling, la Twentieth Century Fox me supplia de poser nue pour mieux lancer *Zardoz,* puis, avec plus d'entrain, j'acceptai de poser nue pour Helmut Newton qui préparait son livre sur *Femmes Secrètes.* » « Question d'esthétique, souligne Mireille Darc. » Perdre le fond de bourgeoisie, ajoute Catherine Alric, quoique ce qui m'étonne le plus, c'est qu'il y ait encore des hommes qui achètent des photos de femmes nues... » Elle est fort ingénue, Catherine Alric. Il est trop évident que l'événement n'est pas d'innocence.

Lèpre du porno, qui peut attaquer les tissus les plus solides ? Jamais, on n'aura été aussi loin dans le « hard ». Un soir de février, sur la radio-libre Carbone-14, entre deux et quatre heures du matin, un homme et une femme acceptent de faire l'amour-radio en direct et que leurs ébats soient commentés, *mezza voce,* par l'animateur n° 1 de la station, Jacques Fiszbin. Mais il ne s'agit pas du tout d'un canular de collégiens, ni de l'approche rigolote des tabous, ni de l'envie de choquer des somnolents. Chemise de troubadour et *rangers* passés à la bombe argent, cet ancien ingénieur chimiste, dissident du P.C. et recyclé dans la comédie, voit dans l'opération une tout autre dimension. Cela se passe sur la bande dite des Minablos : « Ce n'est pas un porno, dit-il, mais un reportage, un spectacle auditif et informatif sur le problème. Il s'agit d'aller encore plus loin que les petites annonces de *Libé* (connues pour leur croustillance). Dépasser le stade névrotique de l'annonce en faisant vivre aux auditeurs la rencontre d'une femme et d'un homme qui ne se connaissent réellement pas, puis leurs dialogues, puis comment ils font l'amour, puis ce qu'ils se disent après. C'est une petite annonce suivie *in extenso* du début à la fin, selon la même technique que la retransmission d'un match de foot. On a mis Françoise d'un côté, Mick de l'autre. Nous ne savions pas comment cela allait tourner. Tout bonnement, ça a gazé et on a pu l'entendre. » Sur un matelas et dans le studio. Zita, l'assistante, tient une perche d'écoute par-dessus le couple en action. Fiszbin commente. « Décoincer les gens », dit-il aussi. On peut rigoler, au passage, mais quand on mesure les développements prodigieux et universels du porno, force est au moins de s'interroger quant à ses possibles effets sur les sentiments de famille.

Ou alors, le fait que les parents travaillent, chacun de son côté, et n'ont plus le temps de vivre avec les enfants ?

Le fait de trop de familles dispersées ou brisées ?

La morale de l'immoralisme ?

Une Eglise en crise, avec de moins en moins de prêtres, qui perd trop de son autorité morale ? L'effacement de don Camillo ?

Le cynisme intellectuel de trop d'instituteurs qui tiennent de leur propre religion l'esprit de famille comme le modèle de l'esprit anti-révolutionnaire ?

Le phénomène de la télévision, distribuée ou imposée avec manque excessif de contrôle ?

Marque d'une société en décadence générale ? Byzance en pourrissement ?

Action des campagnes en faveur de la contraception, interprétées en profondeur dans le pays comme promotions anti-familiales ? Dans la publicité télévisée pour la maîtrise des naissances, patronnée par Mme Roudy, ministre des Droits de la femme, la première image est celle d'une famille nombreuse. Elle provoque essentiellement pitié et rejet. Elle est là comme une dissuasion. La téléspectatrice peut finalement généraliser le cas pour toutes les mères sans exception. On ne présente plus le soin des enfants comme une joie, mais comme une corvée, voire un scandale.

Ou alors épicurisme, philosophie de gens qui se disent qu'après tout, à devoir vivre sous menace thermo-nucléaire, autant vaut profiter librement et largement de la vie, sans s'encombrer d'enfants et de petits-enfants, eux-mêmes voués à une existence trop précaire ? Ou émancipation excessive des femmes ?

En tout cas, le résultat est là.

En dix ans, de 1970 à 1980, le nombre des divorces est passé de 41 000 à 90 000.

Un couple sur quatre divorce (un sur deux en Suède et aux Etats-Unis ; un sur trois au Danemark et en Union soviétique).

Tout se passe comme si le mariage n'était plus perçu que comme une banale formalité administrative ; désacralisé, il perd de son ciment ; on en vient à le rompre comme le plus vulgaire contrat.

Non moins grave : depuis dix ans, on aura enregistré 25 % d'unions officielles en moins. Les jeunes rechignent autant à passer devant Monsieur le Maire que devant Monsieur le Curé. Ils tiennent de plus en plus la cérémonie matrimoniale comme fastidieuse. « L'alliance au doigt, — écrit Catherine Pierre qui signe sur le sujet une étude passionnante dans *le Point* — est devenue un colifichet désuet et encombrant. Le temps de la *cohabitation juvénile* est arrivé. Le concubinage fait des ravages. Aux yeux de ceux qui ont opté pour ce que l'on a nommé l'*union libre,* l'avantage de vivre hors du mariage est simple : il autorise le droit à l'erreur. Désormais, on ne s'unit plus à vie « pour le meilleur et pour le pire » : on peut déguerpir. *O tempora ! O mores !* On ne choisit plus la vie à deux pour bâtir une cellule familiale, mais pour profiter de la vie. C'est une philosophie. Ce n'est sans doute pas la meilleure des solutions pour un pays qui doit préserver d'abord ses équilibres fondamentaux et ses cellules de base s'il veut pouvoir solidement affronter tous les défis qu'il rencontre et qui le nargueront chaque année davantage. Le bonheur de consommer et de s'amuser prime sur le devoir de lancer ses enfants dans la vie. A nous disques, cassettes, chaînes hi-fi, autos, voyages exotiques ! A d'autres la marmaille. Un tel engagement au plein droit de la vie peut s'admettre sur le plan individuel. Il est plus discutable au sein d'une collectivité gravement mise en cause, et exposée aux attaques, aux sièges et aux subversions les plus redoutables. L'union libre, si justifiable en soi soit-elle, choisit mal son heure. »

1 divorce pour 20 mariages en 1900 ; 1 pour 10 en 1960 ; 1 pour 4 aujourd'hui : il y va réellement d'un problème, sinon d'un drame de société. « On commence dans le champagne pour poursuivre dans la tisane » expliquait Paul Valéry. Sans doute détestait-il la tisane. Quoi qu'il en soit, il ne s'agit plus seulement du problème d'un homme, mais d'un problème profondément, terriblement social. C'est tout l'édifice qui en tremble.

De plus, regardons ce qui se passe aux Etats-Unis : 18 millions d'enfants américains ont des parents séparés, soit 80 % de plus qu'il y a vingt ans. « Huit millions de foyers sont dirigés par une femme seule et le tiers de ces familles vivent du *walfare,* c'est-à-dire des secours de l'Etat — précise cette étude du *Point.* On parle même d'une *walfare class,* au sein de la population noire, qui en serait à la troisième génération… » C'est infiniment préoccupant. Le professeur Bronfrenbrenner, de l'université Cornell, n'est pas le seul à le reconnaître : « Nous pouvons comprendre un jour que nous avons payé un prix trop élevé notre individualisme. » Précisément, la France paraît bien s'être engagée à son tour sur une identique voie périlleuse, sans que beaucoup de remèdes s'imposent clairement.

« France, ton café fout le camp ! » lançait une princesse à Louis XV qui renversait sa tasse. « France, tes familles foutent le camp ! » pourrait être le mot aujourd'hui.

8

La tête et les jambes : du meilleur et du pire Au cinéma aussi

Plus aucun exploit ne semble impossible à un athlète.

Certaines prouesses affleurent même à une sorte de légende.

Pour le savoir, il n'y a qu'à suivre l'épopée du saut en longueur.

Avril 1896 : premiers jeux Olympiques, à Athènes ; l'Américain Ellery Clark, en même temps champion de la hauteur avec 1,81 m en ciseaux simples, exécute en longueur un saut que les journaux trouvent stupéfiant : 6,35 m.

Juillet 1900, jeux de Paris : on en est à 7,18 m, avec l'Américain Alvin Kraenzlein, surnommé Absalon en raison de ses très longs cheveux (déjà), né à Vienne de parents autrichiens, émigré au Wisconsin, qui, outre la longueur, s'adjuge le 60 m plat, le 110 m haies et le 200 m haies.

4 août 1936, jeux de Berlin : un vent léger fait tinter les anneaux de métal des étendards rouges à croix gammée ; il est entre 16 et 17 heures ; Adolf Hitler vient d'arriver à la tribune officielle ; 44 concurrents disputent l'épreuve du saut en longueur, dont le favori, l'Allemand Luz Long, mais il y a le « Diamant noir », qui s'appelle Jesse Owens et qui, au sixième essai, le premier au monde, franchit les 8 mètres : 8,06 m — non sans être aussi médaille d'or du 100 m, du 200 m et du relais 4 × 100 m.

18 octobre 1968, jeux de Mexico, ce que Guy Lagorce et Robert Parienté appellent, dans leur *Fabuleuse Histoire des jeux Olympiques,* « le plus grand exploit de l'histoire » : le record du monde est alors à 8,35 m ; les paris portent sur l'éventualité d'approcher les 8,50 m ; trois favoris se disputent la palme, Boston, Davis et le Soviétique Ter Ovanessian ; mais, dès le premier saut du concours, un outsider s'élance, l'Américain noir Bob Beamon, vingt-deux ans, un lévrier, très long, très mince, s'élance, sprinte, prend son appui, bondit et franchit... 8,90 m... La foule en est si abasourdie qu'elle en oublie durant quelques secondes d'ovationner le triomphateur. 55 centimètres de mieux ! On peut à peine y croire.

Actuellement, on n'en est pas moins à imaginer sérieusement

qu'un homme pourra faire mieux que Beamon et dépasser même les… 9 mètres. Le Noir américain Carl Lewis, qui a réalisé 8,56 m en salle et 8,73 m en plein air, dit sans ostentation qu'il n'est plus impensable de le battre, même en plaine, sans la meilleure pénétration dans l'air que donna à Beamon l'altitude à Mexico. Igor Ter Ovanessian, recordman du monde de la spécialité avant Beamon, croit aussi l'exploit possible.

Le saut en longueur ne fixe pourtant qu'un exemple, même s'il constitue sans doute le plus brillant.

Les exploits ne cessent pas de se succéder.

L'année 1982, si terne par ailleurs, est même étincelante, mondialement parlant, au royaume des sportifs.

1982 aura vu tomber au total 93 records mondiaux et 97 records d'Europe.

L'haltérophilie est reine de l'an avec 56 records du monde améliorés (dont 35 soviétiques), contre 14 à l'athlétisme (dont 9 pour les femmes), 12 à la natation, 7 au cyclisme et 4 au patinage de vitesse, dont le 1500 m où, à la surprise générale, le Soviétique Chacherine éclipse le favori, le prodigieux Américain Eric Heiden, héros des derniers jeux Olympiques d'hiver.

On cite au moins deux records comme « super-sensationnels » : celui de l'Anglais Moorcroft sur 5000 m (13 mn 0,42 s) et celui de Daley Thomson qui, avec 8743 points, approche dans le décathlon, la compétition-reine, de l'ultime barrière des 9000 points.

Comme sportif de l'année, on estimait que les Etats-Unis éliraient l'un de ces deux hommes, ou alors Larry Holmes, champion du monde de boxe poids lourds, ou Tom Watson, vainqueur de l'*U.S. open* de golf grâce à un 17e trou inouï : finalement, ils viennent de désigner un artiste du palet, un hockeyeur, Wayne Gretzky, vingt et un ans, le joueur prodige des « Oilers » d'Edmonton, qui a marqué 212 points en 80 rencontres.

Il n'en reste pas moins que l'athlétisme, à lui seul, suffirait à illustrer combien peut être superbe l'aventure humaine.

Simplement, il est juste de rappeler quelques autres performances de la plus haute valeur.

Le Français Christian Marty, trente-cinq ans, pilote de ligne, traverse l'Atlantique, 4500 km, de Dakar à Cayenne, en planche à voile, incroyable exploit solitaire de trente-sept jours : sa prouesse nous aide à nous consoler, au passage, que notre athlétisme national s'éloigne du « top niveau » et que les Français ne brillent que par leur absence au niveau des records du monde amateurs ; seul, le regretté Roger Rivière demeure recordman du monde, sur 10 km, à vélo ; au niveau des records d'Europe, Guy Drut, sur 110 m haies, reste seul tricolore en place.

Le Suédois Mats Wilander, dix-sept ans, nouveau Viking des courts, remporte le tournoi de Roland-Garros en battant tous les plus glorieux as du tennis mondial.

Le Breton Bernard Hinault, le « Blaireau », qui aura raflé sur vélo tous les titres possibles et imaginables, et qui gagnerait beaucoup à être plus tolérant avec des journalistes dont le métier de *harceleurs* n'est pas toujours aisé, s'illustre en s'adjugeant le doublé le plus envié du sport cycliste : le *Giro* d'Italie, comme en s'amusant, et le Tour de France, son quatrième, à sa guise. « Une seule explication — dit-il — je fais bien mon métier. » Car, de plus, il est intelligent.

Le Baulois Marc Pajot, avec autant de courage que de finesse, triomphe dans la Route du Rhum, reliant sur son voilier Saint-Malo à Pointe-à-Pitre en 18 jours 1 heure et 39 minutes.

John Mc Enroe, Donald des courts, que les New-Yorkais appellent *Superbrat,* super-garnement, insupportable ennemi des arbitres, l'homme qui ne rit jamais, et qui fait tout petit garçon grincheux depuis qu'il a coupé court ses longs cheveux roux bouclés, mais qui, à l'inverse d'autres pros, peut renoncer aux contrats les plus dorés pour soutenir « l'honneur national américain », vaut aux Etats-Unis de remporter une nouvelle fois la Coupe Davis, à Grenoble, battant en finale l'équipe de France, laquelle, très solidaire autour de Yannick Noah, n'est pas sans rappeler elle-même les temps des légendaires mousquetaires. (Il y a, déjà, un demi-siècle de distance !)

Artistes des barres parallèles, de la barre fixe et des « exercices au sol », on voit se révéler toute une nuée de nouvelles fées de la gymnastique, soviétiques, roumaines, nippones et chinoises.

Le Tour de France, tout en confirmant l'invincible Hinault et honorant l'infatigable « vieux » Hollandais Zoetemelk, découvre un grimpeur stupéfiant, le Suisse Beat Bren, roi des étapes-reines du Plat d'Adet et de l'Alpe-d'Huez, longiligne athlète, étiré comme une ablette, qui pèse 55 kg pour 1,69 m.

A sa manière, feu d'artifice, l'équipe d'Irlande domine le tournoi de rugby des Cinq Nations : du coup, nous n'en espérons que plus fortement que notre propre équipe, toujours aussi hargneuse au combat, elle aussi ne s'exprimant jamais mieux que dans le jeu ample, et ragaillardie plus encore par l'apport de « sang neuf », le Narbonnais Estève, l'Agenais Sella et le « skipper » biterrois Pierre Lacans, nous offrira cette année un nouveau « grand chelem ».

A trente ans, Jimmy Connors, dit Jimbo, remporte le tournoi de Wimbledon qu'il gagna à vingt, puis, sur le Decotrer de Flushing Meadow, surface rapide s'il en est, il enlève, avec son 95e match professionnel, le tournoi américain le plus prestigieux, parvenant par la détermination à inhiber totalement en finale Ivan Lendl, le Tchèque de glace, camarade à la triste figure, encore l'un de ces vieux jeunes hommes qui ne sourient jamais.

L'*Equipe-Magazine,* parmi les meilleurs goals du monde, désigne sans hésiter Thomas N'Kono, gardien de but des Lions indomptables du Cameroun. Sa détermination n'a d'égale que sa nonchalance. Il est aussi indolent qu'un escargot sous ses bois ; il semble toujours frigorifié, avec ses bas géants de laine qui lui recouvrent les cuisses par les plus hautes températures tropicales, mais il peut être plus vif qu'un écureuil : il a la même dextérité pour happer un ballon, simple noisette.

L'équipe d'Italie de football, la *Squadra Azzura,* face au plus grand nombre jamais réuni de millions de téléspectateurs, triomphe en Espagne dans un fantastique *Mundial,* signant le troisième succès italien dans l'histoire de la Coupe du monde : les deux premiers datent de 1934, à Rome et de 1938, à Paris, tous les deux à la gloire de Benito Mussolini qui y contemplait « l'apogée du fascisme ». En dépit de débuts pénibles dans la compétition, elle bat successivement toutes les équipes les plus prestigieuses, l'Argentine, par 2 à 1, le Brésil, par 3 à 2 (3 buts de Rossi), la Pologne, par 2 à 0 (deux autres buts de Rossi) et un superbe 3 à 1 contre l'Allemagne de l'Ouest des Breitner et du Rummenigge en finale. Grand moment lorsque Dino Zoff, vétéran, gardien de but et capitaine de la *Squadra,* monte à la tribune officielle du stade Santiago Bernabeu de Madrid, dans la nuit du dimanche 11 juillet, pour recevoir des mains du roi d'Espagne Juan Carlos le trophée sculpté dans l'or et la malachite. Le voisin de droite du roi, le président de la République italienne Sandro Pertini, quatre-vingt-cinq ans, grand-père en larmes, se jette littéralement dans les bras du « vieux » capitaine des Azzuri, quarante et un ans : la joie confondue de ces deux hommes, aussi sincère qu'exubérante, semble d'ailleurs quelque peu éberluer le souverain, qui a sur sa gauche le chancelier allemand Helmut Schmidt, l'un des défenseurs de l'entrée de l'Espagne dans le Marché commun. Il faut ajouter que, dans l'événement, l'Italie gagne trois nouveaux dieux du football qui rejoignent dans la légende les Meazza et Piola des années trente : le « soulier d'or » Paolo Rossi, meilleur buteur du *Mundial* avec six buts au total, dont un but décisif en finale ; Dino Zoff, 107 sélections, qui aura joué dans quatre coupes du monde, gardien granitique ; et l'ailier Conti, *imperatore* des dribbles et des lobs. Et dire qu'il manquait le véritable cerveau du *team :* Giancarlo Antognoni...

Honneur à l'Afrique : dans ce même *Mundial* — et c'est pour tous les commentateurs « l'événement dans l'événement », « une surprise comme il y en a peu » — les équipes de l'Algérie et du Cameroun prouvent qu'elles sont capables de traiter d'égal à égal avec les plus grands. Les « petits », dès le premier tour, rompent la monotonie des affrontements Europe-Amérique du Sud. « Révolte ou révolution ? » peut se demander Abdelaziz Dahmani, dans une ardente chronique de *Jeune Afrique.* Le Cameroun, le premier, frappe les imaginations en tenant en échec le Pérou (0 à 0)... L'Algérie réalise ce qui restera l'exploit de la XIIe Coupe du monde... en battant l'Allemagne fédérale par 2 à 1 à Gijon, un historique 16 juin. Victoire à la régulière, obtenue avec un sacré panache par deux buts de Madger et Belloumi contre un de

Rummenigge. Les exploits des équipes « naines » auront même éclipsé les super-vedettes du genre de l'Argentin Diego Maradona, le footballeur le plus cher de l'histoire.

Honneur à notre « garde noire ». Certes, l'équipe de France, « la bande à Hidalgo », inespérée demi-finaliste de la Coupe du monde, magnifique adversaire de l'Allemagne fédérale, guérilleros contre blindés, qui ne s'incline qu' « aux pénalties » et qui, pour le charme de son jeu vif et aéré mérite finalement le surnom de « petit Brésil », doit beaucoup de sa réussite à une excellente préparation, notamment deux stages intelligents et féconds à Font-Romeu, et à des joueurs français d'une classe exceptionnelle, tels entre autres Michel Platini, le meneur de jeu, Dominique Rocheteau, insaisissable feu follet, le petit Alain Giresse, vite surnommé « the little big man », splendide de bout en bout, le sobre arrière nantais Max Bossis et le jeune arrière monégasque Amoros. Il n'en reste pas moins que quatre joueurs « noirs », Trésor, Tigana, Janvion et Couriol prennent une part déterminante dans la réussite et que deux d'entre eux auront contribué à littéralement métamorphoser le football français : Jean Tigana, le demi lyonnais devenu bordelais tout en gardant l'accent marseillais, magicien du ballon rond, prince joyeux de la feinte et de la virevolte, et Marius Trésor, irréprochable *libero* d'une rare sûreté de placement et d'une exceptionnelle précision dans les relances, au reste depuis novembre, avec 63 sélections en équipe nationale, co-recordman des « capes » aux côtés de Roger Marche, le populaire « sanglier des Ardennes ». Les Africains sont même devenus quasiment indispensables au football français. On imagine mal le Paris-Saint-Germain sans Mustapha Dahleb, dit Mousse, qui, par « mariage d'amour » avec l'équipe parisienne, refuse tout contrat ailleurs, Bayern de Munich, Standard de Liège ou Real de Madrid. Si le Paris-Saint-Germain se qualifie pour un nouveau tour de la Coupe européenne des vainqueurs de coupe, il peut aussi en rendre grâces au Tchadien Toko, au Sénégalais N'Gom, et au Sénégalais Saar Boubakar.

En tout cas, c'est devenu un lieu commun que d'écrire que le sport s'est consacré comme l'un des plus puissants rois de cette deuxième moitié du siècle.

Au demeurant, les deux plus retentissants événements de cette nuit et de ce matin sont constitués par deux manifestations sportives : le marathon de Minuit et le départ de Paris-Dakar.

La première est le cross de São Paulo, dit aussi « la corrida de São Paulo » ou « la course brésilienne du bout de l'an ». En pleine nuit, à l'heure du réveillon, à la frontière des deux années, parmi une invraisemblable ambiance pétaradante et folle de trompettes, d'orchestres, de klaxons et de mugissements de sirènes, on libère la meute des 6 500 courageux qui briguent la victoire dans cette 58e édition de la célèbre course. Courageux, car non seulement ils ont à parcourir 13,5 km, mais surtout ils ont littéralement à

« dribbler » les motos, à fuir des nuages de gaz d'échappement, à ne pas trébucher sur des trottoirs mal éclairés et plus encore à éviter les « têtes de nègres », ces énormes pétards qu'on vous lance à Dieu vat et qui peuvent arracher quelques doigts aux mauvais lanceurs. Voyage au bout de la nuit, écrit *l'Equipe*. Le grand favori est le Kenyan Henry Rono, le « matador », le « roi des pistes », possesseur de trois records du monde, dont celui du 10 000 m. On attend aussi le « pépé » colombien Victor Mora, le « Toro », déjà vainqueur quatre fois de l'épreuve. En définitive, c'est pourtant un Portugais, Carlos Lopez, qui l'emporte, tandis que — avril au Portugal — sa compatriote Rosa Motta s'adjuge l'épreuve féminine devant une… Française, totalement inattendue, Martine Bouchonneau.

5… 4… 3… 2… 1… Partez ! Ils sont environ 25 000 spectateurs à battre la semelle dans le froid glacial, à Paris, place de la Concorde, sur le coup de 8 heures, et à scander avec le grand orchestrateur de l'événement, Thierry Sabine, le départ du motard Max Commençal, premier candidat du 5ᵉ rallye Paris-Alger-Dakar à prendre le départ de la grande route du désert. Il est Toulousain. Il a vingt-sept ans. Il est au guidon d'une Yamaha de 125 cm^3. Il a cassé sa tirelire pour connaître le grand frisson. Totalement inconnu, du moins connaît-il un peu de gloire, avec l'ivresse d'être la première vedette de la course. De fait, il effectue un parcours triomphal entre deux haies serrées de fans qui l'ovationnent sans se lasser. Puis, il emprunte les Champs-Elysées, vire en direction de la Seine à hauteur du Grand-Palais et s'élance, direction nationale 20, pour rallier Orléans, premier arrêt d'un parcours qui le mènera, si tout va bien, sur la plage de Dakar, dans vingt jours. Aucune étape de repos ne figure au menu. Un parcours démoniaque, dit Cyril Neveu, trois fois vainqueur de l'épreuve. D'Alger, il faut atteindre Touggourt, ensuite traverser le Sahara pour Ouargla, Bordj-Omar-Driss et le Tafassasset, enfin ne rejoindre le Sénégal qu'après la Haute-Volta, la Côte d'Ivoire, le Mali et la Mauritanie. Etape la plus courte : Nîmes-Sète. Etape la plus longue : d'Agadès à Korhogo, chez les Senoussos. Rares sont les endroits où les concurrents pourront dormir dans un lit, ou goûter aux délices d'une douche.

L'aventure commence à l'aurore, chantait Jacques Brel autour des années 1960. Ici, l'aventure commence bien avant le lever du jour, sur cette vaste place ouverte à tous les vents et à tous les coups du froid. Un rituel depuis cinq années. Une sorte de grand-messe d'intronisation autour de Thierry Sabine, trente-trois ans, magicien créateur organisateur de l'entreprise, aussi « fou » que réaliste, qui, cinquante ans après le génial André Citroën, refait le coup de la Transsaharienne. Ils sont donc des milliers à suivre les départs, non sans poser pas mal de problèmes au service d'ordre, toutes classes et tous âges confondus. Des jeunes qui grelottent dans des jeans délavés voisinent avec des moins jeunes en nœud papillon noir directement sortis d'une discothèque à la mode. Robes du soir et manteaux de vison des dernières fêtardes coudoient les anoraks et les blousons de cuir des concurrents et des supporters inconditionnels de l'épreuve. A peine a-t-on le temps de se rappeler les souvenirs les plus marquants de la course de l'an dernier : au nord de Tamanrasset, la mort d'un motard hollandais ; puis la mort d'une journaliste du *Point,* Ursula Zentsch, tuée après plusieurs « tonneaux » d'un camion de ravitaillement à bord duquel elle avait pris place ; puis la disparition de Mark Thatcher, fils de la Dame de Fer, perdu quelque part au large de Timeiaouine, retrouvé miraculeusement par un gendarme algérien en Land-Rover ; l'erreur de l'attelage Jacky Ickx — Claude Brasseur, sur Mercedes, oubliant un contrôle de passage du côté de Gao.

Au rythme d'un départ toutes les trente secondes, donné à partir d'un podium de deux mètres de haut, ils sont 321 véhicules à s'élancer — 112 motos, 197 voitures et 12 camions. Au passage, l'applaudimètre donne comme vainqueurs Ickx-Brasseur, qui « remettent ça », encore sur Mercedes. Mais ils ne sont pas les seuls concurrents à être reconnus. On peut se montrer le champion de tennis Jean-Louis Haillet et le chanteur de variétés Daniel Balavoine, lequel manque même se faire étouffer sous le flot des chasseurs d'autographes, l' « ancienne » athlète Sylvie Telliez et l'ex-nageuse, habituée du rallye, Kiki Caron. On veut connaître Daniel Franceschi, fils du secrétaire d'Etat à la Sécurité publique. On entoure beaucoup le tandem que « sponsorent » les danseuses du *Milliardaire.* On cherche Bernard Darniche, l'un de nos plus distingués rallymen, connu aussi pour vanter à la vitrine de tous les coiffeurs la « chevelure de contact » (ce qui est la moindre des choses) pour une société spécialisée, qui est au départ avec Bernard Giroux, sponsoré par la SCAC, première société commissionnaire de transports en France. A voir : Georges Groine, quarante-huit ans, qui, sur son quatrième Paris-Dakar, s'élance avec un camion « monstre » de 19 tonnes, développant un peu plus de 400 CV et pouvant atteindre 150 km/h, Mercedes destiné aux travaux publics. Comment ne pas contempler Martine de Cortanze, aussi blonde que jolie sur sa Lada-Niva, aux côtés de sa coéquipière Nanouk, aussi brune que charmante, qui vous dit : « Ça va être Inch'Allah tous les jours... » et s'est même privée de réveillon pour mieux être fraîche et pimpante !...

5... 4... 3... 2... 1... Partez ! Au dernier concurrent de bondir. Il est midi. C'est totalement parti. La foule se disperse lentement, tandis que Serge Laplanche, lui, refusant de prendre la route du sud, préfère à un Paris-Dakar un « Paris-Drakkar » : même s'il démarre lui aussi de la place de la Concorde, il prend la direction grand-nord, sur un scooter traînant une remorque, 10 000 km à parcourir jusqu'au cap Nord et au Finmark, à travers des températures pouvant aller jusqu'à − 40 ; il est « sponsoré » par la municipalité de sa ville natale, Châteauroux ; une fois atteint le

Pôle, pas fini, notre néo-Esquimau descendra de l'Alaska jusqu'en Californie, puis jusqu'au Chili et même jusqu'à la Terre de Feu...

Principal enjeu de Paris-Dakar 83 : la guerre des motos, Honda est singulièrement impressionnante : son armada, dirigée par Jean-Louis Guillou, ne comprend pas moins de 17 assistants, mécaniciens et kinésithérapeutes encadrant les 7 pilotes officiels.

C'est néanmoins sur Yamaha que Serge Bacou, à cent kilomètres de là, à Olivet, s'adjuge la première « épreuve chronométrée ».

Le tandem Cavenez-Bailly l'emporte sur Mercedes dans la série « camions ».

Dans la catégorie « voitures », la palme va à Trossat-Briavoine, sur Lada-Niva, devant une Peugeot-Dangel, une autre Lada-Niva et trois Range-Rover, les favoris Ickx-Brasseur s'octroyant une excellente sixième place « d'attente ». « Attendez donc le désert, dit Brasseur, quand il fera soif... »

A sport d'élite, matériel d'élite.

A matériel d'élite, techniques de haute imagination.

On ne sait en effet quoi fabriquer comme nouvelles magies sportives.

On n'en continue pas moins à inventer sans cesse.

Voyez le ski. Non seulement pas mort le ski de papa, lequel d'ailleurs se rajeunit et s'égaie au fil des ans, mais voici le *néo-ski.* Ou bien on acclimate le *mono-ski,* premier au hit-parade, expérimenté pour la première fois aux Arcs et qui a déjà donné lieu à des championnats, pratiqué comme son nom l'indique sur un seul ski, très large, à utiliser pieds joints et essentiellement réservé aux meilleurs skieurs, car il permet remarquablement de godiller dans la poudreuse et de faire du « straight down » sur les pistes (du foncez-tout-droit). Ou bien on se familiarise avec le *ski-bird,* réservé aux as volontaires pour se changer en libellules, avec deux ailes en fibres de verre fixées aux poignets ou sur les bâtons — garantie de sensations « sensass », recommandé aux amateurs d'émotions fortes. Ou on conseille le *ski-voile ;* il s'agit : de fixer dans le dos une voile en forme de ski, non sans l'attacher aux chevilles et la maintenir dans les mains ; gonflée par l'air, la voile freine ; en vous allégeant, le truc vous permet de réaliser en toute stabilité les plus larges virages sur les pistes les plus pentues. Ou on vous pousse au *ski-bulle,* cousin du ski-voile, ou au *ski-surf,* pour descendre les pentes en décrivant d'amples arabesques, sur une large planche en forme de poisson, munie d'une dérive.

Faut-il que l'athlète soit devenu un personnage souverain : le Californien Robert Graham, qui a fait fortune en inventant des verres à lunettes en plastique incassable et qui fonda il y a trois ans, dans sa somptueuse propriété d'Escondido, au nord de San Diego, une « banque de sperme » prélevé sur lauréats du prix Nobel et puissants hommes de science, dont William Shockley, soixante-seize ans, prix Nobel de physique 1956, seul donneur savant à avoir accepté de se faire connaître (Victoria, le premier bébé de la banque, naît en avril 1982, conçue à partir du sperme d'un grand mathématicien resté anonyme), veut à présent recruter des athlètes-étalons, « des bêtes de grande classe, précise-t-il, et ayant si possible une intelligence au-dessus de la moyenne ».

Quoi qu'il en soit, aujourd'hui, tous nos journaux consacrent de longues colonnes à un troisième spectaculaire événement sportif : le Grand Prix des Champions à La Clusaz, où des épreuves de ski, de tir à l'arbalète et de football sous la neige opposent une bonne trentaine de nos plus illustres champions, du sabreur Philippe Riboud à la « descendeuse » Marie-Cécile Gros-Gaudenier, du rugbyman international grenoblois Patrick Mesny au pilote de Formule 1, le Stéphanois Alain Prost, du champion d'Europe de boxe poids moyens Louis Acariès au judoka Jean-Luc Rougé. Le sport dans la joie — sans oublier un sacré réveillon pantagruélique, où de tout autres records auront été battus.

Mais, face au meilleur, il y a aussi le pire.

De tous les sports sans exception, on peut avancer qu'ils ne sont pas totalement purs — et prêtent à graves faiblesses ou lourdes tentations.

Ne prenons que le cas du football, le plus mondial de tous, 303 302 clubs dûment enregistrés, 22 369 304 footballeurs licenciés à travers le monde entier, pour ne prendre qu'un seul exemple.

Le ballon rond roule de plus en plus sur l'or : cela ne peut aller sans ombres. Les droits de retransmission télévisée de la Coupe du monde 1978 en Argentine coûtaient dans leur ensemble quelque cinq milliards ; ceux de 1982 se multiplient par 26. Il est vrai que la société West-Nally, multinationale d'origine anglaise fondée « pour favoriser et rationaliser l'exploitation de tous événements sportifs majeurs » (en coopération avec un « club des dix » qui comprend Coca-Cola, Gillette, Canon, Seiko, Fuji, les véhicules industriels Iveco, Ivc, les tabacs Reynolds, Ellesse et la liqueur espagnole Metaxa) évalue à 1 milliard 300 millions le nombre des téléspectateurs qui, le 13 juin, suivent le match d'ouverture de la Coupe du monde, Argentine contre Belgique, à Barcelone, et la finale du 11 juillet à Madrid. On se dispute à milliards non seulement le jeune prodige argentin, le numéro 10 Maradona, vingt ans, fauve trapu, et le Brésilien Artur Anhunas Coîmbra, dit Zico, successeur de Pelé dans l'idolâtrie des populations brésiliennes, lesquels deux joueurs gagnent d'ailleurs une fortune par leurs droits de publicité sur les boissons, les tee-shirts, les jouets, les cafés ou les chaussures, mais aussi le stratège allemand Hansi Muller, acheté par l'Inter de Milan à Stuttgart, ou l'Autrichien Bruno Pezzey, héros de défense de l'Eintracht de Francfort, acheté par la Fiorentina. Nos propres joueurs, très officiellement, du fait de contrats signés par les clubs, sont voués à illustrer toute une série de grandes affaires, Assurances générales de France ou sous-vêtements Orly, montres Kiplé ou photocopieuses Nashua, R.T.L. ou Europe 1, chaussures André ou chaussettes Olympia, Citroën ou produits laitiers Mas d'Auge, vêtements de loisirs O.K. Sports ou société immobilière Capri-Loisirs, parfums Bourjois ou yaourts Yoplait, etc., etc.

Un Vert en noir et blanc : c'est au prix fort, un milliard de centimes que Michel Platini, numéro 10 virtuose, superstar de notre équipe de France, quitte le club « vert » de Saint-Etienne et signe — du reste le plus régulièrement et le plus légitimement du monde — un bail de deux ans chez les *Bianconeri,* les Blanc-et-Noir, de la Juventus de Turin, la fameuse « Juve », la *squadra* la plus prestigieuse de la péninsule, où il trouve d'autres grands « barons » de la balle ronde, les Bettega, les Gentile, les Tardini, l'as polonais Bonick et Paolo Rossi en personne. L'irruption du capitaine de l'équipe de France dans l'aventure du *Calcio,* le championnat italien, est fêtée par la presse tout entière comme un événement national (les origines transalpines de Platini n'étaient pas étrangères à l'enthousiasme des *tifosi*). Il y va du contraire en France — ou bien des commentaires, plus ou moins ouvertement, tiennent l'affaire pour un camouflet national.

Le règlement et l'organisation de la Coupe du monde donnent lieu à toutes sortes de combines, de surcroît odieusement visibles. En particulier, le soi-disant tirage au sort des « poules éliminatrices » peut prêter à trop de marchandages savants.

Au *Mundial,* l'équipe d'Algérie est frustrée de sa qualification dans les conditions les plus honteuses. Il y a scandale hurlant. Du fait des subtilités d'un règlement aussi byzantin qu'aberrant, sa qualification pour le tour suivant en vient à dépendre d'un dernier match de la poule, qui oppose à Gijon l'Allemagne fédérale et l'Autriche : tout le monde sait, avant le premier coup de sifflet de la rencontre, que, si l'Allemagne (laquelle a été battue par l'Algérie) bat l'Autriche par un but à zéro, l'Algérie se trouvera automatiquement éliminée ; précisément les deux « lascars », comme le dira *Jeune Afrique,* choisissent délibérément d'assurer leurs qualifications respectives ; d'entrée de jeu, les Allemands marquent un but par le géant Krubesch qui reprend du genou le centre d'un ailier devant une défense autrichienne pétrifiée ; puis Allemands et Autrichiens organisent une évidente comédie, se poussant la baballe, évitant tout tir au but, nettement décidés à ne plus modifier le score jusqu'au coup de sifflet final ; en vain les 42 000 spectateurs, eux-mêmes privés d'un vrai match, se mettent-ils à hurler : *Fuera ! Fuera !* (Dehors ! Dehors !) puis à lancer de stridents *Argelia ! Argelia !* (Algérie ! Algérie !) Fatalement, la honte d'un tel match rejaillit sur tout le football mondial, mais entame gravement aussi la crédibilité des grandes compétitions sportives.

Trop souvent, il y a scandale quand joueurs et publics violentent les arbitres ; cette fois-ci, des arbitres avantagent ouvertement et scandaleusement des équipes au détriment d'autres. Un seul exemple y suffit : les deux pénalties trop discutables sifflés en faveur de l'Espagne, l'un contre le Honduras, l'autre contre la Yougoslavie (pour une faute commise en dehors des 16 mètres !), permettent dans les deux cas de relancer une équipe espagnole en perdition et de lui assurer sa qualification pour le tour suivant...

Les brutalités ne sont pas suffisamment sanctionnées. En particulier, durant la demi-finale France-Allemagne, quand le gardien Schumacher agresse sauvagement Battiston pour préserver sa cage et manque le tuer, il n'est même pas puni d'un simple coup franc, alors qu'il devrait être exclu du terrain sur l'heure. Il ne s'agit, hélas ! pas du seul cas de sauvagerie non châtiée.

Autre scandale : durant le match France-Koweit, le président de la Fédération koweitienne, l'émir Fahd-al-Ahmad, quitte sa tribune et descend carrément sur le terrain pour faire « annuler » un 4e but français à la 80e minute en « intimidant » l'arbitre soviétique, M. Shepar.

Du meilleur et du pire, c'est encore ce qui caractérise un tout autre domaine : celui du livre.

Les deux royaumes — celui du muscle et celui de l'intellect — semblent s'opposer. En réalité, ils fixent nombre de caractéristiques communes.

Simplement, les Lettres 1983 sont marquées d'un bien plus grand désordre.

Le livre atteint même la cote d'alerte. La vieille idée, confortée par l'expérience, que les périodes de crise sont bénéfiques pour le commerce de la librairie est-elle toujours valable ? Le livre, refuge du songe, ne va pas bien, et le mal dont il souffre est même peut-être plus profond qu'il n'y paraît. Même la vente des dictionnaires et des encyclopédies se met à baisser. Promulguée, comme trop d'autres lois dans tous domaines, dans la précipitation et l'improvisation, la loi Lang établissant le prix fixe pour le livre ne pouvait tomber dans un pire moment. Ajoutons-y les méfaits du blocage des prix Mauroy-Delors ; on n'aurait su plus cruellement desservir le livre, plus singulièrement le « livre difficile » celui qui a la charge docte de véhiculer sciences, progrès et idées. Les ouvrages d'érudition sont tout à fait en train de disparaître : 700 titres savants publiés en 1979 ; moins de 200 cette dernière année. Il en est de même pour les sciences humaines : notamment, voici disparaître chez Hachette la célèbre collection POL qui révéla Georges Perec et quelques autres écrivains de taille.

De plus, les conditions industrielles, commerciales et fiscales sont telles qu'à partir d'un certain niveau un éditeur ne peut survivre sans au moins quelques puissants succès de librairie. Encore y faut-il l'appui massif de la publicité. Hier, un écrivain se contentait de remettre son manuscrit à l'éditeur qui le conseillait de la manière la plus traditionnelle aux libraires ; aujourd'hui, il doit se faire, au moins durant les trois mois qui suivent la publication de son livre, le véritable commis voyageur de son propre ouvrage, dans la presse, en province, sur les ondes et si possible à la télé ; obtenez « un Pivot », ou « un Mourousi » ou « un Sept sur Sept », voire le plus rapide passage dans l'émission la plus modeste ou la moins suivie, et tout votre ciel en est changé. Hier, un article de François Mauriac (ce fut le cas pour le *Bonjour, tristesse,* de Sagan), un feuilleton d'Emile Henriot ou d'André Rousseaux pouvaient suffire à lancer un livre. Tel n'est plus le cas. Ce que Bernard Grasset redoutait est arrivé : « La foire est sur la place. » Qu'un écrivain ait du bagout et de la gueule, même si son livre a été préparé et écrit par des nègres, et son passage sur les petits écrans peut lui valoir des tirages supérieurs à celui du Goncourt. *A contrario,* malheur à l'auteur d'un excellent ouvrage qui n'est pas, comme on dit, « télégénique » ou ne sait pas vendre sa marchandise, sans compter les jeunes ou nouveaux écrivains qui ne peuvent obtenir de billet d'entrée pour les studios, et dont l'œuvre dès lors tombe quasi inévitablement dans ce que Paul Valéry appela suavement le non-succès.

De plus, interviennent les « faux écrivains », si grand soit leur talent et haute leur conscience, les auteurs de documents à sensation, chanteurs, comédiens, hommes politiques, gangsters, Papillon ou autres vedettes. Le plus souvent, autant de best-sellers. Les premières victimes de l'invasion sont fatalement les « vrais écrivains », autrement dit « le livre », le vrai livre.

Oui, lance le bouillant Leclerc, sur le coup de 11 heures, dans un supermarché aux portes de Paris : « Oui, nous sommes hors la loi Lang. Nous vendons à prix libre. Mais la loi est illégale. Nous l'avons attaquée en Conseil d'Etat. En attendant le verdict, nous refusons de l'appliquer. Nous *discountons,* nous appliquons une marge de 18 à 12 % selon la rotation des livres. » Oui, approuve Claude Nielsen, P.-D.G. des Presses de la Cité, « il y a quelque chose de féodal dans le fait que le producteur impose son prix et il n'est pas juste que ceux qui ont une grande vente soufflent aux autres, justement, les livres des grandes ventes. C'est vrai qu'il vaut mieux maintenir la dispersion des distributeurs, seul gage de liberté. »

Le débat reste ouvert, fort pénible.

Au plan de l'encadrement intellectuel, il n'en va pas autrement qu'au plan commercial.

La génération n'est pas guidée. Elle est abandonnée à tous les désordres, comme à toutes les contradictions.

Tourbillons fous sur tourbillons fous.

Il y a crise des papes — comme il y a dans l'intermédiaire crise des évêques et à la base crise des petits curés.

Résultat : quand il n'y a pas tourbillons, il y a marais.

Nous n'avons plus les temps de l'entre-deux-guerres, où les Gide et les Maurras tenaient les rênes, ni les heures de l'après-guerre, avec les Sartre et les Althusser.

Althusser a sombré, et n'est pas remplacé.

Sartre est oublié à peine disparu. Michel Mohrt est l'un des seuls à avoir admis l'effet de la mode sartrienne, cette ambiance dépressive, ce style poncé et cette absence complète de sensualité de la vie, qui apparurent dans les années 1950 comme la marque distinctive de l'existentialisme : encore son aveu date-t-il de 1947 dans la préface de son roman, *Mon royaume pour un cheval.* Bernard Franck est seul formel : « Il a été le maître. C'est lui qui m'a influencé. » Tous les autres désignent un vide. Geneviève Dormann : « Je n'ai aucune attache avec Sartre. L'essence m'ayant toujours semblé précéder l'existence, je n'ai de tourments existentiels que lorsque je me trouve, si je puis dire, en panne d'essence... Arrière-petite-fille de Platon, mais n'ayant aucune attache avec Sartre (les Platon et les Sartre se saluaient mais ne se fréquentaient pas) je n'ai pu hériter de son existentialisme transmis par son grand-oncle Heidegger et dont il subit les premières attaques en 1945-46. » Jean-Louis Curtis : « Je ne me sens pas du tout existentialiste. » Marcel Schneider : « L'existentialisme ? Ça provoque chez moi l'hilarité totale. J'ai toujours eu une détestation majeure pour Sartre. A vomir. » André Fraigneau : « Ça n'a eu pour moi aucune espèce d'importance. » François Nourrissier : « Non, je n'ai pas été touché. » Trop indifférent et privé d'âme, dit Alain Bosquet : « L'esprit existentialiste se perpétue par des expériences de désintégration du moi : la littérature proto-beatnik du vagabondage perpétuel relève de la même incapacité à avaliser le monde tel qu'il se fait ou se défait. L'existentialisme en seringue et à moto a peut-être des noms divers : il est lui aussi la traduction du sentiment d'impuissance et d'inutilité foncières... »

Si influence il y a, à la magie et à la poésie de l'univers romantique d'avant 1940, illustrées par Drieu, Aragon, Morand ou Valéry Larbaud, il aura substitué une littérature morne et sans saveur. L'à-quoi-bon. Les jeunes ne le tiennent plus que comme un pensum de classe, encore imposé par des professeurs fétichistes. *La Nausée* ne donne plus que la nausée. Patrick Besson ne sait même plus s'il faut classer Sartre chez les existentialistes. Montrer Néant ne laisse que du néant.

Tout autant que crise des papes — plus personne n'ose se proclamer infaillible dans l'Eglise des Lettres, orthodoxes ou autres — il y a crise des évêques, c'est-à-dire des professeurs. Ils dominèrent la fin de la IVe République, sans guère la soutenir. Ils illuminèrent une certaine opposition élégante et mi-pensée au gaullisme, soit se disant légèrement de gauche, soit s'acceptant légèrement de droite. On crut en eux : ils enseignaient large. Ils s'appelaient Raymond Aron ou Alfred Grosser. Tout en gardant pleine valeur intrinsèque, eux-mêmes doivent admettre qu'ils ne fixent plus, loin de là, la même attraction.

La crise des petits curés de la littérature n'est pas moins nette. Il fut un temps, au village, quand il existait de vrais villages, où quatre personnages dominaient la vie de chaque bourg : le curé (le vrai, le catholique), l'instituteur, le maire et le conseiller de lectures, l'un des sages, peu importe qu'il penchât côté *l'Huma,* ou côté *le Pèlerin.* Du reste, il pouvait alors être assez impartial, si voltairien, pour vous initier à Bernanos, si claudélien, pour vous conduire à Céline. Les temps modernes ont dynamité et même atomisé tous ces cadres préhistoriques sans exception, y compris l'humble conseiller ès lectures qui, s'il lit encore lui-même, pèse si peu près des oracles littéraires de Sa Majesté Télé.

Autrement dit, nous n'avons plus que des agitateurs. Même Glucksmann, le plus doué, même Lévy, le plus remuant, quoique ardents au messianisme, cassent plus qu'ils ne proposent. Ils abattent des arbres, du reste davantage des petits que des grands. Ils ne désignent aucune route, pas même le plus humble sentier.

C'est bien ce qu'on peut appeler une crise : ciel vide.

Etrange : le XIXe siècle aura cru tout découvrir, socialisme et capitalisme, nationalisme et libéralisme, marxisme et anarchisme. Le XXe siècle aura éteint doctrine après doctrine, message après message, y compris les siens propres, imaginés au passage, ou imposés pour quelque temps, par des Lénine ou des Mussolini, des Hitler ou des Staline. Plus aucune étoile « politique » des deux siècles n'est pure. La crise politique est générale, le doute frappe tous les héritages. Chez les derniers croyants, d'ailleurs plutôt des idéologues, l'on soutient davantage des fétiches, ou des mots, qu'une vraie foi.

Le vide philosophique accompagnant le vide politique, ainsi aura-t-on formidablement libéré le champ pour toutes religions ou pour toutes sectes. La revanche des religions est à la mesure même de la décadence ou de l'effondrement des systèmes philosophico-politiques. Islam, bouddhisme, Eglise orthodoxe russe, multiples religions plus ou moins secrètes, aimantent tous « les déçus du politique ».

Il n'en reste pas moins que, de la sorte, la production littéraire, sans sol solide, et avec ciel trop aléatoire, ne joue plus qu'au petit bonheur la chance. A siècle invertébré, littérature invertébrée.

La preuve en est la nostalgie poignante des époques où il exista des colonnes vertébrales.

L'année 1982 aura été l'année des phénix, c'est-à-dire des justes rééditions. On aura remué toutes sortes de cendres, Ségalen, Rémy de Gourmont, Jane Austen, Elie Faure, Stephan Zweig — plus encore Drieu la Rochelle, que tout un chœur voudrait « réhabiliter ».

Jamais non plus la nostalgie du passé — un passé éclair — n'aura poussé autant de biographies au plein ciel des vitrines. 1982 nous aura ainsi valu, entre autres beaux ouvrages, *George Sand ou le Scandale de la liberté,* par Joseph Barry, *Chateaubriand et les femmes* par Jean d'Ormesson, l'*Henri IV* de J. P. Babelon, le *Villon* de Jean Favier, le *Rimbaud* de Pierre Petitfils, le *Montherlant sans masque* de Pierre Sipriot, la *Dame de Beauté* de Jeanne Bourin, l'*Alphonse Daudet* de Jacques Rouré.

C'est Henri Troyat, de toute sa puissance, nous donnant un hallucinant *Ivan le Terrible,* Ivan IV Vassilievitch Qui-fait-trembler, amant de la mort de son aurore à son crépuscule, tsar-bourreau, même premier tsar de l'histoire, aussi premier Staline, multipliant les atrocités, maître ès supplices, mais également premier à découvrir à la Russie l'envoûtement de l'est lointain, détruisant le Khanat musulman de Kazan qui bloquait ce premier *Drang nach Osten,* la course vers l'est, faisant de la Volga un fleuve russe, conquérant Astrakhan dès 1554, dès lors ouvrant des possibilités d'expansion infinie vers l'Oural et la Sibérie, de fait inventeur d'un Empire russe asiatique.

C'est Michel Poniatowski réussissant à nous apprendre des choses inédites sur *Talleyrand et le Directoire* — redessinant ce Talleyrand dont nous ne nous lassons pas, qui vous dit « Je n'ai jamais abandonné un régime que lorsque j'avais la France pour complice », peut avoir les jugements les plus secs : « M. de Chateaubriand ? Il écrit avec une plume de corbeau », est lucide au point, sur la fin de sa vie, de confier à Lamartine : « Tout ce que nous avons maintenant en fait de révolutions n'est rien à côté de ce qui se prépare », car, ajoute-t-il : « L'évolution des régimes politiques se fera désormais sous la pression grandissante des masses populaires. » Talleyrand est sans doute même le premier à utiliser ce mot de *masses.* A plus forte raison sommes-nous passionnés par la manière dont il berne le Directoire et prépare, avec un satanisme jamais égalé, l'avènement d'un nouveau César.

Georges Bordonove publie un *Louis XV.* Du Bien-Aimé au Bien-Haï. Ainsi l'auteur, de la plume la plus sûre, poursuit-il son histoire des Bourbons « qui ont fait la France », sauf qu'ici avec le courage de rendre justice à un monarque trop décrié. Il est trop vrai que si le roi, orphelin à deux ans, fut un enfant insupportable, il sut devenir un souverain conscient de ses devoirs et imbu de son autorité, mais de plus un grand travailleur. C'est sous son règne que la monarchie absolue se transforme en monarchie administrative : Trudaine, avec son soutien, invente la Fonction publique. Mieux encore : au vrai, grâce à Louis XV, « pierre à pierre la France moderne se construit », et il laisse un bilan largement positif, annexion de la Lorraine et de la Corse, armée puissante, marine reconstituée, construction d'un réseau routier envié par toute l'Europe, prospérité des campagnes, plein essor du commerce, rayonnement artistique et culturel supérieur à ce qu'il était sous Louis XIV. Faut-il que l'injustice soit maligne.

Pierre Barret et Jean-Noël Gurgand, en tandem, avec *Si je t'oublie Jérusalem,* nous font revivre la première croisade (1095) et inventent un genre littéraire : l'histoire en marchant. Ils sont virtuoses pour nous faire réellement cheminer parmi ces hordes innombrables, disparates, cruelles et grandioses qui s'ébranlent au nom du Christ — Dieu le veut ! — mais aussi brutalisent comme personne les communautés juives d'Allemagne, multiplient sur leur passage pillages et massacres, de fait déshonorant la Chrétienté, vrais Huns de Jésus, même si, parfois, ils peuvent jouer des scènes sublimes, par exemple au siège d'Antioche. Du vécu, par nous.

Paul Thorez, fils du « Fils du Peuple » publie ses souvenirs d'enfant de la *Nomenklatura* dans *les Enfants Modèles.* Tant pis si l'initiative déplaît beaucoup à sa mère, Jeannette Thorez-Vermeersch (toujours aussi intrépide, esprit rapide et lame acérée, à soixante-douze ans), et plus encore au parti communiste. Voici un témoignage capital et profond d'un homme, né à Moscou, élevé dans la vénération de la plus grande patrie prolétarienne, passant enfant ses vacances d'été au camp d'Arek, camp pour enfants de milliardaires, plus tard rompant avec son parti comme avec sa famille. Mais plein de tendresse, d'humour et de pudeur. Il est devenu un « homme », le petit « Pavlik ».

Geneviève Dormann, la panthère des Lettres, anarcho-facho inimitable, aussi insolente que drôle, auteur de *Fleur de Péché* et de *Je t'apporterai des orages* publie *le Roman de Sophie Trébuchet,* même s'il s'agit davantage d'histoire que de roman. Autant découvrir une panthère révélée par une autre panthère. Car elle tient elle aussi des grands fauves, cette Sophie en question, fille spirituelle de Voltaire, royaliste ennemie des prêtres, bourgeoise admirative de la Révolution, la grande, épouse d'un capitaine républicain, Léopold Hugo, qui la trompe et qu'elle trompe, roucoulant à longueur de nuit avec un général antinapoléonien, La Horie, prénommé Victor, quelque neuf mois avant de donner naissance à un troisième fils, qui sera un certain Victor Hugo. Geneviève Dormann n'hésite pas un instant : le vrai papa, c'est Victor, et non Léopold, l'antinapoléonien et non le bonapartiste. En tout cas, du grand art, par une magicienne de l'image et de l'imagination.

On demande au passé tous les philtres pour oublier le présent.

A preuve encore le succès de toutes les revues historiques, telle *Historia* de Melchior-Bonnet, et de toutes les émissions historiques télévisées.

A preuve enfin le phénoménal succès du livre de Michel de Grèce, *la Nuit du Sérail* qui tient la tête du hit-parade des livres publié hebdomadairement par *l'Express,* histoire d'une princesse racontée par un prince. Tout commence par la visite qu'un jour de 1784 deux jeunes créoles vont rendre à une Martiniquaise mi-sorcière mi-voyante qui prédit à l'une, Joséphine Tascher de la Pagerie, qu'elle serait plus qu'une reine, et à l'autre, sa cousine, Aimée Dubuc de Riverie, qu'elle « gouvernerait un empire ». De Joséphine, chacun sait ce qu'il en advient, mais pour Aimée aussi la prédiction se réalise. Tandis qu'elle s'en retourne de Nantes, où elle a assisté au mariage d'un cousin, et fait voile vers sa Martinique, elle est capturée par des pirates barbaresques qui la conduisent au dey d'Alger, lequel l'offre au sultan pour son harem. Précisément, les astres veulent qu'elle charme le vieil Abdoul-Hamid, qui la choisit comme favorite. Puis, la voici en grandes amours avec le successeur, Sélim III, dont elle est à la fois l'amante et la conseillère. La Pompadour de Constantinople. Sélim III déposé, elle n'en reste pas moins conseillère du nouveau successeur, Mustafa. Celui-ci exécuté, elle reste encore doux mentor du nouveau souverain, Mahmoud II. Elle est assez vigoureuse pour entraîner Mahmoud aux plus audacieuses réformes et à la paix avec la Russie. Comme puissance d'évasion, que mieux trouver ?

Certes, la France continue de produire du sérieux et du solide. Dictionnaires et encyclopédies en font foi.

Les premiers des dix volumes du nouveau *Grand Dictionnaire encyclopédique Larousse* sont en cours de parution, les derniers étant prévus pour fin 1985. Encore un brillant exploit de Claude Dubois et de son équipe. Le tout premier *Grand Dictionnaire universel du XIXe siècle,* conçu dès 1863 par Pierre Larousse, édité à 150 000 exemplaires, comptait, sur 15 volumes, 22 000 pages. *Le Nouveau Larousse illustré* en 7 volumes — qui inventa la Semeuse et la devise *Je sème à tout vent* — parut à la Belle Epoque et tira à 250 000 exemplaires, à l'apogée de la foi positiviste. *Le Grand Larousse encyclopédique* en 10 volumes de 1959-1964 diffusa 400 000 collections, en plein bouleversement mondial, XXe Congrès du parti soviétique, Vatican II, présidence Kennedy, lancement du premier Spoutnik. Vingt ans plus tard, un autre bilan s'impose : il faut célébrer des événements de société gigantesques, les noces de l'informatique avec le grand public, le divorce de l'écologie et de la consommation, l'avènement de la biologie, la course aux étoiles. Justement, le tout neuf *Grand Dictionnaire encyclopédique Larousse* est voué à être cette « messe du temps présent ». Mensurations : 11 040 pages, 180 000 articles, quelque 100 collaborateurs permanents, quelque 800 spécialistes extérieurs à la maison Larousse (aussi bien tel maître chapelier que tel chercheur du C.N.R.S., tel journaliste taurin comme tel metteur en scène). Mais, surtout, jamais un tel bouleversement. Une vraie révolution, tant il est exact que la révolution des mots accompagne toujours les révolutions profondes des hommes et des choses. Plus de 30 000 termes nouveaux sont introduits : une vraie armée. Au terme *basket,* on peut trouver l'expression « lâche-moi les baskets... » On a modifié en plus ou en moins d'un bon quart le vocabulaire existant dans les éditions antérieures. C'est là que l'on se rend compte à quel point les changements du siècle auront été énormes. Aucun siècle n'aura été de fait plus révolutionnaire que le XXe. On n'oublie pas, à *abri,* de mentionner *l'abri anti-atomique, autogestion* a droit à une colonne et demie, *Astérix* à 20 lignes accompagnées d'un dessin. Trente lignes se vouent à *Althusser,* trois pages à *atome,* confiées à Jean-Marc Lévy-Leblond, jeune professeur de physique quantique, dix lignes à *Anquetil* (Louis) peintre français, né à Etrépagny en 1861, et qui faillit, à un moment donné, précéder Van Gogh, avant d'être saisi par la passion du classicisme façon Rubens : soyons sûrs de l'information ; il paraît que Claude Dubois, pour chaque volume à paraître, lit tout, de la première à la dernière ligne. *Absentéisme* fait apparaître pour la première fois la notion d'absentéisme parlementaire : en 1960, c'était un petit mot sans importance ; il donne lieu à un gros article. *Absinthisme* disparaît. *Aéroglisseur* apparaît... On imagine par avance l'ultrarévolution qui attend le *Dico* de l'an 2000.

Un seul ouvrage de nos jours prête à un tel bouleversement, le *Who's who en France* que dirige Jacques Le Bodo. Jamais cet énorme « carnet de bal des élites », ouvrage de référence de la réussite sociale, n'aura subi d'une édition à l'autre de si importantes modifications — essentiellement du fait du chambardement consécutif au 10 mai 1981 et de l'introduction de toute une ruée de nouveaux ministres, députés, préfets, ambassadeurs, recteurs et *tutti quanti.* Quelque 300 noms y apparaissent. Doyen d'âge : Mme Simone, « artiste dramatique et romancière », cent cinq ans aux pâquerettes. Dames nouvelles : 10 % du total des nouveaux, dont Jacqueline Baudrier, ambassadeur auprès de l'U.N.E.S.C.O. ; Colette Richard, alpiniste et spéléologue aveugle ; Paule Posener-Krieger, directrice de l'Institut français d'archéologie orientale du Caire ; Yvette Andrillat, astronome ; Maryse Allarousse, sommelier ; et deux commandants de bord, Dominique Verdier et Danièle Decuret, auteur de *As-tu vu le pilote, c'est une femme.* Parmi les intronisés les plus connus : Henri Krasucki, secrétaire général de la C.G.T. ; Jean-Luc Rougé, champion du monde de judo ; le violoncelliste Paul Tortellier ; le pianiste Alexis Weissenberg ; et le tennisman Ilie Nastase, dont le souci principal est qu'on le sache membre du *Playboy Club.*

Le Grand Larousse n'est du reste pas le seul ouvrage de référence.

L'Encyclopédie Tulard se veut un nouveau dictionnaire du cinéma. Il y avait « le Sadoul » et « le Boussinot ». Il y aura désormais « le Tulard ». Au moins comme antidote. Exemple : le cinéaste Pierre Schoendoerffer, pour Georges Sadoul, n'existe pas ; pour Roger Boussinot, « sa religion de l'honneur, du creuset de la bagarre, de l'amitié virile, aboutit à justifier un militarisme toujours simpliste », chez un tel cinéaste, « la fascination de la mort ne débouche que sur une sympathie nostalgique pour le colonialisme des légions » ; pour Jean Tulard, Schoendoerffer « est un peu le Vigny du cinéma français », conclusion : « sa place sera un jour à l'Académie ». Autre exemple : Jacques Demy, auteur d'*Une chambre en ville,* objet d'une vive polémique avec *l'As des as.* Sadoul, ancien membre du parti communiste, et Boussinot, qui n'en est pas éloigné, le présentent comme l'un des êtres les plus doués de sa génération ; Jean Tulard, historien apolitique, se contente de noter : « Essai pour acclimater la comédie musicale en France. »

Le Grand Livre de la Cuisine, sous la direction de Valérie-Anne Létoile, veut être une encyclopédie qui ne vous laisse ignorer aucun secret, des robots ménagers au four à micro-ondes, des calories à la surgélation.

Du coup, l'érotisme, à son tour, réclame ses propres « ouvrages de base ». Jean-Jacques Pauvert donne une *Anthologie historique des lectures érotiques,* « de Sade à Fallières, 1789-1913 », où il donne hardiment des pistes inédites, débusque un Vesque de Putlingen dont on n'avait aucune idée et ressuscite encore une fois Sade, sans surtout oublier de faire redire à la Delmonse, héroïne cynique de *la Nouvelle Justine,* son fameux : « Je suis putain comme Messaline ; on me croit sage comme Lucrèce. » Françoise Ducout, journaliste à *Elle,* présente un *Almanach érotique des femmes ;* il s'agit tout simplement d'inviter les femmes à dire leur *éros* dont, affirme la préfacière, les hommes, jusqu'ici, se seraient arrogé le droit de parler seuls ; elles répondent, moitié écrivains, moitié inconnues, toutes avec le langage le plus direct.

Les éditions Bordas lancent une *Histoire de la musique,* Laurent Broomhead invite à *la Préhistoire.* Robert Fossur dirige un *Moyen Âge* en trois volumes. Marcel Durliat donne un admirable *Art roman,* de Jumièges à Palerme, de Dijon à Saint-Michel-de-Cuxa, vitraux, mosaïques, enluminures, sculptures, peintures, avec, en couverture, une sublime tête de Christ en bois du XIIe siècle. Fernand Braudel préside à la parution d'un ouvrage sur l'Europe, plein de photos légendées avec science et à-propos ; comment l'Europe a choisi sa vraie forme de civilisation, avec la « ville » ; comment Paris, phare de l'Europe du XVIIIe siècle, a été détrôné de son rôle de capitale européenne sans qu'aucune autre ville européenne ait pris la relève (à toi, New York...) ; comment l'Europe aura dominé l'univers durant dix siècles, grâce à une incomparable flotte de marins d'élite.

L'éminent Jacques Ruffié, du Collège de France, signe un important *Traité du Vivant,* 780 pages, où il nous dévoile « la révolution populationnelle », nouveauté conceptuelle « la plus importante survenue dans les sciences naturelles depuis la théorie de l'évolution élaborée en 1859 par Charles Darwin ». Il démontre ainsi que « l'unité de base du vivant n'est ni la race, ni l'espèce, mais la population » (Population : groupe d'individus interféconds qui ont plus de chances de se croiser entre eux qu'avec d'autres, et groupe constituant toujours une structure de transition) et que « le vivant se singularise par une variabilité infinie grâce au polymorphisme génétique ». (« Pour Jacques Ruffié — précise Jean-Claude Soum — la population est à la fois la véritable unité du monde vivant et la cible de la sélection naturelle. Quant au polymorphisme génétique qui met en valeur la diversité des gènes, son rôle est déterminant puisqu'il assure l'évolution. Sans lui, le monde vivant est condamné à l'immobilisme. ») Mais, avec courage, Jacques Ruffié note aussi l'extraordinaire influence des idées des biologistes sur les hommes politiques. Ainsi l'évolutionnisme darwiniste a-t-il encouragé au concept conduisant à une hiérarchie des races, comme au marxisme annonçant la disparition d'une classe au profit d'une autre, « mieux adaptée à un environnement changeant ». Faux, proclame l'auteur. La rivalité des races est un phénomène contre nature. L'élimination est un but à contresens. Tout cela donne un affrontement catastrophique entre « le libéralisme sans frein et le marxisme sans espoir », ces deux idéologies « inadmissibles » qui « se partagent le monde et dont l'échec est patent ». A la « révolution populationnelle », donc de préparer la civilisation du IIIe millénaire, le « new-deal planétaire », la mondialisation des connaissances, la République universelle, multiculturelle, unissant les hommes « dans l'entraide, l'échange et le progrès, au lieu de les séparer dans la rivalité, l'isolement et la lutte ». Cœur généreux au service d'un esprit hardi. Livre puissamment original.

Alain Jemain fournit une fort belle étude sur le bonhomme Bibendum, l'empire Michelin, avec *Un siècle de secrets.* Une entreprise qui, dépassant l'Américain Goodyear et le Japonais Bridgestone, vouée à devenir dès cette année premier producteur mondial du pneu, une affaire qui constitue déjà l'une des toutes premières multinationales françaises (80 000 salariés à l'étranger, 50 000 en France, un chiffre d'affaires de l'ordre de 8 milliards de dollars), une puissance qui démontrerait à elle seule les extraordinaires possibilités de la France industrielle, un homme, François Michelin, dont les usines figurent sur tous les continents, et qui reste fidèle aux tables des lois des pères fondateurs, « culte du client, horreur du gaspillage, hantise des gestes inutiles, droits et devoirs de chacun », forteresse de la croyance au « libéralisme pur et dur », mais aussi une passion invincible du secret, tel est le sujet, d'autant plus passionnant que le groupe Michelin n'était que le septième groupe mondial en 1960, troisième en 1974. Question des questions aussi : comment savoir marier l'archaïsme et l'avenir, la tradition et la technologie de pointe ?

Au fond, ce qui constitue la trame même de tous ces ouvrages à la fois sérieux et audacieux, est un double souci d'exactitude et d'imagination. Aucun détail ne doit nous échapper de tels Vikings, preux, Huns, beautés étrusques, divinités *topless,* Bibendums, mais l'esprit de l'écrivain doit être capable d'aller au-delà de l'indiscutable. Type du procédé : *la Nuit du Sérail,* de Michel de Grèce. La documentation se veut d'une précision impérative (on n'est plus au XIXe siècle où Vigny dans *Cinq-Mars* se trompait sur la date de naissance de Molière) mais l'on peut recourir aux procédés les plus romanesques, tel celui qui consiste, comme pour Françoise Chandernagor dans *l'Allée du Roi* à choisir la première personne, le ton du journal intime. Toutes intransigeances sont exigées pour les moindres détails d'un costume ou d'un palais, mais le droit reste à l'auteur de recréer à sa seule volonté les atmosphères.

De fait, en définitive, les temps n'auront jamais tant apprécié le robuste.

Ainsi triomphe aussi le document fouillé à fond, avec problème traité jusqu'à la moelle.

Deux exemples : le *Toujours plus* de François de Closets et *les Cadres* de Luc Boltanski.

Au nom de l'égalité, 54 millions de Français se proclament tous défavorisés et réclament plus d'argent, mais aussi plus de droits — voire plus de passe-droits — plus d'avantages — voire plus de privilèges — plus de loisirs — voire plus de tu-peux-tout-faire — plus de garanties — voire la recherche de la sécurité absolue. « Toujours plus ! » Simplement, François de Closets, d'une plume éblouissante, démontre que les gagnants de cette mêlée confuse sont toujours les mêmes, à savoir non seulement les Français ayant grande fortune ou hauts revenus, mais également toute la masse des planqués et des embusqués de la société moderne. (Seigneur, pour un grand nombre de faux modestes, que de privilèges fiscaux, de rentes de situation, de travail agréable, de temps libre, de cuirasses non étouffantes, de promotions qui jouent d'elles-mêmes, d'avantages en nature, de statuts confortables et de primes en veux-tu-en-voilà ! Seigneur aussi, en face toute cette « Privilégiature », côté France inorganisée, que de cauchemars et de détresse chez tels malheureux que hante l'épouvante du chômage ou tels petits patrons que menace la faillite !) Il y en a, là-dedans, du Moyen Age... Le réquisitoire s'imposait, un bonheur qu'il soit de la plus haute classe.

Luc Boltanski, avec *les Cadres,* signe un véritable ouvrage de référence. Du concept de « cadre », si fréquemment employé de nos jours, les logiciens diraient que la compréhension est faible et l'extension quasiment infinie. Peu souvent, en effet, dans l'histoire, l'existence d'une catégogie sociale s'est davantage imposée sans que son identité soit clairement établie. Le cadre, cet inconnu. C'est à redresser cette carence que s'emploie Boltanski. Document bienvenu : car l'auteur poursuit son enquête avec efficacité. Néanmoins, le plus intéressant du livre tient plutôt du « malaise des cadres », à la fois socialement triomphants et se sentant mal aimés, ne possédant leur pouvoir que par décision toujours révocable par un supérieur, quotidiennement à la disposition de l'arbitraire, sans cesse menacés dans leur statut, sous épée de Damoclès permanente, à raison de leurs résultats professionnels, en position de concurrence constante, souvent rejetés, même insultés et corporellement menacés par le bas de la hiérarchie, psychologiquement manipulables, moralement fragiles, trop vulnérables au vieillissement, enfin s'estimant les forces vives de la nation et persuadés que leurs mérites ne sont pas reconnus. Tout cela est bien vu. De plus, lecture faite, on ne réfléchit que mieux sur l'un des éléments majeurs du XXe siècle : *la déprolétarisation.* Entre autres faiblesses, Karl Marx, si puissants que puissent être son génie et sa participation à la promotion ouvrière, ne sut prévoir ni l'avènement des « cadres » ni toute une masse de progrès sociaux bouleversant du tout au tout la condition ouvrière. Il ne sut prédire que la disparition des « féodaux », pour laisser tout le champ à l'affrontement bourgeoisie-prolétariat. Or, le XXe siècle, dans la classe « cadres » aura confondu à dizaines de milliers à la fois des fils de la haute bourgeoisie, tenus de travailler à plein, et des fils du peuple, hissés du plus bas. Cette nouvelle classe a même tendance à occuper l'ensemble du terrain, du fait de l'affaiblissement de la bourgeoisie possédante comme de la réduction du prolétariat. C'est si exact qu'elle se divise elle-même en cadres supérieurs, cadres moyens et petits cadres. Allons jusqu'à préciser qu'elle détermine désormais pour beaucoup les résultats de toutes nos élections. L'on procède en tout cas à une analyse incomplète et erronée du tissu social français si l'on ne compte pas « les cadres » comme l'élément numéro un. Grâces soient par conséquent rendues à Boltanski d'aider au moins à clarifier le problème.

Beaucoup de livres *attentifs,* telle est la dominante de notre production.

La liste du hit-parade de l'*Express* que nous sommes en train de compulser s'inscrit d'ailleurs bien dans cette vision : un coffret de valeurs sûres.

Dans la catégorie *Etudes, essais, documents,* viennent, dans l'ordre, après le *Toujours plus,* de François de Closets, *N'ayez pas peur,* d'André Frossard (les entretiens de l'auteur avec son ami le pape, document fondamental pour qui veut mieux connaître un grand souverain pontife, l'Eglise de nos jours et les vraies angoisses à surmonter) ; *Mémoires,* d'Edgar Faure, même si, comme en prévient le sous-titre : « avoir toujours raison... c'est un grand tort » (premier important témoignage vivant sur la vie politique sous une IVe République à laquelle au passage l'auteur, non sans résultat, s'emploie à faire rendre justice) ; *Ivan le Terrible,* d'Henri Troyat (un ouvrage qui se lit comme on lirait un Dostoïevski) ; et *Histoires des Temps,* de Jacques Attali, le premier collaborateur du président de la République, qui parmi l'un des emplois du temps les plus chargés de France, trouve encore le temps de philosopher sur les temps.

Dans la catégorie *Romans, Récits, Nouvelles,* arrivent dans l'ordre de préférence, après *la Nuit du Sérail* de Michel de Grèce, *le Roman de Sophie Trébuchet* par Geneviève Dormann, *Dans la main de l'ange* de Dominique Fernandez, prix Goncourt (cinquante-deux ans, ancien élève de Normale Sup, agrégé d'italien, critique littéraire de *l'Express* depuis dix ans, critique musical à la *Nouvelle revue française* et au *Monde de la musique,* déjà prix Médicis, déjà auteur brillant de livres confirmés, de *l'Ecorce des pierres* et de *Mère Méditerranée à Porporino* et à *la Rose des Tudors, les Fous de Bassan* d'Anne Hébert (prix Fémina) et *la Bougainvillée,* tome second des *Quatre-Epices* de Fanny Deschamps.

D'exceptionnel, on ne note qu'un vif retour du pamphlet — genre cependant, il est vrai, authentique de la plus ancienne tradition française.

Toute une joyeuse renaissance. Du gai et du dru.

On ne s'en plaindra pas.

Il y eut Démosthène et il y eut Cicéron — et Juvénal.

Il y eut le Pascal des *Provinciales* et les *Mémoires* de Beaumarchais.

Il y eut Paul-Louis Courier, qui écrivit même *le Pamphlet des pamphlets,* ennemi juré de la Restauration, d'une plume aussi aiguisée qu'était sereine sa propriété de Veretz en Touraine, tantôt moraliste, tantôt burlesque, par exemple dans sa *Pétition pour les villageois qu'on empêche de danser.*

Il y eut l'exilé de Guernesey contre *Napoléon le Petit.*

Il y eut Léon Bloy, Barrès, Léon Daudet, Zola, Emmanuel Berl, Drieu la Rochelle, Alfred Fabre-Luce dirigeant avec Pierre Dominique une revue intitulée *Pamphlet,* Roger Peyrefitte inventant le roman-pamphlet.

On n'aurait garde d'oublier Bernanos pratiquant *l'épanorthose* et Boutang *l'oxymoron,* étant bien entendu que l'épanorthose est la figure de rhétorique par laquelle on feint de rétracter ce qu'on avait dit pour dire quelque chose d'encore plus fort et l'oxymoron le procédé consistant à unir deux mots en apparence contradictoires pour donner à l'expression d'une idée un caractère inattendu, par exemple « silence éloquent »...

Voici quelques années, sous le gaullisme, il y eut le pamphlet « de droite », caustique, vengeur, avec Jacques Laurent et son *De Gaulle, expédient provisoire,* le pamphlet « de gauche » avec le *Coup d'Etat permanent* de François Mitterrand, et *le Colin froid* non situable de Jean-Edern Hallier.

Eh bien, nous avons droit à toute une nouvelle floraison.

Raymond Tournoux, avec un parfait sang-froid de polémiste tranquille, et avec tout son talent de disséqueur des faits, nous dit : *France, ton café fout le camp,* et tout le reste aussi. Il décortique lumineusement la manière dont le pouvoir conduit « la révolution silencieuse » et nous prépare une véritable démocratie populaire.

François Brigneau, l'éditorialiste de *Minute* raconte *Mon Village à l'heure socialiste.* Lui au vitriol des polémistes déchaînés. Principales cibles : Mauroy, Defferre et Cheysson.

Alain Peyrefitte met la dernière main à un *Quand la rose se fanera.*

Jean Cau vient de donner à son éditeur *Une Rose à la mer.*

Henri Amouroux a sous presse *Ce que vivent les roses.*

Le jeune Patrice de Plunkett, chroniqueur littéraire du *Figaro-Magazine,* produit un éblouissant petit chef-d'œuvre, *la Culture en veston rose,* où Jack Lang, en vérité le plus politique de nos ministres, est férocement déshabillé, jusqu'à ne plus être qu'un ambitieux, insipide, un jocrisse bavard, un camarade snob, un mauvais danseur de tango et le grand maître du « Soviet des menus plaisirs ». Un livre à la fois charmant et implacable. Inculte, Jack Lang ? Plus exactement, bidon. Lisez : « Il s'est taillé une réputation factice au festival de Nancy en se contentant d'importer des spectacles étrangers (En particulier new-yorkais : il a bonne mine, maintenant !). C'est un faux homme de théâtre, un faux homme de culture... Quand il se risque à parler d'histoire, de musique, de peinture, de cinéma, il fait des pataquès irrésistibles... Un bon moment : quand Jack Lang est comparé au chat de Chester de Lewis Carroll ; d'abord on ne voit rien, puis apparaît « le sourire amical, mais désincarné » et enfin vient la voix, au son « phrasé très respiratoire ». Des phrases-choc : « Jack Lang n'est pas porté sur la rigueur intellectuelle. Ce qui l'intéresse, ce ne sont pas les idées, c'est le bruit qu'elles font. On a donné la rue de Valois à un Arlequin, mais pour qu'il y joue de la grosse caisse. »

Jean Dutourd, de toute sa vigueur la plus saine, toujours aussi bretteur mousquetaire, nous traite *De la France considérée comme une maladie.* Dans sa ménagerie, l'animal le plus abominable n'est ni un serpent cracheur, ni un putois, ni la mouche tsé-tsé, ni le tigre du Bengale. C'est le mouton. Le mouton blême et bêlant devient bête d'Apocalypse. Exemple de mouton étranger : Jimmy Carter. Autre exemple : le Français. Car « existe-t-il un autre pays que la France, en Europe ou ailleurs, qui donne autant qu'elle le sentiment d'être un rhumatisme, une bronchite, un phlegmon, un ulcère ?... » Du corrosif pour une France néanmoins tant aimée...

Vous vous amuserez, à moins que vous ne préfériez partager le ravissement de vos enfants, petits-enfants ou arrière-petits-enfants, qui ont eux-mêmes droit à leur propre littérature — soit 5 000 titres chaque année. Le marché anglais (le livre d'enfants est une invention anglaise) est le plus florissant et nos mônes lui doivent ces jours-ci quelques bons titres, *Eloïse, les Trois Cadeaux de Gil, Courtechelle* (à dessiner et à colorier). Mais nos propres éditeurs, malgré de hauts coûts de fabrication, ont consenti pour ces fêtes un effort particulier. Pierre Marchand, responsable de Gallimard-Bébé, le département Gallimard groupant toutes les collections enfantines, *Folio, Enfantimages, Mille-Soleils, Rayons d'or, Folio-poésie,* aura eu d'heureuses trouvailles. Pierre Gripari, avec la plume plus ou moins scabreuse de la comtesse de Ségur, peut nous offrir de fort agréables contes modernes, ainsi le dernier paru, *la Sorcière et le Commissaire.* Yvan Pommeaux raconte adorablement *le Voyage de Corbello et Corbillo,* histoire de corbeaux qui parlent dans des bulles. Cécile Gagnon et Martine Bourre écrivent et dessinent une merveilleuse *Boule verte.* Larousse publie les trois premiers titres d'une nouvelle collection réalisée à l'intention des enfants de quatre à sept ans, *De fil en images,* destinée à éveiller chez les enfants le sens de la logique ainsi que leur sensibilité artistique. Camille Croque des Cerises, du Chocolat et des Caramels tandis que dans la Cuisine Caroline Chipe : Cake, Croissants, Crêpes, Confitures et Crème au Café, telle est, à titre d'exemple, la définition de la lettre C dans *l'Alphabet des enfants gourmands,* aux éditions Agep : intelligent. Dans la collection *Croque-rêves,* voici *Un froid de loup.* Dans la collection *Les Poussins,* voilà une nouvelle série intitulée les *Potamuches,* avec la famille Poire, les sœurs Cerise, le gendarme Concombre, les frères Marron et Nino Navet : on s'amuse. Garnier fait raconter *Léa au pays des dragons* par Régine Desforges.

Quant aux romans, à nouveau, malgré la crise, il y a encore pléthore.

Reste à savoir, des anciens ou des tout jeunes auteurs lequel restera à l'horizon 2000, à plus forte raison en 2050.

Problème : lequel survivra ?

Patrick Modiano ? Il n'a pas quarante ans ; il fut Goncourt à moins de trente ; il a déjà quelques titres prestigieux derrière lui, *les Boulevards de ceinture, Lacombe Lucien, Rue des Boutiques Obscures.*

Patrick Grainville ? Il est le jeune père d'extraordinaires *Flamboyants.*

Jean-Marie Rouart ? S'il ne se laisse pas trop dévorer par la direction qu'il assume aux beaux mardis littéraires du *Quotidien de Paris.* Car il a la plume d'un maître — d'un maître vivant.

Châteaureynaud, qui vient d'avoir le Renaudot, Anne Hébert, Josselin, prix Médicis, Eric Ollivier, prix Interallié ?

L'étonnant Vladimir Volkoff, Satan de patience, qui démonte avec une rigueur impressionnante — encore cette année dans *le Montage* — l'énorme appareil soviétique mondial de désinformation ?

Le tout jeune Eric Neuhoff, plume dans la ligne de Nimier, gentleman de l'insolence, auteur d'un seul livre, *Précautions d'usage,* mais avec toutes les promesses les plus sûres ?

Henri Pollès, prix Paul Morand, ces derniers jours, pour son dernier roman, *Sur le fleuve de sang vient parfois un beau navire,* 708 pages ? Lui atteint déjà aux plus grands âges. Il faut le voir dans son capharnaüm, manuscrits reliés dans des boîtes en marqueterie de cuirs, coussins taillés dans des velours anciens, bibelots fin de siècle. Tout un personnage pour chroniques inattendues. Il reçoit en pyjama multicolore, les pieds dans des pantoufles. Il vous montre dans le tas un bahut 1900, une aquarelle de Hugo, un autographe de Chateaubriand, le miroir de Sarah Bernhardt, des originaux de Proust ou de Céline, tandis que ronronne un air de jazz 1925. Une momie en brocante. Il paraît encore plus vieux que les plus anciens de ses 30 000 livres. Il vous sort de sous le lit l'original des *Mémoires d'outre-tombe.* Il a ce qu'il appelle toute une « rilkothèque », donc tous les Rilke, comme il a les œuvres complètes d'Alain Fournier, de Robert Brasillach et de Marie Bashkirtseff. Il peut vous montrer la géonothèque (en forme d'arbre de vie), la vélothèque (pour les fous de la pédale) et la bibliothèque surréaliste, sous parapluie rouge, avec un autographe ex-voto d'André Breton dont il dit : « Je l'ai mis dans un cadre chrétien pour mieux me ficher de lui. » Allez donc vous étonner qu'il ait employé dix ans à écrire son dernier roman. Allez aussi vous étonner, dans cinquante ans, s'il aura surnagé par-dessus tous les autres et tous les fatras.

Ou Christian Charrière ? S'il sait se libérer du symbolisme des rêves où il se bloque. On put lui trouver les ailes grandes quand il écrivit *l'Enclave* et *les Vergers du Ciel.*

La jeune Laurence Cossé ? Plume XVIIe siècle. Passion des métaphysiques religieuses. Un livre encore unique, mais beau : *les Chambres du Sud.*

Jean-Marie Bretagne ? Vingt et un ans, Normale Sup. L'auteur des *heures blanches,* sur drame à drogue. Un Rimbaud-Villon pour temps d'uranium-plutonium. Cheveu noir. Yeux noirs. Dents noires. Une longue silhouette maigre, ombre désespérée, errant à travers un aéroport ultra-sophistiqué. Chercheur d'absolu à l'apogée du relatif.

Michel Haas ? Encore un tout jeune, publié chez Orban, amant de l'Espagne, fasciné par cette civilisation castillane jaillie de cette terre désespérée de pauvreté où les hommes ne sont libres qu'à force d'être fiers, don Quichotte lui aussi venu d'ailleurs pour aller sans cesse ailleurs, mais en communion d'éternité avec le pays du *toro* et de cet impuissant parmi les impuissants, Don Juan.

Jean-Marie Le Clézio ? Nous lui devons des choses difficiles à effacer, *le Procès-Verbal, Terra Amata, les Prophéties de Chylam Balam...*

Prédiction difficile.

Il y a ceux qui continuent de nager dans le fleuve le plus épais du naturalisme zolaïste. Grasset vient de rééditer *les Contes de la folie ordinaire,* de Bukovski. Argot de Céline avec bedaine d'Hemingway et une trogne pour truand affreux de cinéma. Il joue à l'obsédé sexuel ordurier et ivrogne. Il vomit et pisse sur une civilisation fin de siècle qu'il hait ou feint de haïr. Type de phrases : « Chacun se raccroche au ciel de l'autre... pétant de trouille et de connerie, comme une abeille au fond de son gâteau à miel... Partout des médecins sans malades, des nuages sans pluie, des jours sans lumière... des dingues, rien que des dingues, partout la merde, des coups de fouet et le nettoyage de la merde... »

Il y a ceux qui préfèrent les « lucifériens », voués à porter « la lumière des bas-fonds où nous sommes, ce qui équivaut à y mettre le feu » : ainsi parla Raymond Abellio, romancier gnostique obsédé de métaphysique et de métapolitique, auteur trop méconnu d'une œuvre philosophique et romanesque qui fut d'abord, en son temps, un défi à Sartre « ce très grand homme, surtout pour tant de gens qui ne l'ont pas lu ». Polytechnicien, sorti de l'école dans la botte, il est dans les premières années 1930 un animateur des *Faucons rouges*, jeunesses marxistes, Ingénieur des Ponts et Chaussées, il milite dans les rangs de la S.F.I.O., sauf qu'il n'est pas « blumiste » mais « gauche révolutionnaire », mi-trotskiste mi-anar, et sauf que, écœuré par l'échec du Front populaire et le massacre des trotskistes par les communistes durant la guerre d'Espagne, il s'embarque follement en 41 dans le Mouvement social révolutionnaire — fascisant — de Deloncle. De chez Marx, il passe chez Hitler. Pour autant, il se distingue dans la Résistance, jusqu'à se faire traquer un jour à la fois par la Gestapo, la milice, les résistants, et les maquisards. Trop conscient qu'il n'a pas la main heureuse en politique, et une fois innocenté de tous péchés d'infamie, il devient un grand mystique et se met à écrire, avec une plume de feu. Héritier du dualisme cathare, hanté de tous les songes du parfait, convaincu dans une illumination que « le canal du roman est le seul qui permette la distribution des poisons et des anesthésiants dont le monde a besoin pour crever dans un paroxysme de bonheur », il compose une hallucinante trilogie romanesque, phénoménale tentative de fiction prémonitoire, *Heureux les pacifiques, La Fosse de Babel* et *Les yeux d'Ezéchiel sont ouverts*... qui vient de manquer à quelques voix de lui valoir le prix Paul Morand.

Dans tous les domaines, même dans l'anarchie, la source des Lettres françaises continue donc de jaillir.

Mais deux graves dangers menacent l'ensemble du jeu.

Le premier se constitue de ce que, dans une chronique du *Figaro* de ces derniers jours, Henri-François Rey dénonce sous le nom de *surgelé littéraire.* « Après la viande, les légumes, les poissons, les méthodes de gouvernement et les théories philosophiques, voici la littérature surgelée. La technique est au point... Le surgelé littéraire s'est installé dans nos mœurs et les circuits commerciaux... » Autrement dit, jusqu'ici, la splendeur venait de créations neuves sur thèmes nouveaux « Travail de sourcier, afin que jaillisse l'eau merveilleuse de la fiction », et, depuis quelques années, rien de tel : « le roman dit contemporain, dit actuel, dit moderne, fonctionne essentiellement sur des thèmes et idées cuits et recuits, soigneusement enfermés dans des congélateurs, il y a vingt ans. De même que le discours politique se refait quarante-huitard et que tous nos combats sociaux se réfèrent à des doctrines vieilles de plus d'un siècle, le romancier reste freudien alors que Freud, comme Marx, est à son tour totalement décomposé. » La preuve, « ces histoires d'amour enveloppées, comme le sont sous plastique les saumons décolorés, dans une enveloppe lacanienne sauce 1960... la preuve, ces romans historiques qui se veulent follement réalistes et manquent du moindre souffle vivant », « du Flaubert surgelé, celui de *Salambô*... » Faut-il que Rey nous donne à réfléchir. Avant la distribution des grands prix ; il donna son tiercé, un tiercé de livres « vivants », non congelés, « à consommer d'urgence ; c'est du frais », *les Yeux doux,* d'Hervé Prudon ; *les Vacances de Rocroy,* de Georges Thines et *Une baraque rouge et moche, comme tout à Venice, Amérique,* de Marie-Gisèle Landes-Fuss. Aucun des trois n'aura eu finalement droit à récompense.

Le second danger est dans la caporalisation et l'uniformisation des esprits. Non que l'alarme vienne du fait que le prix Nobel de littérature, cette année, soit allé à un communiste consacré, de surcroît castriste enthousiaste, le Colombien Gabriel Garcia Marquez, dans le même temps que le prix Nobel de la paix se refusait à Lech Walesa. Garcia Marquez est un grand écrivain, auteur d'au moins un roman immense, *Cent Ans de solitude.* Ecoutez donc l'un de ses personnages, précisément malade de solitude, Aureliano Buendia. Il répond à l'importun qui a osé troubler sa méditation d'un banal : « Comment allez-vous ? — Vous voyez bien ! J'attends que passe mon enterrement... » Garcia Marquez peut même être un grand poète de la Mort, sans écrire des romans désespérés. La Mort est omniprésente dans son œuvre, comme dans celle de la plupart des écrivains latino-américains, plus particulièrement chez les quatre à avoir reçu le Nobel, les Chiliens Gabriela Mestral et Pablo Neruda, le Guatemaltèque Miguel A. Asturias et le Cubain Alijo Carpentier, et pourtant, sans cesse, il réussit à prendre ses distances grâce à la dérision et à l'humour. De plus, il n'a jamais écrit de roman moralisateur. Il n'a jamais été du royaume du prêchi-prêcha. Mais voici que depuis un an, tout un ensemble de mesures et de discours du pouvoir tendent à mettre en place tout un appareillage de « culture organisée ». Non seulement il faut agir « socialiste » et voter « socialiste » mais il faut « penser socialiste », « sentir socialiste », « espérer socialiste ». La mise en condition commence à l'école, avec des manuels savamment ou dialectiquement appropriés. Elle se poursuit par le moyen d'un audiovisuel entièrement à la dévotion du catéchisme d'Etat. Elle pourra s'alourdir encore dès que, par des lois rigoureusement calculées ou par le canal des dictateurs de la publicité, eux-mêmes fonctionnarisés, et avec le soutien de syndicats aux ordres, on aura pu mettre à la botte journaux et éditeurs. Déjà la chasse s'organise contre tout ce qui peut s'entêter dans le défi, l'originalité et la fantaisie. Tout doit servir à endoctrinement, films, feuilletons, reportages, mais aussi tout doit céder aux lois de pouvoir total des néo-cuistres ou des néo-inquisiteurs. En péril, en grand péril, les libertés profondes... les libertés sans lesquelles une vraie littérature cesse d'exister.

9

Journée immobile à Paris

Il y a toute la misère du monde.

Même en France.

Cités lépreuses, foyers vétustes, appartements surchargés, garnis insalubres, cabanes en planches pourries, terrains vagues où errent des mômes en guenilles sales, crasse, puanteur, écoles fatales du banditisme : tel est le cadre où vivent trop d'immigrés.

Aux termes d'une étude de l'I.N.S.E.E. sur le logement des étrangers en Ile-de-France — d'autant plus significative que plus du tiers des quatre millions d'étrangers résidant en France habitent Paris et la région parisienne, 61 % des immigrés — parmi lesquels 30 % entrent dans la catégorie des « très mal logés » — habitent des logements de misère. 16 % seulement sont correctement domiciliés dans des immeubles rénovés ou neufs, les experts assurant que l'on retrouve d'identiques proportions pour l'ensemble des grandes régions d'accueil, Nord, Lorraine et Rhône-Provence-Côte d'Azur. Les plus abominablement lotis : les « isolés », quelque 800 000 célibataires ou hommes ayant laissé au pays natal leur famille, pour la plupart Maghrébins, Africains et Turcs.

Encore ne suffit-il pas de tout décompter. Jamais une sèche statistique, si écrasante soit-elle, ne rendra l'atmosphère de ce que tout homme de conscience doit connaître, « foyers-dortoirs », « foyers-prisons », « foyers-casernes », où des hommes de tout âge vivent entassés dans des cellules de cinq à sept mètres carrés, « séparés par des cloisons de quelques millimètres qui proscrivent toute intimité et tout véritable repos. Avec autant de cœur que de talent, Catherine Delsol peut conduire le plus pathétique des reportages sur *cette France face aux immigrés* et « le drame des cités-ghettos ». Certains directeurs de foyers, « plus gardes-chiourmes que gestionnaires, ferment les portes d'entrée à 22 heures et proclament l'extinction des feux à 23 heures pour économiser l'énergie ». Des associations généreuses ou charitables et les autorités à leur tour, mesurant toute l'horreur d'une telle peste, ont beau intervenir, rénovant, libéralisant, humanisant ou généralisant les salles de réunion, de télévision et de prières, et le gouvernement a beau avoir mis en place une assez active A.P.L. (Aide personnalisée au logement), le cauchemar persiste. Ni hygiène ni sécurité, telle demeure la règle pour trop de garnis hideux.

Aussi grave : au fil des années, les familles immigrées, reléguées à la périphérie des grandes villes, dans certaines banlieues, où le parc H.L.M. vétuste était délaissé par les populations métropolitaines, se sont entassées dans des appartements totalement inadaptés à leur nombre d'enfants. « Là aussi, le cercle vicieux était inévitable : surpeuplement, dégradation, accélération du vieillissement d'immeubles construits au moindre coût et mal entretenus... avec, en prime, le rejet puis le départ de la population française avoisinante que rebutent des habitudes de vie différentes... ainsi se sont constitués peu à peu les ghettos qui de Nanterre à Marseille, de Vénissieux à Gennevilliers, de Lille à Montpellier, ou de Grenoble à Strasbourg, sont aujourd'hui au bord de l'explosion. »

Fatalement, les adolescents, condamnés à grandir dans les plus odieuses conditions, tombent dans la délinquance. L'encadrement socio-éducatif manque trop gravement. Tel est bien le résultat : à notre date, par exemple, quinze mille jeunes Algériens vivent sous contrôle judiciaire.

Fatalement encore, le racisme s'en mêle. Il n'y a pas seulement choc entre Européens et non-Européens. Il y a également ségrégation entre les immigrés eux-mêmes — avec particulière marginalité pour les Maghrébins. Dotés de trop faibles revenus, le plus souvent O.S. ou manœuvres, mal encadrés, mal conseillés, et portés eux-mêmes à honnir toutes autres races ou toutes autres religions que la leur, ils subissent finalement les conditions de surpeuplement les plus critiques, « eux que l'on retrouve en majorité dans les cités de transit, eux qui font fuir les voisins ».

Aussi grave enfin : le conflit des communautés est devenu si aigu que, « des immigrés, plus personne n'en veut ». La répulsion n'est pas seulement celle de nos ouvriers, en contact direct avec la main-d'œuvre maghrébine dans nos usines. Les offices de H.L.M. eux-mêmes refusent actuellement de construire de grands logements ou préfèrent laisser des appartements vides, de peur de les voir « envahir par les Mahomet ». Jusqu'aux maires, qui se battent bec et ongles pour bloquer au maximum l'arrivée de populations immigrées — jusqu'aux maires communistes — « dont les communes hébergent, c'est vrai, près des deux tiers des Maghrébins » — qui estiment avoir rempli leur contrat et préconisent une « répartition plus équitable », tant mieux bien sûr si un tel programme épouvante les maires et les populations françaises des communes les plus bourgeoises.

Il n'y a pas que le drame des immigrés, lesquels constituent du reste d'étonnants îlots, chacun nettement particularisé, à Paris même, maghrébin autour de la Goutte d'Or, africain noir sur l'axe de la rue de Lappe, « jaune » dans le secteur de la place Maubert et tout le XIIIe arrondissement, devenu une vraie *Chinatown.* Il y a la tragédie des *squatters.* Les « squatts », comme dit la rue, occupants d'immeubles ou d'appartements sans y avoir aucun titre, partie du paysage depuis les années 1970, population mouvante, marginale et mélangée, estimée à quelque trois mille individus dans la région parisienne. Géographiquement, ils se répartissent dans les quartiers de l'est parisien. Politiquement, ils doivent être plutôt à situer dans la mouvance gauchiste. Sociologiquement, ils produisent à plus ou moins long terme des abcès de délinquance. Au total, ils fixent bien ce qu'ils appellent eux-mêmes la « contre-culture ». Ainsi, certains secteurs, notamment la rue des Cascades et la villa Poissonnière, sont-ils singulièrement réputés pour les affrontements de telles colonies avec la police. Au commencement le « squatt », sans doute né dans les années 60 aux Pays-Bas, se fondait sur une excuse : la difficulté de se loger. Et sur un prétexte : l'expérimentation sociale. En Allemagne, structuré, organisé, le mouvement sert souvent de relais ou de « base stratégique » à des organisations subversives. A Amsterdam, à peu près dix mille appartements ou immeubles sont de la sorte « squatterisés », et, à Berlin-Ouest, quelque deux cents maisons investies. En France, il y va plutôt du hasard et de la pagaïe. Parmi les colonies ou cohortes qui peuvent envahir soudain des immeubles entiers, on trouve de tout, Turcs, Maliens, Algériens, Néerlandais, artistes au chômage, zonards, loubards, roublards, tous déchets de l'humanité, étudiants sans famille, filles du trottoir, drogués au nom du « refus », refus de la société comme de la rénovation ou de la désintoxication. Alimentent-ils les terroristes d'Action directe ? Possible. On a trouvé chez eux tracts, mitraillettes et cocktails Molotov. Mais, surtout, ils fixent autant de points de détresse, transforment vite en bouges crasseux et nauséabonds les immeubles qu'ils investissent. Une nouvelle photo de la dégradation profonde d'une société sans pôles.

Il y a aussi la « petite misère » — qui peut ne pas être moins suppliciante — celle des chômeurs, totaux ou partiels, celle des rentiers ruinés, celle des petits patrons dans l'angoisse du lendemain, tous ceux que frappe de plein fouet, dramatiquement, la trop évidente dégradation du pouvoir d'achat — une « petite misère » qui elle, cependant, touche quelques millions de familles.

Ajoutons la crise mondiale, l'incompétence de trop de ministres, le développement du sectarisme, les progrès effrayants de l'insécurité, les incertitudes de la politique internationale, et l'on comprend aisément pourquoi ce pays, durant toute cette journée, est essentiellement morose.

De plus, les principales mesures ou explications gouvernementales prises ce matin ne prêtent certes pas à jubilation.

Le gouvernement prévoit ou annonce pour les toutes prochaines semaines des hausses considérables sur les loyers, l'assurance automobile, les tabacs, les alcools, l'électricité, le gaz, les P.T.T., Air Inter, la R.A.T.P., la S.N.C.F. et les hôpitaux. Qui donc pavoiserait ? Le pouvoir a beau nous aligner les chiffres qui se veulent rassurants : seulement 1 % d'augmentation des prix à la consommation en novembre ; seulement 9,4 % de rythme d'inflation sur douze mois. L'opinion n'est pas dupe. La ménagère n'a qu'à faire le débit et le crédit de sa fin de mois : elle y croit davantage qu'aux comptes d'un ministre des Finances dont d'ailleurs, aux yeux de quiconque, le désarroi va parfois jusqu'à ne pas être dissimulé — ou dissimulable.

A partir d'aujourd'hui, les fourrures sont taxées au taux de 33,33 % au lieu de 18,6 % précédemment. Elles vont évidemment coûter plus cher, pour clients plus rares ? Or, il ne s'agit pas du tout de taxer les seules fourrures de grand luxe, zibeline et chinchilla — lesquelles sont taxées au taux maximal depuis longtemps, avec panthères, jaguars, ocelots, castors, loutres et autres martres. Le couperet tombe sur les bêtes plus modestes, du loup au renard, en passant par l'astrakan, le chat et le ragondin. On n'épargne que la fourrure du lapin et du mouton ordinaire, un marché trop bas de gamme pour intéresser vraiment la profession. Résultat le plus évident sur le secteur : une hausse de 20 % des prix de détail.

Encore à partir d'aujourd'hui, nous aurons à payer une redevance annuelle de 471 francs si nous avons un magnétoscope, en sus de la redevance télé, quant à elle fortement augmentée (424 francs pour un poste couleur).

Un décret, qui paraît au *Journal officiel,* fixe l'« organisation d'un service minimum dans les organisations du service public de radiodiffusion sonore et de la télévision en cas de cessation concertée du travail ». Il stipule notamment, en ce qui concerne les programmes et si la grève affecte les trois chaînes, qu'il sera procédé « à la diffusion, par l'une au moins de ces sociétés, d'un programme enregistré succédant au journal de la soirée et d'une durée minimum de 90 minutes ». Mais les télespectateurs savent bien qu'un tel programme est en retrait sur ce qui se pratiquait les années précédentes : trois programmes distincts sur les trois chaînes.

Quarante-cinq ans après la création, le 31 août 1937, de la Société nationale des chemins de fer français, sous forme d'une société d'économie mixte, et la concession la liant à l'Etat venant à expiration, la S.N.C.F., à partir du 1er janvier, change de statut, et, même si son sigle demeure le même, devient « établissement public à caractère industriel et commercial », autrement dit comme la régie Renault ou E.D.F. L'Etat qui jusqu'à aujourd'hui ne détenait que 51 % du capital de la S.N.C.F. devient son seul actionnaire. Les trois représentants des anciennes compagnies privées ne figureront plus au conseil d'administration, qui comprendra 7 représentants de l'Etat, 5 personnalités choisies par l'Etat, et 6 représentants du personnel, au lieu de 5. Mais il est évident qu'il y a lourd renforcement de la bureaucratisation, d'autant plus qu'au sein du nouveau mécanisme figure, pour la première fois aussi, un comité d'entreprise. D'aucuns ont beau souligner que la S.N.C.F. aura une liberté de manœuvre plus large, du fait que le contrôle de l'Etat sur la gestion de la société s'exercera *a posteriori* et non plus *a priori*, il reste qu'à l'évidence il y a opération d'étatisation.

Jour morose, donc : du fatalisme *Inch'Allah* généralisé.

Jour assoupi, aussi.

Il n'y a point que l'effet du réveillon. Plus encore, la cinquième semaine de congés payés a mis Paris en vacances. La capitale est comme vide.

Surtout si l'on se rappelle les embouteillages monstrueux de la veille de Noël, une atmosphère de mois d'août enivre les derniers automobilistes qui occupent le pavé et, battant tous les records, arrivent en avance à leur destination. De plus, à la préfecture de Police, bandes et statistiques en font foi : « baisse sensible de la circulation générale ».

Que cette semaine de congé ait joué ne fait pas de doute. Par exemple, de ce seul fait, les grandes entreprises de la région parisienne sont bel et bien en vacances. Talbot (17 000 salariés), Citroën (20 000), Peugeot (2 000). Dans les restaurants du XVIIIe arrondissement, les tables restent désespérément vides.

Par ailleurs, il y a tout de même pas mal de Parisiens absents, même si les stations de ski sont loin d'enregistrer les chiffres de fréquentation de l'an dernier.

La tradition d'aller célébrer ces fêtes ailleurs a été observée.

Notamment par les personnalités de marque.

Jacques Chirac, le maire de Paris, est pour quelques jours à Agadir, en famille et en compagnie de Mme Claude Pompidou. Ultime repos avant le voyage aux Etats-Unis, où il rencontre Reagan sous quelques jours, et surtout avant la fantastique bataille municipale qui s'annonce. S'il est sûr de l'emporter à Paris même, encore a-t-il à obtenir un pourcentage maximum de voix, pour mieux « intimider » alliés comme adversaires. « Le meilleur produit que j'aie eu à vendre de toute ma carrière » dit son publiciste Elie Crespi, celui-là même qui lança le Club Méditerranée, et qui siège même au conseil politique du R.P.R. pour mieux s'imprégner du climat où évolue son poulain, qu'il suit aussi dans tous ses déplacements. Les atouts ne sont que trop certains : style sport, vivacité, infatigable dynamisme, passion des affaires publiques, jubilation dans le combat, sens aigu de la manœuvre électorale. Mais il y a encore des problèmes. Comment totalement effacer la silhouette trop encombrante du jeune loup trop pressé, du bulldozer qui écrase tout ? Comment perdre le style uhlan et cesser de paraître trop « homme de droite », face à une propagande des adversaires qui, à qui mieux mieux, le présentent comme un nouveau Boulanger ou comme un réactionnaire irresponsable ?

Comment exprimer à l'image, sur le petit écran, le côté sympathique qu'il a réellement dans la vie de tous les jours ? Comment s'imposer comme le plus grand fédérateur des forces anti-socialistes ? Il faudra beaucoup de travail pour y parvenir. En tout cas, il faut en terminer avec un débit trop saccadé, une démarche trop nerveuse, une prononciation qui donne l'impression que la mâchoire mord, casse, déchire les phrases. Gageons donc que toutes ces interrogations, fondamentales pour Jacques Chirac lui-même, mais aussi pour l'ensemble de l'opposition et l'avenir du pays, n'auront pas été étrangères à la méditation d'Agadir.

Valéry Giscard d'Estaing passe le jour de l'an chez Michel Poniatowski, au Rouret, sur la Côte d'Azur. Problème personnel : comment retrouver les déçus du giscardisme ? Problème national : comment reclasser les déçus du mitterrandisme ? En tout cas, il a retrouvé pleine maîtrise de lui-même (s'il sait éviter le maniérisme, prévient Alain Duhamel), surtout depuis une brillante rentrée sur le petit écran à *l'Heure de vérité.* Et, pour l'immédiat, de préparer une interview pour l'*Express* où il développe quatre scénarios politiques possibles pour l'avenir en France et n'hésite pas à envisager une dissolution de l'Assemblée nationale, tant mieux si, aussitôt l'idée lancée dans le public, les tambours roulent et les trompettes claironnent...

Raymond Barre est en famille dans sa propriété de Saint-Jean-Cap-Ferrat, à se reposer d'une tournée de conférences en province qui lui ont valu chaque fois une assistance record, à préparer aussi sa propre *Heure de vérité,* grande émission d'Antenne 2, prévue pour dans quinze jours. Problème personnel : un homme seul, du roc le plus granitique, peut être porté au sommet des plus hautes aventures, surtout si la France se met à espérer un super-Poincaré, mais, quand on est universellement estimé, comment aussi, tout de même, se faire davantage aimer ? Problème national : si la situation continue de se dégrader comme depuis un an, sera-t-il même possible d'envisager de remettre à flot une France qui n'aura peut-être jamais connu une telle détresse ?

Simone Veil, avec son mari, est au Sénégal, au chaud du Club Méditerranée du Cap Skirring. Plage et soirs chantants. A méditer : tous les problèmes d'un éventuel destin national.

Paul Quilès, dit « Robespaul » ou « Robespierrot » par ses adversaires depuis qu'il demanda « des têtes » au Congrès de Valence, leader désigné de la coalition gouvernementale contre Chirac dans les municipales, est en famille en Haute-Savoie, dans un petit village au-dessus du lac d'Annecy.

Georges Marchais, secrétaire général du parti communiste passe les fêtes en famille, dans sa villa de Champigny.

Jean Lecanuet est dans sa bonne ville de Rouen à fignoler une réélection qui s'annonce bien.

Quant au Tout-Paris le plus célèbre, il est à nouveau remarquablement dispersé. Cherchons du moins un peu au hasard, par pur jeu.

Jean-Claude Brialy — qui n'a surtout pas manqué de souhaiter la bonne année à celles qu'il appelle « mes dames », Marie Bell née avec le siècle, Arletty et Simone Berriau, nées quatre ans avant le siècle — n'aura passé que vingt-quatre heures à Paris et s'en retourne aujourd'hui même à Bordeaux où il tourne pour le film de Laurent Heymann, *Stella,* dans le rôle antipathique d'un chef de la milice.

Gilbert Bécaud, « l' petit Bécaud », comme disait de Gaulle, est en famille dans un chalet à Crans-sur-Sierre — à préparer surtout pour Broadway une comédie musicale, *Madame Rosa,* d'après le livre de Romain Gary-Emile Ajar. Personne ne manque de la tribu, de Gaya, l'aîné des enfants, trente ans, à la benjamine, Emily Jane, dix.

Jean-Claude Fasquelle, capitaine du Grasset, grand triomphateur ès prix littéraires, est en Catalogne. Réveillon avec des amis toulousains et des discussions interminables sur les problèmes de notre rugby. Faut-il garder Jean-Pierre Rives ? Comment réformer une deuxième ligne qui sache sauter à la touche ? Sella doit-il jouer à l'aile ou au centre ? Où découvrir un demi d'ouverture soulier d'or ?

Roger Gicquel skie sur les pentes de Valmorel, mais écrit aussi les chansons de son second disque, dont il sera l'interprète.

Henri Troyat est dans son paysage préféré, au Mas, Mont d'Arbois, Megève, à arpenter infatigablement le Chemin du Calvaire ou les sentiers direction Cote 2000.

Rudolf Noureev est sur les routes. Le soir du réveillon, il a dansé à Cannes. Le voici pour Montpellier, puis pour Toulouse et Bordeaux. Tous les styles, de Fokine à Cranko, de Don Quichotte à Casse-Noisette.

Marcel Merkès et Paulette Merval — que les téléspectateurs fans de l'opérette retrouveront dimanche sur FR 3 dans *Princesse Czardas* — passent des vacances en famille dans un village du Sud-Ouest, à beaucoup s'amuser avec leur petite-fille Olivia, tandis que leur fils Alain chante *les Saltimbanques* à Bordeaux. Et d'égrener pour André Maubé, de *Sud-Ouest,* leurs souvenirs, la chance de rencontrer Henri Varna, directeur de sept théâtres dans la capitale, le bonheur d'être choisis par Vincent Scotto pour *Violettes Impériales,* Maurice Chevalier, « qui assistait à toutes nos premières... »

Le Québécois s'est fait girondin. Charlebois fête la Saint-Sylvestre sous chapiteau, à Uzeste, avec la bande à Bernard Lubat. Non seulement, en très nette perte de vitesse chez lui, le doux Robert trouve heureusement chez ses cousins français le réconfort que lui refuse l'hiver canadien, mais il retrouve dans le paysage ses origines familiales, à Saint-Martin-du-Bois très exactement.

Yves Boisset, avec toutes sa famille, s'ensoleille en Martinique, pour plus tranquillement attendre la sortie de son film, *le Prix du danger.*

Jean-Jacques Arnaud, avec Umberto Ecco et quelques professeurs de sémiologie de l'université de Bologne, passe des fêtes méditatives dans une maison amie de la république de San Marino.

On signale l' « intellocrate » Bernard-Henri Lévy à écrire un nouveau livre dans sa résidence secondaire de Gordes, dans le Lubéron : inutile donc de le chercher à la Maison des sciences de l'homme, où il dirige des études au laboratoire d'histoire, chez Gallimard, où il dirige une collection de sciences humaines ou en son pub préféré, le *Twickenham,* rue des Saints-Pères.

Qui sait même encore, à Saint-Florent-le-Vieil, en Anjou, où il habite, qu'il refusa le prix Goncourt pour son roman *le Rivage des Syrtes ?* Julien Gracq ne quitte pourtant plus ce paysage. Il rêve des heures sur sa terrasse, d'où l'on peut suivre l'ancien tracé de la frontière du sel qui, autrefois, séparait la France de la Bretagne. Il se sent trop profondément solidaire de ce pays de paix, pourtant marqué par les guerres vendéennes et où la duchesse de Berry n'est pas moins adorée que la Vierge. Il ne quitte Saint-Florent que pour un appartement qu'il vient d'acheter à Saint-Jean-des-Monts, d'où il peut voir la mer. Esquivant toutes interviews, il déambule interminablement sur la route, sac au dos. A peine s'autorise-t-il le temps d'écrire ces *Lettrines* qui sont ses *Carnets.*

Beaucoup de Parisiens ont rallié des stations suisses. Avec un peu de chance, ils peuvent rencontrer Herbert von Karajan superbement *dynamic boy* pour ses soixante-quatorze ans, caché en son chalet de Saint-Moritz avec sa jeune et blonde épouse Eliette, qui est peintre. Dernier monstre sacré de la musique classique, recordman absolu de toutes les ventes de disques à travers tous les continents, champion des courses de maxi-yatchs, co-pilote de son bi-réacteur Mystère-10, le voici à préparer son brevet de pilote d'hélicoptère. « Il est faux — dit-il — que nous vivions une époque de décadence. » Le chalet s'appelle *Helisara,* quasiment un titre d'opéra, au vrai contraction d'*Herbert,* d'*Eliette* et d'*Isabelle* et *Arabelle,* ses filles. Il faut imaginer un univers de bois sculpté, d'icônes anciennes, de tapisseries, une riche bibliothèque dont les vedettes sont Goethe, Nietsche et Balzac, une réplique de *la Dame à la licorne* (cadeau de mon ami Van der Kemp, ex-conservateur de Versailles) ; une vaste verrière donnant sur la montagne, une Vierge médiévale, une tête de cheval en marbre, une piscine à l'aile gauche. Il dit aussi : « Je ne suis pas élitiste, mais élitaire, superélitaire... Le rêve des rêves pour un chef d'orchestre : la liberté d'allure d'un Furtwängler et la précision de Toscanini... L'homme du XXIe siècle sera en retraite à cinquante ans et vivra au-delà de cent... Un orchestre, ce n'est pas une masse qui marcherait au fouet, c'est... un vol d'oiseaux sauvages... une harmonie indicible... Cent vingt individus fondus en un seul, dans la grâce de l'instant... » Patrice de Plunkett, qui passe par là, pour le *Figaro-*

Magazine, lui demande : « Pourquoi ne dirigez-vous plus en habit ? » Il répond : « Je dirigerai en habit quand vous viendrez m'interviewer en smoking. »

Perrier, fleuve tranquille, titre *l'Express.* Gustave Leven, fondateur, principal propriétaire et unique animateur de Perrier, teint rose, œil bleu clair, inlassable jeune homme de soixante-huit ans, a déserté pour un mois le mobilier *design* de son bureau de la rue de Courcelles, à Paris. Cap sur le Japon, via les Etats-Unis. Tournée des popotes entre Atlantique et Pacifique... Perrier en Amérique ! Jamais nul ne vit tel triomphe. 220 millions de bouteilles vendues là-bas dans la seule année 1981, encore davantage à coup sûr cette dernière année, pour seulement 21 millions en 1977. *L'Express,* par la plume de Jacques Baron, partage l'ébahissement général. « Vouloir acheminer à travers l'océan de telles cargaisons de bulles élégantes jaillies de Vergèze, dans le Gard, c'était une gageure logistique. Prétendre échanger ces bulles contre des billets verts dans un pays où le marché des eaux en bouteille n'existait pratiquement pas il y a cinq ans, cela relevait de la paranoïa... » Mountain Valley, le principal « concurrent » américain de Perrier, vend moins de 30 millions de bouteilles... Il n'en résulte pas moins que tel est le résultat : miracle accompli. Pas une seule « partie » américaine ne se déroule sans Perrier. Et le héros de l'exploit, tout heureux, de s'en aller contempler sur place ses triomphes...

Frédéric Dard se garde de se montrer dans la capitale. Cet « enfant mâtiné de vieux crocodile », comme le définissait son ami Albert Cohen, aime trop lézarder au soleil de sa chère Côte d'Azur. Et puis, « le Céline de l'année », comme on l'appelle aussi, « le Rabelais du pauvre », « le Joyce de la Ve République » n'est nulle part mieux que là pour, de toute sa valeur argotique, inventer une nouvelle aventure pour son fils San-Antonio, irrésistible flic démocrate-chrétien, aussi farci de bons sentiments que piqué de nanas, assumant des copains miteux et ne jurant que par sa maman, patriote tricolore et anar type de l'école buissonnière. A nous donc un nouveau San-Antonio. Tant pis pour tous cafards, pédants, cagots et autres vestales de l' « Hécriture » qui croient que l'essentiel, en littérature, consiste non pas à participer à l'élan d'une époque, mais à accorder ses participes. Place aux hommes vrais qui, lorsqu'ils jurent, « ça n'est pas du chiqué ». Robert Hossein dit : « Si je me casse la gueule avec *Les Misérables,* j'irai chez Frédéric me requinquer. »

A nuées, les Parisiens envolés.

Les uns, s'ils ont imaginé que les pistes de neige seraient trop encombrées et qu'il y aurait trop de queues aux remonte-pentes, ont choisi « le soleil en hiver ». Comment en serait-il autrement ? Dans les catalogues des voyagistes, le cocotier fait désormais la nique au sapin, la planche à voile aux planches à ski, la plage au slalom. A ceux-là, mer bleue, bronzage et poissons de féerie.

Paradis entre mille : l'enchanteresse île Denis, aux Seychelles, où Pierre Burckhardt, dans ses vingt bungalows semés sous cocotiers, face à un océan d'émeraude, entre tortues géantes (l'aînée s'appelle Belote) et somptueux Takamakas, vous invite ou bien à la paix absolue, ou bien à d'épiques chasses de haute mer à traquer barracuda, requin, marlin, et autres *sail fish* et *tring fish* — Grenadines ou les îles Vierges aux Antilles — l'île Maurice — Kanifinolhu aux Maldives.

Les autres ont opté pour l'aventure. A dos d'éléphant, ils en sont à fouiller la jungle thaïlandaise, ou, à dos de chameau, au Niger, d'oasis en oasis, à rechercher quelques-uns des derniers Touaregs nomades dans les monts Bagzanes. Tels routards sillonnent le Hoggar. Tels pistards, au Népal, font du *trekking* doux au pays des singes langurs, au pied de l'Annapurna. Des voyages parfaitement organisés permettent d'explorer le fin fond du Zimbabwe, en Land-Rover ou en bateau, de voguer en pirogue sur l'Oubangui, d'aller voir de près les négresses à plateau du Sud éthiopien. Champion toutes catégories du voyage en soliste et exceptionnel : Guy Schoeller, éditeur du *Quid illustré* et de la collection *Bouquins.* Son objectif : rencontrer la vraie nature, la vraie vie, loin de toutes hordes touristiques. Aller voir les plus beaux lions du monde et des troupeaux de 300 éléphants au Botswana, une république noire encore non inscrite au Bottin du tourisme mondial. A cheval, traverser tous les Etats-Unis sur un axe nord-sud. Aller dire bonjour aux millions de phoques des îles Pribilof, au nord des Aléoutiennes. Monter une expédition pour pouvoir contempler sans comédie le ballet des baleines grises de la mer de Valdès, au sud de l'Argentine. Le voici engagé dans un voyage à travers le désert du Soudan, en jeep sur des pistes d'enfer, à rechercher des vestiges de Romains ou de Pharaons, à dormir sous le ciel qui a le plus d'étoiles.

D'autres ne jurent que par les Etats-Unis. New York, la voici, la vraie ville. Ils auront pu — qui sait — croiser Bjorn Borg, roi des courts, et sa femme Mariana qui auront terminé l'année en dansant au club *Xenon.* Ils n'ont que le temps d'aller voir la statue de la Liberté — œuvre d'un Français, le sculpteur Bartholdi — avant qu'on ne la soumette à tous les tracas d'un grand *lifting :* il est en effet urgentissime de la réparer ; le bras droit qui tient la torche commence à se fatiguer ; les plaques de cuivre qui constituent l'enveloppe sont attaquées par la corrosion naturelle : toute l'ossature intérieure, signée Eiffel, est atteinte ; la torche elle-même est à changer.

On risque tout autant que naguère de rencontrer son pharmacien à Bali, son épicier à Bangkok et son concierge dans la Cordillière des Andes — ce d'autant plus que continue d'exister tout un formidable tourisme populaire.

D'autres recherchent des abris raffinés, edens de tranquillité sélect. L'American Express peut vous louer en Algarve une sublime villa, *la Quinta da Ravina,* ou bien, à Venise, à l'extrémité de l'île de la Giudecca, un appartement royal au *Cipriani.* Ou on va s'installer au *Lake Palace,* à Mdaîpur, en Inde, un paquebot de marbre ancré au milieu du lac du Râjasthân. La nouvelle mode conduit ceux-là autant à s'héberger au *Mas* d'Artigny, sous les murailles de Saint-Paul-de-Vence, ou aux *Prés d'Eugénie,* dans les Landes, que dans un château en Ecosse, tel l'*Inverlocky Castle,* région d'Inverness, à l'incomparable *Oriental* de Bangkok, qui évoque encore le temps de Somerset Maugham, ou au *Péninsula* de Hong-Kong. C'est devenu toute une gloire que d'obtenir une chambre au 40e étage du *Waldorf Astoria* de New York, l'étage qui abrite la suite du président des Etats-Unis. Il en est qui font des sacrifices, à longueur d'année, pour s'offrir d'inespérés séjours idylliques au *Phoenix-Scotsdale* en Arizona, au *Marriott Camelback,* l'hôtel-ranch le plus cher du monde, au *Top in the World,* palace de l'extrême-pointe de l'Alaska, qui vous met aux premières loges pour toutes corridas des banquises, ou au *Caesar's Palace* de Las Vegas, où Sylvie Vartan vient de connaître des soirées triomphales et qui, outre les plus « gros » joueurs du monde, vous offre des chambres à lit rond, comme il va de soi, un ahurissant *jacuzzi* privé, une piscine bordée de colonnes corinthiennes, la victoire de Samothrace grandeur nature pour procéder aux ébats nautiques et des jets d'eau dignes de Versailles pour le Son et Lumière du soir.

Le *Sea Cloud,* fleuron des Caraïbes, prestigieux voilier lancé dès 1931 par les chantiers de Kiel pour la milliardaire Marjorie Hutton, fabuleux trois-mâts de 108 m de long, qui a gardé robinetterie d'or d'origine et des chambres avec lits à baldaquin doré, est loué par un groupe de Français qui, à l'évidence, adorent la voile exotique. Le voyage des voyages reste une croisière sur le Nil, notamment à bord du merveilleux *Nil President,* si possible d'Al-Fayum à Louqsor, de Karnak à Assouan, à imaginer passer au ralenti à travers tous les paysages de la Bible, à croire pouvoir retrouver soi-même Nefertiti, Hatchepsout et un autre trésor de Toutânkhamon...

Nombre de vedettes de tous domaines sont cependant restées à domicile.

Pierre Mauroy n'a pas quitté Matignon.

Françoise Dorin fait réveillon en tête à tête avec sa fille, donc chez elle, rue Simon-Dereure. « La plus belle des fêtes », dit-elle.

Michel Déon, l'auteur des *Poneys sauvages,* a quitté pour quelques jours son presbytère-haras du comté de Galway, le Far-West de l'Irlande, à quelques heures de cheval des lacs de Connemara, pour mieux présenter les émissions de TF 1 précisément consacrées à ces *Poneys sauvages,* devenus le titre d'un feuilleton à cinq épisodes de Robert Mazoyer.

Jacques Villeret trouve qu'il y a trop de bruit partout et se barricade chez lui. Itou pour Lucien Bodard. Guy Bedos « fait famille » sous son toit à Saint-Cloud, « petit dîner puis vite au lit car demain je suis chez Michel Drucker à *Champs-Elysées* ».

On entend de loin sa fameuse voix rauque. Il est toujours égal à lui-même, bien campé sur ses jambes, cou dans les épaules, regard étincelant derrière les lunettes, éternel blouson de cuir sur le dos, bougonnements et colères, Robert Hossein, Hossein le croisé, croisé de l'humanisme. Il a été d'autant plus tenu à rester qu'il est en plein dans les répétitions d'*Un grand avocat,* d'Henry Decker, qu'il doit démarrer le 11 à Mogador et qu'il met en scène avec Jean Topart, Roger Hanin et Paul Guers, sur un sujet qui se situe aux Etats-Unis dans les années les plus orageuses du maccarthysme, drame autour de la liberté de la presse. Il réveillonne en famille. Il travaille toute la journée à son bureau de Sinfonia Film, rue de la Trémoille.

Vous pouvez surprendre Arletty, au bras d'un ami, en train d'effectuer une courte promenade, autour de son petit appartement près du pont Mirabeau. Elle a quatre-vingt-quatre ans. Elle est quasiment aveugle. Elle garde la même voix envoûtante, le même rire juvénile, la même élégance immaculée, la même verve. Elle ne rechigne jamais à égrener ses souvenirs. Elle a connu tout le monde à travers le siècle, le gros marquis de Dion et le minuscule ingénieur Bouton, version automobile de Laurel et Hardy, la Goulue, de vedette changée en marchande de fleurs, et le clown Tich, badine gaie, longues chaussures béantes, dont elle jure qu'il inspira Charlot, Paul Poiret, quand il excommuniait le corset, et tout le Paris chantant : « Elle me botte, la jup' culotte ! Les femmes n'ont plus peur qu'on les p'lote. » Elle reste irrésistible quand elle raconte comment il fallait se tenir, oh ! là ! là !, avec Jean Gabin ou Louis Jouvet, comment elle se titillait avec Colette ou Anna de Noailles, pourquoi elle adorait Mistinguett, Mistinguett qui lui dit un jour : « J' vas te donner le meilleur conseil, ne mets jamais d' chaussures plates, ça descend trop le derrière... »

Christina Onassis peut être par là — celle qu'on peut appeler « l'orpheline la plus enviée du monde », le mot le plus odieux qui puisse s'imaginer. Elle n'est pas du tout poursuivie par le fisc grec, comme on l'a raconté cent fois. Elle n'est pas en procès avec les Niarchos, ou les Livanos ou les Goulandris. Elle n'a plus de problèmes avec son mari russe, Serguei Kauzov, qui vit avec une Française. Elle a toujours sa Mercedes 500 SEL avec Jean le chauffeur, son Lear Jet que pilote Rudy, son hélicoptère personnel, un chalet en construction quelque part, et un homme de confiance pour lui gérer l'île de Scorpios. Elle boit aussi régulièrement ses 25 verres de Coca-Cola par jour pour son plaisir. Elle garde une passion pour le ski, de préférence à Saint-Moritz. Il lui arrive de servir à ses amis des déjeuners qui sont des plus exquis du monde, par exemple des *meze,* un feuilleté de loup au beurre blanc, de la *feta* (célèbre fromage grec) et un soufflé chaud au chocolat, le tout arrosé de château-lafitte. Il est faux qu'elle se cache. Tout simplement, elle recherche désormais plutôt la solitude, plus volontiers en son appartement parisien, 88, avenue Foch, en la seule compagnie de Youri son cocker. Mais il est très possible de la voir. Immenses yeux sombres et mélancoliques, longues mèches de cheveux noirs indisciplinés balayant son visage bronzé, au poignet la Rolex sport en or qu'elle ne quitte jamais même en robe du soir, elle déambule souvent de vitrine en vitrine, avenue Montaigne. Elle adore dîner à l'*Orangerie,* chez Brialy, son restaurant préféré. Elle va même parfois danser au *78...*

C'est tout un bonheur que de rencontrer Vieira da Silva. Elle vit dans un atelier blanc, quasi monacal, au fond d'un jardin du XIVe arrondissement. « Ma femme est un petit oiseau inquiet » dit son mari, le peintre hongrois Arpad Szenes. Ils s'aiment depuis cinquante-quatre ans. Elle ne peut rester cinq minutes sans vous parler de lui. Il ne peut rester cinq minutes sans s'émerveiller des « miracles » que peint sa femme.

Il y a toujours grand plaisir à voir Bernadette Lafont. Cela se passait il y a vingt ans, lorsque déferlait une nouvelle vague après tant d'autres ; un débutant et une débutante se croisaient sur le plateau d'*A double tour;* lui était Jean-Paul Belmondo ; elle Bernadette Lafont. D'abord, elle rêva de faire dans le classique. « J'ai vite essayé d'échapper à mon personnage de pétroleuse. » Mais allez-donc y échapper quand vous êtes trop tôt en héroïne incendiaire et *Une belle fille comme moi !* Pétroleuse elle fut, pétroleuse elle reste, ainsi encore au théâtre dans *Tour de la Défense,* amoureuse extra dans une pièce folle, avec des pythons dans les w.-c. et un hélicoptère qui s'écrase sur la scène. Elle est installée dans un petit immeuble qui fut moderne il y a quinze ans, au milieu d'un quartier « dont toutes les stations de métro se dévissent, Faidherbe-Chaligny, Ledru-Rollin, Reuilly-Diderot et Boulets-Montreuil ». Elle occupe un petit appartement tranquille, avec living-room style *sixties,* un chrome au mur et toute une mosaïque de pin-up des *fifties,* de toutes couleurs, de toutes tenues et sous toutes les coutures. On s'assied dans de vastes fauteuils à sieste, recouverts de skaï, rouge framboise ou peau panthère. « Quand j'ai joué *la Maman et la Putain,* tout le monde m'attendait dans la putain et j'ai joué la maman. » C'est pourtant vrai. La métamorphose est totale. La courtisane est devenue dame. La pétroleuse s'est changée en belle Cornélia romaine. Elle n'exhibe plus son poivre.

Thierry Le Luron est là, à préparer activement son numéro au théâtre Marigny. A peine a-t-il pris le temps d'assister à la dernière représentation d'*Amadeus,* puis il a bu une coupe de champagne à sa propre santé et a avalé un Mogadon en se souhaitant bonne nuit, chez lui, boulevard Saint-Germain. Il ne dort plus qu'à coups de somnifères et peut dédaigner jusqu'à son plat préféré, les œufs à la neige que lui prépare son factotum cordon-bleu, le Sévillan Matteo. Le seul être à lui arracher un sourire est son chien Teddy, six mois, qui ressemble comme un frère chiot au Jugurtha de Giscard. Teddy, le cou orné d'un collier en simili-diamants, fera du reste ses débuts sur scène auprès de Thierry dans un sketch sur l'ex-président de la République. « Je n'imite bien que ceux que j'aime bien : dit-il. Ça n'empêche pas d'être rosse. Aussi pour son prochain spectacle s'entraîne-t-il, à la cadence d'un forçat gai, à passer à la moulinette une bonne vingtaine de personnalités, pêle-mêle le général de Gaulle en M. Loyal, « mon rôle préféré » ; Malraux déclamant l'oraison funèbre d'Elvis Presley ; Chirac dans « J'me voyais déjà ! » » ; Mitterrand, « secoue-toi François sinon demain on votera pour Roger Hanin » ; Gaston Defferre en Tino de la Canebière chantant une Marseille devenue Chicago-sur-Seine. Chanteurs et comédiens auront pourtant aussi leur lot, de Claude François « le mégalo » au couple Merkès-Merval (on roucoule d'aise/en comptant le pèze) en passant par B.B., Trenet, Julio Iglésias, Chantal Goya, Line Renaud en dame pipi, Serge Gainsbourg chantant : « Inutile de te dire que je sens mauvais », tandis que, pour faire encore plus vrai, de méchants effluves envahiront la salle ; Yves Montand qui, interrogé sur le communisme, répondra sur l'air *Plaines du Far-West* (Dans tous les pays de l'Est jour et nuit/l' KGB veille sur la santé du pays/Et si jamais en Karl Marx tu ne crois pas/C'est la Sibérie qui te tendra les bras) et Barbara, la plus cruellement traitée, l'*Aigle Noir* rebaptisée par notre petit bonhomme l'*Assommoir,* interprétant d'une voix endormie : « Et je chante au milieu d'un grand vide — on ne peut pas dire que je crains le bide — Vous vous dites, quelle mouche vous a piquée — je réponds : c'est Barbara Tsé-Tsé... »

Jeanne Gambert de Loche qui, avec son mari, a relancé Jansen, la maison de décoration centenaire de la rue Royale et qui, pour les fêtes, a paré ses vitrines d'un éblouissement d'or et d'argent, est d'autant plus sous le ciel de Paris qu'elle a tenu, chez elle, avec des amis, à passer une mémorable « nuit blanche », entendez dans un décor « givré », tout blanc : table mise avec une nappe damassée blanche, vaisselle blanche, messages de bienvenue écrits en poèmes au feutre argent sur chaque sous-assiette, dans chaque assiette un petit cadeau sous rubans blancs et papier cristal, verres givrés à la bombe, bougies blanches, fleurs blanches, sapins poudrés, guirlandes blanches.

Parisiens aussi, Christian Astuguevieille, décorateur de la boutique les Signes de Rochas, aujourd'hui sous cascades de bolduc bleu, et Leïla Menchari, la prestidigitatrice d'Hermès, celle qui fait naître chaque saison des vitrines de rêve que tous les Parisiens ou voyageurs viennent admirer, pour ce jour symphonies de blanc, d'or et d'argent.

Vous pouvez tomber sur Jacques Laurent. Il lui arrive d'écrire dans un tabac situé au coin de la rue Chomel et de la rue de Babylone, côté Hédiard ou Guerlain. Il aime aussi arpenter la rue des Saints-Pères, ou parcourir ce qu'il appelle « le parcours le plus poignant de Paris », de Saint-Germain à Saint-Lazare, de la rue du Bac (la rue où Vigny découvrit que Marie Dorval le trahissait) au restaurant de l'angle de la rue Voltaire, où Montherlant prit son dernier repas avant de se suicider, de bâtiments commencés sous Philippe-Auguste à des édifices achevés sous Napoléon III, du « petit arc de triomphe du Carrousel embrassé par le Louvre », direction levant, à la direction couchant, « l'arc de triomphe de l'Etoile, terminant la plus longue perspective urbaine que je connaisse ». Il hante volontiers encore la rue Royale, où se balancent, durant ces jours de fête, des montgolfières qui ne rappellent que mieux que les premières datent du temps de Louis XVI dont on coupa le col tout à côté, place de la Concorde, ex-place de la Révolution, ex-place Louis XV. A moins qu'il ne s'égare du côté de la place Fürstenberg, « où dès qu'il y a trois passants on croit que se déroule une pièce de théâtre »...

Allez faire un tour du côté du XIIIe arrondissement. Vous avez de bonnes chances de pouvoir vous faire montrer l'une de nos figures parisiennes les plus pittoresques, Charly-la-Bricole, dit aussi Charly-Répare-Tout, cinquante-deux ans, célibataire, tout sourire, ancien agent d'assurances qui a voué sa vie au troc. Objets, services, mobylettes, cravates, gazinières, il troque tout. « J'ai troqué la consultation d'un huissier contre la réparation de sa salle de bains, trois mois de pain gratis contre un transport pour mon boulanger... » Du coup, ils sont des dizaines à appeler Charly de jour comme de nuit : un robinet qui fuit, une tringle à poser, un meuble à retaper... En échange, il prend des vêtements, des chaussures, des conserves, une machine à écrire... Le 1er janvier 1983, c'est tout à fait ce qu'on peut appeler un homme « in »...

Il n'en reste pas moins que Paris est vide.

Vide et calme.

Non moins calme qu'une ville de province, par exemple Perpignan. Seule chose notable au chef-lieu du Roussillon : on n'a pas dû abuser du réveillon ; les trois pharmacies de garde signalent que les clients s'y succèdent comme « un jour normal de garde » ; ce n'est pas aujourd'hui qu'on va vider les caisses d'Hépatoum, d'aspirine effervescente vitaminée et d'Alka-Seltzer. La place de la Loge est déserte, la place Arago aussi, comme la promenade des Platanes. On lira demain dans le journal local qu'on aura circulé « aussi facilement que dans le désert de Gobi ». Il n'y a de mouvement que dans le voisinage des cinémas, qui affichent les principaux succès du jour, de *l'As des as* à *S.A.S.* et aux *Aristochats.* On ne remarque un surcroît d'animation que sur le tard, à l'heure de l'apéritif, quand *le Palmarium, le Café de France,* le *Foyer Léo-Lagrange* et presque tous les autres cafés organisent la *rifle* traditionnelle, le loto manière locale où, dans des salles enfumées et bourrées de clients on joue à la quine ou à carton plein comme lots des dindons, des jambons, des poulardes, des kilos de figues sèches, des tourons, des boîtes de dattes, voire un porc entier. En rugby à XV, au stade Aimé-Giral, le match de sélection Languedoc-Roussillon contre Pyrénées, avec un tandem Codorniou-Bourret au centre de la ligne de trois-quarts catalano-occitane, est pour demain, de même qu'en jeu à XIII, au stade Gilbert-Brutus, le match de Carcassonne contre Pia, « les baroudeurs de la Salanque ». Seuls faits à déplorer : des accidents de voiture, dont deux mortels, et, à Saint-Cyprien-Plage, la vedette de sauvetage, *la Canétoise,* doit appareiller par forte tramontane pour porter secours, d'abord à deux imprudents amateurs de planche à voile, ensuite à un jeune garçon égaré sur un catamaran.

Toutes les autres villes de France sont dans le même climat.

Beaucoup de monde au ski, dit-on à Toulouse, restaurateurs pas satisfaits, moins de réveillons que l'an dernier, même au *Méchant Loup* et à *la Frégate,* rien de spécial à signaler.

De Lille à Tours, de Brest à Grenoble, tel est le cas.

L'événement le plus marquant de Bordeaux tient au succès des *Saltimbanques* de Louis Ganne au palais de Louis : dix mille personnes voient le spectacle, qui engage aussi un intermède de cirque de haute qualité mis en scène par Line May, épouse de Willy Fratellini, petit-fils de François, le clown blanc du célébrissime trio Fratellini...

Simplement, le calme et le vide de la capitale étonnent davantage.

Ils sont à la télé ou à la radio, dit tout riant Pierre Sabbagh, qui n'a pas non plus quitté ses pénates, ni sa Catherine Langeais.

C'est une explication.

TF 1, après le dixième épisode du feuilleton américain — encore un — *La Petite Maison dans la Prairie,* de l'Amérique à l'eau de rose, gentillette à souhait, donne un reportage de Jean Afanassieff, *la Montagne nue :* cela se passe durant l'ascension, par cinq Allemands, trois Français et un Suisse, ce dernier printemps, du pilier sud-est, encore invaincu, du Nanga Parbat (8 125 m) dans l'Himalaya ; deux drames endeuillent l'expédition, l'un des porteurs d'altitude se tue dans une chute de mille mètres et le Suisse, médecin du convoi, trouve la mort dans une avalanche ; finalement, le chef de l'expédition doit renoncer ; le terrible pilier sud attend toujours ses vainqueurs.

A 16 heures, suit le cirque Zavatta, avec les sept tigres de Tarass Boulba, les trois éléphants indiens de Casartelli, les cinq ours blancs de Kamie, les otaries de Doreen Petersen et Achille Zavatta en personne, dont c'est la rentrée avec pour complices trois fameux clowns musiciens, les Petits Lions.

On continue avec un téléfilm américain plus ou moins saugrenu, *la Folle Course à travers les Rocheuses,* autour d'une guerre de clans dans la petite ville de Saint-Joseph, du Missouri : Les habitants ne supportent plus les querelles incessantes que se livrent les dénommés Jim Bridges et Mark Twain, celui-ci interprété par un super Christopher Connelly ; pour éloigner le dangereux duo, ils organisent une longue course à travers les Rocheuses ; pour parfaire le jeu, il n'y a plus qu'à y inviter deux Indiens ébahis, Plume d'Aigle et Cheval Fou. On termine avec *Trente millions d'amis,* spécial fin d'année, rétrospective des meilleures séquences de la série, où témoignent les plus grands amis des bêtes, de Micheline Dax, amoureuse des chats, à Sim, plutôt copain des chiens, de Dany Saval à Jean-Michel Jarre, de Michel del Castillo à Vigdis Finnbogadottir, présidente de la république d'Islande.

Antenne 2 attaque avec *la Cible,* autre téléfilm américain (bien entendu, à cinq minutes près, à la même heure que le téléfilm américain de TF 1). L'homme qui cache tous ses sourires dans sa moustache — elle est longue, noire et fournie —, Sam Elliot, dans le rôle de l'incomparable tireur au fusil, le ténébreux Hugh Cardiff (incroyable, le nombre de héros hermétiques, taciturnes et « maudits » qui auront envahi les feuilletons américains et le siècle), poursuit ses tribulations interminables, frère de ces autres errants, Ulysse, Enée, Lancelot et Candide, se réfugie au Mexique, où on ne le supporte pas, échappe à des chasseurs de primes, heureusement maladroits, ne survit que grâce à l'aide d'une belle indienne, Fleur, et finira bien par retrouver sa bien-aimée fidèle ou supposée telle, Libby, restée prisonnière d'un faux frère tyrannique, au lointain ranch paternel. Puisse Dieu lui garder un bon fusil !

Le sommet de l'après-midi est atteint avec la distribution des Trophées d'Antenne 2, traditionnellement remis, selon la formule de Robert Chapatte, à tous les champions titrés de l'année écoulée. Aucun de nos super-as n'a voulu manquer à la cérémonie, organisée sur le ton du bon-garçonnisme. Tous et toutes sont là, du cavalier Michel Robert au tireur Bruno Rossetti, de Bernard Hinault, tout épanoui, à Marc Pajot, très air du large, du skieur nautique Patrice Martin, recordman mondial, à Michèle Mouton, reine des rallyes. On ne manque pas cependant de beaucoup remarquer aussi dans le lot Bernard Baudean, qui représente le sport des handicapés, nos vaillantes championnes de judo, Christian Marty, héros à sa manière de la traversée de l'Atlantique, le tandem Le Foulon-Bregeon qui a donné à la France son premier titre mondial de canoé-kayak, et les six médaillés d'or au championnat du monde de pelote basque.

Le temps de passer deux dessins animés, l'inévitable *Panthère rose* et *les Croque-monstres,* de curieux monstres, des monstres gentils, créatures de Frankenstein ou de Dracula, qui se portent chevaleresquement au secours de Titi, Gros Minet et Daffy Duck en grand péril (autant voir Staline au secours de Mickey), et on clôt la journée de la manière la plus rêveuse possible, complaintes et romances, Julio Iglésias lui-même, en tête du hit-parade international, avec plus de 200 millions de disques vendus en trois ans, laissant même derrière lui le vétéran Sinatra, nous chantant, sans un geste, *Don Quichotte, Amor Amor, Con la Misma Piedra, No me vuelvo enamorar*...

Autant TF 1 américanise, autant FR 3 slavise, slovénise et magyarise.

Dans un programme exclusivement réservé sur quatre heures à des *Emissions pour la Jeunesse*, l'on n'y compte pour ainsi dire que des productions de l'Europe de l'Est.

Seules séquences notables à faire exception — brève exception : un document norvégien, *Aujourd'hui à Munkhavn*, une émission-jeu pour enfants malentendants, et *la Mémoire des siècles*, sous le signe de Jules Verne. Tout le reste vient des terres orientales.

Taupinette, série de onze dessins animés tchécoslovaques, précède *le Petit Chien*, dessin animé roumain. *L'Anneau de la Princesse Anne*, feuilleton polonais succède à *la Vache dans la Lune*, bande yougoslave. A peine avez-vous suivi les *Contes des prés et des bois*, dessin animé hongrois, cette fois consacré à *la Petite Chèvre magique*, que vous avez *Jumeau Jumelle*, feuilleton polonais en douze épisodes, bientôt suivi du *Professeur Balthazar*, natif de Yougoslavie. A méditer.

Une seule originalité marquante au total : à partir d'aujourd'hui, FR 3 diffuse à son tour, sur le réseau national, des spots publicitaires, avant et après le journal du soir, en attendant, dans le courant de l'année, de diffuser également de la publicité régionale dans trois régions test, Lille, Bordeaux et Nancy. Avertissement sans frais à la presse régionale : si elle n'est pas plus aimable avec le gouvernement et le pouvoir, voici le meilleur moyen de faire baisser ses recettes publicitaires...

France-Musique distribue un beau *Concert du Nouvel An*, « en direct » du Grosser Musikvereinsaal de Vienne : Lorin Maazel, à la tête de l'Orchestre Philarmonique de la capitale autrichienne, dirige notamment l'ouverture de *Indigo und die vierzig Raueber* de Johann Strauss, *Freudengrüsse*, valse de Joseph Strauss, *Velociped*, polka rapide de Joseph Strauss, *la Marche de Radetzsky*, de Johann Strauss père, et tout un festival de la tribu Strauss, de la polka *Die Libelle* à la valse *Wo die Zitronen blühen* et à la plus illustre valse du monde, celle du *Beau Danube bleu*. La deuxième partie de ce même concert est du reste retransmise aussi sur TF 1, en Eurovision, en direct de Vienne, entre 12 et 13 heures. Etonnante tribu ! Surtout, étonnant Richard Strauss ! Il naît à l'apogée de Bismarck, à Munich, sous le règne baroque de Louis II, en 1864. A vingt-cinq ans, il se révèle si doué que Bülow l'appelle déjà Richard II. Sans discontinuer au premier plan des honneurs et de la gloire, sur une très longue vie, il connaît successivement les uhlans, le triomphe des Hohenzollern, leur défaite, les temps d'Hindenburg, les convulsions de la république de Weimar entre bolchevisme et nazisme, mais aussi l'avènement du Führer, la Guerre mondiale, l'écroulement du IIIe Reich et le partage de l'Allemagne. A cheval sur deux siècles contradictoires, il aura même connu, avant de mourir, en 1949, l'âge atomique, une bombe annonciatrice du XXIe siècle. En musique, il aura aussi tout connu, à la fois tous les enchantements du XIXe siècle, sur religion de musique éternelle, et l'époque la plus tourmentée, la plus cahotique, où se déchaînent debussysme, stravinskysme, atonalité, dodécaphonisme en contradiction à rager avec folklorisme et néo-classicisme. Cependant, ni événements ni révolutions ne semblent avoir prise sur lui. De son aube à son crépuscule, il offre de la musique vivante — toujours avec le même succès. Et voici que la postérité ne lui est pas moins favorable que ne le fut sa vie. Il n'aura jamais été autant joué et ovationné que depuis sa mort. Le voici prince de la télévision. Il y est comme chez lui — comme il l'est dans cet admirable cadre de Vienne que nous offre l'image. A sa baguette, Lorin Maazel peut se découvrir aux anges.

France-Culture, de 16 à 22 heures, propose le *Récit de Shéhérazade* dans une nouvelle version musicale des Mille et Une Nuits. Histoire des rois Shariar et Shahasamane, fable de l'âne et du bœuf, stratagème de la princesse, histoire d'Amina, flûte, vielle à archet, guitares, bourdons électro-acoustiques.

Les autres radios n'affichent rien d'exceptionnel. France-Inter s'amuse avec *l'Oreille en coin,* puis André Asséo, à son habitude fait briller *les Etoiles du Cinéma.* Europe 1 est à Anne Perez. R.T.L. propose de 9 à 18 heures une émission avec Evelyne Pagès où les auditeurs sont invités à composer eux-mêmes leur programme musical. (C'est de plus en plus à la mode, de faire « participer » ces chers auditeurs ou téléspectateurs.) R.M.C. à *Radio Music Circus*; Sud-Radio le *Hit-Parade,* encore un, de Daniel Pyrène.

Vous préférez tout de même « sortir » ?

Soit.

Il y a de quoi passer, à sa guise, un bon après-midi.

Les « Promenades organisées » vous proposent Bagatelle ou l'Arboretum de Chevreloup, 8 000 arbres dont 1 500 d'Asie, un circuit sur bateaux-mouches ou un raid en *Belem,* trois-mâts barque de la fin du siècle, les catacombes ou les égouts de Paris, le jardin des Plantes ou le zoo de Vincennes.

Piscines ? *Cachan, Molitor, l'Etoile, Jean Taris...*

Squash ? Une trentaine, d'*Eurotennis* à *Loulou's Club.*

Bowlings ? Une dizaine, de celui du *Front de Seine* à celui de l'*Etoile Foch.*

Pétanque ? Au cinquième rang des disciplines « sportives » pour le nombre des affiliés — 420 000 à notre date — derrière le football, le ski, le tennis et les arts martiaux, pratiquée depuis l'antiquité (les Romains, avec des galets sphéroïdaux), acclimatée avec un prodigieux succès en Belgique comme en Suisse, au Canada comme en Suède (le prince Bertil en est un fervent) et en Grande-Bretagne, elle est devenue une véritable institution. De surcroît, une quadrette toulousaine est championne du monde. Paris ne joue pas moins que la province. Vous avez au choix des places et des terrains à plusieurs milliers dans la région — y compris de fameuses parties avec de satanés paris...

Il y a le tiercé. Plus de 2000 milliards de centimes de chiffre d'affaires par an, 5000 employés ou préposés à temps complet et quelque 8000 vacataires, un projet d'enregistrement des paris par ordinateurs qui offrirait à l'industrie électronique un marché de 300 millions de francs, on comprend que le P.M.U., dont le sigle s'étale à la porte de 5000 bureaux de tabac, figure dans les 20 premières affaires françaises, entre Esso et Charbonnages de France, au hit-parade de nos plus puissantes entreprises. Peu importe que le P.M.U., comme l'entendent les juristes, n'ait pas de « personnalité juridique », qu'il n'ait pas droit à l'existence légale. Peu importe même que, contrairement à ce que croit le public, le P.M.U. n'ait rien à voir avec le ministère des Finances, sauf que 17 % environ des sommes jouées tombent dans les caisses du Trésor, 8,60 % restant entre les mains des sociétaires des courses. Peu importe encore si un projet viserait à placer le P.M.U. sous la tutelle directe de deux conseils fonctionnaires, l'un des Finances, l'autre du ministère de l'Agriculture, parrain naturel du cheval : une étatisation de plus ! Les files d'attente devant les bureaux du P.M.U. ne diminuent pas, malgré même la crise économique et un énorme tapage fait autour de courses truquées, de chevaux drogués et de juments hormones. Le pur-sang galopant dans la ligne droite de Longchamp offre toujours l'un des plus beaux spectacles du monde.

Vous préférez le Loto, la fièvre du mercredi soir? Enfant quelque peu bâtard de la Loterie nationale — dont il ne fut à l'origine qu'un « tirage complémentaire » — il a en effet quelque prestige. Il vient même de fêter avec esprit de triomphe son sixième anniversaire. On doit aller jusqu'à reconnaître qu'en six ans ce simpliste jeu de hasard aura connu un phénoménal essor : 135 millions de francs d'enjeu en 1976; plus de 7 milliards en 1981 ; 15 millions de bulletins validés chaque semaine ; 12 millions de Français au total saisis de cette fièvre épidémique ; 9000 points de vente ; un budget désormais supérieur à celui de la Culture ; 3 millions de bénéficiaires chaque vendredi, jour de paie, soit un parieur sur quatre. C'est un maçon toulonnais qui détient le record des gains : 9775886,80 francs avec une grille à 7 francs. Près d'un milliard de centimes ainsi dégringolés du ciel. Il y a évidemment de quoi rêver.

Mais il y manquera toujours la fièvre du champ de courses. Encore aujourd'hui, des milliers de passionnés sont à Vincennes, malgré le temps grisâtre, et ils auront été bien inspirés. Le prix d'Angoulême, qui compte pour le tiercé, donne lieu à une belle empoignade. Parti pour une fois sur la bonne jambe, *Martel* ne s'embarrasse d'aucune tactique ; il prend résolument l'avantage en plaine, ensuite creuse l'écart sur le peloton, enfin réussit à vivre sur son avance jusqu'au bout. Il était cependant temps que le poteau arrivât, puisque *Mayo,* auteur d'un rapprochement spectaculaire depuis le dernier tournant, et *Mentor des Quartes,* remarqué en deuxième ou troisième position durant tout le parcours, n'échouent finalement que d'extrême justesse. Quant à *Ma Belle France,* elle s'empare d'une quatrième place d'autant plus méritoire qu'elle aura concédé de précieuses longueurs à mi-course sur une galopade. Il est bien beau aussi, notre trot. Rapports pour 5 francs : dans l'ordre, 4 249,50 francs ; dans le désordre 404 francs...

Ou faites un tour au Palais des Congrès. On l'a parfois appelé le Palais de la Détente. Idéal, qu'il pleuve, vente ou neige, pour y faire au chaud, en toute tranquillité, du shopping la semaine, du lèche-vitrines les jours de fête. Ici, Louis Féraud fait admirer telle robe de mousseline ; là, la griffe Lanvin marque un lot superbe, dont une splendide robe de taffetas ; aucune des plus hautes adresses ne manque, La Main Mauve, Philippe Salvet, Lapidus, Madelène, Dior... Farniente et décontraction.

Ou, à l'opposé, demandez donc si l'Elysée-Montmartre, boulevard Rochechouart, n'ouvre pas cet après-midi — le seul théâtre parisien à proposer encore des matches de catch. Car il y a du spectacle. Même si nous n'en sommes plus aux temps épiques où Roger Couderc commentait en direct pour la télé les circonvolutions de l'Ange Blanc et du Bourreau de Béthune, nous restons capables de présenter sur le ring du mignon mignon, avec pectoraux de buffle, pieds nickelés, bras tatoués et du « vas-y qu' j' te crache à 100 pas... » Le Marocain Kader Hassouni, dit Double Nelson, croyez-m'en sur parole, c'est pas mou comme du couscous. L'aristocrate du catch, Joël de Noirbreuil, le quintal bien pesé, lippe dédaigneuse, menton noble, démarche racée, manque que le monocle, mais faut pas trop en faire, et un peignoir de soie orange à éblouir toutes les libellules du pays, c'est pas de la mauviette. Mario Pedrolini, Frankenstein d'Italie, style beau ténébreux, n'a pas son égal dans le genre coups bas. Plus encore, il faut voir la salle, et l'entendre. « Baronne !... Empain !... Fofolle !... » qu'on hurle contre l'aristo. « Facho !... Nouille !... Duce !... » qu'on crie au Romain. « Raciste !... Bougnoul !... O.A.S. ! » qu'on te lance au Mahomet...

Vous aimez mieux des plaisirs moins violents ? La musique classique ? Richard Clayderman est salle Pleyel, avec trente musiciens.

Les conférences ? Dans les salons Napoléon III du ministère des Finances, on vous fait l'*Historique de la Place des Vosges.*

Les expositions ? Par malheur, le personnel de tous nos palais et musées nationaux est en grève pour la journée.

C'est grand dommage.

Car la saison est attachante.

Fantin-Latour est au Grand-Palais. Un pompier? Un incendiaire? Allez savoir : déjà en 1863, il exposait à la fois, grande prouesse, au Salon des officiels et à celui des refusés. A la fois grec et barbare. Toute sa vie, il aura oscillé entre passé et passion, dans certains autoportraits, il peut être aussi hagard et hallucinant que Rembrandt. Il peut être aussi bouillant que glacé. Mais le Grand-Palais donne du moins une fort belle perspective, où l'on retrouve avec émotion *la Liseuse, Capucines Doubles,* et, dans *Coin de Table,* côte à côte, Verlaine et Rimbaud... Et savez-vous aussi que notre si cher Jacques-Henri Lartigue, si émouvant avec son regard d'enfant aux yeux bleus d'ancienne porcelaine, va entrer au Grand-Palais, où il aura son musée? Il habite en face du lycée Janson un appartement qui a le charme de la province. Sa femme Florette lui tricote des pull-overs qui ressemblent à ses tableaux. Peintre quand il est photographe, photographe pour mieux peindre, il dit, à quatre-vingt-sept ans, n'être jamais fatigué, ou plutôt : « Dès que je suis fatigué, je remue, et plus je suis fatigué, plus je remue. » Il ne peut plus se livrer à ses passions, tennis, boxe, ski, mais il continue de pratiquer la culture physique. Il dit aussi : « La joie de vivre, cela s'attrape. J'essaie toujours de l'attraper, comme on le fait avec les oiseaux. En leur mettant du sel sur la queue... »

Le Petit-Palais propose une exposition, *De Carthage à Kairouan*. Des stèles carthaginoises au Coran bleu de la ville sainte, des monnaies d'or puniques aux bijoux fatimides. Les splendides mosaïques du musée du Bardo, dont le célèbre Virgile du IIIe siècle, l'émouvant moulage d'un visage humain, unique au monde, et tout ce qui fait du pays d'Hannibal et de Bourguiba un incomparable confluent des civilisations.

« Le champagne, disait la marquise de Pompadour, est le seul vin au monde qui rende la femme encore plus belle après boire. » Cette alliance entre le cru champenois, les plaisirs de table qu'il implique et tous attraits de la beauté est célébrée comme il se doit par l'exposition *le Festin et l'art* que présente le Louvre des Antiquaires. Près de 250 pièces, étains, argenterie, cristallerie, porcelaines, dessins, tableaux évoquent les fastes de la table et ce qu'ils ont inspiré à travers les temps. Vous découvrez de la sorte les premiers flacons de champagne, sous Louis XIV, d'abord en forme de pomme, puis en poire et en « champenoise » contenant une « pinte » de Paris, mais aussi les premières porcelaines de Frédéric Auguste de Saxe, un superbe hanap en vermeil du vieil Hambourg, dit vidrecome, les premières œuvres de Baccarat et, parmi les objets les plus rares, un candélabre dit « de la tsarine », de plus de 2 mètres de hauteur, fait de 500 pièces de cristal, provenant du mobilier de Nicolas II. Vous rêvez.

Le musée d'Art Moderne de la Ville de Paris consacre une rétrospective à Robert Smithson. Vous découvrez des cristaux de sel, des obsidiennes mal taillées, des fragments épars, comme des cailloux, tout un alignement de « non-sites », à savoir des tas de verre, de pierres et de mica. Du haut Land Art, pour minéralistes devenus poètes abstraits. Vous en êtes tout songeur. Vous vous demandez ce que cela donnerait pour les nouveaux esthéticiens, un arbre planté à l'envers, avec des racines qui se dénouent désespérément vers le ciel.

Le musée Carnavalet n'a d'yeux que pour « le premier Parisien connu », datant du IIIe-IVe siècle, « un amour d'enfant », un bébé joufflu, dont la tête s'est trouvée moulée à la suite d'une chute de mortier au moment de la fermeture du sarcophage.

Le musée de la Mode et du Costume présente le Père Noël, dont on nous explique qu'il est né vers 1850... tout habillé... déjà équipé de son costume rouge à capuchon bordé de fourrure blanche.

Le musée des Arts Décoratifs affiche en vedette Bécassine — sans oublier que le Centre Culturel du Marais expose plus de 300 dessins originaux qui lui sont consacrés. Mais oui, Bécassine. Elle a fait beaucoup de chemin, depuis que Jean-Pierre Pinchon lui donna naissance, le 2 février 1905 dans *la Semaine de Suzette* où elle était humblement la petite bonne bretonne d'une certaine Madame Grand-Air. Celle-ci a disparu. Bécassine elle, après avoir inspiré pas moins de 26 albums, est toujours aussi florissante.

Le Pavillon de Flore, au Louvre, présente au culte *la Liberté guidant le peuple,* l'allégorie que Delacroix réalisa pour commémorer les Trois Glorieuses, restée à l'abandon dans les bâtiments de l'Exposition universelle de 1855 bien après sa fermeture (l'Empire oblige), oubliée jusqu'en 1874, où la IIIe République la fit entrer au Louvre. Il s'agit du chef-d'œuvre le plus mal aimé du peintre, on ne sait au juste s'il fut influencé par Victor Hugo et personne ne saurait dire qui est le fameux gamin brandissant un pistolet aux côtés de la robuste Marianne aux seins nus, Gavroche ou Jehan Frollo, mais c'est beau, c'est ardent, et le tableau est entré dans notre mythologie républicaine.

Le musée national des Techniques, 15 salles bourrées de 8 000 machines, modèles et outils, vous découvre une multitude d'inventions simples ou complexes, amusantes ou savantes qui, pour certaines, ont été déterminantes dans l'histoire de la science, voire l'histoire tout court. Cela va de la machine de Joseph Cugnot, première voiture automobile à vapeur, datée de 1770 (les Français étaient à l'avant-garde de l'invention) à la fameuse *draisienne,* en 1816 fille du baron Drais, ancêtre de la bicyclette, en passant par l'aspirateur Birum, année 1906, première pompe à poussière de l'histoire, la téléphotocopieuse, modèle 1861, due au génie certain mais méconnu de l'abbé Caselli, la « petite monnaie » de disques de cuivre, sur feutre imbibé d'acide et de zinc, empilée par un certain Alessandro, comte Volta, en 1800, et le premier télégraphe, celui de 1811, signé Soemmering. Les guides ne manqueraient pas non plus de vous montrer le tricycle de Millet, qui inspira les chercheurs de la N.A.S.A. pour concevoir la jeep lunaire.

Le musée de Montmartre illustre la vie d'Erik Satie par les

œuvres des peintres qu'il connut sur la butte, autour du misérable « placard », rue Corot, où il vivait. Des portraits sont signés Suzanne Valadon, Russinol, Zuolaga, Antoine de La Rochefoucauld. On s'émerveille de retrouver du coup le vrai personnage, aussi extravagant que son ami Alphonse Allais, comme lui fils de Honfleur, et enfin montré sous ses multiples facettes, changeant de tenues avec la même virtuosité que Frégoli, les cheveux tantôt courts, tantôt longs, vêtu d'une redingote et chaussé de godillots de troufion, portant les pince-nez les plus divers jusqu'au jour où, harnaché d'un complet en velours côtelé jaune, il est surnommé *Velvet Gentleman.* On s'émeut aussi de le voir ressuscité dans tous ses hauts lieux, *le Chat Noir* où il plante, *le Divan Japonais* où il composa une *Gnossienne, l'Auberge du Clou* où il rencontra Debussy, *le Lapin Agile,* la maison de Valadon, « son petit béqui »...

Zurich, pour quelques semaines, a Matisse, Beaubourg a Nam June Paik, l'un des rares vrais révolutionnaires de l'art contemporain, inventeur de l'art vidéo, qui expose la plus grande sculpture vidéo du monde, les *Illuminations* du XXe siècle. Cela se passe au rez-de-chaussée, au lieu-dit le Forum. Soudain, 384 moniteurs TV couchés par terre, écran en l'air, s'allument tous ensemble, vaste éclair fou, puis une vague bande bleue, caresse d'on ne sait quel phare, caresse une centaine de moniteurs, tandis que viennent aussi une bande blanche et une bande rouge, cela s'appelle *Tricolor Video,* pour le symbole suivez mon regard, puis tout se met à crépiter, les images valsent et charlestonnent, les couleurs se croisent, se décroisent, se confondent, l'on croit voir à la fois tout et rien. Notre Kandinsky, s'exclament les jeunes qui s'extasient en foule. « Wonderful, dit ce Kandinsky, jé souis tlé connteng... » Vous avez devant vous un petit bonhomme au visage fortement asiatisé, Coréen de Séoul, dont on nous assure qu'il fête ses cinquante ans, qui n'en paraît pas trente, qui voulut être musicien avant d'être peintre et qui joue avec une invraisemblable écharpe en lamé représentant d'un bout à l'autre un clavier de piano. On vous commente ses œuvres maîtresses : *Video Bouddha,* une statue de Bouddha contemplant sur un écran TV sa propre image, et une œuvre inspirée de Charlotte Morrman frottant les quatre cordes de son archet sur un violoncelle cathodique, avec en guise de soutien-gorge deux mini-moniteurs retransmettant les images du concert, pour ainsi dire du différé en direct, ou du direct en différé.

Le 8 novembre 1948, à Paris, dans une petit chambre d'hôtel, on croit entendre encore les canons de la guerre — un Danois, Asger Jorn, trente-quatre ans, tient conseil avec deux Belges, et trois Hollandais, qui portent entre vingt et un et vingt-huit ans. Dans l'enthousiasme de l'après-guerre et de leur jeunesse, ils décident de mettre en commun recherches, espérances et techniques pour créer un mouvement à retentissement mondial. L'un des Belges, Christian Dotremont, le poète du groupe, qui considère l'écriture comme un pur matériau plastique, un lien entre l'image dite et l'image peinte, propose un nom pour l'entreprise : *Cobra*. Il a simplement réuni les premières lettres de leurs capitales respectives, Copenhague, Bruxelles, Amsterdam. Au vrai, le mouvement ne dure que quelques années. Après avoir atteint la pleine lumière souhaitée, Cobra se détruit, dès 1951, après la « Deuxième exposition internationale d'art expérimental » organisée à Liège par Dotremont et quelques amis. Précisément, Cobra pas mort. Le musée d'Art Moderne de la Ville de Paris nous le ressuscite, avec toutes peintures, objets, sculptures, gravures, photos les plus susceptibles d'illustrer cette flambée de dynamisme et de folie en réaction contre tous esthètes académistes ou surréalistes intellectuels. A nous dès lors les brillants tableaux d'Alechinsky, Belge des années 60, *l'Orateur* du Hollandais Constant qui porte tous les signes précurseurs du post-modernisme actuel, morceaux de bois peinturlurés de Karel Appel, maniérismes de Corneille (Hollandais comme Appel), couleur de terre tunisienne, rouges et bleus primaires, signatures de créateurs à joies d'enfants, guerre à Mondrian, sculptures d'Egill Jacobsen, tous les signes de ce qui restera comme l'explosion Cobra.

Demandez donc quelles salles sont ou non en grève.

D'ailleurs, si toutes portes sont closes, il vous reste encore nos mille et une galeries privées.

Non que la joie y règne, loin de là. Une galerie d'art au hasard. Question : comment vont les affaires ? Réponse : mal. Il est trop exact qu'il y a crise grave. Des galeries réputées ferment, comme la galerie de Seine. Rares sont les réussites, telles l'ABCD qui, pour son dixième anniversaire, quitte les locaux de l'ancienne galerie Jean-Robert Arnaud pour occuper 750 m^2 au 30, rue de Lisbonne. Principale raison : il n'y a plus d'œuvres « vendues », du fait de l'exonération des œuvres d'art quant au calcul de l'impôt sur la fortune. Deuxième raison : le leitmotiv de l'incertitude. Exonération, oui, mais jusqu'à quand ? A lire les textes de Fabius, on comprend bien qu'elle couvre ce qui était déjà « possédé avant le 31 décembre 1981 ». Mais qu'en sera-t-il à l'échéance de 84, de 85, voire à la prochaine ? Par bonheur, il y a les acheteurs américains et japonais, au reste surtout friands de peinture du XIXe siècle, celle qui parle le mieux sans détour aux sens de l'amateur. Sans eux, la catastrophe serait totale, et c'est du véritable sadisme quand on se met à raconter aux populations de nos galeries le marché fabuleux qui vient d'être conclu à New York : un Gauguin changeant de mains pour une somme équivalente à 42 millions de francs, le plus haut prix payé pour un tableau cette année et le record absolu pour un Gauguin, cédé par un couple américain à un collectionneur privé, Grec établi en Suisse.

Non davantage que l'imagination soit au pouvoir. La mode est plutôt au sage, au classique, au retenu. Très peu de galeries, désormais, s'intituleraient d'avant-garde.

Il reste qu'avec New York, Paris est toujours la ville la plus artistique du monde.

Voyez donc.

Bernheim-Jeune expose des *Petits Riens des Grands Maîtres,* tels petits bronzes de Rodin, des Boudin, des Bourdelle, des Jongkind ; la galerie de la Présidence, tout près de l'Elysée, des *Maîtres figuratifs contemporains,* du Buffet comme du Carzou, de l'Utrillo comme du Lorjou ; la galerie Reflets du Temps les *Petits Maîtres du* XIXe *siècle...* Petits, petits, serait-ce devenu une obsession ?

Füenberg opte pour de l'art graphique surréaliste, des Kandinsky et des De Chirico ; la galerie Mona Lisa pour *la Peinture naïve internationale ;* Paris Art Center pour les *Américains de Paris,* des Calder et des Pollock, Berenice Abbot et Alice Baber.

Pierre-Lescot abrite Gourmelin, femmes-colonnes, hommes qui ahanent à pousser d'énormes sphères, personnages prisonniers de situations spatialement impossibles. L'artiste joue une nouvelle fois à troubler, avec tout un fantastique qui ne fait pas peur. Un maître du désemparement.

Jean-Briance a Alfred Courmes, l'humour féroce d'un surréaliste sauvage qui ne cesse de rajeunir du haut de ses quatre-vingt-quatre ans et qui peut tout mêler, religion et pub, érotisme et art, portefeuille. Exemple : ce bébé Cadum arraché à son affiche publicitaire pour atterrir sur les genoux d'une Vierge de la Renaissance italienne.

Artcurial eut jusqu'à ces derniers jours Emile Gilioli, un grand sculpteur abstrait, Français d'origine italienne, au style curieux consistant à situer les plans dans la lumière, sans doute de manière à en atténuer la géométrie, à leur donner plus de vie, avec aussi de très belles sculptures polychromes, telle une *Histoire crétoise* et un grand marbre de Carrare, *Chevalier de Malte.* Le voici maintenant à nous montrer des Hundertwasser, quelque vingt tableaux récents peints à Vienne, à Venise ou en Nouvelle-Zélande, typiques du peintre de labyrinthe et de la spirale (aux yeux de l'artiste « cette continuité première de la vie et de la mort »), ainsi sur l'un des tableaux les plus récents, *Ile en mer Jaune ; sur le chemin on n'est jamais perdu,* et typiques d'un peintre qui peint à l'horizontale, sans chevalet, car il considère la verticale comme la source de tous nos malheurs. « L'homme, dans la verticale, n'a cessé de faire du mal »... à commencer sans doute par l'architecture « rationaliste » moderne, qu'Hundertwasser récuse au profit d'une « architecture d'intégration » où la maison sera « en fente d'œil » et l'habitant un « locataire-arbre ». Marginalité tranquille. « La force de la fidélité à soi-même », peut dire André Pieyre de Mandiargues.

Janette-Ostier, place des Vosges, chaque fois qu'elle expose, cherche à mettre en évidence un aspect particulier de la spiritualité extrême-orientale. Cette fois, c'est le bouddhisme japonais considéré dans ses manifestations ésotériques. A nous dès lors moines et saints personnages, dont les attitudes contemplatives n'excluent d'ailleurs pas le réalisme, voire l'humour. Il n'y manque même pas, parmi les joyeux masques des danses religieuses, la voluptueuse Kannon, sœur de la Kuanin chinoise. Du XIIIe au XIXe siècle, en tout cas, l'iconographie du bouddhisme, de la sorte, du moine Kukai à la secte Tendai, nous est révélée dans sa permanence comme dans sa différence. Pièce maîtresse : un Bouddha Sakiamuni de la fin du XVe siècle. Leçon : décidément, Japonais partout. Au demeurant, voici même paraître au Chêne-Hachette *Japonisme,* par S. Wichmann, « tout ce que l'art européen doit au Japon ».

Il y eut à Puteaux l'atelier de Jacques Villon et de son frère, où, à la veille de la guerre de 14, se retrouvaient Kupka, Gleizes, Picabia, Léger, Gris, Apollinaire et le frère cadet des deux hôtes, Marcel Duchamp. Il y eut aussi, dans les années 50, le restaurant célèbre de Camille Renault, où Villon, Derain, Poliakoff, d'autres eurent table ouverte. Et Puteaux, comme Pont-Aven ou Barbizon est entré dans l'histoire de l'art. Mi-tradition cézanienne, mi-cubisme analytique. Couleur réhabilitée sans que le mouvement soit disqualifié. La revue mensuelle *Connaissance des Arts* est bien inspirée, précisément, en recommandant, aux cimaises de Jean-Pierre Joubert, avenue Matignon, une exposition vouée à l'*Ecole de Puteaux* avec une cinquantaine de toiles signées Villon, Léger, Metzinger, Gleizes, d'autres...

Des pommes de terre épluchées sur un coin de table, des poireaux dans une passoire, trois bols de café sur la toile cirée, une éponge sur le bord d'une baignoire, un tas de linge mouillé dans un seau : on a trop dit que Claude Batho, morte à quarante-six ans il y a un an, était la photographe du quotidien pour que ce soit absolument vrai. Elle est bien davantage ce que *Connaissance des Arts* appelle « la photographe des choses évidentes et qui ne se voient plus ». A elle convient plutôt ce mot superbe par lequel les Allemands désignent ce que nous appelons à tort « nature morte » : *Stilleben,* c'est-à-dire tout juste le contraire, « la vie tranquille », la vie, fût-elle au repos et à l'immobilité. La vie silencieuse, le silence de la vie, tel est tout l'art — où, à tout instant, le banal débouche sur l'insolite — de cette photographe géniale. Il est heureux que plusieurs maisons, à notre date, aient pensé à remontrer ses œuvres les plus vivantes, notamment la galerie des Femmes, rue de Seine.

Flow Ace Gallery, Ile Saint-Louis, toute neuve, sur deux étages d'une belle demeure, entreprise aussi somptueuse qu'ambitieuse, inaugure (ou presque) avec de grands dessins presque uniformément noirs de Klaus Rincke, artiste allemand connu pour ses installations monumentales et promu par d'amples manifestations internationales, telle la Documenta de Kassel.

La galerie Zabriskie s'est consacrée pour ces jours-ci à un illustre photographe, magicien de la couleur : John Batho, sauf qu'elle n'expose pas que ses photographies, telles fleurs sur un tissu ou telle bâche de tente froissée sur une plage, aussi ses *citadelles,* petits coloriages, bois, carton, papier mâché, relief suggéré (le pictural) et relief réel.

Léonor Fini est à la galerie Proscenium. « Je peins des tableaux qui n'existent pas et que je voudrais voir » aimait-elle dire. « Un enfer où se mire le paradis perdu » écrivait d'elle Marcel Jouhandeau. On comprend tout de cette grande dame de la peinture, avec ces onze petits tableaux carrés intitulés *Petites enseignes pour la nuit,* où se retrouvent autant les poésies les plus cruelles des *Mille et Une Nuits* que les turqueries de certain *Bourgeois gentilhomme* de Molière.

Michel-Ozenne a Virginia Tintindo, sculpteur argentin, marbre et granit ; Stadler présente Imai, Japonais de Paris ; Henriette-Gomez, Roland Penrose, surréaliste anglais de quatre-vingt deux ans qui n'a pas fini de jouer aux collages malicieux, rythmes préconçus et images répétitives où, parfois, passe de la couleur.

Maeght a Max Ernst et Titus Carmel, celui-ci dans tous ses *Eclats.*

La maison du Danemark offre Henry Heerup.

Chantal-Crousel affiche Georg-Jiri Dokoupil, titre enchanteur pour des peintures *Chansons d'Amour.*

Le Dessin, rue Guénégaud, expose du meilleur François Martin ; Mollet-Vieville, rue Beaubourg, des Claude Rutault, en *Correspondance ;* Drouant, Delgo.

La fameuse Wally Findlay Gallery International, avenue Matignon, ou hôtel George-V, présente une forte série d'impressionnistes, de fauves, et de post-impressionnistes, d'Adamoff à Vu Cao Dam, de Melinkov aux portraits de Vidal-Quadras.

La galerie Matignon fait culte à Brasilier, Yves Brayer et Buffet.

La galerie Râ thésaurise « l'art visionnaire ». Vedette : Giovanni Giannini, Tchèque de Paris, sur couleurs lunaires traversées de pourpre.

Tout cela fait un peu enfants du hasard.

Il est impossible d'y retrouver les grandes courses de notre temps — sauf que surréalisme et abstraction demeurent le couple dominant de nos écoles, si l'on peut encore parler d'écoles.

Mais il y a beaucoup de plaisir, toujours, à vagabonder, de seuil en seuil.

Ou alors, poussez donc jusqu'à Jouy-en-Josas et allez voir « le plus grand monument de la fin de l'année ». C'est l'amas qu'Arman, Niçois de New York, vient d'achever, dans le cadre du club *le Montcel* dont il domine le parking. Vingt mètres de haut. Six mètres de large. Un énorme amoncellement de voitures les unes sur les autres. Arman était déjà connu pour ses entassements en tous genres, fers à repasser, marteaux, scies, cafetières. Ici, il passe à la dimension supérieure : soixante automobiles, des Buick, des Renault, des Citroën, aux couleurs les plus étincelantes, garées pour l'éternité dans 1 600 tonnes de béton. Hymne à la société de consommation, sans doute.

Non ? Soit...

En tout cas, ne comptez pas davantage aller à la Comédie-Française qu'au Louvre : elle aussi est en grève.

Jacques Toja, l'administrateur, et le doyen Georges Descrières n'y ont rien pu.

On regrette d'autant plus que quatre nouveaux sociétaires sont nommés avec la nouvelle année : Richard Fontana, jeune premier *new-look*, du tempérament, de la fièvre, toute la turbulence d'un « acteur physique », belles flammes sur bois de chêne, Hamlet à Chaillot avant de rejoindre la salle Richelieu en Sosie de l'*Amphitryon* de Molière ; Roland Bertin, le charme incarné malgré des fulgurances de fauve qu'on irrite, excellent dans *les Corbeaux ;* José-Maria Flotats, fils de Barcelone, qui fut le Sertorius de Corneille, tiendra le rôle du chevalier dans *la Seconde Méprise de l'Amour* de Marivaux et devait aujourd'hui interpréter le spectre *d'Intermezzo ;* et Christine Murillo, cheveu ébouriffé, minois éveillé, regard pétillant de santé, la simplicité à l'état pur, dès lors idéale soubrette de scène, Martine des *Femmes savantes* ou Charlotte de *Don Juan.*

De plus, évidemment, l'affiche était belle.

Intermezzo de Jean Giraudoux.

Dans une petite ville du Limousin, un étrange état de délice poétique s'est emparé de tous les habitants, et plus particulièrement de l'institutrice, Isabelle. Car un spectre hante les alentours. Troublée jusqu'au plus profond de son cœur, Isabelle, chaque soir, retrouve près des roseaux son fantôme qui l'exhorte à le suivre au royaume des morts. Fatalement, de tels dialogues ne sont pas sans conséquences sur les rapports de l'institutrice avec ses élèves. La voici même bouleversant les plus saintes coutumes de l'école traditionnelle, remplaçant les leçons de morale ou d'instruction civique par des poèmes à la gloire de toutes beautés, physiques ou végétales. Mais qui gagnera ? Le maire qui, en toute dialectique, propose de tuer le spectre ? L'inspecteur d'académie — que joua Jouvet — appelé à la rescousse, incarnation de la Logique et de la Raison ? Le contrôleur des poids et mesures, amoureux d'Isabelle, fermement soutenu par le droguiste ? L'amour contre l'illusion ? La poésie ou l'argent ? Tous les thèmes s'y retrouvent, des années incertaines et amusées d'environ 1930. Mais la verve de l'auteur n'a pas vieilli. Toute sa poésie garde sa fraîcheur. Jacques Seryes n'a pas raté sa mise en scène, inventant en particulier de doux jeux de lumière jaune orangé qui savent au mieux évoquer un crépuscule irréel. On retrouve gaiement une époque où les jeunes filles étaient pures, les droguistes poètes, les fantômes charmants. Catherine Hiégel, en Isabelle, est idéalement vaporeuse. José-Maria Flotats sait camper son spectre. Michel Aumont est inénarrable en inspecteur borné. Françoise Seigner et

Yvonne Gaudeau sont impayables en vieilles filles excentriques..

Il est touchant, cet *Intermezzo.*

Tant pis, force est de s'incliner, puisque nos grévistes ne sont pas fantômes charmants, à désarmer avec des sourires...

10

Prodiges sur prodiges des ingénieurs, des savants, de l'Internationale des Médecins

A nouveau, on en aura distribué, des cadeaux et des cadeaux.

Fièvre à Noël, fièvre au Jour de l'An.

Cadeaux en tous genres.

Cadeaux classiques. Pochette pour papa ; cravate pour grand-papa ; Parker pour le bon élève. Sac à main pour maman, écharpe d'hiver pour grand-maman, le premier parfum pour jeune fille. Avec un brin de fantaisie, dans la haute gamme, cela va de l'arrosoir doré pour doigts verts à la cartouche Marlboro en argent massif, de la montre à quartz sur bracelet articulé tricolore au sac de voyage en cuir grainé dans des couleurs flamboyantes, rouge feu ou bleu vif. Automobiliste, vous avez reçu la torche qui fait la lumière comme personne grâce à sa lampe aux halogènes miniaturisés en verre dur, avec portée d'un kilomètre ou, dans la catégorie gros lot, l'*Innocenti de Tomaso*, chez votre concessionnaire Austin, une belle petite brute, un vrai paquet de muscles, 70,5 CV sous le capot qui arrachent, pour tous ceux qui aiment conduire sportif. Ménagère tendre, vous avez eu droit à un caniche nain, à la plus ravissante des pendulettes ou à des verres « pour les grandes occasions » que vous attendiez depuis vingt ans.

Cadeaux imposés dans votre subconscient par le matraquage publicitaire. Un seul modèle de marque peut suffire pour illustrer le propos. A nous le *Mickey's style.* Au poignet, la montre Mickey ; aux pieds, les lacets Mickey ; autour du cou, la cravate Mickey ornée d'un médaillon or Mickey ; pour notre bureau, le porte-documents transparent Mickey ou les crayons Mickey... Caricature ? Pas du tout... Madame court à sa séance d'aérobic en survêtement Mickey et guêtres Mickey. Mickeymania tous azimuts. Les boutiques Saperlipopette lancent la vaisselle Mickey. Au Forum des Halles, Clorinte Méry, allure d'une étudiante jaillie d'un campus *made in USA,* orne sa boutique *Un Américain à Paris,* avec comme image de marque d'être « le Cartier de Mickey ». La mode : *a Mickey for ever.*

Cadeaux humoristiques. Voici chez Catherine Prou le gant de ménage, un gant à poussière avec des pompons verts à chaque doigt et sous la paume, des ongles peints en rouge et un diamant en trompe-l'œil à l'annulaire, ou chez Publicis, les gants de vaisselle en caoutchouc, ongles roses et alliance en brillants. *Sky my Husband,* mot à mot, Ciel mon mari ! tel est le titre d'un manuel de conversation anglaise, farci d'irrésistibles traductions littérales, qui vous permet d'apprendre irrésistiblement la langue anglaise dans des temps records. La Boutique Noire du Printemps propose la *Télébrique,* pour les soirs où les programmes TV sont trop mauvais, à jeter sur l'écran ; rien de mieux pour vous calmer les nerfs sans endommager votre poste ; car la brique en question est en mousse. Vous ne savez plus quoi offrir à monsieur ? Il a déjà 46 cravates, 10 rasoirs, 24 *after-shave* et une cave bien garnie ? Offrez-lui donc les dominos érotiques (pour s'instruire en faisant semblant de jouer), le parapluie double emploi (ouvert ou fermé, il est aussi un fusil calibre 410) ou l'attaché-case antivol (qui s'y frotte s'y pique : celui qui s'y attaque reçoit une impulsion de 30 000 volts).

Cadeaux écologiques. Un coussin antimigraines, garni de lavande aux propriétés soulageantes, recouvert d'un tissu hortensia. L'arbre à cresson en terre cuite, où l'on sème un cresson qui dure un mois. Le téléphone-pot de fleurs, une marguerite étant le combiné, une autre l'écouteur, une fleur blanche dissimulant le clavier.

Cadeaux électoraux. On ne trouve plus un slip Renoma sur le marché. La célèbre firme vient de lancer une nouvelle gamme de caleçons estampillés à la rose, au bonnet phrygien, à la croix de Lorraine ou à la faucille et au marteau. A en croire la vitesse avec laquelle les stands ont été dévalisés, les Français ont le postérieur bien engagé. De fait, la vogue des gadgets électoraux ne date pas d'hier. Chaque élection véhicule depuis plusieurs années son lot de briquets, de boîtes d'allumettes et de casquettes... En 1977, le R.P.R. lançait sa « carte verte » pour vous faire « adhérer à Chirac ». A l'approche des législatives, en 78, un luxueux catalogue, édité par une agence parisienne, proposait tout un lot de stickers en quadrichromie, de bonnets « taille standard, livrables en bleu, blanc, rouge et vert » ou de tee-shirts « small, medium ou large ». Les prochaines élections municipales, tout bonnement, ne feront pas exception à la règle. Thierry Saussez, entre autres, a décidé de lancer déjà des coffrets « spécial municipales » comprenant 200 briquets, 500 stylos-cœurs, 500 stylos-clés, 500 porte-clés, 50 tee-shirts et 20 blousons, le tout pour 6 000 francs hors taxes. Pas cher, mon cher Watson ! Il n'en reste pas moins que beaucoup de sourires accompagnent dès notre date tel stylo-loupe « idéal pour consulter un bilan ou pour accompagner une promesse », tel stylo-stop qui permet de faire passer un message du genre « stop, la gauche dérape » ou tel stylo-téléphone, pour rappeler la permanence téléphonique du candidat, sans oublier la tirelire, symbole, dans une ville où les impôts locaux sont excessifs, ni le biberon pur verre, dans une cité où la natalité est en chute libre. A nous biberon de droite contre stylo de gauche et caleçon de l'extrême centre.

Mais, de loin, le cadeau qui l'emporte est le cadeau électronique.

Il en va autant pour les enfants (l'électronique, reine du jouet) que pour les adultes.

Dès ses trois ou quatre ans, un môme reçoit son *Babylord* de Mako, jeu qui peut être pratiqué en solitaire ou, au plus, à quatre. Il s'agit pour lui de faire correspondre des formes géométriques, cubes, pyramides, etc. avec la case allumée par l'ordinateur.

Entre six et quinze ans, l'enfant a un choix à l'infini. Le *Méga 10 000* de Nathan pose 11 600 questions, de la littérature aux sports, en passant par les sciences, avec plusieurs niveaux de « difficultés » ; au plus calé de répondre mieux que ses concurrents ; l'appareil existe même en version internationale avec la possibilité d'être programmé en 4 langues, français, anglais, allemand et italien. Vous avez le *Teach'n Test,* pour mieux faire les premiers pas dans les mathématiques, sous l'arbitrage du truc et la machine à écrire qui souffle la bonne orthographe, 150 mots en mémoire, un jouet qui devrait faire fureur. Vous avez droit à un professeur de calcul qui ne gronde jamais, avec le *Maths magiques* de Texas qui peut avoir des indulgences de Bon Dieu. Saloon-roulotte de poche : le *Playwatch* est à la fois un réveil et un jeu de cartes ; on affronte la machine au poker ou au black-jack, ou bien on se laisse dire la bonne aventure, sous réserve de donner un minimum de renseignements, dont la date de naissance. Vous jouez au tennis avec Miro-Meccano, au billard avec Bank Shot, ou au bowling, ou au golf. Vous disputez le Bol d'Or ou les 24 Heures du Mans en radio-commande. Avec le *Twinvaders,* vous devenez un héros galactique, armé du « manche à balai » sans égal pour détruire l'armée des envahisseurs extra-terrestres. Il existe une version électronique des *Chiffres et des Lettres,* le jeu d'Armand Jammot, les jeux de mots de Max Favalelli en moins...

Les « plus grands » ne sont pas moins comblés. Des cassettes à foison permettent de jouer au rugby comme aux échecs, au baseball comme au blackgammon — le plus renversant de tout étant d'ailleurs la rapidité avec laquelle chacun s'adapte aux diverses techniques. (Les enfants, en particulier, dans le maniement du jeu électronique, sont comme poissons dans l'eau.)

Atari, aux Etats-Unis, met au point une simulation de vol intersidéral où le joueur peut à tout instant avoir accès à la position de son vaisseau sur la carte de la galaxie, celle de ses ennemis, le tout dans un espace serré d'étoiles et de météores : ce programme est même si sophistiqué qu'à peine modifié il est commandé par le ministère américain de la Défense pour l'entraînement de ses pilotes.

On tient déjà pour ordinaire l'ordinateur champion d'échecs ou la montre à bracelet-jeu de Bandaï.

Personne ne s'étonnera quand de nouveaux Pagnol et autres Marius ou Escartefigue taperont la belote électronique au *fast-food* du coin.

Il y a beau temps que les mini-jeux à cadran incorporé Mastermind ou les courses de mini-automobiles sont oubliés — supplantés par ces petites merveilles extra-plates, et pas plus grandes qu'une cassette où les figures légendaires, de Mickey Mouse à Popeye, se trouvent admirablement dessinées en cristaux liquides et animées à une vitesse folle.

Nous sommes déjà profondément engagés dans l'âge des *consoles,* ces petits lecteurs de programmes aptes à visionner autant de jeux qu'il en sort sur cassettes, la Philips de Paris ou l'Atari de Silicon Valley, qui recrée même l'affrontement germano-russe de 1941.

Welcome to Future World ! peut annoncer l'hôtesse aux visiteurs qui arrivent à l'expo du Walt Disney Productions, le *Disney World,* en Floride, équivalent en encore plus grand du *Disney Land* californien, la plus gigantesque entreprise de divertissement scientifique jamais réalisée, cité utopique de 200 hectares baptisée *Epcot,* de ses initiales *Experimental Prototype Community of Tomorrow.* Adieu univers de poupons désarmés et de poupées restées des plus vieux âges ! L'enchantement des enfants est ici tout entier voué à la science. Une cascade remonte le long de sa paroi au lieu de descendre. Les personnages, animaux ou humains, sont des *audioanimatronics,* au besoin clowns jouant les scènes les plus drôles. Dans le bâtiment *World of motion,* General Motors, dans de petits wagonnets, parce qu'*it's fun to be free,* vous découvre un véritable homme préhistorique qui masse ses pieds douloureux ou essaie de chevaucher un zèbre, puis l'inventeur de la roue, puis la Joconde s'énervant et tapant du pied parce qu'au lieu de terminer son portrait, Léonard joue avec l'une de ses chères machines à inventer, un sous-marin ou un aéroplane. A 600 passagers dans une salle gigantesque qui part en voyage, prodigieux théâtre mouvant, on s'en va à la rencontre de monstres « vivants » qu'on photographie interminablement, dinosaures de six mètres broutant une herbe non polluée, élasmosaures géants qui sentent réellement une puanteur sulfureuse. On vous transporte au centre d'une éruption volcanique ou au plus fort d'un tremblement de terre, de petits bateaux vous acheminent à travers une plante gigantesque pour mieux vous révéler les secrets de la photosynthèse. Des chercheurs de l'*Environemental Research Laboratory* de l'université de Tucson, Arizona, dans une colossale serre, simulent la future agriculture de l'espace, salades poussant sur le sable, pieds de tomates pendant au plafond, melons qui volent, laitues plantées sur du polystyrène expansé, jacinthes qui planent, délicatement aspergées de pluie nutritive...

Voici maintenant les jeux strictement vidéo, des jeux que l'écran cathodique, allié à un micro-ordinateur, a rendu possibles tant dans la visualisation que dans les possibilités de réflexion et de mise en mémoire. Exemple le plus connu : le *Pac Man,* jeu-clé où une pastille gloutonne se déplace dans un labyrinthe peuplé de toutes sortes de fantômes. Manger ou être mangé, telle est aussi la philosophie du *Puck Monster,* sauf que, là, contrairement au procédé Pac Man, c'est le labyrinthe qui se déplace autour du personnage immobile ; quand le score atteint 800 points environ, le labyrinthe change de forme ; il y faut simplement une patience diabolique. Exemple encore : *Collision d'étoiles,* où, dernier espoir des Terriens, vous plongez dans un canyon où sont tapis les vaisseaux ennemis.

Cette année, il aura été vendu dans le monde 7 millions de consoles et 60 millions de cassettes pour les alimenter. Tout commença en 1972 quand un jeune ingénieur californien, Nolan Bushnell, réalisa le premier de ces jeux, le *Pong.* A présent, outre-Atlantique, l'électronique représente déjà 50 % du marché des jouets et 1 foyer sur 5 est équipé en vidéo, au point que le marché vidéo aura rapporté cette année plus de profits que toute l'industrie du cinéma.

A la fin de l'année, la France elle-même, pourtant en effrayant retard, aura malgré tout commercialisé 250 000 consoles et un million et demi de cassettes.

Nous avons vraiment comme changé de planète.

Il n'y a plus le même ciel.

Le changement n'est pas seulement prodigieux en comparaison du 1er janvier 1960 — mais même par rapport au 1er janvier 1980.

Ces *videogames* en sont les meilleurs signes, où les enfants laissent leurs sous avec une maestria qui tient du prodige. (Les Japonais y ont englouti toutes leurs pièces de 100 yen ; les Américains y dépensent plus de 3 milliards de dollars.)

Phénoménal symbole : le Père Noël a désormais une tête d'écran à quartz et parle le *cobol,* tandis que les Space Invaders, le Pac Man et les Fourmis Ailées ont remplacé, dans la mythologie enfantine, Flash Gordon, Davy Crockett et Tarzan ; avec le film *Tron* (en bon franglais dernière syllabe du mot électron), comment Alan Bradley, ingénieur électronicien, est désintégré, puis réintégré en Tron, un programme qui, dans les entrailles d'un superordinateur, défie le fameux Master Control, le Programme en Chef, celui qui verrouille tous les autres, l'atelier Walt Disney invente même *un monde où l'on ne distingue plus les hommes des machines ;* cela signifie tout rudement que nous aussi, adultes, dans la vie réelle, nous sommes entrés dans un autre univers.

Il n'y a pas que le jouet à être révolutionné.

Tout devient révolution.

Nous arrivons peut-être même *aux temps de l'Homme débordé*

La lecture de revues scientifiques comme *Science et Avenir* ou *Science et Vie* devient proprement hallucinante, vertigineuse.

Ces ingénieurs et savants en arrivent à bouleverser tous les domaines sans exception — sciences et techniques, recherches abstraites et réalisations.

Cela va du plus simple gadget aux plus énormes travaux.

On invente la mousse qui protège. Danger oblige. Toutes les 19 secondes, une personne est agressée. Cette mousse de défense en aérosol aveuglera votre éventuel agresseur, irritant ses yeux, brûlant son visage, provocant suffocations et nausées.

Sécurité d'abord : à vous le *Flight-Jacket McDouglas,* le premier blouson grand public pare-balles au monde, en agneau plongé doublé multicouches de fibres Aramides.

L'inhibiteur de douleur portatif maîtrise les inconvénients du pénible *tennis-elbow,* mal au coude : un mini-appareil, fixé comme une rustine sur le coude, envoie dans le bras des pulsions électriques de 50 volts vouées à masser les muscles endoloris.

Nouveaux instruments pour la ménagère : l'écailleur à poisson électrique, sur batterie de 12 volts ; la *Krups,* cafetière murale programmable.

A nous la *Rusbombe,* bombe anti-crevaison de pneu de vélo ; l'oreiller musical, pour bronzer en musique, le premier oreiller haut-parleur, adaptable sur *walkman,* sans danger ; le *water-sound,* en première mondiale, pochette étanche pour écouter votre *walkman* sous l'eau, en planche à voile ou à ski nautique ; la *Sharp 2L 620,* première calculatrice parlante (au monde !) et le *Magnum,* le revolver pacifique, pistolet... sèche-cheveux.

Avènement de la télé-bracelet. On attendait depuis des années la télé sur écran géant. C'est un écran timbre-poste qui arrive : 25 mm. L'invention est japonaise, parrainée par le groupe Seiko, qui plus est : outre qu'elle peut faire office de calendrier, elle comporte un système d'alarme dont le déclenchement peut être programmé pour une heure et un jour déterminés, et le téléviseur est doublé d'un récepteur de radio captant les émetteurs FM en stéréophonie.

On a vu lancer cette dernière année une machine à écrire électronique, de la gamme Xeros 600, testée pendant quatre ans auprès de 300 secrétaires cobayes aux Etats-Unis, qui ont pu au fil de l'emploi en améliorer les fonctions.

Les flippers, désormais, parlent. Grâce à l'électronique, un dialogue s'établit entre joueur et machine. « Bienvenue », murmure le flipper *Zénon.* « Functional », grogne *Embryon,* l'un des derniers du genre. En fin de partie, « jouez-moi encore » soupire *Zénon ;* « shoot again » fait *Embryon.* Inventé en 1929 par un obscur concierge, d'un conseiller publicitaire en jeux de foire, le flipper aura réalisé bien des progrès depuis les tout premiers nés, *Baffle Ball* et *Ballyhoo.*

Nos plus récents appareils photographiques font tout tout seuls, ou presque : il ne leur reste plus qu'à savoir effectuer eux-mêmes le cadrage. L'intelligence de l'outil est devenue telle que le plus aviné des bûcherons en tirerait des clichés d'exposition. On n'a pourtant pas tout vu ! L'extraordinaire Réflex, l'O.M. 30, qu'Olympus s'apprête à lancer, équipé d'un zoom adéquat, fera lui-même sa mise au point et déclenchera — sur autorisation — autant de rafales que l'on voudra, en rectifiant le tir à chaque fois. Vient l'étonnant *Vivitar Tee,* à peine plus gros qu'un paquet de cigarettes : autant photographier sans rien faire ; mise au point autofocale ; s'il fait trop sombre, le flash s'éjecte de lui-même ; des cristaux liquides affichent l'état des piles et le comput des photos ; la puce électronique se pique de corriger la moindre de vos erreurs, Sony va lancer un appareil photographique vidéo, le *Marica,* apte à retransmettre l'image sur un appareil de télé, en tirer une épreuve ou la transmettre par téléphone. Grandes vedettes actuelles de la vente : les mini-modèles extra-plats Kodak et les appareils Sony qui se portent en pendentif sous prétexte qu'ils bossellent les poches.

La minoterie-biscotterie d'Echenon, près de Dijon, sur le modèle de la technique à fabriquer du plastique, nous invente la *Grilcotte,* dernier-né des produits dits de « panification sèche », biscottes, toasts, pain grillé ou braisé, crackers en tout genre.

Un tout nouveau compteur pour ski de fond permet de mesurer, en kilomètres ou en miles, la distance parcourue, donnant ainsi à chacun le moyen de doser ses efforts selon ses possibilités, mais, dans le cas de randonnées hors des pistes balisées, indiquant aussi à quel moment il faut prendre le chemin du retour, et il s'agit d'un simple petit disque s'adaptant sans difficulté à l'armature du ski.

Richard Edlund, quarante et un ans, style d'un clergyman, est un ancien officier de marine devenu hippie pendant les années 1960. Reconverti dans les effets optiques, il travaille avec des groupes pop, puis réalise des spots publicitaires graphiques (dont le logo de TF 1), enfin, pionnier de *la Guerre des étoiles,* il se confirme comme l'un des plus formidables truqueurs et camoufleurs de tous les temps. Par lui, tant pour *les Aventuriers de l'Arche perdue* que pour *Poltergeist,* le truquage de certaines scènes de cinéma réalise des progrès inouïs. A à peine y croire. Il va jusqu'à faire apparaître à l'écran un fantôme translucide, faire imploser une maison (imploser et non exploser : par le truc de murs construits en plâtre creux allégé par des miniballons gonflés à l'hélium), et recueillir sur le coup de l'implosion tous les éclats dans un immense sac en plastique.

C'est par des prodiges de technique que les truqueurs font voler Superman I et II et réussissent la scène fameuse entre toutes : l'extinction d'un incendie géant dans une usine atomique grâce à un iceberg que Superman rapporte du pôle Nord.

On invente le violon sans caisse. On savait certes depuis déjà le siècle dernier que le son du violon ne devait guère à l'harmonie de ses formes. Mais voici la démonstration : le violon électronique, mis au point par l'ingénieur américain Max Mathews. Autant voir l'électronicien prendre aussi le relais du luthier. Tant pis si tous les grands maîtres se retournent dans leur tombe, Da Salo, Stradivarius, Guarnerius. Déjà le violoniste virtuose Janos Negyesy joue merveilleusement du Mozart ou du Stockhausen sur un violon réduit à un manche, des cordes et un archet. Simplement, au lieu que la vibration des cordes soit amplifiée par le corps sonore, elle est convertie par des capteurs en un signal électrique, lui-même traité par un ensemble de fibres électroniques, et finalement sonorisé par des haut-parleurs.

La « télévision à haute définition » est prête, qui vous met le cinéma à domicile à partir de signaux TV. Pari engagé il y a douze ans au Japon, pari-gageure : obtenir sur un tube cathodique ou, mieux, sur un écran grand format, une image TV d'une qualité égale à celle d'un film de 35 mm. Nous y parvenons avec la société NHK, Nippon Hoso Kyokai. Les Américains s'y emploient puissamment de leur côté. Autant découvrir la télévision pour XXIe siècle.

La marine américaine a pu enseigner à un couple de baleines bélougas à repêcher des torpilles perdues : elles maîtrisent à la perfection la technique complexe qui consiste à aller passer un filet autour des torpilles, à verrouiller le filet en appuyant sur un bouton et à remonter les redoutables engins.

Nim et Allen Chimski sont deux chimpanzés de l'Oklahoma qui ont appris une centaine de signes du langage pour sourds-muets.

Toujours de plus en plus profond. Il date de loin, le rêve de fouiller le fond des océans. Déjà Léonard de Vinci y pensa. Dès 1777, le mot scaphandre était inventé. Dès le début du XIXe siècle, deux Allemands réalisaient le premier uniforme de plongée. Dès 1942, le record de plongée s'établissait à – 70 m, alors que l' « ivresse des profondeurs » restait la hantise des plongeurs. La France, en 1972, portait le record mondial à – 610 m. Nous en sommes avec les Américains, en chambre hyperbare, à 686 m, l'homme battant le record absolu qui appartient au phoque de Weddel, capable de plonger jusqu'à – 620 m. Encore faut-il savoir que l'on a envoyé un mouton à – 950 m (bardé d'instruments de mesure), des singes à – 1 000 m (ils ont tous fait de graves crises d'épilepsie, puis ont sombré progressivement en léthargie) et un porc à – 1 200 m, champion des champions.

200 kg de poisson écaillé à l'heure ! Un grand songe des poissonniers est réalisé. Une petite machine permet d'écailler automatiquement des poissons, même les plus délicats, sans échauffer les chairs ni les déchirer. Inventeur : un restaurateur marseillais, Georges Cramoisy, déjà inventeur de la « cuillère électrique pour les glaces ».

La société Protection du bois Solvay-Bayer vient de réussir une « première » : faire breveter un produit hydrosoluble de traitement préventif des bois contre insectes et champignons.

On pourra demander de l'énergie aux roseaux. Une expérience est en cours depuis cinq ans en Camargue pour produire des cannes de Provence : elles fourniront chaque année 2 000 tonnes d' « équivalent pétrole ». Un jour, la canne de Provence pourrait même servir aussi à fabriquer du papier. En tout cas, telle est la seule manière envisageable de produire de la « biomasse » à une échelle industrielle. Car il est impensable de l'obtenir à partir de broussailles de ronces, de taillis de noisetiers et de la basse végétation des sous-bois, qui sont trop dispersés.

On a appris à fabriquer de l'acier avec des palmiers. On savait déjà en obtenir sans charbon à coke, mais une telle technique exigeait de trop gros stocks de gaz naturel, qui coûte cher. On sait en faire maintenant en utilisant du lignite, voire du charbon de bois produit par la combustion de palmes, et sans faire appel au gaz naturel. L'exploit est signé par un nouveau géant de la sidérurgie allemande, le groupe de Willy Korf, un industriel qui a un bel appétit, implanté au Brésil et au Moyen-Orient.

Une équipe de l'université de Leeds, en Grande-Bretagne, a mis au point du polythène aussi rigide que l'acier ou l'aluminium, précieux pour renforcer le béton ; les Américains, un antidérapant en carbure de silicium, le *Safety Walk,* « Marche en toute sécurité ».

La Hollande n'a pas de pétrole, mais a du vent : elle s'est lancée du coup dans un énorme programme de promotion de l'énergie éolienne. A nous les dompteurs de vent. Comme quoi l'énergie éolienne — à l'origine du développement du pays et même de la constitution physique d'une partie du territoire (assèchement des polders) — démodée, reléguée au rang du pittoresque folklorique, est en train d'effectuer un drôle de retour en force. Et les éoliennes de fleurir dans les champs de tulipes et à côté des antiques moulins à vent.

Les progrès de l'agriculture sont vertigineux. L'exemple des céréales suffirait à en faire foi. En l'espace de vingt ans, les rendements français passent de 28 à 52 quintaux/hectare pour le blé ; de 22 à 42 pour l'orge, de 25 à 51 pour le maïs. Ce sont d'ailleurs des améliorations d'espèces qui entrent pour moitié dans les gains de productivité. La recherche agronomique n'arrête pas de mettre au point des variétés plus riches en protéines, et plus résistantes aux maladies, en sorte que l'on peut même réduire la quantité des produits phyto-sanitaires utilisés. Encore n'est-ce qu'un timide début. De formidables recherches sont en cours, où des armées de chercheurs s'acharnent à fabriquer, grâce au génie génétique, des « plantes-éprouvettes », des plantes entièrement nouvelles, dont des prodiges sont à attendre. Ainsi en particulier a été obtenu un nouveau colza sans acide érucique par croisement du colza d'hiver français et du colza canadien. (On pousse jusqu'au rêve de se passer d'engrais azotés dans les cultures céréalières.) Ainsi a-t-on inventé la « pomate », par croisement de tomate et de pomme de terre. Ainsi encore a-t-on fait venir un melon idéal, et un palmier-dattier capable de défier les assauts de son cancer, la fusariose. L'on accède parfois jusqu'à la science-fiction : des mariages entre espèces différentes. Le Canadien Juo Nan Kao a fabriqué des cellules soja-maïs et soja-tabac. On a vu marier le tabac et le pétunia, en Chine le soja et le riz. La révolution agricole est si active que les plus énormes surprises sont à en attendre.

Dorénavant, on sait utiliser la boue pour alimenter les vaches. Il suffisait d'y penser. En tout cas, les chercheurs du Nouveau-Mexique en étudient le projet, pour le département de l'Energie américain. Le problème le plus délicat est d'éliminer des boues d'épuration les produits toxiques, tels que le cadmium. Il paraît justement que l'on y parvient, par irradiation aux rayons gamma. Si réussite il y a, l'azote des déchets aura pratiquement la même valeur biologique et énergétique que les aliments à base de graines de coton ! Le moyen permettrait même d'augmenter le poids des veaux au moment du sevrage et d'améliorer la capacité de reproduction des vaches.

Des chercheurs de l'université de Cornell, dans l'Etat de New York, sont parvenus à accroître de manière spectaculaire la production de lait en injectant à des vaches 44 mg par jour d'hormone de croissance, hormone naturelle, puisque directement prélevée dans les glandes pituitaires de bovins : nos médecins n'auront pas à protester ! Entre le 200ᵉ et le 300ᵉ jour, les gains sont de l'ordre de 30 à 40 %, sans aucune augmentation particulière de la consommation alimentaire. Simplement, il faudra encore des années avant que cette nouvelle technologie puisse être largement utilisée. En effet, on ne connaît pas encore suffisamment les conséquences entraînées par de telles injections sur la santé de l'animal, la fécondation et le vêlage.

On serait tout près de pouvoir irriguer avec de l'eau de mer. Les Pays-Bas et Israël y pensent, et plus encore les Américains, qui perdent chaque année 1 % de leurs terres cultivables, devenues trop salées pour permettre de bons rendements. La formule consiste à neutraliser l'effet nocif de la salinité. On en appelle à un gène qui multiplie par 21 la résistance au sel chez une bactérie fixatrice d'azote — un inespéré bienfaiteur du doux nom de *proline*. Vive donc la guerre du sel et à nous tomates sur les îles Galapagos, tulipes au Neguev.

Adieu lointaines années de la torche et de la bougie ! Adieu même époque de la lampe électrique ! Voir la nuit aussi clair qu'en plein jour, voilà qui est fait. Conçus il y a vingt ans à l'usage des militaires pour leur permettre de voir et de photographier de nuit, les amplificateurs de lumière sont entrés dans le domaine des applications industrielles et scientifiques, avec des modèles compacts et légers jusqu'à 700 fois plus puissants que ceux de 1970. Ces amplificateurs peuvent augmenter jusqu'à 20000 fois l'énergie lumineuse incidente. Non qu'il s'agisse d'instruments nouveaux. Toutes les armées modernes en possèdent. Ils sont montés sur des jumelles ou sur des lunettes de fusil. Ils permettent de conduire de nuit des blindés et des hélicoptères. C'est ainsi que, ce dernier été, les troupes britanniques aux Malouines purent attaquer en pleine nuit la garde argentine endormie aux portes de Port Stanley : équipées de lunettes Bell et Howell associées à des amplificateurs Litton. Simplement, l'amplificateur n'est plus instrument top secret. Il peut désormais s'acheter couramment dans le commerce.

En attendant le tunnel sous la Manche — dont Français et Anglais ferment et rouvrent chroniquement le chantier fantôme depuis 1882 — et en attendant de mirifiques tunnels d'identique importance à Gibraltar, à Messine et au Bosphore, on achève au Japon le plus long tunnel du monde, sous-marin, qui, sur 53 km, unira la principale île de l'archipel nippon, Honshu, à Hokkaido, au nord, où se déroulèrent les jeux Olympiques d'hiver de Sapporo, prévu à la fois pour lourds convois de marchandises et trains à grande vitesse *Shinkansen.* Battus, tous autres tunnels : Mont-Blanc (11,6 km), Fréjus (12,8), Saint-Gothard (16,8).

Les Américains viennent de terminer la construction d'un miroir de télescope de 242 cm de diamètre, pesant 9 tonnes, le *Space Telescope,* qui sera sur orbite terrestre en 1985, lancé à 500 km d'altitude sous une inclinaison de 29° par la navette spatiale et qui est confié à la N.A.S.A. Le parc des télescopes terrestres en compte déjà 17 d'une taille égale ou supérieure. Mais la marque de celui-ci est d'être promis à une mission tout à fait originale : observer l'univers hors de la Terre. Bien que son diamètre ne batte pas des records, il portera beaucoup plus loin que tous les télescopes construits jusqu'ici, y compris les pupilles géantes de 5 ou 6 mètres d'ouverture du mont Palomar et de Zelentchouk. Exceptionnelle puissance de cet « œil cosmique » : il peut observer des objets 10 fois plus petits et 50 fois moins lumineux que ne le font les satellites terrestres. Il fait reculer les limites de l'univers observable jusqu'à 14,5 milliards d'années, au lieu de 12,5 actuellement. En quelque sorte, comme les scientifiques postulent que le *Big Bang* — explosion qui serait à l'origine de l'univers — a eu lieu il y a quinze milliards d'années, le Space Telescope devrait pouvoir « retrouver » des témoins du Grand Commencement.

Fin juillet, le premier bateau, le *Dimitri Donskoy,* chargé de près de 8 000 tonnes de tuyaux en provenance des ports allemands de Brême et de Hambourg, et destinés à la construction du gazoduc euro-sibérien, arrive à Novy Port, en Sibérie. La navigation a été épique, pour se frayer une route à travers des glaces de deux mètres d'épaisseur, jusqu'au fin fond de l'estuaire du fleuve Ob, situé au-delà du cercle polaire arctique. C'est le brise-glace *Lénine,* à propulsion nucléaire, qui a ouvert la voie à travers les mers de Barentz et de Kara. Le Kremlin pavoise et l'on ne polémique que davantage, à travers l'univers, sur les différentes prises de position concernant le projet controversé « gaz contre équipements ». Mais déjà, à peine parvenus dans la presqu'île de Yamal, par barges, à rythme forcé pour profiter au maximum du court été boréal, les premiers éléments du gazoduc rejoignent le port fluvial de Nadym, pour être ensuite transportés, par voie terrestre, à travers marécages et taïga, par des froids d'enfer, vers les zones où se construit le boa monstre voué à relier les gisements d'Ourengoï et de Sambourg à Oujgorod, à la frontière soviéto-tchécoslovaque, et, pour mieux mesurer la mesure de l'exploit, il faut savoir que quelque 200 000 tonnes de tuyaux sont débarquées à Novy Port durant la brève période « navigable », que chaque élément, mesurant 11 mètres de long, pèse 9 tonnes, et que cela permettra de poser quelque 250 km à peine de gazoduc, dont la longueur totale dépassera les 5 000 kilomètres... On n'en parle que davantage aussi de l'ensemble titanesque d'un projet qui s'inscrit parmi les plus impressionnantes réalisations du siècle. Car le gazoduc euro-sibérien, dont le coût est évalué à 15 milliards de dollars (dont 5 pour la fabrication même des tubes confiée à la firme allemande Mannesmann ; 5 pour les compresseurs de 25 MW dont les rotors sont sous licence de la General Electric, et 1 pour les équipements électroniques de télésurveillance), n'est que l'un des six gazoducs que Moscou met en chantier (deux sont achevés et le troisième sur le point de l'être) entre les gisements de gaz de la Sibérie occidentale et l'Ouest. Le coût total de la construction des six gazoducs s'estime — officiellement — à 25 milliards de roubles, soit 225 milliards de francs au taux de change officiel, autant que pour la réalisation du second transsibérien, l'usine de camions géante Kamaz et l'usine géante de construction de réacteurs nucléaires Atomach réunis...

On pourrait extraire des kilowatts des profondeurs de la Terre. On s'est dit que l'eau réchauffée par les roches à 5 000 mètres de profondeur pourrait faire fonctionner des centrales électriques. Car si la géothermie des nappes aquifères est couramment utilisée pour chauffer les quartiers de certaines villes, telles Melun et Creil, les réserves en sont trop limitées. Ainsi les géologues se proposent-ils d'injecter de l'eau sous pression dans des couches géologiques à 5 000 mètres sous terre, là où la température des roches avoisine les 200 degrés. Une fois chauffée par contact, l'eau serait récupérée pour faire fonctionner les turbines de centrales électriques avant d'être réinjectée dans le sol. Des projets existent aux Etats-Unis, en Angleterre, en Allemagne. La France s'apprête à tenter une expérience près de Vichy, au Mayet-de-Montagne, avec le plan *Energeroc*. C'est la technique dite « géothermie des roches sèches » ou « géothermie des roches peu sèches et peu perméables ». Paradoxe : on parle d'une énergie nouvelle, et il s'agit de la plus vieille de la Terre. Il faut dire aussi que, une fois tous les combustibles fossiles brûlés et le pétrole épuisé, l'humanité, un jour, ne vivra que sur l'énergie hydraulique, l'énergie nucléaire, quelques « énergies douces » (soleil, vents, marées, biomasse) et l'énergie des « roches sèches » et que, si de telles expériences se révèlent heureuses, on assurera aux générations futures un approvisionnement en énergie littéralement inépuisable. Ce n'est pas de la science-fiction : la réalisation effective pourrait même intervenir dès entre 1984 et 1988.

Qui mieux est : deux forages « super-profonds » à travers la croûte terrestre sont poursuivis simultanément en Union soviétique, l'un à Saatlakh en Azerbaïdjan, l'autre dans la presqu'île de Kola, au nord du cercle polaire, avec creusement jusqu'à 11 000 mètres.

Voici la « voix sans phrase » : *Texas Instruments* lance sur le marché un « laboratoire portable » capable, par des moyens purement électroniques, non seulement d'enregistrer, de stocker et de reproduire la voix humaine, mais de la corriger et de créer des phrases — capable également de mettre au point une puce qui permettra l'identification de la voix par l'ordinateur, ce qui démontre au moins la puissance de prédiction du *Premier Cercle* de Soljenitsyne, dont l'action se situe chez les galériens-savants détecteurs de voix, sur programmes des dénonciateurs du Guépéou. Un jour, on ne trouvera plus seulement tous individus recherchés sur signe des empreintes digitales : la police pourra disposer de « fiches de voix ».

Voilà la chasse aux *quasars.* Grâce au télescope du mont Palomar, à Pasadena, en Californie, on effectue d'extraordinaires recherches de pointe sur les *quasars.* Le but est de percer le secret de l'énergie colossale que possèdent ces monstres de l'astronomie, les astres les plus lointains et les plus mystérieux, et tenter de savoir quel est leur rôle dans l'évolution de l'univers. On en a détecté depuis 1960 quelque 2 000, les plus proches se situant à environ 1 milliard d'années-lumière, les plus lointains à près de 14 milliards d'années-lumière, donc d'un âge égal à près de 90 % de l'âge réel absolu de l'univers. On n'a même plus le temps de les baptiser. La mode des initiales et du numérotage aidant, on les immatricule : 3C273 (le premier découvert), 3C147, 3C48... De fait, il faut surtout imaginer que les quasars sont si lointains que le temps de propagation de leur lumière, 300 000 km/seconde jusqu'à nous, signifie que nous les voyons tels qu'ils étaient il y a très très longtemps...

Evénement historique, à 16 h 10, le 29 août 1982. « Nous avons attrapé un poisson bizarre... seul dans notre filet », annonce le pêcheur. Ce pêcheur est le physicien allemand Peter Armbruster. Le poisson est l'élément chimique le plus lourd jamais synthétisé : le numéro 109, qui rejoint aussitôt son aquarium, le tableau de Mendeleïev, le tableau où s'alignent tous les éléments, synthétisés et naturels. Dernier de la famille, l'on ne connaît même pas encore son nom de baptême. De sa plume la plus spirituelle, pour *Science et Avenir,* Stéphane Deligeorges peut longuement nous raconter la prouesse. « C'est en bombardant, pendant plus de quinze jours, des atomes de bismuth avec des atomes de fer ionisés, à une énergie assez basse, qu'une équipe de physiciens de Darmstadt aura réussi à amener à l'existence l'élément 109. Cet atome lourd, qui n'aura vécu que quelques millisecondes, a été précédé un an et demi auparavant, par la synthèse de l'élément 107. Grâce à cette victoire, l'équipe de la République fédérale d'Allemagne vient tout simplement de coiffer au poteau les équipes américaines et surtout soviétiques qui avaient l'espoir de pêcher les premières ces poissons-là. » L'inventaire de l'univers se poursuit.

Renault met au point une voiture — une R 20 — qui écoute et obéit à la voix. Plus besoin d'actionner une manette. Il suffit d'exprimer son désir : « clignotant gauche ; essuie-glaces ; montée vitre droite ; phares ; signal de détresse ; désembrayage... » Par un seul ordre prononcé en langage courant, la fonction commandée se met en action. Plus besoin de clé non plus : on ordonne de la même manière l'ouverture du moteur. Telle est l'une des toutes dernières merveilles de l'électronique. Le microprocesseur mis en place est capable d'exécuter 22 ordres exprimés en 100 mots. Du coup, on songe d'ores et déjà à un microprocesseur central, environné de capteurs et de mémoires, qui pourrait gérer en même temps l'alimentation de l'allumage, la transmission et les aider à la conduite.

Cette année, sur le trajet Paris-Lyon, la France, avec le T.G.V., train à grande vitesse, aura lancé le train le plus rapide du monde, vitesse commerciale 300 km/h, vitesse maximum atteinte 380 km/h, et pouvant franchir le cap des 400. Pour vingt ans au moins, le T.G.V. est probablement imbattable sur des parcours de ville à ville, à distances de quelques centaines de kilomètres. Encore faut-il savoir que l'aérotrain n'a pas dit son dernier mot, même si la France en a repoussé le pari, que Messerschmidt envisage pour le nord de l'Allemagne un Transrapid à 400 km/h et que Toshiba parle d'un train à 500 km/h avec moteur linéaire... Triomphe suprême des ingénieurs technocrates : on ne baptise pas la nouvelle merveille d'un nom poétique, *la Flamme Orange* ou *le Primat des Gaules ;* il prend tout mathématiquement le nom de son sigle, T.G.V.

Un vent nouveau souffle sur les dirigeables, qui ont surtout l'avantage d'être utilisables dans les pires conditions météorologiques. Pourquoi pas, ainsi, un dirigeable navette entre les aéroports d'Orly et de Roissy ? En tout cas, l'expérience vaut d'être tentée par le Skyship 500 et l'essai s'est avéré intéressant — d'autant plus intéressant que le dirigeable aura failli totalement disparaître, il y a vingt ans, avec la mise au rancart des derniers dirigeables souples de l'U.S. Navy, utilisés pour la surveillance radar avancée.

Les biréacteurs concurrencent désormais les avions long-courriers. Il n'y a qu'à contempler la compétition de plus en plus âpre qui oppose le Boeing 767 à l'Airbus A 310 pour la conquête du marché des avions moyen-courriers, bataille où les deux appareils viennent, tour à tour, de pulvériser les performances de la catégorie : l'A 310 en reliant Koweït à Singapour sans escale, sur une distance-air de quelque 7 410 km, et le B 767 faisant de même entre Oslo et Seattle, sur 8 030 km.

A peine sorti des forges le 200e Airbus — qui consacre une réussite impressionnante — on nous annonce, avec premier vol dès juillet prochain, un A 300-600, encore plus spacieux et performant que l'A 310. Cela nous console un peu de l'échec commercial, définitif, du Concorde.

Pour autant, comment oublier les prouesses des long-courriers qui, le plus normalement du monde, relient l'ouest de l'Europe directement à Los Angeles (10 000 km) et effectuent même des liaisons transpacifiques atteignant 11 000 km, avec des triréacteurs DC 10 ou des quadriréacteurs B 747 qui volent de la sorte près de treize heures sans ravitaillement.

Notre ministre de l'Industrie peut faire du robot l'un des objectifs prioritaires de sa politique. (Le mot *robot* fut créé dès 1920 par le dramaturge tchèque Karel Tchapek, premier à imaginer des espèces d'humanoïdes fabriqués en usine, à la chaîne, avec os en métal et poumons, cœur et cerveau synthétiques.) Nous en sommes déjà à savoir fabriquer des robots qui battent les œufs en neige, montent la mayonnaise ou lavent la vaisselle. Ce sont des machines qui savent automatiquement tout faire, charger, décharger, découper, peindre, souder, assembler, détordre les « pattes » des composants électroniques, décorer des bonbons au chocolat. Un jour, des robots vont savoir cueillir les cerises et vendanger. Les Japonais ont des robots pour nettoyer les façades des plus hauts buildings. Chez Fanuc, des robots fabriquent des pièces détachées pour d'autres robots : à 7 heures du soir, le personnel humain débraye et les robots, dûment approvisionnés, continuent de travailler seuls ; l'atelier ne compte plus de vivant qu'un surveillant pour donner l'alarme en cas d'incendie... en attendant qu'il puisse être relayé lui-même par un robot pompier.

Ici, on réhabilite les requins, en découvrant qu'ils possèdent un équipement électro-magnétique d'une extrême sensibilité et qu'ils n'attaquent que pour défendre leur territoire : ils sont si peu les grosses bêtes obtuses et assoiffées de sang dénoncées par la légende que les Américains penseraient jusqu'à pouvoir domestiquer les plus sensibles, les moins staliniens, tel le *lemon shark* ou requin citron des côtes de Floride.

Là, on établit que Vénus, loin d'être surnommée « la sœur jumelle de la Terre » serait plutôt un miroir de Mars : son écorce ne serait pas constituée, comme la croûte terrestre, de plusieurs plaques tectoniques en mouvement les unes par rapport aux autres, mais, comme celle de la planète rouge, d'un seul bloc rigide, sans failles ni lignes de fracture. Nous saurons tout. En tout cas, les photographies de la sonde Pioneer-Vénus n'en laisseraient rien ignorer.

L'on annonce comme réalisée l'une des plus importantes découvertes attendues : le *monopole* magnétique est venu au rendez-vous des physiciens. Une charge magnétique isolée semble avoir été détectée en Californie. Cela faisait cinquante ans que l'on en cherchait une, depuis que le physicien britannique Paul Dirac avait conçu le monopole, particule incroyable, énorme et longtemps insaisissable. Il paraît pour *Science et Avenir* que si la nouvelle se confirmait, il faudrait intégrer de nouvelles masses à notre univers et peut-être reconsidérer son destin.

Inouï des inouïs : les physiciens qui étudient les constituants utiles de la matière seraient à un tournant décisif de leurs recherches. Deux événements devraient de toute manière les faire progresser vers l'unification des forces fondamentales qui régissent notre univers : la désintégration du proton et surtout celle du *boson intermédiaire.* Sven Ortoli l'explique excellement dans *Science et Vie :* « En observant les étoiles et, dit-on, en regardant tomber une pomme, Newton a découvert la loi de l'attraction universelle : la chute de la pomme comme le mouvement de la lune autour de la terre sont les effets d'une seule et même cause. Depuis lors, trois autres forces sont venues s'ajouter à la force de gravitation pour décrire notre univers physique. Quatre forces en tout et pour tout (force électromagnétique ; interaction forte ; interaction gravitationnelle et interaction faible), cela peut paraître peu pour expliquer tout ce qui se passe tant dans le cœur de l'atome que dans l'infini du ciel. Pourtant, c'est encore trop pour les physiciens des particules : ils voudraient relier ces quatre forces les unes aux autres afin que finalement, il n'en subsiste plus qu'une qui les comprenne toutes. Vieux rêve de l'unification qui ne date pas d'hier. »

La vérité n'est plus que pour initiés. L'esprit le plus puissant, s'il est non averti, s'abîme ou s'égare dans ces raisonnements — jungles où jouent des forces enchantées, des mots hermétiques et des monstres invisibles. Les explorateurs de la matière ne découvraient le *neutron* qu'en 1930, le *neutrino,* particule neutre pratiquement dénuée de masse, en 1955 ; l'année 1983 devrait être celle de ce *boson intermédiaire,* encore plus énigmatique. Mais force est du moins de savoir, grosso modo, à écouter les nouveaux mages, que notre univers serait né il y a quatorze milliards et demi d'années, quelque part en un point particulier de l'espace, on n'en sait pas plus, dans une monstrueuse explosion initiale, un gigantesque big-bang (théorie du physicien américain Gamow et du physicien français Lemaître), que « les travaux les plus modernes s'orientent vers la définition d'une matière première unique, fondement du fondement », que « c'est même dans quelques semaines ou quelques mois à peine qu'une réponse scientifique devrait être donnée », pas décisif sur la voie de la grande unification, et qu'alors « il ne restera plus à y inclure, que la gravitation ». Il n'y a pas plus clair, mon cher Watson !

Dans *Science et Avenir,* Henri de Saint-Blanquat peut consacrer une étude passionnante à *la nouvelle donne sur les origines de l'homme.* « Une réunion très fermée à Rome sous l'égide du

Vatican ; un congrès de primatologie à Atlanta ; un congrès de paléontologie humaine à Nice : partout le statut des fossiles témoins de nos origines est en cours de révision... L'homme, le chimpanzé et le gorille ont un ancêtre commun assez récent : après la biochimie et la cytogénétique, la paléontologie commence désormais à le découvrir. Voici qu'une équipe française met en évidence, chez les homidiens d'il y a trois ou quatre millions d'années, deux façons de marcher et peut-être, pour certains, de monter aux arbres... » Simplement, il ne s'agit pas, cette fois, de trouver les premiers êtres que l'on puisse appeler hommes. Ce dont il s'agit, c'est de situer le branchement de la famille humaine, son individualisation dans l'ordre des Primates. « Ces Hominidés, dont nous sommes depuis un moment les seuls représentants, ont nécessairement dû s'écarter quelque temps des autres Primates pour devenir Hommes. Il s'agit de s'accorder sur ce « quelque temps », sur l'époque où la séparation a pu se produire. La réponse pèsera lourd. » Elle pèsera surtout lourd religieusement. Date approximative de la séparation : il y a cinq à dix millions d'années ; c'est très peu. Mais les savants ne discutent plus que sur la date. Ils ne disputent plus du tout sur le fait que l'homme descende d'un « grand singe ». C'est admis. Aussi sûrement, le Vatican peut en être bouleversé.

On peut tout, même s'amuser très sérieusement à essayer de prévoir à quoi ressemblera notre planète dans quelques millions d'années. Précisément, on ne reconnaîtra plus son visage. En tout cas, pour l'essentiel, la Méditerranée sera fermée, France, Espagne et Portugal dériveront vers le nord (à vous décourager de creuser un tunnel sous la Manche), l'Antarctique remontera vers le sud, un bout de l'Afrique dérivera vers l'est et l'Asie aura des problèmes pour garder la Chine amarrée, ce dans cent cinquante millions d'années. Mais, dès cent millions d'années plus tard, le Pacifique sera un océan gigantesque, l'Atlantique ne sera plus qu'une sorte de Méditerranée, et tous les grands continents se seront soudés en un seul bloc. Politiquement unifié ? Sous quel tsar ? Y aura-t-il encore des hominidés ? On en reste à la géographie, sagement.

Avec les engins spatiaux, en tout cas, la géologie planétaire aura fait un gigantesque bond en avant — à ce point que les spécialistes découvrent parfois des phénomènes proches de ceux qui existent sur Terre : ainsi, sur Mars, le canyon *Valles Marineris,* balafre longue de 3 000 km, et profonde parfois de 6 000 m, n'est pas sans rappeler le *rift* est-africain ; et les satellites des planètes géantes révèlent tantôt des volcans en activité, tantôt un univers complexe de glaces fracturées. Autrement dit, les géologues, jusque-là « terriens » par la force des choses, sont obligés de partir à leur tour pour l'espace : il n'y a désormais de vrai géologue que doublé d'un planétologue. Et de scruter, sur les photos de Voyager I, les éruptions et les laves d'un volcan d'Io, le plus proche satellite de Jupiter, deux fois plus puissant que le Krakatoa. Et d'étudier les surprenantes structures annulaires concentriques de Callisto : banquises grandioses. Et d'ausculter au flanc de Mars le *Noctis Labyrinthus,* le Labyrinthe de nuit, système complexe de monumentales vallées.

Et la phénoménale ronde des engins spatiaux de se poursuivre.

Pour bien en photographier le rythme, il n'y a qu'à observer par exemple les mouvements du seul dernier mois, côté russe.

3 décembre. Les Soviétiques mettent en orbite, depuis la rampe de lancement de Plesetsk, un satellite à large vocation d'observation, Cosmos 1 422, qui gagne une orbite 208/314 km inclinée à 73° et décrite en 89 minutes.

9 décembre. Ils lancent Cosmos 1 423, apparemment voué à expérimenter des dispositifs de manœuvre, sur une orbite initiale 401/575 km inclinée à 62,8° et décrite en 94 mn 3 s.

10 décembre. Valentin Lebedev et Anatoly Berezovoi quittent Saliout 7, lequel est mis en veilleuse, et prennent place dans le Soyouz T7, qui doit les ramener à terre. Simplement — et malheureusement — du fait du plein hiver, le retour est très pénible et l'atterrissage s'effectue dans des conditions jugées par Alexis Leonov « à la limite de l'inacceptable ». Lorsque le Soyouz T7 touche la région prévue de Kazakhie à quelque 200 km à l'est de Djezkazgan, il est près de minuit, heure locale, et le thermomètre marque − 15° C. Il neige et un épais brouillard recouvre la steppe. De surcroît, bien que le retour soit assez précis, le vaisseau se pose à plusieurs kilomètres du point prévu. Seul, un des hélicoptères de l'équipe de récupération atteint la cabine. Mais il est hors de question qu'il puisse décoller. C'est dans le coin-repos de l'un des quatre véhicules, spécialement aménagés, envoyés en catastrophe, que Lebedev et Berezovoi passent la fin de leur première nuit de retour sur la Terre. Du moins terminent-ils sans mal majeur un vol qui aura été d'une durée-record de 211 jours 9 heures et 5 minutes — au reste en excellente santé et avec un haut potentiel de récupération, même s'ils paraissent affaiblis et désorientés. Dès deux jours après leur retour, ils savent à nouveau marcher. Exactement ce 1er janvier, la phase nº 1 — la plus délicate — de leur réadaptation aux conditions terrestres est terminée.

13 décembre. Le Progress 16 se détache de Saliout 7, la station restant seule en veilleuse.

15 décembre. Les Soviétiques mettent sur orbite un satellite météorologique de la série Météor II, pour, précise le communiqué officiel « obtenir des images globales de la nébulosité terrestre dans la gamme visible et dans la gamme infrarouge du spectre et cela tant pour la mémoire que pour la transmission directe ». Autrement dit, des enregistreurs d'images figurent à bord.

16 décembre. Les Soviétiques lancent Cosmos 1 424, satellite de reconnaissance (Orbite : 179,4/371 km — Inclinaison : 64,9° — Temps : 89 mn 7 s

23 décembre. Les Soviétiques libèrent Cosmos 1 425, premier d'une nouvelle série de satellites de reconnaissance.

28 décembre. Ils lancent Cosmos 1 426, probablement en préparation d'une navette soviétique.

29 décembre. L'année spatiale s'achève avec Cosmos 1 427, lancé dans un but de calibration radar.

Evidemment, l'ensemble est impressionnant — même si la frénésie spatiale américaine est aussi à son comble et si les Américains se préparent pour 1983 à ce qu'ils appellent une année colossale.

L'Union soviétique, à elle seule, aura lancé en vingt ans quasiment 1 500 satellites dans le cadre de son programme Cosmos, dont 80 % à objectifs militaires. Espionnage photographique, télécommunications militaires, alerte, surveillance générale, surveillance océanique, toutes les missions sont couvertes. Toute une gamme a été prévue qui va du petit satellite scientifique au prototype de navette spatiale, en passant par le vaisseau spatial automatique pour l'observation de la Terre. Certains engins sont très connus, d'autres totalement énigmatiques, tel l'énorme Cosmos 1 267, comparable à une station Saliout une masse proche de 20 tonnes, qui aura mis près de deux mois à s'amarrer à Saliout 6.

Les Soviétiques disposent de trois formidables cosmodromes pour essais de fusées balistiques et lancements spatiaux. Le plus important et plus ancien, Baïkonour, plus particulièrement réservé aux lancements de cosmonautes, se situe en Asie centrale. Kapoustin Yar, plutôt prévu pour lancements de satellites scientifiques et de fusées géophysiques, est en plein centre du pays, sur la rive gauche de la Volga. Plesetsk, d'où sont lancés les satellites sur orbites polaires, se localise près du cercle polaire arctique. Serge Berg peut raconter longuement tout son ébahissement quand, avec quelques autres journalistes et observateurs français, à l'occasion du vol du premier cosmonaute français, Jean-Loup Chrétien, à bord du Soyouz T6 en juin, il est admis dans le « saint des saints » du cosmos soviétique, au cœur du secteur de Baïkonour, à Léninsk, « la cité de l'espace », à quelque 2 500 km au sud-est de Moscou, à 800 km de Tachkent, sur l'ancienne route de la soie. Il n'est pas seulement ému de découvrir la base même d'où fut lancé le 4 octobre 1957 le premier Spoutnik, Bip bip bip..., d'où prit son envol le 12 avril 1961 Youri Gagarine, le premier homme de l'espace et où, sur cette ancienne étape pour caravanes de chameaux, une foule de techniciens et de savants ovationna le général de Gaulle, invité du Kremlin, franchissant avenue Karl-Marx, place Lénine et rue de la Gloire pour s'en aller déposer une gerbe au pied du monument consacré à la Science cosmique. Il est bouleversé par le grandiose du spectacle, véritable forêt d'antennes, maquis de balises, usines en construction, grues monumentales, portiques géants, silos comme des montagnes au-dessus de la steppe. Vision pour troisième millénaire. « Richesse Brune », telle est la signification du nom de Baïkonour, en référence aux mines de fer exploitées jadis dans la région. Il faudra bien un jour tenir compte de toutes ces nouvelles forges, et inventer une autre étymologie, par exemple « Richesse Stellaire » ou « Starcosmos ».

Les sondes soviétiques Venera 13 et Venera 14 se sont posées en mars sur le sol de Vénus, de part et d'autre de la région de Phoebé, proche de la zone volcanique de Bêta Regio. Un drôle de carrefour. Elles ont émis vers la Terre, à 70 420 000 km, par le nodule principal de la sonde, qui se trouvait quant à lui à 36 000 km dans l'espace, et prélevé des échantillons de sol pour carottage à des fins d'analyse, sortes de basaltes typiques de sols volcaniques. V13 et V14 ont même pris pour la première fois des clichés en couleur du sol par utilisation de trois filtres rouge, vert et brun : ainsi non seulement pouvons-nous tenir Vénus pour une planète volcanique, mais aurons-nous découvert sa surface, brun sombre, avec traces jaunâtres et verdâtres. Naturellement, personne ne s'étonnera que nous connaissions dès lors aussi la température qui y règne, + 463° C avec des variations de 17° seulement en plus ou en moins selon les régions.

L'air de Vénus se compose de 97 % de gaz carbonique, pour 2 % d'azote et 1 % de gaz rares, argon, néon ou fréon. Les Américains, qui ne sont certes pas en reste sur les Soviétiques dans l'univers des étoiles, n'en pensent pas moins que cette « beauté empoisonnée sera un jour rafraîchie et conquise ». Par le froid, disent-ils. Une fois résorbé tout ce gaz carbonique — si cher que le projet puisse en coûter — jamais colons n'auront possédé colonie si séduisante, si attachante.

Le docteur américain Krafft Ehricke, pionnier de la N.A.S.A., peut prédire dans un numéro de *Fusion* que la maîtrise des technologies nucléaires rendra possible la colonisation humaine de notre système solaire. Il est même possible aujourd'hui d'envisager la colonisation et l'industrialisation de la Lune avant l'an 2000.

Il n'y a pas de limites à la croissance et au progrès : pour la première fois dans l'histoire de l'homme, nous sommes en mesure de reproduire sur terre le phénomène de construction des étoiles. D'ici la fin du siècle, les premiers prototypes de réacteurs de fusion thermonucléaire contrôlée fonctionneront. On peut s'attendre à des percées fondamentales dans les prochaines années. La fusion introduira une civilisation nucléaire et une ère nouvelle : nous aurons une source d'énergie inestimable. Les hydrocarbures pourront ainsi, finalement, être utilisés à des fins chimiques et non sottement brûlés pour produire chaleur et énergie. Le nucléaire servira de moyen de propulsion pour nos engins spatiaux, fournira la source d'énergie pour nos stations lunaires, alimentera de colossaux projets industriels extra-terrestres.

On va jusqu'à apprendre que Titan, le plus gros satellite de Saturne, possède une atmosphère qui pourrait beaucoup ressembler à l'atmosphère primitive de la Terre, c'est-à-dire sans oxygène, et donc sans eau, mais avec azote et composés azotés. C'est ce que nous aurait révélé la sonde Voyager 1, la sonde la plus hardie du monde. Comme quoi, décidément, les observations spatiales comme les expériences de laboratoire permettent désormais de se faire une image plus précise de l'évolution chimique qui a permis le passage de la matière inerte au vivant. Du coup, on n'en suivra que plus passionnément les progrès des projets *Solstis* (c'est l'acronyme de *Solar System : temporal variations imaging and spectro scopy in the far UV,* soit « Système Solaire : séquences temporelles imagerie et spectroscopie dans l'ultra-violet lointain ») et de *SO2P (Saturn Orbiter Dual Probes),* orbiteur qui pourrait permettre de déterminer la période de rotation, la densité, la structure interne, la nature du sol et la structure thermique de la basse atmosphère de Titan.

Voici seulement deux ans, la navette américaine nous était présentée comme un « lanceur hypothétique ». En 1981, elle vola magnifiquement. En 1982, elle aura été rendue opérationnelle. 1983 devrait être une année de grande percée spatiale avec l'utilisation de ce fantastique lanceur pour créer des moyens à la mesure de ses possibilités. C'est d'autant plus spectaculaire que les Américains, comme le précise avec toute la minutie nécessaire *Science et Avenir,* « se proposent d'autre part de mettre au point les techniques du travail hors des engins. L'emploi des nouveaux costumes spatiaux, autonomes et à climatisation électronique, n'a pas été possible lors du dernier vol. Il devrait avoir lieu dès la fin de janvier ». En tout cas, si, pour une raison quelconque, la sortie des astronautes ne s'avérait encore pas possible ce mois-ci, c'est dès avant avril que nous devrions mondialement fêter cette grande première : la marche dans l'espace par l'un des deux spécialistes de la mission (peut-être une femme...). Qui plus est : à leur programme de 1983, les Américains ont « également inscrit l'expérimentation du *fauteuil volant* qui permettra aux futurs astronautes d'évoluer librement dans l'espace, avec possibilité, s'ils le souhaitent, de s'éloigner jusqu'à dix kilomètres de la navette ».

Au total, six missions américaines, de ST6 à ST11, sont attendues cette année, avec mobilisation de 28 aéronautes dont une vingtaine de nouveaux : jamais depuis le début de la conquête de l'espace, on n'aura vu une telle promotion. Au fond, depuis le vol de Youri Gagarine, il y a vingt et un ans, à peine un peu plus de cent personnes peuvent inscrire sur leur carte de visite « allé dans l'espace ». La meilleure année, 1965, on dénombra seulement neuf nouveaux astronautes. Cette promotion 1983 sera la preuve qu'une certaine accoutumance à l'espace est en train de jouer. Le voyage n'est plus une aventure ; il devient une expédition. On prend le camion, en attendant l'autobus. Au demeurant, il y a même les habitués de l'espace : trois Américains sont déjà allés quatre fois là-haut (Conrad, Lovell, Stafford). John Young, premier pilote de la navette américaine, s'y est rendu cinq fois en sept ans (avec

Gemini 3, Gemini 10, Apollo 10, Apollo 16 et Columbia), en attendant de commander la mission STS9 prévue pour septembre qui véhiculera le Spacelab européen.

A nous le satellite spot. Un grave accident lors du dernier essai de la fusée Ariane ne paraît pas devoir compromettre la suite du programme. Peut-être dès 1984, au plus tard en 1985, elle devrait lancer le satellite de radiodiffusion TDF 1, qui permettra entre autres destinations un recensement plus rationnel des surfaces cultivées et boisées, de précieux relevés topographiques en vue de la révision des cartes, une plus efficace recherche des ressources minérales, une étude plus serrée des cultures et une plus vigilante surveillance de l'environnement, par exemple le repérage d'incendies ou de pollutions accidentelles, exigeant une alarme d'urgence.

La vraie réforme audio-visuelle nous vient du ciel. Comme nous le dit Jacqueline Denis-Lempereur « tandis que les hommes politiques français — quels qu'ils soient d'ailleurs — tentent, à l'aide de lois, de préserver le monopole (ou le « service public »), la vraie réforme de l'audio-visuel s'apprête à nous tomber du ciel par des satellites de *télévision directe* qui déborderont largement les frontières des nations. Dans moins de trois ans, nous pourrons capter cette pluie internationale de programmes avec une simple antenne sur notre toit ». *(Science et Vie)* Un satellite de radiodiffusion directe n'est finalement qu'un réémetteur perché à 35 786 km d'altitude et tournant à la même vitesse angulaire que la Terre. Mais encore faut-il soigneusement distribuer les zones d'arrosage, pour éviter d'éventuels conflits entre puissances. Autre partage du monde. C'est déjà fait. La gigantesque couronne de 246 000 km de circonférence située au-dessus de l'équateur (orbite géostationnaire) a été découpée en trois tranches : la tranche n° 1 a été attribuée à l'Afrique et à l'Europe, Russie comprise, avec la Mongolie ; la tranche n° 2 a été affectée aux Amériques ; la tranche n° 3 aux pays d'Asie et d'Océanie. En outre, la Conférence de Genève de 1977 a assigné à chacun des pays des régions 1 et 3 une position orbitale et un certain nombre de canaux, généralement cinq. « Comme l'orbite géostationnaire est déjà fort encombrée par plus de 200 satellites d'observation et de télécommunications, les pays de la région 1, celle qui nous intéresse au premier chef, n'ont eu que 35 positions orbitales à se partager entre 37° Ouest et 170°Est, ainsi que 40 canaux répartis sur une bande de fréquences large de 800 MHz. » La France a donc reçu son emplacement, qui permettra à son satellite, avec selon son choix 3 ou 5 programmes, d'arroser, outre son propre territoire sans zones d'ombre, grosso modo l'Angleterre, le Bénélux, une large part d'Allemagne, la Suisse, l'Italie jusqu'à Rome, la Catalogne et le Pays basque espagnol, avec possibilité de relais sur l'Afrique du Nord. Evidemment, comme nous recevrons directement nous-mêmes des autres satellites dix, vingt, trente programmes, tout notre ciel audio-visuel en sera bouleversé.

Non moins importants que les satellites de télévision, les satellites d'affaires, du type Telecom 1. C'est que Telecom 1 sera neuf fois moins cher que le téléphone et donnera la possibilité de faire face à des débits de pointe de quelque 50 fois plus importants. Il permettra par exemple la transmission en trente minutes d'une information qui aurait immobilisé une ligne téléphonique une journée entière. Au vrai, tout passera par là, télécourrier, télécopie, téléconférence, téléphone ou visiophone. C'est énorme.

A nous le planétarium théâtre de l'espace. L'astronomie cesse d'être « une science compliquée réservée aux seuls matheux ». Les ressources de l'électronique et de l'informatique permettent aux nouveaux planétariums de simuler n'importe quel voyage dans l'espace et dans le temps et de donner de véritables « shows » astronomiques. Tout un chacun peut ainsi s'initier agréablement à la chorégraphie rigoureuse qui régit le ballet des astres dans le firmament. Le planétarium ancêtre naquit en 1925 à Iéna et la firme allemande Spitz, après Carl Zeiss, se consacra vite comme une spécialiste dans l'affaire. Mais les planétariums modernes, tel celui de San Diego, sont d'une tout autre dimension : San Diego, par exemple, donne un spectacle savant de plus de 10 000 étoiles. Jamais élèves n'auront pu mieux entendre expliquer le secret des saisons, les fantaisies des équinoxes, ou le soleil de minuit.

Et les Japonais de mettre au point une peinture caméléon qui peut, par ses propriétés, remplacer un thermomètre. Pour des mesures de surface, la prévention des incendies ou des surchauffes et le contrôle des processus, il n'est pas toujours possible d'utiliser un thermomètre. Désormais, il suffit d'appliquer cette peinture comme n'importe quelle autre peinture. Par exemple, le type OR se met sur rouge lorsque la température monte, sur bleu à température trop basse, et retrouve sa couleur d'origine quand la situation redevient normale.

Et l'hydrométallurgie, qui permet de traiter les minerais de très basse teneur, qu'ils soient naturels ou artificiels comme des matériels électroniques de récupération, de progresser à pas de géant. Un dossier de *l'Usine nouvelle* peut signaler que cette technique a permis de beaucoup réduire la dépendance de la France vis-à-vis de certains métaux techniques. C'est le cas pour les terres rares, le zirconium, l'or et l'argent.

Et même nos pêcheurs de sardines de profiter du progrès général. Fin du lamparo. Un industriel français acclimate un ver luisant synthétique capable de remplacer les fameuses lampes-lanternes — si poétiques — utilisées pour attirer le poisson par les pêcheurs catalans de Collioure et de la Costa Brava, Il s'agit d'un tout modeste cylindre de plastique, 4 cm de long, qui contient deux substances chimiques. Lorsque vous pliez le cylindre, les deux substances, par mélange, donnent un croissant de lumière verte. Il n'y a plus pour le sardinier qu'à en laisser flotter des centaines autour de sa barque : le poisson vient, tel un papillon trop ébloui, se prendre dans les filets qui se cachent sous cette féerie d'émeraudes...

Hélas !

Science et technique n'ont pas que des aspects positifs.

Le progrès peut faire aussi d'énormes dégâts.

Personne n'a oublié telle Amérique affolée vivant un véritable scénario de film catastrophe, à la suite d'une fuite de radioactivité à la centrale nucléaire de Three Mile Island, ou en Italie l'accident chimique de l'usine de Seveso au point qu'on manque évacuer Milan de toute sa population. Le *Torrey Canyon*, l'*Amoco-Cadiz*, la marée noire... combien d'accidents technologiques où le pire est évité de justesse ! Nous vivons aussi, outre la civilisation de consommation, la civilisation du risque.

La revanche du rat des champs. La Suisse empoisonne ses campagnols, mais des espèces protégées en meurent aussi. Désastre écologique. Pour exterminer des armées de campagnols qui multiplient les ravages, l'Etat neuchâtelois leur déclare la guerre chimique. Arsenal : 60 « charrues Dellay » et 50 tonnes de bromadiolone, de quoi exterminer 4 millions d'ennemis. Mais, morts aussi, belettes, hermines, fouines, renards, buses, milans royaux — morts d'hémorragie. Et qui plus est : la bromadiolone ne se décompose pas aussi bien qu'on l'espérait ; elle laisse dans le terrain un sous-produit très toxique, la biphényle brome, un poison voisin, quoique moins violent, de la terrible dioxine de Seveso.

Ici, ce sont des rejets massifs de sel dans le Rhin par les mines de potasse d'Alsace qui polluent le grand fleuve. Là, dans la région parisienne, c'est le dioxyde de soufre, polluant l'atmosphère, qui se fait accuser de provoquer rhinites, bronchites et même cancers. Ailleurs...

Ailleurs, les pollutions sont universelles.

On comprend que Paul-Emile Victor ait choisi de passer son Jour de l'An, et tous les autres, sur son île près de Bora Bora, le motu Tané, l'île du dieu Tané, qui n'a d'autre ennemi à redouter qu'un volcan éteint depuis sept millions d'années. Il demande : « Lorsqu'on a passé soixante-dix ans, peut-on encore prendre au sérieux ses rêves d'adolescent ? » Il répond lui-même : « Oui, mille fois oui... » Naguère, il fut heureux à traverser l'inlandsis, à connaître tous les secrets du Groënland, à manger du pâté de phoque dans un igloo à Kanguersetoatsiak, avec sa première femme qui était esquimau. Maintenant, il abrite ses bonheurs dans un fragile bungalow, le faré Teï Teï, « La Maison en hauteur », entre sa nouvelle femme, qui a trente ans, et son fils Teva, dont le nom en tahitien signifie « l'enfant du voyage ». Il décrit un nouveau tome de souvenirs, *l'Igloo*, « les poumons pleins d'iode ».

Autres cauchemars : les armes.

Armes nucléaires. Depuis 1975, il n'y a plus d'essais atmosphériques, mais le rythme des essais souterrains s'est accéléré. Il y en a eu au total 49 en 1981 dont 20 dans le Nevada par bombes anglaises et américaines, 18 près de Semipalatinsk en Union soviétique et 11 à Mururoa. Il en sera à peu près de même en 1982, dont les statistiques ne seront pas données avant quelques mois. Et tout le monde sait à quoi s'en tenir sur les énormes stocks en fusées et missiles stratégiques des Etats-Unis et de l'Union soviétique — sans oublier l'hypothèse, où, avec conséquences imprévisibles, une « tierce puissance », Pakistan, Chine, Israël ou Afrique du Sud, viendrait à employer des armes atomiques dans un conflit régional.

Armes à rayonnement. Des analyses récentes des services de renseignements occidentaux révèlent que l'Union soviétique est parvenue à détruire un missile balistique intercontinental (soviétique) en plein vol à l'aide d'une puissante impulsion d'énergie lumineuse libérée par un laser basé à terre. Un tel signal, après d'autres, confirme que le Kremlin anime un programme de développement (rapide) de systèmes d'armes à rayons lumineux et à faisceaux de particules capables de détruire une part considérable de toutes ogives nucléaires assaillantes. Un célèbre spécialiste américain des armements nucléaires, le « père de la bombe H », Edward Teller, peut préciser qu'il s'agit de « l'événement le plus important depuis la bombe à hydrogène » — effectivement au point de renverser ce que Georges Keaman ex-chef du service de renseignement de l'armée de l'air américaine, appela « les règles du jeu de l'équilibre stratégique ». Voilà même compromise la fameuse théorie MAD (acronyme anglais signifiant ironiquement « fou » et correspondant au sigle de *Mutual Assured Destruction,* destruction mutuelle assurée) ou théorie d' « équilibre de la terreur » consistant à supposer que les deux super-coalitions, O.T.A.N. et pacte de Varsovie, possèdent des capacités offensives suffisantes, sous la forme de milliers de têtes nucléaires situées sur des sites disséminés, pour pouvoir asséner une « riposte » dévastatrice à l' « ennemi », *y compris après avoir subi les effets d'une « première frappe »*. L'arme à rayonnement donnerait à l'Union soviétique une sécurité et une impunité quasiment absolues. En particulier, le Kremlin n'en serait que plus exigeant dans la redoutable affaire des missiles Pershing à installer en Europe (lesquels missiles, on le sait, sont voués à réduire le délai de riposte à une attaque soviétique d'une grosse vingtaine de minutes à quelques minutes seulement, et, de fait, à créer une sorte de « situation de Cuba inversée »). Quoi qu'il en soit, dans un article remarqué d'une revue spécialisée, Jonathan Tennenbaum peut donner la liste impressionnante de toutes ces armes à rayonnement, laser à terre capable d' « aveugler » tous satellites de reconnaissance militaire et laser anti-ICBM pouvant détruire un missile en vol avec complicité d'un laser chimique à terre, utilisation des effets non-linéaires des plasmas pour créer d'intenses faisceaux de particules et développement de très puissantes sources de micro-ondes (tel « gyratron » pour détruire le délicat équipement électronique de l'ogive visée), « foudre en boule », espèce de plasmoïde, expérimenté dès les années 50, susceptible de libérer d'énormes énergies, et utilisation des techniques magnétohydrodynamiques (MHD) les plus sophistiquées qui utilisent la capacité des plasmas (c'est-à-dire des gaz ionisés à haute température) à supporter des courants électriques beaucoup plus intenses que les conducteurs électriques. Evidemment, on expliquait mal que les Américains n'aient pas pratiqué des expériences au moins équivalentes.

Armes chimiques. Le budget de défense 1982 des Etats-Unis comprend 705 millions de dollars (environ 4,5 milliards de francs) de dépenses pour la recherche et la fabrication de telles armes. Et ce n'est là qu'une première étape. En tout cas, la fabrication d'armes chimiques, interrompue depuis 1969 outre-Atlantique, reprend. En Union soviétique, jusqu'à 100 000 soldats seraient équipés et entraînés à la guerre chimique, et l'Armée rouge aurait provoqué de telles expériences de gaz en Afghanistan, au Laos et au Cambodge, qu'une enquête de l'O.N.U. est en cours sur le problème après plainte des Etats-Unis. La guerre chimique commença l'après-midi printanier du 22 avril 1915 près d'Ypres en Belgique quand les généraux du Kaiser utilisèrent le « gaz moutarde » ou ypérite. Résultat : en tout, durant la Guerre mondiale, du seul fait des gaz, 1 200 000 victimes, dont plus de 100 000 morts. En vain, les grandes puissances signaient en 1925 le protocole de Genève, s'engageant à ne jamais utiliser de produits asphyxiants, empoisonnés ou toxiques, les plus importants pays européens poursuivirent leurs expérimentations. Eh bien, les « laboratoires d'enfer » que dénonçait Aristide Briand n'auront jamais été aussi actifs qu'à notre date. On prévoit même des gaz qui, au lieu de s'attaquer à la vie des individus, s'attaqueraient à leur psychisme pour mieux prendre en défaut leur capacité de défense. On a mis au point des « incapacitants psychiques » qui ressembleraient assez à l'acide lysergique (L.S.D.), à l'ergot de seigle, à la réserpine et à certaines drogues psychotropes. Toute une gamme est prévue, avec lacrymogènes, sternutatoires, drogues diminuant l'acuité visuelle, drogues qui aveuglent, produits hypotensifs rendant impossible la station debout, et drogues pouvant augmenter le rythme cardiaque, troubler la vision, provoquer toutes désorientations, la perte de coordination des mouvements, une stupeur généralisée et l'amnésie. On pourra jusqu'à mourir de rire. Enfin, dans les armes chimiques, ne sauraient s'oublier tous herbicides, défoliants et autres.

Armes biologiques. Un sinistre jour du XIVe siècle, les Tartares jetèrent des cadavres de pestiférés par-dessus les murs de la ville de Caffa, en Crimée, dont ils faisaient le siège ; ils ne savaient que trop que la terrible maladie est contagieuse, surtout en milieu fermé ; l'épidémie qui s'ensuivit dépassa leurs hideuses espérances ; 25 millions de personnes moururent de la peste noire qui, aussitôt, ravagea toute l'Europe. La guerre bactériologique n'est pas une invention du XXe siècle. Il n'empêche que la revoilà à l'ordre du jour. Dans les laboratoires soviétiques, notamment près de Sverdlovsk dans l'Oural, comme dans les américains, ceux-ci à Camp Detrick, il est sûr que l'on a étudié ou que l'on étudie comment répandre éventuellement toute une liste cauchemardesque de maladies, fièvre jaune, encéphalite japonaise, dengue, encéphalite du Venezuela, chikungunya, o'nyong-nyong, fièvre du Rift, grippe, variole, fièvre pourpre des Montagnes Rocheuses, fièvre Q, peste, charbon (anthrax), brucellose, fièvre typhoïde, coccidioïdomycose (maladie d'origine californienne, du fait de rongeurs contaminés), et on en passe. Les incidents ne manquent pas, qui en font révélation : telle année, 50 chevaux meurent près du centre d'essais de Dugway, dans l'Utah, infectés par une maladie africaine rarissime ; telle autre, les Soviétiques sont accusés par les Américains d'expérimenter des mycotoxines au Laos et au Kampuchéa ; durant la Guerre mondiale, à Gruinard Island, au large des côtes d'Ecosse, dès lors lieu plus maudit que les châteaux hantés qui parsèment la lande, l'armée britannique expérimenta l' « usage de l'anthrax pulmonaire » : dès lors, nulle âme qui vive ne peut, encore ce janvier 1983, approcher l'île, sévèrement interdite par l'armée. Même les laboratoires de l'armée française poursuivaient des recherches « intéressées » sur le venin des scorpions, les toxines des murènes, le choléra, la dengue et l'hépatite A. On sait fabriquer des insectes résistants aux insecticides et des rats méprisant les rodenticides. La presse américaine semble considérer comme établi que la C.I.A. provoqua à Cuba en 1971 une épidémie de grippe porcine : Fidel Castro dut faire abattre 500 000 porcs. Au vrai, au seuil du XXIe siècle, rien n'empêche un Etat — ou une entreprise — de lancer un programme destiné à produire des virus doués de propriétés précises, par exemple diarrhéiques, hémorragiques ou cancérigènes, ou des bactéries résistant victorieusement à tous cocktails d'antibiotiques. On aura poussé jusqu'à imaginer ce que le microbiologiste Carl Goran Heden a appelé l' « ablation chirurgicale des gouvernements », hypothétiquement l'élimination de tout l'état-major de la Maison-Blanche par un nuage de bactéries ; ni la C.I.A., ni le F.B.I., ni les services de sécurité du président ne réaliseraient le danger à temps. *Science et Avenir* peut préciser que « si le comte von Stauffenberg avait disposé d'un aérosol de poche au lieu d'une bombe, Hitler serait mort en juillet 1944, et le comte, qui aurait pris soin de se faire préalablement immuniser, n'aurait sans doute pas même été inquiété ».

Fatalement, il en advient une phénoménale obsession d'insécurité, y compris pour les super-grands, jusque dans les domaines les plus inattendus. Par exemple, la solution d'un problème mathématique vieux de trois mille ans conduit paradoxalement l'administration américaine à envisager la censure préalable de toutes publications hautement théoriques, dès lors qu'elles pourraient engager des conséquences préjudiciables à la sécurité du pays. La détermination des grands nombres premiers (ne se divisant que par eux-mêmes ou par l'unité), impénétrable depuis que les Grecs antiques posèrent la question, vient d'être résolue en soixante-dix-sept secondes grâce à la découverte d'une nouvelle méthode informatique, sans laquelle l'ordinateur le plus rapide n'y serait parvenu qu'au bout d'un siècle. L'université de Stanford s'emploie même, par perfectionnement de la même méthode, à trouver également les diviseurs d'autres nombres très élevés qui ne sont pas premiers. Mais alors, les systèmes cryptographiques actuels fondés sur l'impossibilité présumée de trouver de tels diviseurs, ne seraient plus fiables. Les codes militaires et diplomatiques les plus secrets livreraient leurs messages à un adversaire connaissant ces découvertes essentielles. D'où la réaction des autorités américaines. D'où d'ailleurs également la contre-réaction de l'université de Stanford, qui a toujours prôné la vertu fructueuse des échanges.

Guerre aux Malouines. Sans délai, l'Union soviétique lance sept satellites militaires, Cosmos 1 348 à Cosmos 1 354, et les Américains, deux, pour observer le déroulement des opérations. C'est que des progrès inouïs ont été réalisés depuis Explorer 6 qui, en août 1959, moins de deux ans après le début de l'ère spatiale, transmit la première image, bien médiocre il est vrai, de notre planète. Les premiers bons clichés furent en fait ceux de Tiros 1, satellite météorologique mis en orbite par la N.A.S.A. le 1er avril 1960. Il reste que, désormais, les meilleurs espions sont sur orbite : c'est grâce à des photographies par satellites du site d'expérimentation nucléaire de Semipalatinsk que les Américains ont révélation de deux énormes sphères d'acier, enterrées dans une cavité rocheuse, comptant chacune vingt mètres de diamètre et des parois de quatre mètres d'épaisseur, qui trahissent l'énorme programme des Soviétiques en matière d'armes à rayonnement, ce que ne manque pas de confirmer un accroissement inhabituel de la radioactivité dans la région ou la détection de produits cliniques inhabituels. L'image stratosphérique espionne atteint à la perfection — même si de véritables armées d'espions plus ou moins classiques (et dotés d'outils de plus en plus sophistiqués) s'activent tous azimuts, et s'imposent comme l'une des principales marques de notre temps.

A civilisation de vertiges, civilisation de méfiance.

La « fuite des cerveaux » n'en est pas le moindre signe. Exemple : la cinquantaine de mathématiciens soviétiques réfugiés aux Etats-Unis, à Jérusalem ou à Paris, exode d'ailleurs sans commune mesure avec les quelques départs qu'on aura pu observer dans les autres disciplines. L'explication en est double. La première, fondamentale, est que ni l'armée ni les fabriques soviétiques ne recrutent en mathématique pure : autant l'enseignement des mathématiques est privilégié dans les lycées et les universités, autant la recherche mathématique proprement dite est indifférente aux autorités ; un mathématicien quitte plus facilement l'Union soviétique qu'un physicien ou un biologiste. La seconde est qu'une forte proportion de mathématiciens soviétiques est d'origine juive : or, un antisémitisme violent sévit dans l'Académie des sciences ; les Juifs ne se voient accorder le doctorat qu'au compte-gouttes. Le principal est cependant dans le résultat : David Khazdan à Harvard ; Boris Moychezon à Columbia ; Michaël Gromoff en France, Piatetski-Shapiro à cheval sur Israël et Yale.

Au total, malgré dégâts ou épouvantes, il n'en demeure pas moins que la science continue de vivre une épopée souvent à base d'incroyable.

La micro-informatique suffirait à donner l'illustration.

Elle va bouleverser toute notre façon de travailler, de communiquer et de vivre. Si nous n'en sommes pas totalement conscients, c'est que l'invasion des circuits intégrés est sournoise : la miniaturisation est devenue si subtile que les systèmes les plus complexes passent à peu près inaperçus ; les circuits intégrés sont devenus du reste si microscopiques que les spécialistes les ont appelés « puces ». Puces bigrement savantes, à vrai dire, puisque le cerveau de certains ordinateurs est tout entier contenu dans une seule pastille de silicium plus petite qu'un ongle, et sur laquelle sont disposés plusieurs centaines de millions de transistors. Puces fort entreprenantes et envahissantes aussi, puisqu'on en retrouve jusque dans les machines à laver, les appareils de radio ou certaines horloges, et que, d'après les experts, elles auront investi en 1990 plus de 100 000 produits. Du coup, les plus formidables innovations leur seront dues. Nous aurons l'automobile parlante : déjà l'une des prochaines voitures Chrysler annoncera par haut-parleur la surchauffe du moteur ou la baisse du niveau d'essence. Les handicapés piloteront à la voix leur voiture. L'infirmière-robot, sur ordre vocal, déplacera le lit et apportera une tisane. Nous aurons le composeur de numéros téléphoniques à commande vocale, expérimenté en France, grâce auquel il suffira d'énoncer le numéro de son correspondant pour obtenir la communication. A nous la cafetière à puces et la cuisinière à puces ; dans le domaine de la mémoire, les prouesses seront encore plus stupéfiantes : on pourra mémoriser sur un seul centimètre carré cent vingt heures de paroles synthétiques, 10 000 pages d'annuaire téléphonique et vingt secondes d'images de télé. A plus forte raison peut-on imaginer ce que l'industrie des circuits intégrés peut offrir au royaume des radars, des équipements militaires, et des satellites espions, ou au niveau des télécommunications et du guidage des missiles.

La vague des techniques nouvelles en est déjà à submerger les derniers bastions tenus par Gutenberg. Musées, archives, bibliothèques font appel à l'informatique et à l'électronique. Voici la Joconde en fiches. Après un travail de treize ans pour recenser les collections et constituer des bases de données, l'ordinateur évoquera désormais, avec des chiffres et des mots, comme le plus modeste bénéficiaire de la Sécurité sociale, la *Vénus de Milo* et les madones de Raphaël. Vous voudrez tout savoir sur *l'Embarquement pour Cythère ?* Auteur, datation, mode et dates d'acquisition, description et analyses, polémiques ? L'ordinateur vous fournira les plus profonds secrets. Comme on le lit dans *Science et Avenir,* « le temps où les stagiaires de l'école du Louvre, devaient, sans s'endormir, interminablement, compter des moutons pour ficher les bergeries XVIIIe des réserves est révolu : Pierrette et ses brebis enrubannées peuvent apparaître désormais, en moins de dix secondes, sur l'écran ». Les historiens de l'art vont économiser des années de travail : il suffira de consulter la « mémoire électronique des musées ». « Le temps n'est même plus très éloigné où, de n'importe quel coin du monde, l'amateur pourra questionner à loisir les " conservateurs électroniques " incollables et infatigables. »

« Jamais la machine ne fera de nous des esclaves » annonce une affiche sur la porte des ordinateurs, au lycée Paul-Valéry. Allez savoir. Allez donc savoir si l'homme, criminel pour avoir largué le cheval, un ami de cinq mille ans, ne finira pas comme « cheval de l'ordinateur ». Quoi qu'il en soit, même si, pour l'immédiat, la micro-informatique est plutôt hésitante ou tâtonnante dans nos lycées, surtout du fait du nombre minime de professeurs formés à la nouvelle pratique et parce qu'on ne dispose que d'une centaine d'heures de programmes là où il en faudrait un millier, il faut s'attendre à un bouleversement, par la puce, de tout notre système scolaire et universitaire. De toute manière, l'opération « 10 000 micro-ordinateurs » est en cours, qui doit aboutir à l'implantation de 8 ordinateurs dans chacun des 1 160 lycées français, dès 1986.

A nous les ordinateurs géants. Cray-1, du nom de son architecte Seymour Cray, a une capacité-mémoire de 4 millions de mots ; il peut effectuer 150 millions d'opérations/seconde. Paradoxe : le père de ce monstre, fabuleux ingénieur-entrepreneur, constructeur des premiers ordinateurs avec son ami Gene Andhal, entre autres créateur des ordinateurs de la firme Control Data, les plus rapides du monde, les « Formule 1 de l'informatique », travaille dans un village perdu du Wisconsin, à Chippewa Falls, voisin d'Indiens qui pêchent de la manière la plus primitive sur le lac Wissota, joyeusement exposé à des hivers terribles, domicilié dans une vieille ferme isolée et éternellement engoncé dans une parka et des bottes d'aventurier-trappeur, à l'Eric Tabarly, dont il est le sosie. Paradoxe encore : l'usine où l'on fabrique Cray-1 est très « kitch », symphonie de rose, pour les blouses des ouvrières, de bleu tendre, pour les fils qu'elles connectent, et de jaune, leurs coiffures, décolorées ; les ateliers, décorés avec des rondins, des affiches et des photos de petites familles sont du même ton, campagnard. Paradoxe toujours : Don Whiting, directeur de l'usine, vous dit : « Ces ouvrières qui fabriquent ces super-ordinateurs viennent chaque matin des fermes environnantes ; elles savent aussi traire les vaches. » Effectivement, l'usine, Cray-Research, est dans le Minnesota, comme le Wisconsin paradis des vaches laitières. Les paradoxes ne changent cependant rien à l'essentiel : on sera passé de 1 million opérations/seconde en 1964 avec le 5 600, et de 10 millions d'opérations/seconde en 1969 avec le 6 600, aux 150 millions de Cray-1 dès 1976, une armoire de la taille d'un placard à balais, et l'on prépare d'ores et déjà, au plus tard pour 1990, un super-super-ordinateur, annonce Don Whiting, qui sera cent fois plus puissant, tout en n'étant pas plus grand qu'un poste de télé courant. On croit encore rêver : déshabillé, Cray révèle des centaines de kilomètres de fils dans ses entrailles et 700 modules différents de circuits intégrés, montés chacun sur des plaques de métal épaisses et lourdes. « Ce n'est qu'un gros réfrigérateur » dit aussi Don. Mais les clients sont à centaines, compagnies pétrolières, sociétés d'ingénierie, groupes de l'envergure de Boeing, de Mitsubishi et d'E.D.F. C'est par Cray qu'une société d'ingénierie peut concevoir la construction à La Mecque d'une tente de 30 hectares, pour abriter 100 000 pèlerins. Cray n'a pas son égal pour vous dessiner le profil d'une aile d'avion ou le plan d'un gisement de pétrole. Résultat : 13 exemplaires vendus en 1981 ; 16 en 1982.

On n'arrête plus les flirts de l'automatisme et de la miniaturisation : Minolta s'apprête à commercialiser le plus petit appareil photo 24 × 36 qui soit à la fois ultra-compact, à mise au point automatique (*autofocus*) et pouvant accepter tous les films de 25 à 400 ASA. Banque de données, 6 000 images sur un seul disque type microsillon, stock de 6 000 pages réduites 88 fois, plus des données numériques et des index enregistrés par faisceau électronique, avec lecture sur un écran de rétroprojection et microprocesseur permettant de retrouver en quelques secondes l'information souhaitée, telle est la merveille britannique dite Mnemos 6000.

Le tracteur électronique entre en piste, tel le Bima 300 d'Albaret, monstre de 12 tonnes et 300 chevaux, porte-outil automoteur sans équivalent et, selon les équipements dont il se dote, engin agricole à tout faire, débroussailleur, broyeur de taillis, fraiseur à neige, foreur mobile, poseur de câbles...

Les industriels des Arts Ménagers peuvent annoncer triomphalement en vedettes pour 1983 *la sonde électronique* qui, piquée dans la viande, arrêtera votre four automatiquement lorsque le degré de cuisson désiré sera atteint ; *la sonde humidité* qui, incorporée à votre sèche-linge, permet de le sortir... à point, prêt à repasser et à plier : *le congélateur forte isolation,* aux parois de 8 cm d'épaisseur, qui consomme deux fois moins d'énergie qu'un Electrolux ordinaire.

La révolution par les logiciels. « Quatrième ou cinquième génération : micros, minis ou gros ordinateurs ; tout cela est secondaire maintenant que l'on sait interconnecter les ordinateurs — estime René Moreau, directeur du Développement scientifique

I.B.M. France. Désormais, ce sera la prochaine étape de la révolution informatique qui sera déterminante : l'apparition de nouveaux logiciels permettant à l'ordinateur de s'adapter à l'utilisateur et non l'inverse, et qui permettront à tous d'accéder à de gigantesques bases de données... Il faut simplement mettre au point des logiciels suffisamment souples pour que l'utilisateur pose les questions qu'il veut. » Il ajoute : « Ma mère, qui est morte à quatre-vingt-trois ans, n'a jamais pu tourner un numéro de téléphone. Elle en avait peur. A quatre ans, mon petit-fils m'appelle. Il connaît le numéro et, pour lui, le téléphone est un objet quotidien. Je pense qu'il en ira de même pour l'informatique... N'oublions tout de même pas que le premier ordinateur qui s'est vendu à 1 000 exemplaires, l'I.B.M. 650, ne date que de 1953. C'était hier... »

Point étonnant qu'Elizabeth Antébi tienne à consacrer tout un livre à *la Grande Epopée de l'électronique,* ou, plus exactement, s'emploie à suivre les étapes du « séisme technologique » qui est en train de révolutionner notre paysage quotidien — au point que tous objets disparaissent, remplacés par des programmes et des fonctions, réduits à des écouteurs et des écrans. Or, l'histoire de la révolution électronique couvre à peine quatre générations. Ce n'est qu'en 1906 qu'un Américain, Lee de Forest, invente le tube radio, la triode, « ces tubes qui n'éclairent même pas » ironisent les sceptiques. L'écrivain anglais Chesterton s'écrie : « C'est la dernière-née des hypothèses à la mode qui sera considérée demain comme un abracadabra. » D'abord essentiellement servi par des chercheurs solitaires, ce n'est que sur les années 1940-1945 que, nous dit l'auteur, « Goliath succède à David, l'Argent à l'Aventure, l'équipe à l'inventeur isolé. » Seconde étape : celle des *marketing men,* avec alors télé-radar, transistor, laser, micro-électronique. Troisième étape : Sa Majesté l'Ordinateur. Mais tout va si vite que, quatrième saison, on en arrive à perdre « le fil d'Ariane ». Tout se passe, tout change, d'année en année, à un rythme tel que même les plus prestigieux savants peuvent être débordés par des informations qui se succèdent en rafales. Ainsi devaient venir les temps de la prudence. Il est trop évident que, si nos civilisations comprennent mal le pouvoir de l'électronique, il y aura à craindre trop de périls, « plus insidieux que ceux, nimbés de peurs mythiques, reflétés par *Metropolis, Goldorak* et autres *Rencontres du troisième type* ». Déjà, « l'enfant », oui, « l'enfant », n'est-il pas menacé d'être remplacé par une sorte de *microkid,* ce môme à micro-ordinateur qui parle déjà, tout naturellement, le langage informatique ? Elizabeth Antébi peut écrire : « J'ai travaillé trois ans à ce livre pour qu'un jour des parents ne se réveillent pas devant des enfants d'une autre planète ou peut-être même devant des enfants qui auront désappris à penser... »

Pour sa part, une revue américaine spécialisée peut jouer à dénoncer tous les scandales d'ordre moral qui peuvent se cacher sous des jeux électroniques prétendument innocents. Exemple : le jeu aux cow-boys et aux Indiens, sur votre écran, qui vous permet de tuer, comme réellement, sans risques, des Sioux à tribus entières (racisme), d'enlever toute une bande de squaws affriolantes (sexisme) et de torturer puis de violer l'une d'elles, enchaînée au poteau des supplices (porno). Il paraît même que plusieurs firmes ne vivent que de la production de jeux vidéo porno — consistant par exemple à réussir le maximum de relations amoureuses avec des partenaires plus sexy les unes que les autres, éparpillées sur l'écran. On aura même inventé cela : le harem électronique.

Mais qui donc, même au nom de la morale, pourrait désormais arrêter une si puissante course de la science et du rêve ?

Enorme fleuve irrésistible.

Déjà nous pouvons en toute certitude prédire ce que sera l'incroyable an 2000. Il n'y a au fait qu'à écouter le témoignage d'Igor et Grichka Bogdanoff, « les frères jumeaux de la science-fiction », producteurs de l'émission *2002* sur TF 1 : « Par l'intermédiaire des plates-formes géostationnaires de communication installées en orbite, il sera possible de téléphoner n'importe où sur la planète à l'aide d'un combiné miniature que l'on portera comme un simple bracelet-montre. Des usines volantes exploiteront les trois atouts du cosmos : sa pesanteur négligeable, son énergie solaire inépuisable, ses matières premières encore inestimables. Grâce aux Saliout soviétiques et aux Spacelab américains, les hommes de l'espace fabriqueront des produits impossibles à obtenir sur terre et dont nos économies ne pourront plus se passer. Des aciéries fonctionneront au monde des étoiles. L'absence de pesanteur permettra la réalisation des alliages de métaux les plus raffinés, pour la plupart encore inconnus sur Terre. Toujours grâce à l'apesanteur, dans les laboratoires spatiaux, pharmacies du ciel, on obtiendra des antibiotiques, des sérums et des vaccins bien plus purs et donc plus efficaces que ceux fabriqués ici-bas. »

Paris-Match peut donner la maquette d'une « usine électrique solaire photovoltaïque » qui, grâce à d'immenses miroirs composés de milliers de cellules, capte la lumière du soleil 24 heures sur 24 et la transforme en énergie électrique, selon le procédé dit de « conversion photovoltaïque » mis au point par l'ingénieur américain Peter Glaser. N'en est-on déjà pas, avec Boeing Aerospace, à mettre à l'étude, avec étude commerciale comprise, divers programmes visant à l'installation, d'ici une trentaine d'années, de S.P.S. *(Satellites Power Stations)* dont chacune pourra produire 10 000 mégawatts, l'équivalent de l'électricité consommée pendant un an par une ville de deux millions d'habitants ? Sans aller jusqu'à imaginer avec d'aucuns l'énorme fusée interstellaire qui, au XXIIIe siècle, emmènera ses passagers vers Vénus et Titan, nous savons que nous aurons sous quelques années camions spatiaux et autobus sidéraux. Même si nous ne suivons pas les savants qui, à l'horizon 2050, promettent une cité minière sur la surface de

Ganymède, un des satellites de Jupiter, où les colons trouveront à foison des oxydes métalliques, on connaît déjà le moyen de reconstituer une pesanteur artificielle par centrifugation : conçu dès 1975, le *Tore* (le pneu), projet de la NASA et de l'université de Stanford, répond à cette exigence, avec une roue monstre de 1,5 km de diamètre qui, en pivotant sur son axe central, créera la pesanteur recherchée.

Silhouette pour demain : « le valet de ces dames », *Com Ro1,* robot ragot de 1,35 m, fils d'un Américain du Connecticut, Jérôme Hamlin. Il sait tout faire. Dirigé par télécommande ou programmé par cassette, il peut ouvrir une porte, assommer un cambrioleur, servir un rafraîchissement, vider une poubelle, promener un toutou, mettre un disque sur l'électrophone. Valet intégré, il est équipé d'un aspirateur, d'une montre digitale, d'un signal d'alarme pour la fumée et d'un système TV-radio hi-fi.

Dragon pour demain : le camion à réaction *Trust-2,* qui, à 1 000 km/h, ambitionne d'être le moyen de transport terrestre le plus rapide du monde, fils de l'ingénieur anglais Richard Noble, équipé d'un turbo-réacteur Rolls-Royce *Avon* d'une poussée de 5,5 tonnes, déjà expérimenté sur l'ancien lac salé de Bonneville, dans l'Utah.

Joujou pour après-demain : les Australiens viennent de présenter un petit avion, 144 km/h, 7 à 9 litres d'essence aux 100 kilomètres, aile volante, hélice carénée, à peine 100 kg, à vide, structure en métal et plastique armé de verre, moteur de 36 CV, de 18 kg seulement, qui décolle et atterrit sur 110 m. C'est le Hernet 160.

18 millions de volts pour l'accélérateur de Strasbourg. C'est une première mondiale que vient de réaliser une équipe du centre de recherches nucléaires d'Alsace en montant à une telle tension un accélérateur électrostatique de particules. Trop souvent, la dissipation de l'énergie dans ce genre de machine, par exemple lors des décharges, comparables à des coups de foudre, empêche d'améliorer la tension accélératrice. L'équipe strasbourgeoise aura dû faire assaut d'imagination pour concevoir un système capable de contrôler de telles saignées d'énergie. Un ingénieur s'explique : « Nous n'avons eu qu'à introduire un ensemble d'électrodes discrètes — que nous appelons " cage d'écureuil " à cause de sa forme — permettant tout bonnement d'éviter que des composants vitaux de l'appareillage ne soient endommagés aux grands coups de foudre. » A eux déjà de se mettre ailleurs à la réalisation d'un *Vivitron* de 35 millions de volts...

Et les prix Nobel de la science de récompenser deux de nos plus extraordinaires savants mondiaux. Le « Physique » va à un jeune savant américain, Kenneth G. Wilson « pour avoir résolu le problème des fluctuations à échelles multiples » : lorsque la matière condensée change d'éclat sous l'effet de la température, elle atteint un point critique, au voisinage duquel son comportement échappe aux lois physiques les mieux éprouvées ; précisément, Wilson a désigné ce point critique. Le « Chimie » est décerné à un Britannique d'origine sud-africaine, Aaron Klug, (encore que celui-ci soit un biologiste, mais spécialisé dans le perfectionnement des méthodes d'examen des cellules, membranes et noyaux, afin d'en déterminer les structures fines), pour sa maîtrise d'une technique de base qui constitue une « géniale combinaison des méthodes du microscope électronique et des principes des méthodes de diffraction », précise le rapport de l'Académie des sciences de Stockholm.

Le « Médecine », lui, est attribué à deux Suédois et un Anglais spécialistes de recherches sur les *prostaglandines,* quasi-hormones, produites par les membranes cellulaires de divers tissus, qui jouent un rôle fondamental dans des domaines aussi variés que les contractions de l'utérus précédant l'accouchement, les règles, l'activité des spermatozoïdes, la fécondation, l'inhibition des sécrétions acides de l'estomac, la circulation sanguine et la fièvre.

Car l'Internationale des Médecins continue de soutenir une épopée qui sera l'immense honneur du XXe siècle.

L'année 1982, à son tour, voit se multiplier les prouesses.

L'interféron est reconnu comme arme anti-cancer et la production industrielle d'une de ses trois grandes variétés, *gamma,* devient un fait acquis.

On a, avec le cancer de Kaposi, une preuve que le cancer peut, sous certaines formes, être contagieux.

On prend plus fortement conscience qu'en matière de cancer, une bonne part de l'avenir est aux antiviraux (interféron ; vidarabine).

On découvre que des gènes modifiant les caractères d'une espèce peuvent « sauter » dans une autre espèce et aussi que les cellules humaines, comme les bactéries, ont sans doute des plasmides, ces poches d'information génétique surnuméraire.

On met au point des « alliages à mémoire », ainsi nommés parce qu'ils se conduisent comme s'ils se souvenaient, lorsqu'on les réchauffe, de la forme qu'on leur a donnée à basse température : grâce à eux, on peut sceller hermétiquement des tubes métalliques, réparer rapidement des pipe-lines sous-marins, manœuvrer automatiquement les fenêtres des serres selon la température extérieure et raccorder les conduits hydrauliques de l'avion de combat américain F-14 ou ceux du dernier-né des sous-marins nucléaires français, mais aussi empêcher un caillot de sang de remonter vers le cœur (ainsi éviter des embolies pulmonaires), redresser les dents des enfants, redresser la colonne vertébrale.

Michel de Pracontal, dans *Science et Vie,* peut hautement saluer le dernier cri de la médecine nucléaire, une méthode d'exploration physiologique basée sur l'emploi de marqueurs radio-actifs : *la caméra à temps de vol.* Invention française. Son secret : des détecteurs ultra-rapides, qui réagissent en une fraction de milliardième de seconde. Avenir pratique : c'est la machine à filmer le métabolisme ; elle permettra de mieux comprendre le fonctionnement du cerveau, d'étudier les troubles du rythme cardiaque et de diagnostiquer les cancers du pancréas.

On savait depuis dix ans prélever un embryon dans une vache et le replacer dans une autre. Voici que les biologistes exécutent le même exploit avec des embryons humains. Pour la bonne cause, bien sûr. (N'empêche que certaines perspectives font frémir et que des comités d'éthique sont constitués un peu partout.)

On distinguait jusqu'à nos temps la mère biologique et la mère adoptive ; il y a désormais une troisième mère, la mère génétique. Le premier bébé-éprouvette, fécondé *in vitro* par deux médecins anglais, Louise Brown, naît en 1978. Depuis lors, plus de cent bébés de ce genre seront nés un peu partout dans le monde. Le premier bébé-éprouvette en France, prénommé Amandine, du prénom de sa mère, venue au monde dans la nuit du 23 au 24 février à l'hôpital Antoine-Béclère à Clamart, Hauts-de-Seine, poids 3,420 kg, taille 51 cm, doit le jour à trois admirables savants qui travaillent depuis trois ans sur la fécondité *in vitro,* le professeur René Frydman, le biologiste Jacques Testard et le professeur Emile Papiernik, chef du service, mais au moins deux autres équipes françaises travaillent sur la même technique, l'une dans un hôpital de l'Assistance publique, à Tenon, dans le service du professeur Salat-Baroux, l'autre à Sèvres, sous la direction du grand gynécologue Jean Cohen. Deux autres bébés-éprouvettes de France auront suivi Amandine dans l'année : Alexia et Antoine.

Des chirurgiens du cancer américains précisent que, dans le traitement de la leucémie, si l'on a des jumeaux, on peut irradier fortement celui qui est malade, détruisant les cellules cancéreuses, mais aussi beaucoup de cellules saines et... le sauver en lui greffant de la moelle osseuse de son jumeau sain.

Peur de rien : on songe à fabriquer l'homme-singe pour expliquer la manière dont l'homme et le singe ont dérivé d'un tronc commun ; le grand savant paléontologiste Stephen Jay Gould, de Harvard, peut gravement évoquer l'éventualité d'une expérience engageant l'hybridation du chimpanzé et de l'homme. A prénommer King-Kong.

On corrige un gène. On avait déjà implanté, puis greffé des gènes pour bloquer des maladies héréditaires. Cette fois-ci, on réussit à rectifier le gène malformé lui-même. Des travaux remarquables sur le sujet s'effectuent à l'université de Californie comme à Yale, avec résultats intéressants, déjà obtenus, sur le gène coupable de la bêta-thalassémie, maladie due à une hémoglobine anormale et caractérisée par une anémie grave. On arrive pour la première fois à guérir une déficience génétique. Ce qui n'était pas encore imaginable il y a quelques années devient réalité. Six malades adultes affectés les uns d'anémie falciforme, les autres de bêta-thalassémie ont vu régénérer la fonction génétique qui leur faisait défaut.

On met au point un nouveau brevet « volé à la nature » : la colle à peau, à os, à chair, qui évite les inconvénients de toutes agrafes et sutures. La colle pour bras cassés a déjà fait ses premiers miracles en Allemagne et en Autriche. Le Centre national de transfusion sanguine à Paris se chargera de l'importation et de la distribution du Tissucol, produit assimilé du reste aux dérivés sanguins, puisque ses constituants sont dérivés du sang. Simplement, en séchant, ils donnent un caillot adhésif selon les mêmes mécanismes que ceux utilisés par l'organisme humain pour colmater une blessure.

Invention française : une machine à détecter en trois minutes le cancer de l'utérus.

Vieux remède retrouvé dans une vieille malle au grenier de l'humanité : contre la malaria, qui n'abdique pas, un truc vieux de deux mille ans. Il s'agit du *qinghaosu,* principe actif de la plante chinoise *qinghao,* dont l'utilisation est décrite dès environ 340 de notre ère par le médecin chinois Ge Hong dans le *zhou hou bei ji fang,* « Manuel de prescriptions pour les traitements d'urgence ». L'O.M.S. (Organisation mondiale de la santé) préside elle-même aux premières expériences « de masse ».

Anxiété gommée : des chercheurs de l'industrie pharmaceutique, à Bâle, expérimentent des médicaments qui seraient encore plus efficaces que le librium et le valium, des « anxiolytiques purs », de surcroît utilisés sans gêner le moindrement les performances au volant ou au bureau, ne relâchant pas du tout le tonus musculaire, comme c'est actuellement le cas, à un degré plus ou moins élevé, pour toutes les benzodiazépines commercialisées. Ils disent n'avoir eu qu'à se servir de l'un des meilleurs outils de la biologie moderne : les « récepteurs », protéines spécifiques situées sur certains neurones du cerveau.

Le rhume, le si banal rhume, serait enfin vaincu. Par thermothérapie, vieille méthode déjà utilisée contre la syphilis et la malaria. Sous le patronage prestigieux du professeur Lwoff en personne, c'est d'ailleurs, curieusement, dans un appareil qui tient à la fois du sèche-cheveux et de la bouilloire que se concrétise le miracle.

Les explorateurs du cerveau n'observent aucune trêve. Progrès sur progrès, malgré l'épaisseur de la jungle. C'est à qui découvrira de nouvelles techniques, lesquelles se concurrencent et se bousculent même à qui mieux mieux. Dernière en date : la résonance magnétique nucléaire, RMN, qui démode aussitôt un « scanographe » qui venait d'être présenté comme le fin du fin. Il est vrai que jamais encore représentation du cerveau n'avait été aussi fidèle et précise. Désormais les chercheurs peuvent observer avec la plus grande netteté l'extension des tumeurs, et voir enfin distinctement la moelle épinière, comme le cervelet et la fosse postérieure du cerveau. Ainsi, au Hammersmith Hospital de Londres, peut-on observer en toute clarté un méningiome (déformation du tronc cérébral), des lésions de sclérose en plaques et un hématome sous-dural.

Une équipe suédoise de l'institut Karolinska de Stockholm, pour la première fois au monde, réalise une greffe de cellules de glandes surrénales humaines sur le cerveau d'un patient atteint d'une forme particulièrement grave de la maladie de Parkinson, ces cellules étant prélevées sur le malade lui-même. Un énorme pas est ainsi franchi : pour la première fois, on « ose » introduire directement dans le cerveau un élément vivant susceptible d'en modifier le fonctionnement. Héros de l'exploit : le neurochirurgien Olof Bjorklund, l'histologiste Lars Olsson et l'histologiste Aki Seiger.

Empêcher le cerveau de vieillir, pourquoi pas ? Des chiffres anglo-saxons révèlent qu'une sur six des personnes de plus de soixante-cinq ans est atteinte, modérément ou sévèrement, de la maladie d'Alzheimer, autrement dit de sénilité plus ou moins avancée. « Le cerveau ne répond plus, ou répond plus mal. Il s'alanguit ou somnambulise. La joie de vivre s'efface. Une lourde résignation à tout vient. Surtout, malheur à quiconque s'arrête trop brutalement de travailler, ou de s'activer. Précisément, des travaux s'intensifient pour ralentir un tel vieillissement, un tel ensommeillement. Il est vrai qu'il suffirait de savoir que c'est l'intérêt pour l'environnement qui maintient le cerveau en bon état, grâce à la sécrétion constante d'un aliment excitatif cérébral, l'acétylcholine. Les médecins ne font que rejoindre ici une vieille sagesse. »

Nouvelles guerres : guerre des colorants. Le monde moderne excelle à susciter à l'homme de nouveaux ennemis, ou l'homme moderne se crée ses propres nouveaux ennemis. La médecine n'y trouve que nouveaux combats à mener, parfois difficiles. Il en va ainsi des colorants. On les invente pour jouer aux « produits naturels ». En vérité, telle bière « au houblon blond » doit sa rousseur à un *caroténoïde E 160 ;* tel biscuit « aux œufs frais » son jaune à la *tartrazine E 102 ;* tel cognac « vieilli en fût » son brun à un *oxyde de mercure E 172 ;* tel saucisson « fumé selon des méthodes ancestrales » sa rosette à un badigeonnage d'*azorubine E 122* (le E suivi d'un nombre relève d'un code international pour reconnaître tous additifs tels que colorants, arômes et acidifiants). De fait, désormais, les colorants se retrouvent partout, dans tout ce que nous absorbons, Coca et cake, thon et bonbons, chewing-gum et charcuterie. Partout, il nous faut rouges, verts, jaunes qui éveilleront nos papilles. Hélas ! Non seulement ils sont sans valeur nutritive, ni énergétique, ni gustative, non seulement ils augmentent le coût de revient des produits, mais ils sont pour la plupart dangereux et les médecins ont proclamé une fois pour toutes qu'« il faut émettre beaucoup de réserves sur les garanties qu'apporte le terme d'inocuité des colorants ». En tout cas, le médecin aura du moins contribué à faire interdire dix des plus dangereux, dont E 123, la redoutable amarante, E 103 (tirée du pétrole, la chrysoïne S, donnant le jaune), E 121 (l'orseille, d'origine végétale, offrant le rouge), et E 130 (le bleu anthraquinonique, autre fils du pétrole).

Nouvelles guerres : guerre antipollution. C'est encore la médecine qui la mène en premier. Ennemi qui vaut une peste noire. Dans certaines régions, ce n'est plus de l'eau qui tombe du ciel, mais du vinaigre. La pollution acide menace air, eau et sol. Elle s'en prend à hommes, animaux, végétaux, monuments. Elle aggrave toutes maladies respiratoires, asphyxie tous poissons empoisonne tous oiseaux, condamne des forêts entières à la mort lente, se fait lèpre pour ronger les façades des cathédrales. Tel est le problème majeur de l'environnement pour toute l'Amérique du Nord comme pour l'Europe occidentale et la Scandinavie. Accusés : centrales thermiques, raffineries, usines, chauffage des villes. La médecine est au moins là, en vigile, sur le rempart, pour dénoncer les pires poisons.

Traquez l'amiante. Quel point commun y a-t-il entre une plaque ondulée et un grille-pain, entre un bac à fleurs et un tuyau d'adduction d'eau, entre un frein de voiture et du linoléum ? Rien, en apparence. Pourtant, tous ces objets de la vie quotidienne font partie des 3000 produits qui contiennent de l'amiante, substance cancérigène redoutable entre toutes. A un médecin, le docteur Irving Selikoff, de définir la puissance pathogène du produit. A d'autres de chercher des remèdes pour stopper ou prévenir les maux qui, du fait de ce grand criminel, frappent trop d'hommes, surtout ouvriers. Ainsi s'intensifie la guerre contre trois maladies principales de l'amiante, les cancers, surtout du poumon, du larynx et des bronches, mais aussi l'asbestose (en particulier attaquant les mineurs et ouvriers de l'industrie de l'amiante-ciment, avec troubles de type asthmatique et cardiaque) et le mésothéliome, affection de la plèvre.

Vive la jeunesse éternelle ! On se passionne plus que jamais pour la cellulothérapie chère au célèbre professeur Niehans, même si les méthodes de rajeunissement gardent mauvaise presse dans le corps médical. Le dernier livre du docteur Chauchard sur la question peut actuellement connaître à Paris le plus vif succès. C'est dès 1931 que Niehans procéda à la première transplantation par injection de cellules fœtales fraîches de moutons noirs à une jeune femme de vingt-trois ans qui venait d'être opérée d'un goitre et était en proie à des crises de tétanie. Niehans lui-même est mort depuis dix ans. On assure que sa clinique, *la Prairie,* au bord du lac Léman, à Clarens, près de Montreux, voit toujours accourir par milliers des candidats à l'injection de jouvence. « Nous soignons tout ou presque — dit son directeur actuel, le docteur Claude Rossel, depuis le métabolisme, où nous obtenons des résultats remarquables jusqu'au vieillissement précoce, en passant par les troubles digestifs, les maladies de cœur, les rhumatismes, les insomnies, la dépression, l'impuissance, la stérilité féminine due à des problèmes hormonaux, etc., etc. J'ai traité un homme de quatre-vingt-seize ans et une femme de trente-quatre ans. » Les personnes illustres qu'on dit avoir été traitées sont pléiades, de Pie XII à des émirs arabes, en passant par Adenauer, Somerset Maugham, Braque, Churchill, le duc et la duchesse de Windsor, Charlot, Bourguiba, le roi Ibn Séoud, Gloria Swanson, Sacha Guitry, Merle Oberon, Pauline Carton, Tito, John Wayne, Marlène, Mae West, Henry Fonda, Picasso, et tant d'autres. Marilyn Monroe elle-même aurait figuré parmi les clients, outre Arletty, Gina Lollobrigida, Sophia Loren, des ministres français et le roi Farouk.

Hors même Niehans, faut-il en tout cas que la médecine ait accompli d'une manière générale de sensationnels progrès. Plus les années passent, plus l'homme a longue vie. Selon les derniers chiffres de l'O.M.S., l'on comptait, en 1970, 307 millions d'êtres humains de plus de soixante ans. Sauf guerre mondiale ou catastrophe imprévisible, ils seront 580 millions en 2000 ; 1,12 milliard en 2025. A notre date, nous avons plus de 3 300 centenaires en France : nous n'en avions qu'un millier il y a dix ans.

Non que tout aille pour le mieux dans le meilleur des mondes.

La médecine se doit de se garder de tout triomphalisme.

Revanche des microbes. Assaillies depuis un demi-siècle par un déluge universel d'antibiotiques — et souvent d'antibiotiques administrés à tort et à travers — les bactéries ont contre-attaqué avec des tactiques d'une finesse et d'une complexité stupéfiantes. L'escalade reprend. Un récent rapport de l'O.M.S. adresse une mise en garde aux médecins du monde entier sur la dangereuse évolution générale en cours. Indiscutablement, les antibiotiques perdent leur efficacité à un rythme alarmant, alors que les antibiotiques de la deuxième génération ne verront pas le jour avant plusieurs années. Exemple : le défi du staphylocoque. Cet insupportable malfaiteur, coupable de toute une gamme d'infections qui vont du furoncle à la pneumonie, ou de l'arthrite purulente à la septicémie, sembla définitivement vaincu en 1941 lors de l'avènement de la pénicilline. En 1946, seulement 14 % d'entre eux, les plus coriaces, résistaient encore. Mais la bande était plus nombreuse, 38 %, dès l'année suivante. Ils se comptaient 59 % de résistants en 1949. Nous en sommes à près de 90 % !

Fatalement, streptocoques, pneumocoques et gonocoques se prennent d'une identique audace.

Il y a dix ans, l'épidémie de typhoïde de Mexico résista à tous les antibiotiques. Coût : plusieurs milliers de morts.

Les épidémies de méningite animées par l'*Hemophilus influenzae* aux Etats-Unis en 1974 et celles de pneumonie à pneumocoques dans les ghettos noirs d'Afrique du Sud en 1977 ont été aussi mortelles.

On en est à se demander si le bacille de Koch n'aurait pas appris à tenir tête à la streptomycine. En tout cas, la tuberculose repart de plus belle. Avec les mesures d'hygiène, Koch, le BCG, le pneumothorax et pour finir les antibiotiques, on crut trop tôt que le fléau était maîtrisé. Il faut déchanter. La maladie est en pleine résurgence dans le tiers monde, où l'on compte 30 millions de tuberculeux. Finie, la légende selon laquelle la tuberculose, c'est la maladie de grand-papa. Le sana rouvre largement ses portes. Le nombre des tuberculeux aura doublé au cours des trente dernières années. Actuellement, 3 millions de personnes au moins meurent de la tuberculose tous les ans.

Enigme de quatre épidémies américaines. Gerald Messadié, pour *Science et Vie,* peut vouer toute une longue chronique à quatre épidémies bizarres qui, en moins de dix ans, ont ravagé les Etats-Unis, et les Etats-Unis seuls. La première frappe ses premiers coups en 1976 à un congrès international qui se tient à l'hôtel *Bellevue* de Philadelphie : 180 des 250 assistants sont victimes d'une forme de pneumonie foudroyante inconnue, et il n'y a là que le début de ce qu'on appelle par la suite la « maladie des Légionnaires », effectivement causée par une bactérie jusque-là totalement inconnue, baptisée pour la circonstance *Legionella pneumophila.* La seconde est le cancer de Kaposi, si exceptionnel à son apparition sur les côtes américaines en mars 1981 qu'on doit recourir aux encyclopédies médicales pour bien vérifier s'il s'agit d'un cousin d'un cancer jusque-là relevé seulement dans certaines régions de l'Est africain : de surcroît, fait bizarre, la maladie frappe plus volontiers les homosexuels, de toute manière des hommes jeunes, sportifs et jusque-là en parfaite santé ; et, à notre date, personne n'a expliqué encore pourquoi ce cancer s'en prend aux homosexuels américains, et pas aux homosexuels des autres continents. Troisième maladie énigmatique : en janvier 1980, une jeune femme en parfaite santé « meurt en quelques heures d'une septicémie foudroyante, provoquée par l'usage du tampon hygiénique » ; c'est à New York ; « l'affaire épouvante toutes les Américaines non ménopausées qui utilisent des tampons du même genre » ; puis, d'autres décès suivent, du même genre ; précisément, encore maintenant, on ne sait pas du tout par quel processus est provoqué le « choc toxique » foudroyant qui, chaque fois entraîne la mort, et on n'en est qu'à de vagues hypothèses sur le coupable présumé, un certain « staphylocoque doré » qui affectionnerait singulièrement le pubis de la femme. Et encore une fois, ce n'est qu'aux Etats-Unis, et pas ailleurs, que, soudainement, il s'est mis à tuer des femmes — ménopausées ou non — en quelques heures. Enfin, quatrième maladie mystérieuse, en 1981, on apprend qu'une vingtaine de millions d'Américains souffrent d'herpès génital, causé par le virus H.S.V. 2 et que chaque année leur troupe s'agrandit d'un demi-million de recrues. Autrement dit, c'est 10 % de la population nord-américaine qui souffre de cet herpès, lui aussi typiquement nord-américain. Qu'en penser ? Complot mystérieux ? Punition de Dieu ? Lequel ? Ou maladies réservées aux pays riches ? Ou désarmement subit de certains groupes sanguins ? (On sait par exemple, précise l'article, que les gens du groupe B sont moins exposés aux infections streptococciques que les groupes O et A, mais que le groupe O, lui, est moins vulnérable à la syphilis.) Ou excès d'hygiène ? Ou une défaillance immunitaire « acquise » ? A ce 1er janvier 1983, on ne connaît aucune explication convaincante.

Il n'en reste pas moins que, malgré les déceptions ou les défis inattendus, la médecine mondiale remplit remarquablement son devoir.

Rien n'est négligé, sur vastes royaumes comme sur mini-secteurs.

Et de chercher à mettre au point la pilule contre l'ivresse, à base de *L-dopa,* médicament actuellement utilisé dans le traitement de certaines maladies nerveuses. Ainsi, dans un avenir prévisible, pourra-t-on « dessoûler » dans un temps beaucoup plus court que celui des « incuvations » éthyliques habituelles. Telle est du moins la perspective que laisse espérer le professeur Ernest Noble, directeur du Centre de recherches sur l'alcoolisme de l'université de Californie à Los Angeles. A nous donc la « pilule de la sobriété » — du moins de tout autre formule que l'améthyste *(améthystos : non intoxiqué)* que les Grecs antiques recommandaient de porter au cou pour protéger contre l'intoxication alcoolique.

Et de chercher à mettre au point la pilule du sexe fort, en France et en Chine, encore que ce sera peut-être des Etats-Unis que viendra la contraception égalitaire. Les médecins français recourent plutôt à la méthode consistant, avec un dérivé de la progestérone, à arrêter la fabrication des spermatozoïdes ; déjà plusieurs dizaines de « volontaires », passé le temps des cobayes, utilisent ce produit contraceptif, tandis que d'autres recourent à un slip chauffant stérilisant, le tout sous contrôle d'une équipe de l'hôpital du Kremlin-Bicêtre. En Chine — où l'on veut arriver d'ici 2000 à une croissance zéro —, c'est une substance extraite de l'huile de coton, le gossypol, qui aurait la préférence. Aux Etats-Unis, on pencherait plutôt pour une pilule unisexe, valable pour les hommes comme pour les femmes.

Et de mener toute une guerre contre les épidémies provoquées par la pollution bactérienne des eaux. Ainsi l'équipe du Laboratoire d'hygiène et de recherche en santé publique de Nancy, sous la direction du professeur Foliguet, conduit-elle de très précieux travaux sur les causes « hydriques » qui ont pu provoquer cette année, d'Annemasse à Corte, de la Drôme à la Meurthe-et-Moselle, des épidémies « inédites », gastro-entérite aiguë et shigellose, hépatite virale et méningite lymphocytaire.

Et de créer une nouvelle discipline : la *biotique.* En s'appuyant sur les processus du vivant, elle parviendrait à produire des machines logiques. Déjà les chercheurs entrevoient la possibilité de créer des ordinateurs à protéines. Nouveaux prodiges. Nouveaux vertiges ? Autrement dit, l'ensemble des processus du vivant seraient détournés et récupérés pour produire des machines intelligentes dont on finirait par se demander si elles ne seraient pas en limite d'intelligence, de vie, de conscience. En quelque sorte — même si cela ne saurait être réussi avant des décennies, voire des siècles — nous en serions déjà à travailler sur des structures autoconstructibles, auto-reproductibles et toutes proches d'un pur être intellectuel. Idée fantastique. En tout cas, James McAlear, grand pionnier de la biotique, au Maryland, tente de mettre au point une prothèse implantable pour aveugles, afin de leur rendre quelques éléments de vision.

Et d'inventer le cœur artificiel. Encore une date historique : 2 décembre 1982. Un stupéfiant gadget en matières synthétiques implanté pour la première fois « en permanence » dans la poitrine d'un grand malade cardiaque condamné, c'est le nouveau pari de la science. Cela se passe à l'hôpital de Salt Lake City. Le chirurgien qui opère en chef est un mormon de trente-huit ans, William De Vries, « patron » de la chirurgie cardiothoracique de l'université de l'Utah. Le patient s'appelle Barney Clark, dentiste de soixante et un ans, autodidacte qui commença dans la vie comme vendeur de sandwichs dans les jardins publics et vendeur de légumes sur les marchés, volontaire pour l'expérience, choisi pour cette première tentative d'implantation permanente d'un cœur robot parce qu'il est parfaitement équilibré, doté d'une rare énergie et assume pleinement le pari ; il sait en particulier en se faisant opérer qu'il ne sortira pas de l'hôpital prêt à repartir pour une nouvelle vie, mais que ce sera pour une vie difficile, souvent pénible et douloureuse, sûrement irritante, sous une surveillance constante dans la maison que lui fait aménager l'université de l'Utah. L'appareil, conçu et fabriqué par le professeur Robert Jarvik — composé d'un support en aluminium, de deux ventricules en polyuréthane, d'anneaux de polycarbonate —, est branché sur le système circulatoire de Clark grâce à des greffes en dracon. La nouveauté de l'entreprise est totale, même si l'engin a déjà été expérimenté sur une centaine de moutons et de veaux, et placé *provisoirement* chez quelques malades attendant que le cœur d'un donneur leur fût transplanté : on ignore d'où pourront venir les pannes ; on ne peut savoir comment va réagir un organisme délabré et, de plus, « bipède », donc soumis à des conditions de circulation qui, sous l'effet de la pesanteur, sont quelque peu différentes de celles des « quadrupèdes » ; si l'on a résolu en majeure partie les problèmes de miniaturisation comme les problèmes de résistance des matériaux et de compatibilité avec le sang (pour éviter la formation de caillots), il reste à régler plusieurs difficultés matérielles considérables, surtout celles de l'alimentation en énergie. Peu d'espoirs sont laissés au malade : à peine si l'implantation du même type de prothèse sur des veaux leur permet de vivre au mieux sept ou huit mois, le record de survie étant de 264 jours. « Let go » a dit Clark. L'opération dure sept heures et demie, anesthésie comprise. Elle commence le mercredi soir 1er décembre, en musique, musique classique, avec notamment le *Boléro* de Ravel. Le 2, à 6 h 10 du matin, tout est terminé. Dans la poitrine recousue, le *Jarvik 7* bat à 112 pulsations-minute avant de descendre à 85. Le corps du patient s'oxygène à cadence normale, et, avant même qu'il se réveille, son teint est progressivement redevenu normal. Un peu après 7 heures, Barney Clark entend des bruits. Ses yeux éblouis distinguent une timide lumière. A quelques kilomètres de l'endroit même où il est né, un trou appelé Provo, il vient à nouveau au monde. « Je n'ose pas y croire — prononce-t-il — je suis vivant... » Dans sa poitrine, la petite machine fait un petit bruit étrange et parfaitement audible. S'il se répète 50 millions de fois, Barney Clark vivra un an — un an de bonheur de gagné tout de même, près de sa femme Unaloy, non loin de son fils, grand chirurgien du cerveau, et de ses petits-enfants. Cent millions de fois, deux ans. Relié à une machine de 170 kg qui envoie de l'air dans son cœur mécanique pour dilater les membres et pousser son sang dans les artères, il n'est déjà plus seulement un cobaye. Il est une sorte de miraculé. Avènement du premier homme au cœur de plastique. Sensation à travers tout l'univers. Emmanuel Vitria, le doyen mondial des cœurs greffés, qui vit depuis quatorze ans avec un cœur étranger transplanté par le professeur Jean-Raoul Montiès, chef du service de chirurgie cardiaque à l'hôpital Salvator de Marseille, dit : « Je suis plein d'admiration pour Barney Clark. Il fallait bien que quelqu'un fît la première tentative. Si mon cœur, qui va très bien, venait à lâcher, je serais tout à fait pour un cœur artificiel... » Encore faut-il savoir que l'équipe de Salt Lake City n'est pas la seule à animer les recherches sur le cœur robot : d'autres remarquables équipes s'y passionnent, telles celle du professeur Bücherl à Berlin, celle du professeur Montiès à Marseille, déjà auteur de l'implantation d'un cœur artificiel de conception absolument originale dans le thorax d'une chèvre, ou celle du professeur Alain Carpentier à l'hôpital Broussais de Paris, au sein de laquelle le docteur Didier Lapeyre, ingénieur au C.N.R.S., confiant dans l'avancée des recherches, prédit que, avant cinq ans, un cœur artificiel avec source d'énergie implantable, rechargeable à travers la peau, pourra battre dans la poitrine de l'être humain.

On entend un autre professeur, lui aussi spécialiste du cœur artificiel, William Pierce, à Hershey, en Pennsylvanie, dire, en souriant : « Plus rien n'est impossible... c'est grand, la médecine... »

11

De J. R. à E.T.

Qui a tiré sur J. R. ?

C'est la principale question que, ce Jour de l'An, se posent des millions de téléspectateurs.

Qui a eu enfin l'audace, homme ou femme, de faire feu sur l'ignoble J. R. (John Ross), l'homme le plus épouvantable de la Terre, le hideux jeune magnat du pétrole texan qui dirige d'une main de fer, à gants de boue, le clan des Ewing dans le feuilleton T.V. *Dallas ?*

Il n'y a pas plus grave problème.

En tout cas, ce soir, sur TF 1, en 15e épisode d'une suite qui en compte 23, voici à nouveau dès 20 h 30, en super-vedette, notre super-crapule du petit écran — déroutant de plus en plus crûment son entourage, s'opposant à l'élection si espérée de Cliff Barnes, faisant tomber les gentils dans de mauvais pièges... Du coup, par millions à nouveau les Françaises et Français agglutinés devant leur récepteur pour retrouver l'immonde personnage.

Aucun feuilleton, même les *Forsyte* d'épique mémoire, n'aura jamais eu un si écrasant succès.

La vogue de *Dallas* relève de l'incroyable.

De plus, elle ne se limite pas à la France.

Il s'agit d'un phénomène littéralement mondial.

Aux Etats-Unis, chaque semaine, quelque cinquante millions de téléspectateurs se branchent dessus.

Dans 57 pays éparpillés sur tous les continents de la planète, aux heures où sonnent les cuivres annonciateurs du programme, à millions et millions, Zambiens et Grecs, Australiens et Argentins, Roumains et Irakiens, Coréens et Thaïlandais, sont déjà bouche bée devant ce que les Américains appellent leur *boob-tube* (boîte à idiot).

En tout, trois cents millions de toutes races, de toutes couleurs, suivent régulièrement les péripéties de cette saga-reine.

Peu importe qu'au départ, le roi du jeu, Leonard Katzman, ait été chargé de produire, sans frais excessifs, une sorte de feuilleton de seconde zone, à la limite de la camelote pure, pour meubler le temps, l'un de ces *soap operas,* « opéras à savon », interminables drames de la grande époque de la radio entre les deux guerres, qui remplissaient les antennes tous les après-midi pour vendre les lessives en distrayant les ménagères. La chose était prévue pour être un attrape-ménagères, quoi.

Son succès éclipse tous les feuilletons les plus coûteux de la plus haute catégorie.

Même au pays de Shakespeare, *Dallas* est le péché hebdomadaire de trente millions de personnes, plus de la moitié de la population, dont la reine mère.

La France a déjà subi deux saisons de Dallas comprenant 49 épisodes. Il est impensable que l'actuelle série soit la dernière.

Quand l'acteur Larry Hagman — bon chic bon genre dans sa vraie famille — se vit confier le rôle de J. R. par Leonard Katzman, il signa pour 7 000 dollars par épisode : il en est à toucher 100 000 dollars l'heure.

L'envoûtement est si puissant que l'*after-shave* J. R. — mélange viril, légèrement agressif, de musc et de bois de santal — connaît plein succès à travers toute l'Europe occidentale. Faut-il que la méchanceté soit payante : on s'arrache tous azimuts les flacons à l'effigie du sourire fourbe de l'anti-héros de *Dallas.* Diffusé dans 81 pays, l'*after-shave* « Dallas » triomphe, partout — sauf au Japon et en Espagne — le pays des samouraïs et le pays des caballeros.

Slogan publicitaire : *the closer you get, the nicer I am.*

Plus vous vous rapprochez, plus je suis gentil.

Le sadisme ironique de J. R. va jusque-là.

L'événement des événements reste toutefois que, pour la première fois dans les mystères du *star-system,* le public ait choisi un salaud intégral, sans frein ni remords, pour en faire un héros.

Encore ce soir, revenu de sa fausse mort, J. R. sévit à nouveau, plus virulent que jamais. A nous une nouvelle fois, durant cinquante-deux minutes, les pénibles exploits du sinistre personnage.

Car voilà bien la principale raison du succès de l'œuvre.

Certes, on peut imaginer d'autres explications.

Le récit est simple et direct. Jamais de digressions ni de fioritures. Vlan ! On y va, tout droit. D'un bout à l'autre, c'est de l'expéditif. La facture de chaque épisode tient en un seul mot : efficacité. Il y a l'histoire, et rien que l'histoire. On chercherait en vain la moindre image inutile, le moindre plan de complaisance ou de distraction. Aucun de ces travellings si chers à nos réalisateurs européens. Interdit, le cadrage esthétisant. Du primitif et du primaire, les deux, pas plus. Les gens sont filmés carrément, on peut dire platement. C'est Philippe Labro qui le dit le mieux : « Le metteur en scène ne s'est pas fait plaisir. Il ne montre que ce qui est utile au récit. De courtes scènes entre personnages dans des lieux très familiers (bureaux, chambres d'hôtel, boudoirs, bars, restaurants et motels) avec pour seul procédé d'enchaînement un plan extérieur, toujours le même d'ailleurs, d'un gratte-ciel ou du ranch familial. C'est dire qu'il se passe toujours quelque chose à l'intérieur de l'image : on n'a pas additionné les minutes pour le simple plaisir de tourner. On raconte. Et ce que l'on raconte est de l'émotion aussi primaire et aussi concrète, que les tripes à l'étal du charcutier. »

Le plaisir d'évasion joue sans cesse : larges chapeaux de cowboys et Cadillac rutilantes, ranch de luxe et Belle Epoque des puissants, belles bottes et beau Texas.

On n'arrête pas de vivre « riche ». Le téléspectateur avec les acteurs. La famille Ewing est richissime : pétrole, bétail, affaires, et sait vivre richissime : taies d'oreillers en satin, cadres des tableaux dorés, placards bourrés de visons, canapés profonds, chaque membre de la famille conduisant sa Mercedes personnelle.

On retrouve l'irrésistible mythe du Texas dans toute son intensité. A la fois on l'admire et on le chérit : ils restent bouseux, ces rois du pétrole ; John Kennedy n'a pas été assassiné ailleurs et Lyndon Johnson aurait mérité d'être un Ewing, mais, malgré la pointe de jalousie ou le mouvement de répulsion, l'on ne peut s'empêcher d'apprécier la réussite de ces pâtres devenus princes (à leur manière) et de ces hommes d'affaires qui n'ont peur de rien.

La mère de J. R. est fadasse. Le père, comme le dit Bernard Frizell de *Playboy,* « est plutôt chauve à l'intérieur de la tête ». Bobby, le frère de J. R. « manque d'éclat au point de faire croire qu'il est l'homme invisible ». Il n'empêche qu'ils sont typiques de la plus simple famille américaine. Maman poule et papa gâteau — même s'il arrive encore au père de jouer au vautour. Cela plaît fatalement, c'est une part du rêve, ces moyens chez les riches.

On peut aimer ce côté sans dentelles de l'Amérique, dont nombre de populations se retrouvent de plus en plus familières. Du riche sobre. Nous sommes avec *Dallas* à l'opposé du feuilleton britannique et de la romance française, des *Forsyte* et du *Plaisir de Dieu.* Les meubles sont cossus, mais de mauvais goût. Les vêtements sont sans chichis. On sait, précise Labro, que, dans cette maison « tout s'est acheté dans un catalogue de Neiman Marcus, le grand magasin ultra-cher de Dallas ».

Les femmes sont belles. Victoria Principal, qui fait l'ange dans le rôle de Pamela, bonne âme de cette famille infernale, seule héroïne du feuilleton à incarner les vertus de l'Amérique d'avant Dallas, laisse deviner, même habillée, des rondeurs plaisantes à contempler. Charlene Tilton, qui interprète la madrée petite Lucy, a ce regard pervers qui trouble. Linda Gray, qui joue Sue Ellen, épouse trompée et martyre de J. R., imbibée d'alcool, en psychanalyse perpétuelle, douce épave, et Mary Crosby, fille de l'illustre chanteur Bing Crosby, qui incarne Kristin, intrigante sans foi ni loi, détraquée modèle, restent belles jusque dans les plus affreux moments de leur déchéance ou de leur rouerie. De la fameuse bête, dirait Belmondo dialogué par Audiard.

Les femmes ne sont pas que belles. Elles sont crédibles. Il n'en est pas moins vrai pour Pamela, séduisante Américaine exemplaire que pour Lucy, on ne peut plus réussie en petite Américaine délurée ou polissonne, pour Sue la psychanalysée que pour Kristin.

Les thèmes qui soutiennent toute l'action sont simples et clairs : Argent contre Vertu ; Sexe contre Amour ; Bon contre Méchant ; Caïn, qui est J. R., contre Abel, qui est le pauvre Bobby.

Aussitôt happé dans l'histoire, le téléspectateur n'en réchappe pas. Il est possédé. Ni étape ni oasis. Il doit aller jusqu'au bout.

Le mystère ne manque pas. Il y va beaucoup de la Mafia, avec ce J. R. et ce chef de clan qui peuvent tout piétiner ou massacrer. Des forces profondes et insaisissables jouent, avec tout l'attrait des énigmes éternelles. La malédiction d'Œdipe, sans Sophocle. Même le whisky qu'on prend à gogo en reçoit un arôme de philtre à magicien, à sorcières et à ensorcelés.

Le manque de style lui-même devient un style, a-t-on pu dire aussi. On ne pouvait trouver mieux, comme mélo suprême de l'âge télévisuel.

Mais le véritable envoûtement, incontestablement, provient du personnage même de J. R.

Il faut dire que, comme méchant, pour mieux trancher avec les séries vaporisées à l'eau de rose ou avec les héros exemplaires, cavaliers courageux ou policiers incorruptibles, Zorros ou Colombos, on n'aurait pu imaginer plus atroce que ce dirigeant cynique de la Ewing Oil Cie qui ne pense qu'à accumuler les turpitudes, ruine sans vergogne ses concurrents, trompe son épouse avec sa belle-sœur, se rend responsable de la fausse couche d'une autre belle-sœur, brise le mariage d'un ami, hypothèque le ranch familial, met en péril l'énorme fortune de la tribu par des spéculations financières honteuses et rend la vie de ses deux frères si intolérable qu'ils doivent quitter la maison paternelle.

On a mis la dose.

On ne pouvait mieux réussir comme type de héros à haïr, le plus hideux bonhomme qui soit — ça se voit jusque sur son regard de serpent et son rictus de caïman — le plus intrigant, le plus combinard, le plus vil.

Il n'y a pas que les femmes à fantasmes sexuels ou candidates-esclaves qui sont subjuguées par cette brute ricanante qui, comme mot tendre, chuchote à sa femme rebelle : « Je t'écraserai, pute... »

Ce sont les téléspectateurs de tous âges et de tout sexe qui sont saisis. Au fond, cette répulsion pour J. R., on finit par la rechercher comme une drogue.

On en arrive à ne plus pouvoir se passer d'elle.

On se met à aimer haïr.

Avec Zorro, nous galopions au rendez-vous de l'amitié ; avec Colombo, nous filions au rendez-vous d'une justice roublarde ; avec les grands couples romantiques, nous allions au rendez-vous du charme et de l'amour ; avec J. R., même en nous maudissant en secret, nous nous précipitons au rendez-vous de l'exécration.

Nombre d'invités doivent adorer se vautrer dans son fumier.

A-t-on fini de croire massivement à de bons sentiments trop souvent disqualifiés ? Ne veut-on plus jouer à don Quichotte, ni à Roméo ? Puisque cette fin de siècle voit se durcir tous les sentiments et que même de grandes doctrines politiques ou métaphysiques se constituent à base de cynisme, y a-t-il là aussi phénomène du durcissement ou de l'enragement général ? Est-elle soudain devenue enivrante à boire, la haine ?

Quoi qu'il en soit, tel est le cas : J. R. sorcier numéro un de notre temps.

La plus juste preuve de cet envoûtement de l'horreur est d'ailleurs donnée par les sociétés rivales de celle qui commandite J. R. : au moins une quinzaine l'auront plagié, non sans succès. A leur tour, elles montent ou patronnent des feuilletons à cynisme triomphant, avec intrigues décalquées sur les heurs et malheurs de nos nouveaux Atrides. Simple originalité : ce sont les femmes, dans plusieurs bandes, qui rivalisent dans le sordide intrigant. A côté d'elles, J. R. fait même presque figure d'enfant de chœur, tant éhontée est la surenchère. Plus aucune retenue. *Flamingo Road,* grande aventure floridienne, raconte les multiples tribulations effrayantes de Constance Weldon, épouse d'un homme politique ultra-puissant : jamais politicaillerie, corruption, sexe et brutalité n'auront mieux excité une créature. Dans *Dynastie,* épopée dantesque des Corrington, dans le Colorado, il en est pire encore : deux femmes s'y livrent un combat sans pitié ni trêve, Alexis, la combattante, première femme de Beake Carrington, veut la peau de la douce Krystle, seconde épouse du célèbre milliardaire, lui-même un beau crocodile. Joan Collins, ancienne fiancée de Warren Beatty, interprète Alexis, tandis que Linda Evans, première femme de John Derek, joue Krystle. Autour d'elles, s'agitent un beau-fils homosexuel, une belle-fille nymphomane, l'inévitable psychanalyste obsédé sexuel et des pléiades d'amants et d'amantes d'une identique étoffe. Croyez-le ou pas : diffusé depuis deux ans, *Dynastie* (qui nous est d'ailleurs annoncée pour bientôt en France) dépasse *Dallas* et J. R. dans les sondages américains...

Il reste qu'une nouvelle fois, ce soir, sur TF 1, J. R. hypnotise des téléspectateurs à nuées et nuées...

Dieu merci, en fin de soirée, nous avons une heure avec Jean-Christophe Averty. *Téléthèque Averty's,* telle est l'affiche. Le magicien-chef du petit écran français a touché à tous les genres, chanson, dramatiques, jazz, danse, humour grinçant. Le producteur de l'émission, Bernard Gouley, avec la complicité de Léon

Zitrone, a choisi précisément de nous montrer ce qu'il y a de plus gai dans l'œuvre du créateur. L'on n'en est qu'encore davantage heureux. Joies sur joies, ou sourires sur sourires. Le Modern Jazz Quartet, *allegrissimo,* ouvre *Three Windows.* Michèle Arnaud trouve *Une rose pour Anna.* Lilia s'amuse avec des *Gosses de Paris.* Guy Grosso chante Ma Tonkiki, Ma Tonkiki, *Ma Tonkinoise* en hommage à Vincent Scotto. Autre maître de la poésie et de la fantaisie, Guy Béart imagine une *Bienvenue à... Averty.* Tout est à l'unisson de la gaieté la plus délicate. Ballets. Beaucoup de ballets. Images d'Epinal qui virevoltent. *Songe d'une nuit d'été* du... Noël 1969. *Gribouillages* dansés. *Hold-up* avec rondes. *Alice au pays des merveilles. La Mariée mise à nu...* malgré des nuages de tutus. Toute une anthologie de la drôlerie et de l'invention, par un roi des *sixties.* Une heure d'enchantement. On a droit à la moulinette et à Ubu saisi par l'électronique, à quelques grains de raisins verts, à des variétés élégantes, à de fausses pubs provocantes et cocasses. On en redemande. On mesure aussi le chemin parcouru. En marche arrière.

Antenne 2, pour sa part, après son populaire et immortel *Jeu des chiffres et des lettres,* « Le compte est bon », « le Mot le plus long » et après le trop rapide *Théâtre de Bouvard,* propose *Champs-Elysées.* Michel Drucker, par sa finesse, sa gentillesse et son autorité, est l'un des rares animateurs, sinon le seul, à pouvoir balancer, voire surpasser le succès de *Dallas* sur la chaîne concurrente. Il a une sorte de génie, sur mode sobre et discret, pour monter des variétés vivantes qui peuvent garder une extrême délicatesse tout en s'assurant les faveurs populaires. A nouveau, ce soir, il y réussit. Guy Bedos, tout joyeux de vivre, dialogue aussi vertement avec Dieu qu'avec Séguéla. Marie-Paule Belle conseille *Paris, fais-toi faire un lifting.* Gilles Dorléac avoue *J'en aime une autre.* Pierre Bellemare, avec la sympathique émotion d'un débutant, raconte *le Père.* Pierre Douglas y va de ses truculentes imitations. Les ballets de l'*Alcazar* dansent. Nicole Calfan paraît pour chanter une *Impatience,* belle à en rêver, pas du tout émue d'avoir été photographiée nue par Mireille Darc en personne pour le *Lui* de ce mois-ci, en vamp nue, en croqueuse de diamants nue et en hollywoodienne nue, seulement vêtue de Guy Laroche et coiffée « petite tête laquée » par Robert Isard, de chez Jean-Louis David, Passy. Michel Drucker nous aura même réservé une charmante première : Marie-Christine Barrault chantant en direct, sans peur apparente, la chanson de *Fortunio,* composée par Georges Delerue pour la pièce d'Alfred de Musset, *le Chandelier.* On peut même parler d'une autre grande première pour la grande actrice : marcher sans ses béquilles ; elle sort à l'instant du plâtre qui l'a immobilisée durant quatre semaines pour une cheville fracturée au cours des répétitions de *Dylan* au théâtre de la Criée à Marseille.

Le Quatuor Basileus suit, à 21 h 50. Nous retombons dans le maxi-mélo. Oscar, âme du Quatuor, vient de mourir. Après trente ans de vie en commun, Alvaro, Diego et Gugliamo sont désemparés. Mais Edo, le Bel Edo, brun ténébreux, survient, joué par Pierre Malet comme il convient, et le quatuor se reconstitue dans l'exaltation. Mais Gugliamo, homosexuel inavoué, tombe amoureux d'Edo. Mais Edo préfère le féminin au masculin et collectionne même les proies féminines. Mais Gugliamo, fou de jalousie, doit être enfermé dans une clinique psychiatrique. Mais un jour, Edo, en Allemagne, peu avant la frontière suisse, prend à bord de sa voiture une séduisante auto-stoppeuse. Mais l'auto-stoppeuse se révèle être un dangereux terroriste, que toutes les polices recherchent. Mais...

Mais on passe avec soulagement au show qui clôt la soirée, *Dizzy, Feet,* reprise, « Rose d'Or » à un concours de Montreux. Un étonnant spectacle de pieds de danseurs en folie, avec pas mal d'humour. Un show international à mille et une facettes, du ballet classique au numéro de claquettes, en passant par le jazz et la danse sud-américaine. On oublie Gugliamo. Il y a de la cadence. L'ensemble de la troupe donne *Electric Dobby Horse, Don't train on my parade, There is gotta to be.* Sammy et Shirley Stofford interprètent *I concentrate on you.* Honi Coles surgit avec *Buck Dance...* Blues, blues, blues, *dombers blues...* et les *Dizzy Girls* y vont de leurs plus actives jambes...

FR 3 ouvre un téléfilm d'Henri Helman, tourné à Lille, *Jeu de Quilles,* scénario et dialogues d'Eliane Borras et de Catherine Allégret, fille de Simone Signoret. Trois jeunes amies, pas simples, dont les professions sont loin de leur donner toutes satisfactions, décident de mettre leurs ressources en commun pour ouvrir un restaurant. L'opération n'est pas non plus très simple.

On termine tout juste avant minuit avec le baryton Hermann Prey — qui chante *l'Enfant de la Muse* de Franz Schubert, non sans que Max Gérard, avec talent et gaieté, n'ait donné un drôle de *Divertissement,* la ville vue par les grutiers, les laveurs de vitres des tours, les élagueurs, les couvreurs et les pompiers, tous personnages haut perchés, et pour la circonstance accompagnés par le pianiste Albert Ravonna, la violoncelliste Marie Suir et les Flagadas Stompers.

Vous n'êtes pas attiré par le programme ?

Vous auriez préféré un « one man show » de Georges Marchais ? Ou un truc comme *Le Gorille aime la chair fraîche ?* Ou un Polac ?

Soit.

Il n'y a qu'à sortir à travers Paris.

Les cinémas ne sont pas en grève. Profitez-en.

De plus, le cinéma marche le tonnerre.

En 1981, on avait déjà observé une augmentation de fréquentation des salles de cinéma françaises de 8 % par rapport à 1980. En 1982, le progrès continue ; l'augmentation risque de dépasser 4 % par rapport à 1981. On se rapproche des 200 millions de spectateurs qui marqueraient la totale reconquête du public, un temps décimé par les programmes de la télévision.

Il y a certes des déceptions. Lion d'Or à Venise, *l'Etat des choses* de Wim Wenders plafonne à 75 000 spectateurs : maigre. Remarqué à Cannes, *Passion,* de Jean-Luc Godard, sur 25 semaines, n'arrive pas à trouver 100 000 volontaires. Lancée avec éclat, *la Truite,* dernière venue de Losey, ne nage guère mieux. Un rude phénomène de rejet se marque sur *Une chambre en ville* de Jacques Demy — une chambre sans doute trop intellectuelle.

Mais *Deux heures moins le quart avant Jésus-Christ,* de Jean Yanne, enregistre à son premier jour quelque 54 000 entrées, battant le record établi par *les Dents de la mer* avec 44 000 entrées.

Première semaine : 400 000 entrées, second record. (Record précédent : *Rien que pour vos yeux,* environ un peu plus de 300 000.)

Troisième record : il s'agit du premier film à sortir dans 41 salles (ancien record : 40 en 1980).

A peine établis, les trois records sont battus par *l'As des as.* Premier jour : quelque 73 000 entrées.

Première semaine : 463 000.

Sortie : dans 52 salles.

Jean Yanne rameute un million de spectateurs parisiens en six semaines ; *E.T.,* qui sort dans 55 salles, rassemble ce million en quatre semaines !

Surtout, ça rigole — ou ça veut rigoler.

La mode n'est pas au film casse-tête.

On peut dire qu' « y a d'la joie ».

Deux heures moins le quart avant Jésus-Christ, Plus beau que moi tu meurs, le Quart d'heure américain, les Sous-Doués en vacances, le Père Noël est une ordure, T'empêches tout le monde de dormir, Les cadavres ne portent pas de costard, on s'en paie une joyeuse tranche, en tous genres, sur nos grands écrans, en jean ou en short, en péplum ou en complet trois-pièces, dans les files d'attente des MacDonalds ou sur les gradins des stades.

Gérard Oury, père comblé de *l'As des as,* peut dire que « le cinéma comique français est d'une santé insolente ».

Peu importe s'il y a plutôt prédilection pour la grosse farce, Yanne le râleur, Maccione le frimeur, Jugnot le gaffeur. *Le Gendarme,* le *Rabbi Jacob* et *le Grand Blond avec une chaussure noire* ont fait joyeusement école. Satire au rasoir et moquerie au marteau-pilon. Gros sel et gros poivre.

« C'est que la comédie a une fonction sociale » souligne Philippe Galland qui, quant à lui, signe un désopilant *Quart d'heure américain.*

Au vrai, on pourrait dire de l'ensemble du cinéma.

Une seule chose compte par-dessus tout : oublier tous grincheux et toutes tracasseries de la vie quotidienne.

Ainsi y a-t-il des queues devant quasiment toutes les salles.

Il est trop vrai aussi qu'on ne sait où donner de la tête.

Ici, *l'As des as* nous entraîne irrésistiblement dans la vadrouille farfelue d'un ancien pilote de chasse devenu entraîneur de l'équipe française de boxe aux jeux Olympiques de Berlin en 1936. Jean-Paul Belmondo, au summum de son dynamisme, protège un petit garçon juif empêcheur de tourner en rond. N'imaginez surtout pas que Gérard Oury ait voulu faire *le Kid* ou *le Dictateur.* Malgré le contexte nazi, il a voulu sortir essentiellement, fondamentalement un film à rigoler, avec la seule prétention de prouver que les as aussi ont du cœur. Du décontract, à fond d'humain.

Là, s'affiche *Firefox, l'arme absolue.* Clint Eastwood, metteur en scène, envoie l'acteur Clint Eastwood en mission secrète à Moscou. Ex-pilote de génie, il doit substituer, au nez et à la barbe des Rouskis, un prototype d'avion supergénial qui réagit directement à la pensée. Plus besoin de tripoter des boutons et des manches à balai. On pense « atterrir », et l'avion se rend lui-même à domicile. Simplement, il faut « penser en russe ». Mais comment Clint ne parlerait-il pas russe à la perfection? La description des vieux dignitaires du Kremlin vaut son pesant d'or.

Ici, S.A.S. fait encore des siennes. *S.A.S. à San Salvador.* Pas de meilleure place pour un amateur d'action. Cette fois, S.A.S. le prince Malko Linge, chevalier du Saint-Sépulcre et de Malte, margrave de Haute-Lusace, et agent de la C.I.A., toujours aussi souriant et décontracté, malgré un château en ruine qui lui donne en Autriche beaucoup de soucis, également toujours aussi blond, délicatement parfumé et friand de cognac Gaston de Lagrange, doit venger un archevêque assassiné pendant la messe et échapper à mille pièges sataniques montés par les « subversives ». Il n'en garde pas moins assez de temps pour culbuter toutes pépées, genre rahat-loukoum ou poivre en boîte, qui se trouvent sur ses sentiers de guerre. Il fait même l'amour avec la sœur de Bibendum (elle lui ressemble) sur le capot de sa Peugeot. C'est Miles O'Keeffe, ex-Monsieur Californie, ex-Tarzan (dans la version Bo Derek), qui tient le rôle. On s'amuse, même si Gérard de Villiers, aux dires de la critique, devrait faire mieux la prochaine fois, ou trouver un S.A.S. plus viril et plus crédible.

Là — merci, le film d'espionnage et le polar prospèrent autant que les films comiques — on redonne *Gilda.* Nostalgie, nostalgie aussi. Rita Hayworth et ses gants. Rita Hayworth et Glenn Ford. Rita Hayworth chantant *Put the Blame on Mame.* Rita Hayworth dans un polar sensass où la mythologie de Hollywood transfigure chaque image.

Un drame clair, intense et noble comme une tragédie antique ? Il n'y manque même pas le chœur, foule sage à force d'être vaincue. Cela s'appelle *l'Honneur d'un capitaine.* Pierre Schoendoerffer signe. Vingt-cinq ans après sa mort en Algérie face aux fellaghas, le capitaine Caron, à titre posthume, est accusé de forfaiture et de torture. Sa veuve, Nicole Garcia, pathétique de vérité et de sobriété, fait un procès en diffamation, même s'il est atrocement difficile de savoir ce qui s'est passé exactement. Les images sont saisissantes. Un avocat-procureur, Charles Denner, voix sèche et claquante comme coups de feu, fait face à un avocat-avocat, Georges Wilson, qui, même assez désabusé, essaie de comprendre les fautes de l'homme à la lumière des grandeurs de l'homme. En flash-back, Jacques Perrin campe le capitaine bloqué dans une mission impossible. Honneur d'un capitaine ? Honneur aussi d'un pays. Tout au fond des images, au-delà des képis kaki et des montagnes mauves, on devine sans cesse la France elle-même, géante douloureuse et déchue, qui perd les dernières terres de l'empire, sanglote sur les lambeaux et se demande comment ne pas laisser déchirer son âme.

Une épopée historique ? En attendant de sortir, ces prochains jours, dans les grandes salles parisiennes, *Danton,* d'Andrzej Wajda, prix Louis-Delluc de cette année, est présenté en avant-première au Français-7 à Enghien. Le cinéma n'aura pas attendu 1989 pour célébrer superbement le bicentenaire de la Révolution française. 1982 nous aura offert *la Nuit de Varennes.* 1983 s'ouvre sur *Danton,* surpris par les caméras quand le Comité de salut public, inspiré par Robespierre, lequel est assisté de Saint-Just, va faire arrêter, condamner et guillotiner « le Mirabeau de la Canaille » au nom de cette Révolution pure et dure que l'on appelle depuis lors la Terreur. Peu importe que le film s'adapte d'une pièce de théâtre polonaise, *l'Affaire Danton,* de Stanislawa Przybyszewska, une grande amoureuse de Robespierre. Voici une grande œuvre en soi. Non seulement Wajda, déjà cinéaste de *l'Homme de marbre* et de *l'Homme de fer,* aura contemplé cette fois, de toute sa passion la plus sublime, un exceptionnel homme de feu, mais tout a été réuni pour consacrer une impressionnante réussite. Depardieu est monumental dans le rôle de Danton, Dieu tonnant ou ivrogne aphone, passant des exaltations les plus insensées aux plus accablantes dépressions, homme de rêve et homme d'appétits, homme à femmes et cessant de se battre quand il voit sa maîtresse préférée, la foule, l'abandonner encore plus lâchement que ses amis les plus lâches. Wojciech Pszoniak, tout Polonais qu'il est, nous restitue un Robespierre hallucinant de vérité, monstre froid, Monsieur Dialectique, impuissant qui n'aura jamais possédé de femme, « un capon », disait Danton, glace qui va tuer le feu selon une loi qui lui est propre, mais révolutionnaire absolu à force d'intelligence, écartant de la route vers la Terre Promise de la souveraine Raison ce Danton comme un simple embarras. Pour une fois, on garde une grande place, même si ce n'est pas la plus grande, au vrai géant de la Révolution, Billaud-Varenne, incontestable homme fort de toute l'aventure, véritable orchestrateur et inspirateur robespierrien, impressionnant avec sa rigueur sans faille et sa perruque fauve, et dont le rôle sera primordial, au 9-Thermidor, pour abattre ce même Robespierre dès lors qu'il l'aura jugé « dépassé ». Mais aussi, la grandeur des scènes du passé s'illumine de la grandeur des scènes du présent. Les flammes des procès staliniens ne sont jamais absentes de ce nouveau procès de Danton. On peut croire raconter l'histoire même de la Pologne, pays de feu aux prises avec un énorme appareil glacé. On entend Danton dire à Fouquier-Tinville : « Le peuple n'a qu'un seul ennemi dangereux, c'est le gouvernement » — dire à Camille Desmoulins : « L'homme n'a des droits que tant qu'il sait les préserver. »

Un film de rare qualité ? *De Mao à Mozart,* par Murray Lerner. En 1979, lors d'un voyage officiel, le violoniste Isaac Stern rencontre le peuple chinois et transmet à des musiciens chinois — et à nous spectateurs — sa foi en un Mozart qui dépasse de loin tous les Mao. Il leur apprend, de toute sa générosité la plus romantique et de toute sa truculence rabelaisienne, à dépasser la technique en se servant de leur cœur, à abdiquer leur dialectique pour mieux enfin revivre la musique.

Une amusette, pour tuer le temps ? *Victor, Victoria,* de Blake Edwards, une vraie comédie américaine comme au plus beau temps naguère, avec musique, danse et chansons, dans le cadre de l'heureux Paris 1930. Toddy — Robert Preston — un chanteur homosexuel vieillissant, rencontre Victoria — Julie Andrews — cantatrice au chômage. C'est l'union sacrée, le couple idéal — sauf que Victoria va se métamorphoser en ravissant comte Victor Grazinski, chassé par une famille qui n'apprécie ni son efféminage ni sa vocation artistique. Résumons : une « folle » vit avec une femme qui se fait passer pour un homme se faisant passer pour une femme. Le drame se noue quand un homme, un pur macho, lui, entend s'offrir Victor-Victoria...

Il paraît que, tous les soirs, Steven Spielberg se met au lit avec un grand pot de caviar, des toasts et des boîtes de Coca-Cola, face à un poste de télévision allumé. De 20 à 24 heures, l'homme devenu le plus riche de l'industrie du cinéma regarde tous feuilletons et toutes comédies à sketches (les *sit-coms*) déversés sur l'Amérique par les pléiades de chaînes commerciales. Il n'y a pourtant là ni lubie de créateur un peu bizarre ni caprice infantile de milliardaire maniaque. Plus simplement, avec constance et application, Monsieur Cinéma espionne son pire ennemi, Dame Télévision. « C'est comme aux échecs — précise-t-il — il faut toujours avoir un coup d'avance sur l'adversaire, sinon on est fichu. » Soir après soir, le prodige d'Hollywood — il est vrai aussi exceptionnel amateur de caviar — se gave d'images de télé, pour mieux vaincre la télé. Aux Etats-Unis, la logique de programmation est purement commerciale. On produit ce qui peut se vendre, ou qui se vend, c'est tout. Et, depuis des décennies, ce qui se vend, ce sont feuilletons et « situation-comédies ». En les surveillant quotidiennement, Spielberg repère au jour le jour les derniers changements, les ultimes nuances du goût américain — lequel devient du reste de plus en plus le goût mondial. Il ne lui reste plus qu'à extrapoler ces tendances sur trois ou quatre ans — le temps total de fabrication d'un grand film — pour deviner ce que le public choisira à ce moment. Toujours un coup d'avance. L'anecdote est révélatrice de ce qui se passe à Hollywood. Tsar Cinéma contre impératrice Télévision. Monarque incontesté du divertissement, le cinéma monopolisait autrefois la vie sur pellicule. L'illusion animée est maintenant dans tous les salons et presque toutes les cuisines : il faut des arguments autrement plus forts pour faire sortir les Américains de chez eux, à preuve les coups qui frappent les sociétés de cinéma les plus faibles ou les moins prévoyantes ; en moins d'un an, sur les sept « majors » du cinéma américain (Paramount, MGM, United Artists, Columbia, Universal, Twentieth Century Fox et Warner Bros), deux ont changé de mains et le troisième a été avalé par un plus gros. A bon entendeur, salut. Mais les soirées TV de Spielberg nous auront en tout cas donné l'un des plus formidables spectacles de nos jours : *E.T.* ... histoire d'un petit extra-terrestre, seul et oublié sur terre, qui est sauvé et recueilli par un garçonnet de dix ans lui-même perturbé par un foyer désuni, avec la complicité d'un frère aîné aux airs supérieurs et d'une petite sœur cafteuse. Il est laid, ce E.T. Il est aussi affreux qu'un crapaud. Mais il est aussi attendrissant qu'un moineau tombé du nid. Il est totalement seul. Il a peur. Il est à 3 millions d'années-lumière de chez lui. Il a les plus doux yeux du monde... Aux Etats-Unis, il provoque un véritable raz de marée. Folie. On imprime des tee-shirts à son effigie. Sur les trottoirs, les vélos des gosses volent sur un simple mot de passe : E.T. Cahiers et classeurs sont à son nom. Sur les murs des chambres, il détrône Snoopy et Mickey... Voici qu'en France, le plébiscite est aussi triomphal. « L'explication de mon succès ? explique Spielberg. Ma scénariste d'abord, Mélissa Mathison, 20 % de technique et 80 % de cœur... »

Tout, il y a tout, sur les affiches : *Plus beau que moi tu meurs,* avec Aldo Maccione et Raymond Pellegrin. Pour se sortir d'une sale affaire et fuir en Tunisie, Aldo le voyou empruntant la soutane de son jumeau, Marco le curé ; dans les deux rôles Maccione se caricaturant lui-même en jouant les dragueurs balourds, parmi une multitude de beautés en monokini ; et *la Baraka,* histoire d'un Mathias au bon cœur, Roger Hanin, chouchouté par sa mère et sa fille ; ses affaires vont bien, merci ; la restauration n'étant pas encore nationalisée, la bouillabaisse rapporte quand on connaît la recette ; le psychodrame pied-noir remplaçant tout bonnement le drame de midinettes sur les bords de la Marne ; de *la Courtisane* Greta Garbo qui nous revient aux côtés de Clark Gable d'un flamboyant mélo 1931, dans un contexte aussi larmoyant que farfelu, à *Docteurs in Love,* comédie loufoque de Garry Marshall à contre-courant de toute la tradition littéraire et cinématographique du « mélo hospitalier », frénésie on ne peut plus « Helzapoppin », parodie débridée, quoique jamais vulgaire, du genre « Y a-t-il un chirurgien dans le bloc opératoire ? »

L'inventeur d'un jeu vidéo bascule dans l'univers qu'il a créé, et il faut aujourd'hui à Saint-Georges un laser pour terrasser le dragon. Le générique nous confie que le film a fait appel à des spécialistes de l'aérographe, du rotoscope, de la synthétisation, et même de la « coordination internationale des celluloïds ». Un film flipper, titre *le Monde.* Du super-Einstein, même si de-ci de-là on donne des coups de hallebarde ou on joue à la chistera. Un soleil froid. Tel est *Tron* abréviation d'électron), la dernière surproduction (20 milliards de dollars) des studios Walt Disney. Sujet : Flynn (Jeff Bridges) est un génie de l'informatique qui amasse des fortunes en inventant des jeux vidéo, par la vilenie conjuguée d'un concurrent, d'un ordinateur mégalomane, et d'un rayon laser, il est expédié de l'autre côté de l'écran, à l'intérieur d'un programme informatique ; Flynn est devenu un personnage de ces mêmes jeux qu'il inventait précédemment et il doit affronter des épreuves guerrières et des engins de mort qu'il a lui-même créés. Thèmes : l'apprenti-sorcier assoiffé de pouvoir qui perd le contrôle et se retrouve objet de sa création ; la science en guerre contre la religion dans un univers de réseaux électroniques où l'on ne sait plus si l'homme est dieu de l'ordinateur, ou l'ordinateur dieu de l'homme. Hautes scènes : poursuites vertigineuses ou électromotocycles, duels inédits au *freesbee.* Auteur : Steven Lisberger, vingt-huit ans, de cette génération d'Américains dont Norbert Multeau, du *Point,* dit qu' « ils savent manier les boutons d'une console avant de savoir lire. Résultat : plus d'ambition que d'effets réels ».

On eut *la Boum :* quatre millions et demi de spectateurs en France ; 11 millions à l'étranger ; 2 millions de disques, tirés de la bande originale, vendus ; un tabac en Italie comme au Japon. Après belote, rebelote ! Claude Pinoteau lance la *Boum 2* — même si, soit dit en passant, il n'y a pas de boum. A nouveau, bonheurs et malheurs de la famille Beretton. Aussi à l'aise dans un rôle champagne que sur les pistes de Paris-Dakar, Claude Brasseur brasseurise tant et plus, en dentiste qui abandonne son cabinet pour se lancer dans la recherche. Brigitte Fossey, sa femme, un sourire à ensorceler trois évêques anglicans à la fois, abandonne, elle, la bande dessinée pour le dessin animé. Leur fille, Sophie Marceau, seize ans, est fort tentée d'abandonner pour l'amour des études trop épuisantes : éblouissante, en adolescente-fillette déchaînée. Denise Grey passe, l'arrière-grand-mère, pour jouer les arbitres, pas du tout pressée d'abandonner une vie qu'elle continue de trouver savoureuse.

Annie, la petite orpheline, naquit le 5 août 1924 dans les pages du *New York Daily News* sous la plume d'Harold Gray. Le succès vint aussitôt. Il ne s'est plus jamais démenti. La bande dessinée *Annie* est l'une de celles dont aura le plus raffolé l'Amérique, jusqu'à inspirer une pièce de théâtre, puis une comédie musicale, puis ce film qui fait courir les foules, réalisé par John Huston. Allez-y donc. On rajeunit. La petite Aileen Quinn prête sa frimousse adorablement hilare à l'héroïne qui, comme en se jouant, s'évade d'un orphelinat, apprivoise un milliardaire misanthrope, se fait couronner reine d'un mirifique château, chante, danse et doit beaucoup à son Sandy, le chien fidèle. John Huston, soixante-quinze ans, auteur de 30 chefs-d'œuvre, du *Faucon maltais* à *la Lettre du Kremlin,* s'amuse comme un gamin.

Nos plus importantes salles parisiennes gardent les noms de naguère, Paramount-Opéra et Paramount-Bastille, Français, Colisée, Marbeuf et Marignan, les voici à connaître d'identiques triomphes que naguère.

Autres succès du jour, hors le Jean Yanne, énorme farce où avec un César, un Ben Hur et une Cléopâtre caricaturés à traits épais, on ne sait comment épopée romaine et burlesque arrivent à faire bon ménage ;*Diner,* comédie américaine de Barry Lewinson, dîner de cinq jeunes hommes mi-Candides mi-Rastignacs un peu trop éberlués au moment de quitter le temps des stages ou des études pour sauter dans la vie ; *Emmanuelle,* infatigable amoureuse depuis sa naissance ; *Hammett,* superbe film policier américain dont le héros, le détective privé Dashiell Hammett, va devenir le maître incontesté de la série noire ; *Identification d'une femme,* de Michelangelo Antonioni, l'anti-Fellini du cinéma italien, non moins ahuri devant les nouvelles bonnes femmes dans ce film qu'il le fut avec la *Cité des femmes.*

Le cinéma le Rex, le plus grand cinéma d'Europe, monument historique depuis un an, 2800 fauteuils sous sa voûte piquée d'étoiles, peut triomphalement fêter son cinquantenaire, ce qu'il fait appeler « Cinquante ans sous les étoiles ». Un producteur tunisien et fou, Jacques Haïk, le fit bâtir pour être « le plus grand temple jamais élevé à la gloire du cinéma ». A l'entracte, avant-guerre, on vit défiler sur sa vaste scène Maurice Chevalier, le fantaisiste Georges Milton, Jeannette Mac Donald, Ray Ventura et ses Collégiens, les Midnights Follies de New York. Ni la faillite de Jacques Haïk, piégé par une trésorerie bancale, ni l'Occupation allemande n'eurent raison du gigantesque paquebot. Jean Hellmann, l'achetant à Gaumont, lui donna dès l'après-guerre une seconde jeunesse, notamment avec la formidable « féerie des eaux » multicolore, en entracte, sur air d'orgues, offerte grâce à un bassin sur scène de 3000 litres, 2500 jets et 26 projecteurs illuminant plus de 500 figures. Encore en 1957, royalement, Gary Cooper et Mylène Demongeot inauguraient les escaliers mécaniques géants menant au premier balcon. Dix ans plus tard, Georges Cravenne, pour la première de *Cléopâtre,* louait toute une rame de métro pour amener à la station Bonne-Nouvelle, à deux pas du fronton du cinéma où brillent les trois lettres de lumière de 2,5 m de haut, les trois mille invités de marque qui n'auraient pu se garer dans le quartier. Aujourd'hui, le Rex — d'autant plus fier qu'il reste seul cinéma-palace après la mort du Gaumont-Palace culbuté par les bulldozers — continue de braver les temps, même si la vogue est aux salles « timbres-poste », toujours aussi sublime avec son stuc pour années folles, ses étoiles et ses amphores. On compte qu'il reçoit annuellement plus de 1 200 000 spectateurs. Mieux même : le voici à afficher cette semaine le triomphe des triomphes, en guise d'heureux anniversaire, *les Aristochats.* Sujet : dans un Paris de cartes postales, une dame âgée, à coup sûr aristocrate, possède une chatte toute blanche nommée Duchesse qui a trois enfants, Marie, toute blanche elle aussi sous son petit nœud tout rose, Toulouse, coquin chaton marron, et Berlioz, un gris et noir ; cette princesse adore tant et tant sa Duchesse qu'elle décide d'en faire son héritière ; hargne du maître d'hôtel jaloux, Edgar, qui espérait recueillir bijoux et châteaux et qui décide d'exterminer la gent féline ; mais il y a le sauveur, le Zorro du coin, le chat de gouttière Thomas, ainsi que deux gros chiens bâtards, style vieux garçons sympas, La Fayette et Napoléon, qui aident à faire échec au misérable... Il n'y a pas un défaut. *Les Aristochats,* à peine lancés, menacent de dépasser en succès même le Jean Yanne, *l'As des as,* et *E.T...*

Vous n'êtes pas tenté par le cinéma ?
Préféreriez-vous le théâtre ?

Il n'y a que deux villes-reines du théâtre, Broadway et Paris. Sans doute la grève bloque-t-elle les salles subventionnées, Comédie-Française, Opéra et salle Favart notamment, ce qui prive les Parisiens d'*Intermezzo,* de *Casse-Noisette* et de *Carmen* (avec Térèsa Berganza).

L'Odéon est fermé aussi. Impossible donc de voir le *Super Dupont ze show* de Jérôme Savary, donné par le Grand Magic Circus sur modèle d'une célèbre bande dessinée, avec pour sujet les aventures héroïco-comiques du super-héros cent pour cent français dans sa lutte contre l'Anti-France. Imaginez un Super Dupont encore plus fort que Superman, qui serait fils du soldat inconnu et de Jeanne d'Arc, doué de superpouvoirs pour mieux interpréter ses super-shows. Cocoricos sur cocoricos ! Rarement preux aussi noble et impressionnant, sourcils épais, biceps de lutteur de foire, béret basque vissé sur le crâne, maillot de corps super-gaulois, baguette sous le bras, surtout quand il crie : Vive le camembert ! Bruno Rafaëlli a charge de nous camper ce personnage si hautement psychologique. Yvette Horner paraît en homme. Le ministre de l'Intérieur est poursuivi par une langouste. Un Vercingétorix frôle une madame Louise qui pourrait s'appeler Claude. Le loubard *punk* de service voisine avec des louveteaux lubriques et un sergent de ville qui perd son pantalon. « Viva Marianna ! » peut s'écrier Alice Sapritch, Super-Sapritch, naturellement, d'une telle troupe, avec bonnet phrygien, godillots de Zavatta et tétons à la Fellini. Vraiment dommage que les portes soient closes.

Mais vous avez à votre guise toute une gamme de spectacles beaux et vivants dans nos salles privées, malgré leurs très lourdes difficultés financières, et quand bien même, au théâtre Marigny, *Amadeus,* où François Périer incarnait un Salieri de la plus haute composition et où Roman Polanski, prodigieux de génie, nous campait un Mozart super-garnement à la McEnroe, a interrompu hier soir ses représentations, après plus d'un an triomphal.

Moi, de Labiche et Edouard Martin, est à la Comédie de Paris. Ce n'est pas un mauvais cheval, c'est même un bien brave homme, ce rentier du XIXe. Tout comme Perrichon, son frère jumeau, son cousin Joseph Prudhomme ou son neveu Fenouillard. Placidité sur toute la ligne. Pas méchant pour deux sous. Pour six ? Qui sait ? Nous ne ferions pas de mal à une mouche, mais si la mouche veut troubler la quiétude de notre douillette demeure, si elle s'attaque à notre confortable égoïsme bourgeois, nous pouvons être terribles. Tel est le thème : se moquer de l'égoïsme, s'amuser avec la monstrueuse innocence de ce « Moi ». Mais, la merveille, c'est qu'on rit, on rit, on rit d'autant plus qu'aux côtés de Jean Rougerie, qui tient le rôle principal, nous voyons papillonner toute une bande de jeunes acteurs, bourrés de talent, dont on reparlera, Jean-Pierre Matignon, Michèle Couty, Javotte Rougerie, David Brécourt, Pierre Callon...

Aux Bouffes-Parisiens, Robert Dhéry anime *En sourdine... les sardines !* de Michael Frayn. Epoustouflant. Les acteurs sont censés être en train de répéter la pièce dont ils nous jouent d'abord un morceau drôlatique. Puis, une voix s'élève tout à coup de la salle, celle du metteur en scène, qui demande à l'un des acteurs de reprendre sa phrase. Dès lors, la pièce se dédouble en deux intrigues superposées où, continuellement, le metteur en scène, Jacques Rosny, intervient, suscitant cent péripéties, incidents et accidents, toujours divers, toujours cocasses, jusqu'à communiquer à l'ensemble du jeu le mouvement le plus frénétique. Puis, après l'entracte, nous sommes supposés nous retrouver dans une ville de province, où la troupe rejoue sa pièce, sauf que, là, au lieu de rester dans la salle, nous nous fixons dans les coulisses. Nous voyons et entendons la pièce de l'autre côté du décor, avec tous gags que peut susciter la situation réelle des acteurs les uns par rapport aux autres, les acteurs dans la vie. Autant faire entrer un vaudeville dans un autre vaudeville. Et le rythme de se déchaîner, fou, fou, fou. Et l'action de rebondir sans arrêt. Et les catastrophes clownesques de succéder aux contradictions les plus hilarantes. Du fin travail où on rit, on rit...

On prend un bon *Coup de soleil,* grâce à Marcel Mithois, au théâtre Antoine. Il est vrai que Jacqueline Maillan, irrésistible, n'y va pas par quatre chemins. Elle y incarne une femme qui frise la cinquantaine, et un peu plus, et dont tombe amoureux un jeune fleuriste du dynamisme le plus fou, à pattes ou sur patins à roulettes, Roger Mirmont, beaucoup d'avenir, ce gars-là. Evidemment, se piquant au jeu, elle tombe elle-même dans quelques pièges, sous le regard ahuri d'un bel amant de son âge, très distingué dans le style naguère, Jean-Pierre Aumont. Elle a beau être un « nez » (un « nez » est un ou une spécialiste qui, au seul odorat, reconnaît ou analyse un parfum, tout comme le dégustateur décèle n'importe quel cru), en l'affaire, elle en manque. « Décidément, dit-elle, on continue de me prendre pour une rigolote. » Exact. La Maillan, la grande Maillan, n'arrive pas à se faire confier un grand rôle tragique. Et dire que c'est Piaf qui poussa Coquatrix à la lancer sur scène !...

Le Carré Silvia Monfort aura-t-il enfin trouvé son havre définitif ? Il n'a pas cessé de bourlinguer. On l'aura vu partout, dans un ancien entrepôt de ferraille, dans un jardin public, sous un chapiteau, à l'emplacement d'anciens abattoirs et même, à l'occasion, sur une vraie scène dans un vrai théâtre, de la rue de Thorigny à la Gaîté-Lyrique, de la Gaîté au Jardin d'Acclimatation et du Jardin aux abattoirs de Vaugirard. Les abattoirs seront-ils la halte définitive ? Allez savoir. En tout cas, la troupe vient d'y fêter gaiement son dixième anniversaire, et le spectacle, lui, n'arrête pas : à peine terminée une admirable *Phèdre* — elle est on ne peut plus intensivement dans sa fourrure, Silvia, en ce rôle fauve — voici *le Cocu magnifique*, de Fernand Crommelynck. Le thème est d'une force romantique, désordonnée et hagarde. La pièce put plaire à sa création, aux années folles. Un bouffon pathétique en action, Othello de patelin, exactement joué par Henri Tisot. Sujet : Bruno aime Stella à la folie, sauf à douter d'être payé de retour ; le doute s'installe et ce n'est pas le mol oreiller dont parle Montaigne ; la blessure est profonde ; le déchirement est si cruel que la folie menace ; alors, Bruno oblige Stella à coucher avec d'autres hommes, très précisément pour changer le doute en certitude et, du même coup, se libérer du cancer qui le ronge. Le texte survit bien, malgré le dépaysement de ses années natales. Corinne Le Poulain se prête aux extravagances du fou, objet entre les mains du maître, avec une complaisance qui, à son tour, découvre des abîmes dans le subconscient.

Raymond Gérôme, au Petit-Montparnasse, interprète *Eupalinos, ou l'architecte,* un dialogue philosophique de Paul Valéry. « Il était une voix... » titre *le Quotidien.* Ce n'est pas la première fois que Gérôme se prête aux philosophes. Il fut il y a quelques années Faust dans *Mon Faust* et Socrate dans *l'Ame de la danse.* On ne saurait se plaindre qu'il recommence ici, en complicité avec Jean-Noël Sissia, celui-ci étant Phèdre, lui encore Socrate. Les murs, peints en brun foncé, sont le seul décor. Les costumes sont modernes, sauf que blancs comme des toges. « C'est l'uniforme des ombres » précise Gérôme.

Au théâtre de la Madeleine, Peter Ustinov fait jouer *la Dixième de Beethoven.* La scène se fixe à Londres. On pose dans l'oreille de l'illustre musicien un appareil auditif miniature. Le premier son qu'il entend est une mouche qui vole — ce qui est tout à fait cocasse, dans le vacarme ambiant de la vie moderne — puis il écoute ses propres œuvres, qu'il trouve géniales, puis il entreprend sans délai de composer sa Xe Symphonie. Bernard Fresson, truculent à souhait, tient le rôle, entre Simone Valère et Jean Desailly : Peter Ustinov ne l'interprétera lui-même qu'à Londres, sous quelques jours. Du moins aurons-nous revu, au passage, cet infatigable diable de boyard, Petrus Alexandrus von Ustinov, qui doit parler huit langues. Il reste tel qu'en lui-même la postérité le gardera, même si le poil de la barbe et l'opulente chevelure ont beaucoup blanchi en quelques années, petit œil pétillant de mammouth malicieux, mammouth qui peut être aussi léger qu'un papillon, faux gros, vrai funambule, toujours à voler d'un songe à l'autre. Vous croyez rencontrer Falstaff; vous vous rappelez certains de ses rôles, Hercule Poirot pince-sans-rire, Néron « odéonesque » de *Quo Vadis,* dompteur de Lola Montès, et il peut être Musset, ou Pagnol, avec de-ci de-là des envolées à la Hugo ! De fait, quel homme ! Qui pourra jamais l'intimider ? Il en est à sa 21e pièce d'auteur. Comme acteur, il a récolté une dizaine d'Oscars. Il dit qu'il peut travailler partout : « Le bruit ne me gêne pas. Le silence me dérangerait davantage. J'ai commencé à écrire à Londres, durant les bombardements. Alors, imaginez si je suis blindé. » Il vient d'achever pour le cinéma l'adaptation d'un livre de Yachar Kemal, « Vous savez, précise-t-il, cet auteur turc qui est tout le temps dans les bras de Mitterrand... » Il arrive de Yougoslavie. Il ne sait pas s'il sera demain à Birmingham, ou à Lausanne. Il a une inlassable activité au sein de l'U.N.E.S.C.O. Il se dépense sans compter au haut-commissariat aux Réfugiés. Il a un passeport d'ambassadeur bénévole de l'U.N.I.C.E.F. Il va faire paraître un livre, *Ma Russie,* au sujet duquel vous l'entendez dire, tout rayonnant, tirant sur un colossal cigare churchillien : « Pff... Pff... hégémonie russe... allons donc... Pff... Pff... Ce sont les Polonais, qui ont commencé... dans le temps... Pff... la Russie était un petit pays et la Pologne ne cessait de l'envahir... »

Le théâtre de la Bastille, après une période de décadence, tout heureux d'avoir « touché » un nouveau directeur, Jean-Claude Fall, et totalement remis à neuf, inaugure sa programmation en accueillant un metteur en scène de vingt ans, Pascal Rambert, dans *Léonce et Léna,* de Büchner, un auteur mort à vingt-trois ans. Comédie à la fois délicieuse et déchirante. Cœurs inconsolables et âmes tourmentables. Excellente critique. Du coup, Rambert qui, il y a deux ans, était encore en terminale, à Nice, où il animait une jeune troupe, le Théâtre en Bandoulière, songe déjà à monter le *Saint Genet* de Rotrou.

Le théâtre de la Salamandre — théâtre Saint-Denis reprend *les Bas-Fonds* de Gorki. On connaît : épopée dans la crasse. Clodos, poivrots, pochards échoués dans un entrepôt se déchirent, s'aiment, se soûlent en de poignantes scènes tragi-comiques. Ustinov doit aimer. Dix-neuf comédiens de premier ordre vous font croire à ces histoires d'un désespoir à l'infini.

A l'Athénée, Daniel Mesguich, trente ans, 20 spectacles, persiste et signe. A lui toujours fureurs et polémiques, avec haine féroce de certains critiques. Sa réputation de jeune loup provocateur et iconoclaste n'est pas un mythe. En 1980, outragés par la mise en scène de *Tête d'Or,* les héritiers de Claudel lui retirèrent les droits de la pièce. Une tournée programmée de longue date fut annulée. Sa première création théâtrale, *le Prince travesti,* de Marivaux, fit essentiellement scandale. Il avoue lui-même : « Ça fait dix ans que je sévis, ça commence à se savoir. » Ici, il n'en joue pas moins, superbement, *Platonov,* de Tchékhov, à guichets fermés.

Une nuit, une voiture défonce le mur d'une chambre d'une propriété normande. Le jeune conducteur, indemne, se découvre en présence d'un vieil homme méticuleux et misanthrope. Qui est ce jeune homme ? Un voyou en cavale ? Ce vieillard, un malfrat à la retraite ? Ce qui est sûr, c'est que nous ne pouvons vous dire plus. Il s'agit d'une pièce policière, avec rebondissements incessants, sur dialogue au galop de Marc Perrier. La moindre indiscrétion casserait votre plaisir. Cela se joue au Lucernaire. Cela s'appelle *Six heures au plus tard,* « première pièce de Marc Perrier ». C'est monté en scène avec une précision d'horloge. Claude Piéplu, de tout son flegme, s'acquitte parfaitement d'un rôle immobile. Piéplu, le grand hurluberlu, n'aura jamais mieux mérité son renom ; hibou déconcertant, dingue grandiose, avec toute la malice du monde étincelant aux reflets d'un invisible pince-nez, il nous révèle une fois de plus les éclats infiniment divers de dons multiples et inépuisables. Blême, nerveux, mal peigné, smoking déchiré, mi-loubard cynique, mi-collégien naïf, ne rêvant que de s'enfuir aux îles Grenadines, Fabrice Eberhard — encore un nom à retenir — nous donne un phénoménal Poil de Carotte en maraude.

A défaut de théâtre, vous avez ballets, music-halls, cirques, cabarets, dîners-spectacles, cafés-théâtres.

La nuit parisienne est devenue moins tapageuse, plus secrète et plus poétique — hors les nids à loubards, y compris sur les Champs-Elysées. Moins d'adresses que jadis pour tous insomniaques ou pierrots lunaires. Mais il y a encore de quoi beaucoup s'enchanter ou s'amuser.

Nous avons depuis trois semaines au théâtre des Champs-Elysées le Ballet national de Marseille avec Roland Petit. Retour en force : Marseille lui aura servi de mascotte et de tremplin. Il nous a déjà donné *les Amours de Franz,* ballet romantique dansant la vie de Franz Schubert, puis quatre soirées Debussy. Voici ce soir *les Hauts de Hurlevent* ou *Histoire d'une passion,* création mondiale sur un livret d'Edmonde Charles-Roux. C'était une périlleuse gageure de vouloir transposer à la scène l'immortel chef-d'œuvre d'Emily Brontë, histoire d'une violente passion, mais aussi d'une ımplacable haine et d'une lente vengeance. Par bonheur, Marcel Landowski a su trouver la musique sombre et véhemente qui révèle sataniquement les caractères de Catherine et de Heathcliff et restitue aussi le climat de mystère, de peur et de fureur où fantômes et êtres humains tentent de se rejoindre dans une course échevelée à travers une lande sauvage balayée par les tempêtes. Dès lors, avec une telle partition, inquiétante, oppressante à souhait, aux sonorités volontairement lourdes, pleine de déchirures et de fulgurances, le spectacle était sauvé. Quelques imperfections par ailleurs ne sauraient gâcher l'ensemble. Curieux personnage, tout de même, ce Roland Petit ! Aperçu au passage tandis qu'il visualise les éléments chorégraphiques. Long, émacié, austère, œil de fièvre, tantôt il fait penser à Modigliani, tantôt à un chevalier castillan du Gréco. Il pourrait sortir d'un tableau du maître de Tolède, vêtu de noir des pieds à la tête, hidalgo intolérant et orgueilleux. Pourtant, ses ballets sont synonymes de fantaisie, de légèreté, de ce fameux « chic and sex » tant vanté par les Américains. Telles sont toutes ses féeries, des *Forains* au *Bal des blanchisseuses.* A plus forte raison devons-nous mieux encore contempler ces Hauts, puisqu'il semble lui-même enfin y exprimer le fond de lui-même, le plus secret et le plus réel de son âme sauvage.

Une star descend du ciel perchée sur un quartier de lune. Petite taille, petit nez, petit sourire timide, robe de mini-fée. Des pierrots dansent et se frottent les yeux d'émerveillement. Une salle en délire, où les enfants dominent, poussent des oh ! et des ah ! d'extase. C'est la fête qui commence avec l'arrivée en scène de Chantal Goya qui nous arrive de là-haut avec la même majesté souriante qu'une vedette de music-hall descendant le grand escalier du Casino de Paris. La star des maternelles, a-t-on dit. La Piaf des moins de douze ans, a-t-on dit aussi. Ou : la petite chose à Debout, Jean-Jacques Debout, son mari, étant aussi le compositeur de ses chansons, avec Roger Dumas. Son univers à elle, c'est le merveilleux, le rêve, le conte de fées. De toute la soirée, on ne cesse pas de voler, en carrosse d'or ou en cabriolet de brume, de féerie en féerie. Après *la Forêt magique* et *Le soulier qui vole,* voici un nouveau conte musical offert aux tout-petits, *la Planète merveilleuse.* Jean-Jacques Debout a assuré lui-même la mise en scène de tout le spectacle. Manège enchanté. Un Lion peut chanter avec un Chien et un Chat botté de la plus tendre légende. Le carrosse de Marie-Rose, qui est Chantal, est tiré par un escargot qui bat sans cesse de ses longs cils. Une Luciole danse sur une chorégraphie d'Arthur Plasschaert. Chantal chante *Adieu mes jolis foulards* ou valse avec le Chat Botté. A la fin du spectacle, les enfants, à nuées, quittent les fauteuils pour se précipiter sur scène offrir des brassées de fleurs à « la petite fée ».

L'Olympia a un « one man show » de Popeck, l'homme de « c'est vrai, quoi, on n'est pas des sauvages », petit cousin de

Woody Allen, qui épate la galerie avec son accent yiddish autant que par son humour à l'emporte-pièce.

Ils s'appellent Igor, Natalia ou Sergueï. Ils sont nés à Vorkouta, Kouïbychev ou Leningrad. Rien qu'à se prononcer, les noms évoquent lac Balkhach, large Volga, taïga profonde. Ils sont gymnastes, acrobates, patineurs. Ils appartiennent au *Cirque de Moscou,* qui enchante les soirs du Palais des Sports. Mais, cette fois, on a deux plaisirs en un : celui du vrai cirque, avec sa piste circulaire, Monsieur Loyal, les clowns et les grands frissons, et celui du patinage artistique avec la magie de la glace. Car tous les numéros, sans exception, s'exécutent sur patins. Les patineurs ont dû se plier à la discipline des gens du cirque ; les acrobates apprendre à travailler patins aux pieds. Dans *la Fantaisie cosmique,*à la lumière noire, Avetendil Peradze et sa femme Karine Tiatte, avec 27 cosmonautes comme eux acrobates, miment vertigineusement un ballet de l'espace — il est vrai aussi manière pour les deux vedettes de prendre une revanche sur le destin, puisque lui rêvait d'être aviateur, elle la première femme cosmonaute. Alla Lazareva et Alla Volianskaïa, divas des neiges, en voiles tout scintillants jonglent avec de douces colombes et des aigles de 2 mètres d'envergure, symboles sans doute d'une coexistence toujours possible entre oiseaux de la paix et rapaces prédateurs. (Ah ! Cette damnée propagande qui vient pourrir jusqu'à une poésie si tendre !) Alexandre Denissenko manoeuvre avec maestria une troupe d'ours blancs. Irina Pismennaïa est une telle virtuose du *hula-hoop* qu'elle se contorsionne et ondule dans six anneaux, puis dans sept, puis dans huit. Une découverte : les vedettes femmes sont moins hommasses que jadis ; elles sont mêmes plus femmes qu'athlètes. Deuxième découverte : une certaine américanisation, une certaine standardisation dans le style, le costume, le délié.

Faut-il que le cirque français ait les reins solides. Malgré la crise terrible qui le frappe et va jusqu'à lui poser un problème de survie, la région parisienne compte encore six grands chapiteaux en pleine activité, Amar, Bouglione, Pinder, Jean-Richard, Rancy-Carrington et Zavatta (quatre ont déposé leur bilan depuis 1978 ; les deux derniers paraissent très menacés) et trois petits cirques, Patoche, Pauwels et Cirque de Paris, qui « pérégrinent » de place en place. Trapézistes, dompteurs, jongleurs, funambules continuent de brasser les foules. Et la dompteuse Gipsy Gruss de jouer avec un éléphant. Et Dominique Webb, porte de Bagnolet, illusionniste perpétuel, banquiste intermittent, dans la pose et l'humour, de faire léviter un piano et disparaître un tigre. Et Alexis Gruss, trente-neuf ans, « l'aristocrate du Voyage français », cuisse avantageuse, carrure confortable, virtuose capable des plus difficiles prouesses sur son destrier, appelé aussi l'Anti-Barnum du fait d'avoir banni tous tambours et trompettes, tous discours et majorettes, de poursuivre sa révolution tranquille : faire du cirque sobre. sans vain tapage ; monter un amphithéâtre « de face » au lieu d'une piste en rond ; organiser un spectacle unifié, au lieu de présenter des numéros sans rapport les uns avec les autres. Il a supprimé la ménagerie, disant : « Je déteste voir un caniche en tutu et un lion sur tabouret. » Il dit aussi qu'un lipizan danse aussi bien qu'un Noureev.

Vous ne pouvez plus aller jouer, poker ou baccara, à de hautes adresses. On aura vu fermer à Paris les trois plus grands cercles de la capitale, le Grand Cercle, le Cercle Haussmann et le Billard Club. Les joueurs incriminent l'Etat-patron, ou plutôt l'Etat-ponction. Les offensives contre les grands empereurs du jeu, les Marcel Francisi et les Andréani ne sont pas non plus étrangères à cette sorte de cadence. La clientèle parisienne s'en va jouer dans les casinos de Normandie ou de la banlieue Nord-Ouest. Il n'y a plus en activité que des cercles relativement modestes et très jaloux de leur intimité. Allez donc essayer de vous consoler avec un plaisir à l'opposé. Par exemple, allez écouter de la *salsa,* le rythme à la mode. Vous y prendrez une belle dose d'électricité. Il n'y a qu'à aller entendre l'Inter American Latin Jazz Ensemble, orchestre « multinational et pluri-ethnique », issu de toutes les Amériques musicales. Ils sont jusqu'à demain encore sur l'estrade de la Chapelle des Lombards. Imaginez de la cuisine supercorsée, arrosée d'un punch super-explosif. Peu importe si les spécialistes seuls savent distinguer entre cent rythmes le *guaguanco* cubain du *meringué* dominicain, la *plena* portoricaine du gros *ka* guadeloupéen, la cadence haïtienne de la *cumbia* colombienne. Il n'existe d'ailleurs pas deux *salseros* qui chantent la même langue. Le principal à retenir est que vous avez le même rythme, sur mêmes congas, banjos, claves, ti-bois et autres timbales. Une fois que vous savez cela, vous savez tout. Le tempo est identique. Alors, quelle importance le reste ? « La musique pour nous — disent les tropicaux — c'est comme l'eau pour la plante. » Il n'en va pas autrement ici. Vous ne verriez pas mieux dans les ghettos *latino* de Nueva York ou les *barrios* du South Bronx.

Du nu ?

Nous avons à Paris les plus beaux nus du monde.

Les somptueuses nues du Crazy Horze Saloon, bien sûr, uniquement revêtues de lumière, mais aussi les Blue Bell Girls à la revue *Cocorico* du Lido, le plus célèbre french-cancan de la planète avec les Doriss Girls du Moulin-Rouge, les danseuses de la revue de Francis Morane, *Paradisiac,* au Paradis Latin, les girls de l'Alcazar, « l'Alcazar, ça c'est Paris... » On ne saurait manquer la nouvelle revue des Folies-Bergère, *Folies de Paris,* toujours en 13 lettres, « oui, je suis superstitieuse », avec de luxueux tableaux signés Michel Gyarmathy, *Puerta del Sol, Manteau impérial, Au Pays des Czardas,* et avec deux meneuses du jus le plus ardent, la perle noire, Lisette Malidor, et la bombe madrilène Norma Duval, entourées de girls, comme dit la presse, « déshabillées de plumes et habillées de rêve ».

L'Eléphant Blanc propose les *Dîners spectacles de Tahiti* et l'Eléphant Bleu *Mille et une nuits à Bagdad.*

De l'érotique ?

Les théâtres érotiques pullulent sur tous les boulevards, du Love in Paris au Lolita Club, des Nouveaux Innocents à La Fontaine des Amours.

Titres d'affiches cueillis au hasard : *Femmes esclaves en cage ; Lesbos show ; Show Girls,* « le seul vrai théâtre de lesbiennes » ; *Couples en life-shows.*

Le théâtre Saint-Denis organise même du *Porno Catch,* « show non stop super hard ».

« La fesse avec intelligence... c'est superbe ! » proclame le placard publicitaire des Deux-Boules, rue des Ecoles.

La loi soutient toute une guerre financière contre le film porno, soumis depuis huit ans à une T.V.A. spéciale de 33,3 % et à une majoration de 50 % de taxe spéciale additionnelle, T.S.A., qui alimente le compte de soutien à l'industrie cinématographique. C'est la loi X. Les films étrangers écopent en plus d'une taxe forfaitaire de 300 000 francs. Faute de moyens financiers, rares sont du coup les films de qualité et à considérable succès, comme *Exhibition* ou *Bananes Mécaniques,* de Jean-François Davy.

Les films porno n'en continuent pas moins de fructifier, jusqu'à représenter près de 10 % des entrées totales dans les cinémas.

Titres de-ci de-là, parmi les bandes les plus récentes : *Bourgeoises en délire,* « l'amour sous toutes les formes avec un groupe de femmes de bonne famille folles de leur corps » ; *l'Empire des sens,* film franco-japonais « vingt chambres d'amour... sublimation de l'érotisme » ; *l'Amour au bureau ; Julia ou Nuits de noces à la suédoise ; Prison très spéciale pour femmes...*

Comédies musicales ?

Paris adore.

A la Porte Saint-Martin, vous avez *Envoyez la musique ;* à la Renaissance, *le Vagabond tzigane,* de Francis Lopez.

Aimeriez-vous danser ?

Profitez-en. On prévoit des soirées animées. Chez Régine fête ses noces de soie. Vivian Reed, la « bombe noire » de « Harlem années trente » dîne au 7. C'est hier soir qu'il fallait aller à l'entrée de l'Elysée-Matignon, encadrée par deux porteurs de torchères en perruque poudrée, où Polanski-Mozart recevait ses invités à l'occasion de la dernière d'*Amadeus,* mais l'Apocalypse prépare une nuit hollywoodienne, avec l'inévitable peintre Corbassière habillant de plumes de jolies filles nues. Le Palace, rue du Faubourg-Montmartre, invite à un beau soir d' « après-modernisme ». Qui sait ? Au Privilège, on reverra peut-être Adjani danser, comme hier soir, toute vêtue de cuir noir... A l'Apoplexy, vous risquerez de voir les clients attitrés, Just Jaeckin ou Véronique Genest, la clientèle est bon chic bon genre et, malgré son bandeau et ses tenues léopard, le maître des lieux Roland Bijaoui reçoit avec tact.

Des chansonniers, des cafés-théâtres ?

Encore toute une gamme.

Après *la Culotte d'une jeune fille pauvre, le Jardin aux betteraves* et *la Maison d'Os*, Roland Dubillard, au théâtre de Dix-Heures, à coups de gags, de jeux de mots et de loufoquerie, humour sanguinaire, nous sort *Les huîtres ont des bérets.*

Sylvie Joly, grande fille marrante, avec son toupignard frisotté, son nez pointu, sa dizaine de sirènes des Prisu, fait tordre chaque soir le théâtre Fontaine, des loges au poulailler. A ne surtout pas manquer : son interprétation de *la Folle sexuelle*, l'un de ses vingt sketches, toutes griffes dehors, yeux noirs en roulade, impayables dessous fuchsia.

Chez *Michou*, on n'a que du bon goût. Celui qui lança un jour, on ne sait plus quand, la mode des spectacles de travestis, continue de dispenser ce qui se fait de mieux dans le genre, pas scabreux pour un sou, avec *Michou's folies.* Ses fofolles imitent et miment nos principales stars, chaque personnage étant tracé avec juste ce qu'il faut de charge, et l'approche de la ressemblance étant ce qu'il y a de plus affiné. Du grand art. Humour et impertinence. On mime Mireille Mathieu, Mistinguett, Dalida, Liza Minelli. Le chroniqueur de *Minute*, extasié, dit que « le pastiche atteint le burlesque quand paraît une mère Denis plus lavandière que l'originale, et le sublime quand Danièle Mitterrand est transposée dans la charge la plus féroce, mais aussi la plus juste qui se puisse concevoir. Rien que ces deux numéros valent le déplacement, et il n'est que de voir le public s'esclaffer pour sentir à quel point Michou fait mouche ».

Comédien, Jean Menaud fit plus de mille fois les beaux soirs du Fanal avec *Jacques le Fataliste*, de Diderot. Le voici chanteur, sur des textes écrits pour lui par Michel Derville, *le Mal-Amour.* Que chante-t-il ? L'amour, inévitablement, depuis les romances les plus nostalgiques, *Ecoute-moi gamine, Madame Madame il y a de la brume au fond de tes yeux*, aux phrases les plus provocantes, *Pier Paolo Pasolini, le Gigolo*, l'amour au lycée et l'amour au sauna...

Au Splendid Saint-Martin, André Valardy campe une galerie de « gugusses » que tout le monde peut rencontrer au détour d'une rue ou dans le couloir de son immeuble, un flic, une veuve à consoler, un monstre vert, une poétesse du quatrième âge.

Un fantastique pitre-mime-comédien-acrobate, un énorme spectacle, alliant sans peine le rire et la peur, la jubilation du funambule et la frayeur des ténèbres, du génie : Bernard Haller, à Bobino. Depuis plus de dix ans qu'il « éclata » avec *Et alors*, son premier *one man show* au théâtre de la Michodière, il n'aura pas cessé de rallier tous les suffrages. Il continue. Le cheveu toujours aussi rare, l'œil toujours aussi bleu, il a cet art inimitable d'être à la fois tout et le contraire de tout ; il sait exploiter la mine. Tout ? Oui, il est tout, homme-torrent, homme-cirque, homme-orchestre, comédien, mime, clown baladin, acrobate, chansonnier, illusionniste. Fou et lucide, bouffon et faisant pleurer, sorcier et naïf. Et le voici, précédé de *la Marche turque* de Mozart, enfilant une époustouflante suite de sketches, tous plus cocasses les uns que les autres, sur les absurdités du monde et les grâces des stars chatouillées. « Oui, dit quelqu'un, ce chauve est un échevelé. »

Au Pacific Palissade, le spectacle est plutôt dans la salle, décor faussement 1930 et fauteuils de dentiste, chevelus à la Louis XIV et rasés totaux, les moumoutés en vert pomme et les perruques en violet... Cela vaut un coup d'œil.

Au théâtre des Lucioles, Sophie Deschaumes, comédienne de café-théâtre et metteur en scène d'un fameux *Qu'elle était verte ma salade,* nous ressuscite silhouette et voix d'une chanteuse qui eut son heure de gloire avant la dernière guerre, Marie Dubas, créatrice de *Mon Légionnaire,* interprète jamais égalée du *Doux Caboulot,* et rivale unique de Piaf.

Le café-théâtre reste vraiment à la mode. On annonça que la formule s'émousserait. On dit qu'on sentait de moins en moins l'âme des pionniers, tel romain Bouteille. On fit remarquer que 30 salles et 50 spectacles par soir, c'était trop à entretenir.

Faux. Le café-théâtre semble plus vivant que jamais, du Café d'Edgar, inconfortable salle de copains au Café de la Gare, où débuta Coluche, du Bec Fin, avec tables portant des noms de fleurs à la place de numéros, au théâtre de Dix-Heures, le vieux théâtre des chansonniers qui s'offre pour son troisième âge une cure de jeunesse à quatre spectacles, de la Vieille Grille au Point Virgule.

Le Café d'Edgar atteint à des sommets du genre avec *Laissez chanter les clowns,* de et par Christiane Mouron, ou avec *Tiens, voilà deux boudins !*

Les Blancs-Manteaux prennent la taille d'une usine, avec deux salles chacune à trois spectacles par jour. Tout le programme a un jus fou. On commence par *Areu : MC2,* Einstein revu et corrigé par Billy The Kid. On continue avec des *Bulles dans l'encrier,* un zest de sexe, une pointe d'humour, une pincée d'insolite. On termine avec *les Bonniches,* bonnes à tout faire et en particulier n'importe quoi.

On chante « français » au Patachon, international à Peanuts, argentin à la Tanière, russe au Tsarévitch, Machucambo à la Villa d'Este.

En définitive, après force réflexions, vous décidez de rester à la maison ?

C'est aussi bien bon, un lendemain de réveillon, de s'enfoncer dans un fauteuil, de déboucher une bouteille de bière et de passer des disques.

Précisément, les disquaires nous auront beaucoup gâtés, durant ces fêtes.

Il y a une telle sortie de jazz-pop qu'on ne sait où donner de la tête. Billie Holiday, Billie la Chatte, la panthère, la guêpe, avec un album *Songs for distingué lovers,* vous murmure, vous chuchote, tout à coup tendre et sensuelle, *A foggy day, Just one of those things,* ou *Day in, day out.* Vous avez le *Adam and the Ants ; Prince Charming,* « pour guinchants et non-guinchants ». WEA vous offre dans le même mouvement Ray Charles, Otis Redding et Frank Sinatra. Otis Redding, déjà, vous rechante *Have been loving you too long, Mister Pitiful... Pain in my Heart...* Keith Richard des Rolling Stones répond dans une interview à la question « Quel est votre meilleur souvenir ? — Quand Otis Redding a repris *Satisfaction.* » Berroyer, de *Playboy,* qui nous rappelle l'anecdote, recommande chaudement l'album de *Grand Master Flash and the Furious Five* avec leur fameux *Message* « un des meilleurs *rap* enregistrés depuis que ça se fait ». Il est vrai que l'an dernier, le groupe se retrouva en tête des huit hit-parades de New York ! Pas moins... En espagnol, on a José Feliciano, surtout s'il vous chante *Escenas de amor* et joue sur sa guitare nylon. Côté Motown, on tombe sur des « Golden Greats » : excusez du peu, les artistes sont des gens comme Stevie Wonder, Marvin Gaye, Diana Ross et les Four Tops. Ou on a *Runaway,* un trente enregistré par Bill Champlin et ses Californiens, « une galette qui vous rend tout à fait " ready ", qui vous met tant de bleu à l'âme que vous ne détestez plus personne » — surtout quand *the Fool is all alone.*

Côté disques de variétés, c'est richissime. Dick Rivers, ex-leader des Chats Sauvages, interprète de nouvelles chansons de blues comme au bon vieux temps — un délicieux retour en arrière pour nostalgiques du hit-parade des années 60. *Qu'est-ce qui m'arrive ?* c'est chez Pathé-Marconi ; c'est presque du fado à la française que nous livre Nicoletta, avec sa voix un peu rauque, parfois éraillée, aux accents on ne peut mieux trouvés pour ronronner les douleurs de la vie.

Johnny Hallyday, quarante ans, 40 disques, nous ouvre un nouvel album, *la Peur,* où, tel Mad Max, archange des temps futurs, plus trépidant que jamais, Johnny construit sa légende entêtée de chanteur-justicier.

Sylvie Vartan chante *De choses et d'autres.* Imprégnée, comme Johnny, de la plus intense culture américaine, *Super Sylvie, Marathon Woman,* c'est l'autre face du mythe : la femme érigée en divinité guerrière, en amazone des temps modernes.

WEA sort pour ce Jour de l'An neuf coffrets, dont France Gall, Michel Berger, Ennio Morricone, Michel Jonasz et Françoise Hardy.

Tino Rossi offre *Cinquante ans d'amour.* La voix toujours aussi langoureuse pour pousser la romance, l'idole à maman et grand-maman se montre encore capable d'émouvoir de nouvelles générations avec ce disque, comme avec *J'ai toujours chanté des chansons d'amour.* Quand on vous le dit, qu'on aime encore beaucoup rêver, s'enchanter et roucouler sous les étoiles !

Belle en verve. Avec son dernier disque, Marie-Paule Belle confirme la variété de son registre. Sensibilité, douceur, un peu de romantisme, tendresse, et, les textes de Mallet-Joris et de Pierre Delanoë aidant, on a de très belles chansons, telles *Compiègne* ou *l'Amérique c'est ça,* même si d'autres préféreront Belle la gaie, Belle l'enjouée. Belle, sur un rythme primesautier, interprète *J'ai la clef* ou *Paris, fais-toi faire un lifting.*

Michel Sardou reste champion du hit-parade. C'est tout dire. Triomphe du romantisme réaliste — et du... Michel Drucker de la chanson.

Polydor nous restitue Serge Reggiani, avec sa voix cassée, sa tendresse, ses coups de cœur, ses coups de gueule. Il chante le monde d'hier, celui de demain, le zouave du pont de l'Alma, le tabac, les fleurs, l'amour, la justice...

Rika Zaraï se lance dans la chanson d'opposition avec *Tout va très bien, Messieurs les Présidents !* Changement, changement. On nous l'a changée, la petite Rika ! En vingt ans de chanson, elle nous avait habitués à de pimpantes mélodies, des textes sautillants, insouciants. Elle présidait les arbres de Noël, embrassait les mômes, glorifiait les gens gentils. Badaboum ! Tandis que la camarade Dalida, déçue du socialisme, souffre en silence — on ne la voit presque plus — elle, vlan, elle rentre dans le chœur des râleurs. Tout y passe, redevance, bombe, gens calfeutrés chez eux par peur des malfrats. Commentaire : « Eh oui ! Avant les présidentielles, figurez-vous, j'avais la foi. Un immense espoir partagé par la majorité des Français. La déception est proportionnelle... J'ai applaudi alors Mitterrand à tout rompre... J'ai même voté pour lui... Et voilà que depuis son élection tout va mal... Dégringolade, diminution du pouvoir d'achat, chômage, augmentation de la dette, redoublement de l'antisémitisme... Alors, voilà, je me lance dans l'opposition... l'opposition tonique... » Après tout, pourquoi pas ? La chanson polémique nous a laissé bien des chefs-d'œuvre, *le Temps des cerises,* pour mieux pleurer la peine des Communards exilés en Nouvelle-Calédonie, *En revenant d' la revue,* aux beaux temps du boulangisme, *le Grand Métingue du Métropolitain,* satire des syndicats avant d'en être un des chants de ralliement, *Salut à vous, braves soldats du 17e,* et, dans sa toute dernière chanson, sur paroles de Pierre Delanoë, Gérard Lenorman nous chante de fort vive façon, lui aussi, contre la fleur mitterrandiste : « La rose était là dans le jardin au cœur du tumulte des temps... on a volé la rose... Qui peut s'approprier le ciel ?... Qui prétend régler la destinée des fleurs ?... La rose n'appartient à personne... »

Et Pathé-*Sélection du Reader's Digest* de nous proposer *126 Chansons de l'Occupation,* qui nous content mieux que tout la drôle de guerre, les années noires, les queues chez l'épicier, les lendemains qui devaient chanter beaucoup plus juste. Tout y est, de *On ira pendre notre linge sur la ligne Siegfried,* de 1939, du temps où les Parisiens imaginaient Berlin à portée de fusil, jusqu'à *Liberté,* de 1945, par Charles Trenet — lequel, à propos, passe la journée chez lui au Domaine des Esprits, à Aix-en-Provence, à peindre. Il dit : « Je suis un peintre qui n'a pas réussi. » Il se présente réellement à l'Académie française, même si, avec esprit, il sait rappeler le mot de Pierre Dac : « Il ne faut pas poéter au-dessus de son luth. »

Et Guy Béart de connaître un beau succès avec *les Chansons gaies des vieilles années,* des chansons, dit-il, que mon père chantait le samedi soir. Des chansons, qui, effectivement, ont près d'un siècle, *la Valse brune* des chevaliers de la lune, *la Baya, la Matchiche, En revenant d' la revue, Viens poupoule...*

Et Minck Deville, le môme Piaf du rock, de reconnaître la réussite. Allure de pirate des rues, un bouquin de Colette dans la poche, un chat bleu tatoué sur l'épaule gauche. Mi-d'Artagnan Cyrano, mi-Frank Sinatra *new-look.* Mafia et dérisoire. Long et maigre comme un don Quichotte. Visage à angles. Sourire sans dents. Chemise mauve. Soudain, après un super départ, il s'effondra. On le prit pour un *punk* fin de siècle. Marlous gominés et filles faciles. Après avoir triomphé avec *Return to Magenta,* espagnolades, et castagnettades, il s'écroula jusqu'à se faire renvoyer par sa maison de disques. Le voici donc rebondissant, un contrat chez Atlantic, la boîte de ses idoles, Otis Redding et Arthur Alexander, la maison qui a fait le renom du *rythm'n blues.* Il reconnaît plein succès, avec de nouvelles romances de coin de rue, soutenues par un piano de diva et un sax mélo...

Vous ne voulez vraiment pas sortir ? Pourquoi donc ne pas aller dîner chez *Lipp ?* La célèbre brasserie reste immuable dans ce quartier de Saint-Germain-des-Prés que sa vogue internationale a bouleversée. Mêmes glaces qu'au début du siècle, mêmes lustres, mêmes tabliers blancs portés par les serveuses, même céramiques, même rituel indéchiffrable au profane. Une table de littéraires, une table de politiques, une table de comédiens, quelques représentants de la haute couture ou des finances, un semis de jolies femmes. Robert Laffont, Alice Sapritch, Jean-François Deniau. Vous retrouveriez André Gide et Léon-Paul Fargue que vous n'auriez pas à vous étonner. Menu à recommander : hareng de la Baltique, choucroute et un millefeuilles d'une épaisseur record.

Même pas chez *Lipp ?*

Alors, à nous les disques de musique classique.

Nous avons vu Elisabeth Schwarzkopf quitter le spectacle. On n'entendra plus sur scène celle qui fut Elvira, Fiordiligi, la Comtesse ou la Maréchale, la soprano de cristal pour qui Furtwängler accompagna au piano les *lieder* d'Hugo Wolf et Edwin Fisher ceux de Schubert. Elle ne se console pas, en vérité, de la mort de son mari, Walter Legge. Elle se voue désormais à l'enseignement du chant, dans une banlieue campagnarde, près de Zürich. « Les dernières années, dit-elle, je chantais parce que Walter le voulait encore ; maintenant, le poème s'est interrompu. » Mais nous gardons sa voix dans nos coffrets — notamment *la Chanson de Vilya.*

A d'autres de pouvoir aller sur place rencontrer le régal au San Carlo ou à la Scala, laquelle frappe cette année les trois coups avec *Ernani,* un opéra de jeunesse de Verdi, le bel canto le plus enflammé, avec Mme Mirella Freni dans le rôle de Doña Sol-Elvira pour roucouler la cabalette *Tutto sprezzo che d'Ernani,* et le plus brillant ténor du jour, Placido Domingo, sous les belles capes du héros de Hugo. A d'autres d'avoir les moyens d'aller trouver leurs délices à la Fenice, ou au Covent Garden, ou au Grand Théâtre de Genève qui, depuis que Hugues Gall en est devenu le directeur, a reconquis une nouvelle vie. Mais vous n'avez pas moins de plaisirs, dans votre fauteuil, avec *la Somnambule,* qu'on vient d'éditer. Edita Gruberova est Amina. Le maestro Gavazzeni est au pupitre. « Jamais Amina plus musicale » dit le maestro, qui dirigea pourtant la Callas dans le rôle.

A défaut d'aller entendre au Châtelet Félicity Lott en *Veuve Joyeuse* chanter l'heure exquise, enchantez-vous donc avec *la Petite Renarde rusée,* de Janacek, lancée par Decca. Don de lumière, sens du merveilleux, fleurs de l'amour, truculence, avec un trio cocasse formé d'un garde-chasse, d'un instituteur et d'un curé, tout y est pour une heure enchanteresse. Lucia Popp est la renarde. Charles Mackerras mène le jeu, avec le Philarmonique de Vienne et les chœurs d'enfants de Bratislava.

Pour autant, il existe toujours des collectionneurs pour rechercher toutes les versions du Ring, l'intégrale d'Archie Shepp en cassettes pirates et les œuvres complètes de la Callas. Pourquoi pas vous ? A moins que vous soyez un fan de Wagner. On vous comprend. L'an dernier, à notre date, il n'y en avait d'ailleurs que pour le maître de Bayreuth — de quoi mieux annoncer sans doute les fêtes du centenaire de *Parsifal,* qu'on vient de célébrer, avec malheureusement Mme Gwyneth Jones dans une Brunehilde trop braillarde, heureusement Donald McIntyre en Super-Wotan.

Il y a encore seulement dix ou quinze ans, ces monuments orchestraux que sont les symphonies de Brückner — tout particulièrement la *Huitième,* qui est la plus développée de toutes — n'étaient connus que des musicologues et d'une petite poignée d'admirateurs fanatiques. Les premiers, du reste, à l'indignation des seconds, les jugeaient sévèrement, soulignaient à l'envi leur caractère répétifif, les accusaient de lourdeur et de longueur. Les temps ont changé. Après Mahler, Anton Brückner fait à son tour « recette ». Tant et si bien qu'à côté des nombreux chefs qui tâtent de Brückner, certains avec un succès éclatant (Gunther Wand), les pionniers du brücknerisme, Eugen Jochum et Bernard Haitink gravent leur seconde intégrale des symphonies du maître de Saint-Florian. Ainsi avons-nous, par l'orchestre du Concertgebouw d'Amsterdam, ce disque pour les *Symphonies nº 8 et nº 9* d'une dimension et d'une profondeur telles que les critiques américaines parlent de « gigantesque cathédrale ».

Et, avec une splendide aisance, Jean-Claude Malgoire et sa Grande Ecurie nous proposent *le Temple de la Gloire,* de Rameau associé à Voltaire.

Et le quatuor Juilliard donne les *six quatuors à cordes* de Bartok, l'un des sommets absolus de la musique de chambre du xxᵉ siècle.

Et le quatuor Lasalle-Zemlinski propose les quatuors à cordes de Zemlinsky, pour amoureux du quatuor à ondes et passionnés de la Belle Epoque — nouvelle réussite de ces mêmes artistes auxquels, sous la direction de Lorin Maazel, nous dûmes la sublime *Symphonie lyrique...*

Les maisons de disques nous auront laissé merveilles sur merveilles.

Cette année, l'Orchestre Philharmonique de Berlin a soufflé cent bougies avec son chef titulaire et à vie Herbert von Karajan. Hans von Bülow fut le premier, celui-là même qui, de fait, inventa la fonction de chef d'orchestre, lequel, avant lui, n'était qu'un simple batteur de musique. (C'était bien un autre temps : il dirigeait ganté de blanc, sauf à se faire apporter par un serviteur, sur un plateau d'argent, des gants noirs pour diriger la « marcia funèbre » de *l'Héroïque* de Beethoven.) Ensuite, il y eut Arthur Nikish, puis il y eut la grande période Furtwängler. En cent ans, on n'en aura compté que quatre et von Karajan, le roi Karajan, si roi absolu qu'il put imposer plus de quatre-vingt-dix heures de répétition pour les *Variations opus 31 pour orchestre* de Schoenbry, tient la baguette de l'illustrissime ensemble depuis déjà un quart de siècle. Précisément pourquoi ne pas participer vous aussi à la célébration de l'anniversaire ? Par exemple, en écoutant le tout dernier disque enregistré, les Symphonie 82 et 87, de Josef Haydn.

Au fait, c'est peut-être ce que fait, là-bas, à Latche, près de minuit, François Mitterrand, au terme d'une journée singulièrement irritante, où il n'aura eu d'autre détente qu'une courte promenade en forêt : « passer » un disque de Debussy ou de Ravel.

Après de telles journées, qui éprouvent les nerfs les plus solides, l'on n'a à peu près que trois solutions.

Prendre un polar ou un S.A.S. : oublier grues et interviewers avec une nouvelle aventure de S.A.S. le prince Malko, mélange de vrai baron germanique, Dicter Malsen Polikau (dont les origines sont aussi aristocrates que le château est délabré), d'un Autrichien dont l'auteur refuse de dire le nom, d'un zest d'un vieux héros de bande dessinée, Fran Sauvage et de Gérard de Villiers. S.A.S. fixe l'une des plus spectaculaires réussites du genre depuis la mort de Ian Fleming : lancé en 1965, il atteignait en 1970 à peine encore 150 000 livres de tirage par titre ; il en est à notre date à 4 millions d'exemplaires par titre et par an.

Ou lire lentement un grand auteur, par exemple ce cher Montaigne, chercher une phrase — ou un sourire — qui illumine une sagesse à l'infini, ainsi le chapitre IV des *Essais,* « comme l'âme descharge ses passions sur des objectifs faux quand les vrais luy défaillent », ou le chapitre XV, « on est puny pour s'opiniastrer à une place sans raison », ou ces phrases extraordinaires, dans le chapitre sur *l'incommodité de la grandeur :* « Le plus aspre et difficile mestier du monde, à mon gré, c'est faire dignement le Roy. J'excuse plus de leurs fautes qu'on ne faict communéement, en considération de l'horrible poix de leur charge, qui m'estonne... » et « C'est pitié de pouvoir tant qu'il advienne que toutes choses vous cèdent. Vostre fortune rejecte trop loing de vous la société et la compagnie, elle vous plante trop à l'escart. Cette aysance et lâche facilité de faire tout baisser soubs soy est ennemye de toute sorte de plaisir ; c'est glisser, cela, ce n'est pas aller ; c'est dormir, ce n'est pas vivre. »

Ou rêvasser, en entendant un Boléro sans l'écouter.

Rêvasser, rêvasser...

Mitterrand le rêvasseur...

Il ne sera jamais mieux lui-même qu'à de tels moments où l'esprit, doucement, voluptueusement, aide les brumes des soucis à se dissiper, comme des vapeurs entêtées et fantômatiques sur un étang ou une lande.

Un flâneur, tel est le mot le plus juste.

De plus, il est volontiers un douloureux, ruminant de douleurs, et, au plus profond de lui-même, il n'est jamais sûr de soi.

La douleur permanente, celle du duc d'Albe, de l'aventurier insatiable, ou celle du croyant qui n'a pas eu assez de foi pour se faire ermite, ou inquisiteur, ou découvreur de mondes, il la porte sur un masque de plus en plus pâle et rigide. Il est exactement à l'opposé d'un gai seigneur italien de la Renaissance. Il est fils des ancêtres de l'Est les plus marqués de tourments. Qui plus est : il ne fait point que vivre avec la douleur, il s'en délecte. A coup sûr, il a quelque jouissance à assumer en lui une part des misères du monde. La preuve : même limée la dent qui, trop longtemps, évoqua un squale, il continue de ne pas savoir sourire. Le moindre de ses sourires est crispé.

Sûr de soi ? Il ne l'a jamais été. Le doute l'habite autant que la douleur. Il y eut un éclair en lui, quand, à cinquante ans, il découvrit la route socialiste. C'est qu'il croyait enfin trouver la certitude. Alors, selon la logique d'un personnage intensément tragique dans son secret, le manœuvrier retors et finaud de petites embarcations comme l'U.D.S.R. ou la Convention des Institutions républicaines, un bien grand mot pour un si mini-club, poussa la conversion jusqu'à se découvrir messianique, annonciateur de temps nouveaux. Cet aventurier nocturne crut avoir trouvé son soleil : sans délai, il le clama à l'univers, avec songe que l'univers suive. Mais, le socialisme, c'est aussi des instituteurs tâtillons, des sections de discutailleurs, des serveurs de fétiches. Il est beau dans la splendeur des phrases de Jaurès et au diamant de la pensée de Blum. Il est précieux quand, vous retrouvant, au soir de la vie, sans message, il vous donne soudain une âme et une utilité vraies. Il devient moins exaltant dans le combat quotidien des pions et des adjudants qui, au vrai, le contredisent, voire le trahissent, même en croyant le servir sincèrement. On doit avoir une vieille foi, chevillée au corps, pour qu'elle puisse résister à toutes les déceptions ou irritations que provoque l' « appareil ». Cette jeune foi s'en est mal accommodée.

Ce qui frappe dans le réveillon présidentiel d'hier soir, repas traditionnel de famille ou d'amitié, c'est que si la famille était là, et si les amis étaient là, il n'y avait pas parmi les amis un seul vrai militant. On y découvre Jean-Jacques Servan-Schreiber, et non Jospin ou Pierre Joxe. Tout se passe comme si l'ancien président de l'U.D.S.R. voulait retrouver son véritable climat naturel, des humanistes plus ou moins libéraux, style Edgar Faure ou Chaban-Delmas, et non des idéologues dogmatiques, aux heures de décontraction qui, au fond, sont les plus réelles heures de vérité. Cela signifie qu'adhérant au parti socialiste, en 1971, il n'entra pas véritablement dans la masse socialiste. Il n'y trouve pas un pied sûr.

Le pouvoir n'est pas père de sérénité. L'expérience dément trop souvent le rêve. Voici qu'après un an et demi d'expérimentation des solutions socialistes qui, selon les doctrinaires, devaient tout arranger, il saute aux yeux de tout témoin objectif que c'est l'idéologie même qui les recommandait qui est coupable de tous les échecs. On a distribué en vain des roses au Panthéon : les dieux du Panthéon n'ont pas répondu à l'appel. Et, comment, au nom d'un socialisme collectiviste et omnitechnocratique, se battre contre la dictature bureaucratique ? Et comment, au nom d'une idéologie trop serrée, trop exclusive, qui n'a pas été assez aérée, pouvoir affronter des problèmes de tous ordres qui imposent inévitablement des solutions de souplesse ? Et pourquoi, alors que l'on prône le *changement* universel, le socialisme français refuse-t-il le moindre changement de lui-même, la moindre révision de textes pourtant pour la plupart débordés, le moindre nouvel éclairage sur ses thèmes majeurs ? Au nom de quelle intelligence faudrait-il ne connaître de Karl Marx qu'une statue intangible — telles les statues des dieux morts que renversaient jadis les compagnons d'Alcibiade au nom des libertés de l'époque ?

Mais, dans le concret, cela veut dire, pour celui qui se met à douter, et qui n'a que trop tendance à douter de lui-même, rien à faire de souple, d'intelligent, de réaliste avec une Assemblée nationale et un gouvernement trop dominés par les fétichistes et les dogmatiques. Cette même Assemblée que toute la presse salua en juin 81 comme inespérée et idéale pour le pouvoir mitterrandiste peut maintenant se révéler comme l'instrument des pires blocages. Un carcan, et non un ressort — un étouffoir, et non une amie. Ce parti devenu trop fort, trop triomphant, voire triomphaliste, fut la plus efficace des machines, malgré les complications de ses cohortes, pour parvenir sur le trône : du fait même de sa puissance, et de l'énorme service qu'il rendit, il devient trop porté à se prendre pour un pouvoir. Tel quel, il peut en tout cas se révéler un jour « inmanœuvrable ».

Il y a quatre personnages chez Mitterrand « politique » — en tout cas chez le roi Mitterrand.

Pour un quart, on y rencontre le messianique, qui n'a abandonné ni les mots, ni les illusions, ni les espérances exaltantes du candidat ou du converti — qui, à force de répéter le *credo* des croisés, se mit à croire sincèrement que, face à l'histoire, il pourrait inventer une nouvelle France, désigner au monde un nouveau dessin d' « homme », contribuer à sauver l'Europe de tous les dangers du totalitarisme. Il faut ajouter là la peur sincère de décevoir les cohortes qui le servirent, qui le servent encore et, au moins, finirent par vouer à « Tonton » un culte assez attendrissant.

Pour un quart, on y retrouve un manœuvrier de la IVe République, au fond drogué de tous les délices des jeux byzantins familiers d'un régime d'assemblée. Parvenu au pouvoir, lui, le grand dénonciateur du gaullisme, profite à merveille des possibilités que lui donnent la Constitution et la tradition de la Ve République pour assurer plein règne, sans vrai contrôle ni frein, mais, en réalité, jusqu'au bout des ongles, il reste un homme de la IVe — un Edgar Faure (dont il apprécie d'ailleurs l'efficacité autant que l'habileté) et non un héros — ou un hérault — de l'époque. De plus, un jour comme celui-ci, où, avec ce grave incident de la grue, il a pu vérifier l'incompétence, voire la sottise, d'un gouvernement d'idéologues et où il s'irrite plus que jamais de toutes les erreurs commises par l'équipe Mauroy, il peut singulièrement déplorer l'impossibilité où il est de faire appel à des hommes, sans parti, mais hautement valables pour assumer à ses côtés les principales charges de l'Etat. La Ve République est un régime de croyants ; la IVe fut un régime de conciliants. Ce Mitterrand-là est plus porté à l'amalgame, au compromis (ou au « diviser pour régner ») qu'à l'abrupt du jusqu'au-boutisme.

Pour un quart, il est conservateur. Malgré la répulsion qu'il manifeste souvent pour la classe bourgeoise où il est né, et en dépit de tout le mal qu'il peut faire à l'école libre qui l'a formé, il est le contraire d'un « progressiste », d'un « avancé ». C'est tout naturellement qu'à son sujet Michel Rocard put un jour évoquer l' « archaïsme ». Il a beau tenir le langage rituel du révolutionnaire de principe. Il a toute la manière et toute la substance d'un personnage de tradition. Son adhésion au socialisme fut principalement acte d'intelligence ; l'instinct le pousse à goûter et à servir d'autres valeurs. On ne s'extrait pas facilement des terres des Charentes ; ça colle à jamais aux souliers, une terre compacte et possessive comme celle-là. Nous pourrions presque dire que, dans cet éclairage, Mitterrand est un homme du XIXe siècle : façon Lamartine. Allons, permettons-nous un sourire : pas étonnant qu'il préfère le gendarme au commissaire.

Enfin, pour le dernier quart, il est ce rêveur, ce vagabond de l'imaginaire, ce somnambule que brocardent facilement les polémistes. A toute occasion, il s'évade à l'étranger. Il multiplie les déplacements loin de l'Elysée. Il se veut ailleurs. L'explication en est limpide : il a une sainte horreur du dossier et de « l'approfondi ». Il est ce qu'en amour on appellerait un « caressant », et non un « pénétrant ». Il frôle, du bout des doigts, les affaires les plus graves. A cet égard très rooseveltien, il est plus porté à l'improvisation qu'à la préparation, à ce que les Américains appellent *the hunch,* la prémonition, qu'au raisonnement serré. Voyez comme il est fluide, ou confus ou inutilement prolixe quand il entend procéder à une démonstration. Voyez sa répugnance à répondre d'une manière directe à une question directe. Voyez même le nombre effarant de banalités, de plates évidences, de « portes ouvertes enfoncées », qui jalonnent ses propos. Simplement, voilà un homme qui ne creuse pas. D'où ce besoin incessant de se porter aux lieux ou aux problèmes, où la solitude de l'esprit ne se vérifie pas, où l'on puisse deviner, sentir, percevoir, au lieu de savoir. François Mitterrand peut aller jusqu'à être capable de savourer le vide pour le vide — ou le hasard pour le hasard.

De la manière la moins prévisible, l'homme peut être l'un de ces quatre personnages, le tribun messianique, le manœuvrier le plus roué, le conservateur le plus conséquent et l'éternel fugitif.

Encore faut-il considérer, de surcroît, toutes les interférences qui peuvent venir du personnage « né » le 10 mai 1981 : le roi. François Mitterrand aura été l'un des souverains les plus énivrés de l'être. Il jubile, il jouit, sur ce trône dont la conquête lui aura tant coûté. Cela ne saurait échapper à aucun observateur : il n'y a qu'à voir la majesté raide où il se fige à chaque cérémonie, le visage martial de l'*imperator* sous l'ovation des légions. Qui mieux est : il paraît même davantage aimer les atours du pouvoir que sa substance. A l'évidence, il n'a pas échappé à cette terrible ivresse qui peut gagner quiconque, par le miracle de la démocratie (comme ailleurs par coup d'Etat) devient l'égal, le « cousin » (comme s'appelaient entre eux les rois de jadis) du tsar, de tous kaisers, du Premier américain et de la reine d'Angleterre. A son tour, après tant d'autres, il se prend de passion pour une place qu'il ne voudrait perdre à aucun prix, jusqu'à tout faire, au besoin désespérément, pour ne pas la perdre.

D'où, dès lors, plus forte que jamais, cette incertitude poignante de tous les jours.

Non seulement il continue au plus profond de lui-même, comme depuis toujours, de douter de ses capacités à réussir (longtemps, il put même se croire le roi des guignards), mais il souffre d'autant plus de confiance que la place à sauvegarder est tant et tant chérie.

François Mitterrand, cet éternel douteur...
Et de malaxer pensées sur pensées sur pensées.
Et de méditer sur les destins étranges.
Et d'effleurer, avec de savoureuses douleurs, toutes les interrogations de l'heure — rendues soudainement plus aigres par cet incident grotesque qui a dû faire trop rire un peuple si porté à la gauloiserie, au pamphlet et à la polémique...

L'échec, l'échec absolu ? Il hante, il hante... Force sera alors pour le roi de trouver un suprême geste de Romain... la belle image pour l'histoire... La mesquinerie, voilà l'ennemie. Le dérapage bête, qui fait rire, voilà ce qui est à éviter. La tragédie, la tragédie, voilà la marque d'une vraie vie. Etre de Gaulle, et non Gastounet Doumergue... Car voici l'incroyable : à peine un an et demi après l'avènement, une menace d'échec total... La télévision qui trahit, la Corse qui, d'un mal endémique, se change en incendie redoutable, la production industrielle qui s'effondre, un parti qui suit mal, une troisième dévaluation qui ne sera évitée avant les municipales qu'au prix de saignées atroces, la crédibilité de la France qui s'abîme au point qu'il devient de plus en plus difficile de trouver de l'argent à emprunter, le sabotage implacable du parti communiste, une telle faiblesse politique qu'il a fallu faire à Marchais pour les municipales de scandaleux et trop cruels « cadeaux », les triomphes de l'opposition, le défi raciste des immigrés, le redoublement des attentats, ah ! Seigneur, protégez-moi donc de trop de vertiges !... Voici bien le moment, à voix basse, tout pensant, de prononcer les prières d'enfant... Il en faudra, de l'habileté et de l'habileté, pour éviter le pire...

Après moi, le déluge ? L'idée peut en venir... Car telle serait l'horreur des horreurs : avec moi, le déluge...

Le changement de Premier ministre ? Mais on ne modifie pas de tels problèmes, en changeant un pauvre Mauroy pour un brave Bérégovoy.

Chercher un faiseur de miracles ? Une chose est sûre : il n'existe pas au parti. Par ailleurs, les chefs d'entreprise sont dans un tel désespoir, les hauts cadres dans une telle hargne, que les miracles ne sont plus à espérer.

Muter Delors au ministère de l'Education nationale ? Ce ne sera même pas le délivrer des tourments métaphysiques qui le travaillent, même si l'on peut être tenté de confier à un grand catholique le commandement en chef de la guerre contre l'école catholique.

La dissolution de l'Assemblée nationale ? Les chefs de l'opposition en parlent beaucoup — en tant qu'acte de défaite. Erreur profonde. La dissolution de l'Assemblée est toujours décision de vainqueur. Il en fut ainsi en 1958, en 1962, en 1968 et en juin 1981. Ou bien elle est opération de manœuvre, en conjonction avec la mise en place d'une nouvelle loi électorale : ainsi Henri Queuille pratiqua-t-il en mai 1951, aux plus belles heures de la IVe République, avec l'aide de la fameuse loi de l'apparentement, superbe machine de guerre, et qui se révéla telle, pour faire échec à la fois au parti communiste de Thorez et au R.P.F. (Rassemblement du Peuple Français) du général de Gaulle. Elle n'est jamais acte de vaincu. A se découvrir vaincu, mieux vaudra carrément démissionner — sauf à utiliser l'article 16 et, tant pis pour tant pis, jouer alors à fond la carte collectiviste et communiste. Mais si un jour, on piégeait les chefs de l'opposition à leur propre hypothèse ? Si on se mettait à son tour à manœuvrer comme l'habile petit père Queuille ? Pourquoi pas ?... La dissolution, acte de manœuvre, de manœuvre. Voilà le moment d'y penser. Il n'y aurait qu'à changer la loi électorale, où on imposerait une forte dose de proportionnelle. On éviterait de la sorte les inconvénients majeurs de l'actuelle loi majoritaire, qui, au second tour, privilégie à l'excès le vainqueur du premier tour — et qui, en l'occurrence, offrirait dans des élections législatives anticipées un triomphe à l'opposition. Avant que la débâcle fût devenue telle qu'elle aboutisse à une dislocation du parti du roi, on obtiendrait une Assemblée alors constituée de quatre groupes à peu près égaux entre eux. L'opposition ne pourrait pas proclamer avoir gagné, et ne pourrait imposer des exigences. La peur de désordres aggravés ne serait que plus forte. L'heure serait idéale pour l'Elysée de patronner un Premier ministre non partisan, un gouvernement de non-sectaires, une équipe de grands arbitres compétents. Les chefs de l'opposition en seraient pour leurs frais. Au passage, on leur fabriquerait même sous le nez de hauts nouveaux personnages, tout à fait capables, sur le centre-gauche, de jouer la course à la Présidence...

Reagan ? Qui donc pourrait croire que lorsqu'il bâtit ses programmes, ce Californien pense un seul instant à ce qu'il pourra en résulter pour une France devenue un petit pays en peine ?

Andropov ? Marchais ? Ils suivent irrévocablement une stratégie que l'opportunité ne saurait jamais modifier.

Est-il encore possible de rêver d'inventer une nouvelle France, d'illuminer une nouvelle définition de l'homme ? Le ciel s'est trop obscurci. La dévaluation a aussi frappé le songe.

Mais si on n'avait pas le temps de manœuvrer ? Si la répulsion pour l'expérience mitterrandiste se généralisait soudain ? Si même une loi électorale nouvelle ne permettait pas, contre tous pronostics, de sauver cent députés mitterrandistes ? Si tout venait à craquer ? Si le pire devenait sûr ? Certes, il est fort, extraordinairement fort, le roi sous la Ve République. Il a même des pouvoirs qu'on peut juger exorbitants. Mais — on le vit en mai 1968, avant l'intervention *in extremis* du général de Gaulle à la radio — le roi n'est jamais à l'abri d'un effondrement brutal et soudain. On croit pouvoir tout se permettre, on pense tenir tout solidement en main, on fait crédit aux servants dont les rapports édulcorés vous disent la dévotion totale, et puis, tout à coup, voilà, un camion manque — échec au roi. Il peut tout à fait en être de même dans des hypothèses beaucoup plus graves...

Pensées, pensées…

Elles ne peuvent être que sombres, à cette dernière heure du jour de l'an, dans l'esprit trop irrité du roi, en la fausse paix de sa bergerie…

Table des matières

Achevé d'imprimer en décembre 1983
sur presse CAMERON
dans les ateliers de la S.E.P.C.
à Saint-Amand-Montrond (Cher)
pour Plon,
éditeur à Paris.

Dépôt légal : octobre 1983.
N° d'Édition : 11084. N° d'Impression : 2020.
Imprimé en France

A ma petite-fille, Isabelle,
qui fête ses quatre ans en 1983.